자살의 역사

자발적 죽음 앞의 서양 사회

HISTOIRE DU SUICIDE : LA SOCIÉTÉ OCCIDENTALE FACE À LA MORT VOLONTAIRE

de Georges Minois

World copyright ©LIBRAIRIE ARTHÈME FAYARD, 1995.

Korean translations copyright ©GREENBEE PUBLISHING CO., 2014.

All rights reserved.

This edition published by arrangement with LIBRAIRIE ARTHÈME FAYARD through Shinwon Agency.

자살의 역사: 자발적 죽음 앞의 서양 사회

발행일 초판1쇄 2014년 3월 5일 | **지은이** 조르주 미누아 | **옮긴이** 이세진 | **기획** 건국대학교 몸문화연구소
펴낸곳 (주)그린비출판사 | **주소** 서울 마포구 동교로17길 7, 4층(서교동, 은혜빌딩)
전화 02-702-2717 | **이메일** editor@greenbee.co.kr | **등록번호** 제313-1990-32호

ISBN 978-89-7682-530-8 03920

이 도서의 국립중앙도서관 출판시도서목록(CIP)은 서지정보유통지원시스템 홈페이지(http://seoji.nl.go.kr)와 국가자료
공동목록시스템(http://www.nl.go.kr/kolisnet)에서 이용하실 수 있습니다.(CIP제어번호: CIP2014003590)

나를 바꾸는 책, 세상을 바꾸는 책 www.greenbee.co.kr

자 살 의
역 사

자발적 죽음 앞의 서양 사회

조르주 미누아 지음 | 이세진 옮김

gB
그린비

추천사

말을 듣기만 해도 끔찍한 것이 자살이다. 자살이 몰고 오는 파장과 후유증, 고통이 쓰나미처럼 엄청나기 때문이다. 자살한 사람은 죽어서 말이 없다. 그러나 자살자의 유가족은 바위보다 무겁게 말이 없는 침묵의 무게를 견뎌 내야 한다. "왜?"라는 질문의 낙숫물이 침묵의 바위를 뚫을 때까지. 어느 시에 "죽은 자는 산 자를 고발하라. 산 자는 죽은 자를 증언하라"는 구절이 있다. 죽음의 책임이 오롯이 산 자의 몫으로 남겨지는 것이다. 그러면서 그를 사랑했던 유가족과 친구는 배신감과 분노, 허탈감, 무력감 등의 음침한 절망의 골짜기에서 헤매게 된다.

그러나 현재의 지평에서 눈을 떼고 과거 자살의 역사를 되돌아보기로 하자. 에밀 뒤르켐이 『자살론』에서 자살을 운명적 자살, 아노미적 자살, 이타적 자살, 이기적 자살 등으로 분류했던 점에 비춰 보면, 과거에 특별한 상황에서는 자살이 미덕으로 권장되었던 시절이 있었던 것을 알 수가 있다. 우리나라에서도 식량을 절약하기 위해 자살을 강요했던 고려장이 있지 않았던가. 절대적인 빈곤의 두려움에서 벗어나지 못했던 고대 사회에서 흉년에는 이타적 자살을 통해서 호구(糊口)를 줄여야 했다. 명예로운 자살도 있었다. 자긍심과 긍지가 높았던 과거 귀족들은 명예를 잃고 치욕의 진창에서 구차하게 사는 것이 아니라 자살을 대안으로 선택하였다. 일본 사무라이의 할복도 명예로운 자살에 해당한다. 그렇다고 해서 자살을 일반적인 미덕으로 권장하였던 시절은 없었다. 더 이상 빠져나갈 출구가 없는 극한 상황에서 자살은 하나의 치유책이었던 것이다.

반면 자살이 살인보다 부도덕한 죄악으로 취급되던 시절도 있었다. 강요된 미덕으로서의 자살을 거꾸로 뒤집으면 자발적 악덕이 된다. 중세인은 생명의 주인은 사람이 아니라 신이라고 믿었다. 생명은 내가 마음대로 처분할 수 있는 개인 소유가 아니라 하느님의 창고에 속하는 국유물이다. 근대 세계로 접어들면서 개인의 생명은 절대군주의 재산이 되었다. 따라서 신이나 국왕의 허락이 없이 자신이 목숨을 끊는 행위는 파렴치한 절도에 해당하는 범죄였다. 중세이든 근대 초기이든 생명은 나의 것이 아닌 그들의 것이었다. '신체발부수지부모'(身體髮膚受之父母)라는 말도 있듯이 과거 우리나라에서의 생명 역시 내가 아닌 부모의 것이었다.

인류의 역사에서 인권이라는 개념의 등장은 획기적인 사건이었다. 개인이 누구도 넘볼 수 없는 절대적 인권을 가지고 있다는 사실은, 신과 국왕이 세계의 무대에서 퇴장하였다는 것을 의미한다. 이제 나의 생명은 100퍼센트 나의 소유이다. 인권과 더불어 생명이 개인화되었다면 공책이나 연필을 버리듯이 생명도 버릴 수 있지 않을까? 더구나 계속해서 사는 것이 가시밭길 고통에 지나지 않는다면? 인간으로서 최소한의 존엄성을 유지하기 위해서는 로마의 귀족처럼 자살을 택할 수도 있지 않을까?

그러나 이러한 질문을 던지기 이전에 과연 자살이라는 것이 존재하는지 생각할 필요가 있다. 만약 행복하다면 그와 같이 행복의 정점에 있는 사람에게 자살이 가능할까? 자살을 미화하는 '낭만적 자살'이라는 개념도 있지만 순수한 의미에서의 자발적인 죽음은 존재할 수 없다. 칸트가 말했듯이 모든 자살은 일종의 '타살'이다. 이러저러한 사회적·개인적 압력이 자살을 강요한 것이기 때문이다.

자살에 관심을 가져야 하는 이유는 그것을 강요하는 사회적 압력에 우리 모두 노출되어 있을 뿐 아니라 그것에 대해 일정 부분 책임이 있기 때문이다. 그것은 극소수의 사적인 문제가 아니라 우리 모두의 공적인 문제인 것이다. 자살의 원인을 우울증으로 의학화하려는 시도는 책임을 회피하는 일로 볼 수가 있다. 이러한 이유로 건국대학교 몸문화연구소는 2012년의 연구 어젠다로 자살을 정하고, 연구원들의 고민과 성찰이 담긴 『애도받지 못한 자들』(쿠북, 2012)이라는 제목의 책도 출간하였다. 자살을 그/녀의 개인적 지평으로부터 우리 모두의 사회적 지평으로 옮기기 위한 시도의 결과였다. 그리고 그와 같이 지평을 확대하기 위해서는 역사적 조망이 필요하다는 인식을 우리 모두 공유하게 되었다. 자살의 역사를 다룬 여러 저술을 비교적으로 검토한 우리는 조르주 미누아의 『자살의 역사』가 이 분야에서 가장 훌륭하고 가독성도 높다는 사실을 발견하게 되었다. 번역하느라 밤낮으로 고생이 많았던 이세진 선생님에게 다시 한번 감사의 마음을 전하고 싶다. 출판을 흔쾌히 허락해 준 그린비출판사에게도 감사의 말씀을 덧붙인다.

이 책이 많은 독자들에게 읽히기를 바라는 마음이 간절하다. 그냥 남의 일로 쉽게 무시할 수 있는 비극을 나의 일로 받아들이기 위해서는 엄청난 지적인 용기가 필요하다. 타자를 타자화시키지 않고 거기에서 나의 모습을 발견하는 태도가 문명과 문화의 시작이었다. 이 지적 여정에 많은 독자분이 동참하기를 바란다.

몸문화연구소 소장 김종갑

사느냐 죽느냐, 그것이 문제로다.
포악한 운명의 화살이 꽂혀도
죽은 듯 참는 것이 장한 일인가,
아니면 창칼을 들고 노도처럼 밀려드는
재앙과 싸워 물리치는 것이 옳은 일인가? 죽음은 잠드는 것일 뿐,
잠들면 마음의 괴로움과 육신에 끊임없이 따라붙는 숱한 고통이 사라지니
죽음이야말로 우리가 열렬히 바라는 결말이 아닌가. 죽음은 잠드는 것,
잠이 든다면! 어쩌면 꿈을 꾸겠지. 아, 그것이 괴롭겠구나.

셰익스피어, 『햄릿』 3막 1장

들어가는 글

미셸 보벨, 프랑수아 르브룅, 피에르 쇼뉘, 필리프 아리에스, 존 맥매너스, 그 밖에도 죽음을 연구하여 1970년대와 1980년대 역사학 연구에 족적을 남긴 이들이 빼놓은 중요한 주제가 있다. 그 주제란 바로 자발적인 죽음이다. 『17, 18세기 앙주에서의 인간과 죽음』(1971), 『파리에서의 죽음(16~18세기)』(1977), 『죽음 앞의 인간』(1977), 『죽음과 계몽』(1981), 『1300년부터 오늘날까지의 죽음과 서양』(1983) 같은 굵직굵직한 저작들에서도 자살은 거의 다루지 않았다.

　이러한 누락에는 일단 자료상의 원인이 있다. 자살 관련 출전은 자연사를 다룬 출전과 다르다. 자살자는 교회의 절차에 따라 매장되지 못했기 때문에 예의 본당 교구 사망자명부는 전혀 도움이 될 수 없다. 자살은 범죄로 간주되고 역사가는 법적 자료를 참조해야 한다. 이러한 문서자료 자체가 매우 파편적이기 때문에 회고록, 연대기, 신문, 문학 등의 잡다하면서도 그리 풍부하지 않은 출처들에 기대야만 한다. 자살 사례가 별로 보이지 않을 수도 있다. 예를 들어 프랑스 왕국 내에서 자살은 연간 몇백 건에 불과했다. 그래서 자살은 연속적·인구학적·사회학적 성격의 연구에서 별로 중요하게 여겨지지 못했다.

이러한 방법론적 이유들 말고도 근본적 이유가 또 있다. 자살은 페스트나 결핵 피해를 연구하듯 연구할 수 없다. 자발적인 죽음은 인구학적 차원보다는 철학·종교·도덕·문화 차원에서 의미가 있는 죽음이기 때문이다. 오랫동안 자살을 둘러싼 침묵과 은폐가 불편한 분위기를 조성해 버렸다.

에밀 뒤르켐이 1897년에 저 유명한 『자살론』을 발표한 이후로 사회학자, 심리학자, 정신분석가, 의학자 들은 오늘날의 통계학을 이용하여 각자 자기 학문의 관점에서 자살을 연구해 왔다. 앙시앵레짐 말기의 자살에 대한 역사적 연구는 자살 전문 저작이나 몇몇 유명 사례를 다룬 출판물 들이 등장할 여지를 주었다. 특히 문헌 연구를 바탕으로 고대의 자살을 훌륭하게 조명한 욜랑드 그리제의 『고대 로마에서의 자살』(1982)은 눈여겨볼 만하다. 중세를 연구한 예로는 장 클로드 슈미트가 「중세에서의 자살」[1]이라는 뛰어난 논문으로 방법론상의 문제점들을 지적한 바 있다. 르네상스 시대에 대해서는 베르나르 폴랭의 논문 『칼에서 펜까지, 르네상스 시대의 영문학에서 나타나는 자살(1580~1625)』(1977)이 제목에서 나타나는 좁은 한계를 넘어선다. 1990년에 발표된 저작은 근대(17~18세기) 영국에서의 자살을 다루었다. 마이클 맥도널드와 테렌스 머피의 『잠들지 못하는 영혼: 근대 초 영국에서의 자살』은 좀더 풍부한 자료를 동원하고 심도 깊은 결론을 보여 주었다 하겠다. 고대부터 20세기까지 자살의 역사를 종합한 유일한 저작은 오늘날에야 나왔다. 이미 나온 지 오래됐지만 정보의 보고로 남아 있는 이 저작은 1922년에 출간된 알베르 바예의 『자살과 도덕』이다.

---

1 J. -C. Schmitt, "Le suicide au Moyen Âge", *Annales ESC*, janvier-février 1976, pp.3~28.

오늘날의 연구자들은 인간 활동의 모든 영역을 다룬다. 인간을 이루는 데 이바지하는 모든 것이 편견이나 터부 없이 연구되어야 하지 않는가? 장 배슐러가 지적했듯이 자살보다 인간에게 고유한 것이 있을까? 동물의 '자살'은 신화에 불과하다.[2] 오직 인간만이 자신의 삶을 생각해 보고 그 삶을 이어 나갈 것인지 끝장을 낼 것인지 작정할 수 있다. 인간이 살아야 할 이유를 충분히 발견했기에 인류가 지금까지 존재하는 것이다. 그러나 어떤 이들은 이 생애가 더는 살 가치가 없다고 생각하고 질병, 노화, 전쟁으로 죽기 전에 기꺼이 스스로 목숨을 끊는다. 혹자는 이들을 미친 사람이라고 할 것이다. 카토, 세네카, 몽테를랑, 베텔하임, 그 외에도 많은 이들이 자살을 인간만의 고유한 행위요, 스스로 존재·비존재 여부를 결정할 수 있는 자유의 지고한 증거라고 보았다. 우리는 그들의 선택 앞에서 레몽 아롱처럼 이렇게 묻지 않을 수 없다. "스스로 목숨을 끊는다는 것은 시련에 대한 굴복인가, 자신의 생에 대한 인간의 궁극적 지배인가?"[3]

1600년에 셰익스피어는 『햄릿』에서 근본적인 물음을 심란하리만치 단순하게 던져 놓았다. "사느냐 죽느냐, 그것이 문제로다." 이 물음이 우리의 길잡이가 될 것이다. 어째서, 어느 특정 시대에, 어떤 사람들은 죽기를 택하는가? 저마다 나름의 이유가 있었다. 이러한 태도는 사회의 중요한 가치들을 시사하는 바가 있으므로 자살의 이유들을 이해하는 것이 중요하다. 이 태도는 개인과 집단을 동시에 끌어들인다. 알베르 카뮈보다 자살이라는 태도를 더 잘 표현한 사람은 없다. "정말로 심각한 철학적 문제는 하나뿐인데, 그게 바로 자살이다. 생이 살 만한 가치가 있느냐 없느

---

2 J. Baechler, *Les suicides*, Paris, 1975, p.108.
3 R. Aron, "Préface", *Ibid.*, p.3.

냐 판단한다는 것은 철학의 근본적인 문제에 부응한다. 세계가 삼차원인 가, 정신이 9개 혹은 12개 범주로 이루어져 있는가 등의 나머지 문제는 나중 일이다. 이건 게임이다. 먼저 대답해야만 이긴다. …… 벌레는 인간의 마음속에 있다. 거기서 찾아야 한다. 실존을 마주하는 명철함에서 빛을 벗어나는 데로 나아가는 죽음의 게임을 추적하고 이해해야만 한다."[4]

가장 오랜 고대로부터 지금까지 많은 이들이 죽음을 선택했다. 이 선택에 인간은 결코 무관심할 수 없었다. 자살은 몇몇 드문 상황에서는 영웅적 행위로 추앙받았지만 대개 사회적 지탄의 대상이 되었다. 자살은 우리에게 생명을 준 신과 구성원들의 안녕을 도모하는 사회를 동시에 모욕하는 짓으로 간주되었다. 신이 주신 것을 거부하고 삶이라는 잔치에서 동족들과 함께하기를 거부하는 자살은 이중의 과오다. 신이 베푼 혜택을 관리하는 종교지도자들도, 사회라는 잔칫상을 꾸리는 정치지도자들도 이 과오를 용납할 수 없다.

사느냐 죽느냐는 문제가 아니라고 그들은 말한다. 우리가 존재한다면 신에게 영광을 돌리고 사회에 쓸모 있는 사람이 되기 위해 살아야 한다는 것이다. 여기서 도망치는 자들은 저세상에서나, 시신으로서나 무거운 벌을 면치 못한다. 중세 말까지는 이러한 태도가 아무 이의 없이 전적으로 유럽을 지배했다. 그러다가 15세기 말, 초기 르네상스부터 사정이 달라지기 시작한다. 반박은 처음에 농담처럼, 혹은 정신 나간 소리처럼 제기됐지만 점차 확대되어 1600년에는 엄연한 문제의식으로 폭발했다. 유럽의식의 위기를 거치는 동안 점점 더 신랄한 논쟁이 일어났고 계몽주의 시대에는 이 문제가 공공연한 도전 과제가 되었다.

---

4 A. Camus, *Le mythe de Sisyphe*, Paris, 1942.

'자살'이라는 단어 자체는 1700년이 조금 못 되어 등장했다. '자살'(suicide)이 그때까지 쓰이던 '자기살해'(meurtre de soi-même)라는 표현을 대체한 것이 그러한 변화의 신호다. 물론 고위층의 저항은 사라지지 않았다. 그러나 16세기에서 18세기로 넘어가는 동안 이 문제는 차츰 공개적으로 제기되었고 어떤 이들은 담대하게도 이 문제에 답할 자유가 각자에게 보장되어야 한다고 주장하기도 했다. 이로써 권력층도 태도를 굽히기에 이르렀다. 우리는 지금까지 별로 주목을 받지 못했던 서양에서의 이 결정적인 의식구조 변화를 살펴보고자 한다.

차례

| 일러두기 |

1 이 책은 Georges Minois의 *Histoire du suicide: La société occidentale face à la mort volontaire* (Paris: Fayard, 1995)를 번역한 것이다

2 주석은 모두 각주로 표시했으며, 옮긴이 주는 끝에 '—옮긴이'라고 표시하여 지은이 주와 구분했다. 본문과 각주의 내용 중 보충설명이 필요한 경우나 참고할 만한 국역본이 있는 경우 대괄호([ ])를 사용하여 추가했다.

3 단행본·정기간행물 등에는 겹낫표(『 』)를, 단편·회화 등에는 낫표(「 」)를 사용했다.

4 외국 인명이나 지명, 작품명은 2002년 국립국어원에서 펴낸 외래어표기법을 따르는 것을 원칙으로 했다. 다만 관례가 굳어져 쓰이는 것들은 관례를 따랐다.

1부

유산

억압된 문제

1장

중세, 자살에 미묘한 구별을 두다

중세의 일반적인 자살 연표

1249 법학자이자 시인으로 프레데리크 2세 치하에서 대신을 지낸 피에르 델
라 비냐가 자살하다. 단테의 『신곡: 지옥편』에서 그를 볼 수 있다.

1257 파리 사람 한 명이 센 강에 뛰어들다. 물에서 건져 숨이 끊어지기 전에
성사를 받다. 그는 속죄받은 상태로 죽었으므로 유족이 시신을 요구했
으나 고인이 온전한 정신으로 자살을 기도했다는 이유로——실제로 그
는 회개하는 기색을 보였다——재판소가 시신을 목매달라고 명하다.

1238, 1266 두 여자가 파리 생트 주느비에브 수도원 재판소 관할 내에서 자살
하다. 그들의 시신이 '암매장'되다.

1274 살해 혐의를 받던 부아시 생 레제르의 피에르 크로셰가 스스로 목숨을
끊다. 생 모르 데 포세 수도원 재판소가 시신을 말에 매어 끌고 교수할
것을 명하다.

1278 랭스에서 한 남자가 자살하다. 생 레미의 수도사들이 시신을 끌고 다니
다가 목을 매달다. 그러나 파리고등법원이 시신을 교수형에 처할 수 있

는 권한은 대주교에게만 있으므로 수도사들에게 시신을 반환하라고 선고하다.

1278 파리 대주교 밑에서 보직을 맡은 바 있는 100세의 필리프 테스타르가 한밤중에 일어나 창문으로 오줌을 눈다고 하다가 거리로 몸을 던지다. 침상으로 옮겨진 그는 성체를 받기 전에 단도로 자신을 찔렀다. 상속인들이 재산몰수형을 면하기 위해 고인이 정신병을 앓았다고 주장하다. 재판이 열리자 십여 명의 증인들이 고인의 기행을 증언하다. "그가 어찌나 어리석은 짓을 많이 저질렀는지 모두들 그가 제정신이 아니라고 하였다."

1288 한 남자가 생트 주느비에브 수도원 관할에서 자살하여 시신이 교수되다. 얼마 후, 궁정재판관이 '살인자를 말에 매달고 거리로 끌고 다니는' 절차가 빠졌으므로 다시 형을 집행하라고 수도원에 명하다.

1293 우스터셔 백작령의 자유농민 아당 르 엡이 형편이 어려워져 농노로 전락하다. 사회적 강등을 비관한 그가 스스로 세번 강에 몸을 던지다.

1302 쿠트레 전투에서 라울 드 넬이 패전의 모욕을 당하느니 죽는 편이 낫다 여기고 싸움 한복판에 뛰어들다.

1358 반란에 가담했다가 투옥된 농민 자케 드 프랑쉬르가 "어깨에 매인 밧줄로 자기 목을 졸라 절망 속에 죽다".

1382 샤를 5세가 파리로 돌아온 후에 여러 사람이 처형당하다. "위르생의 장 쥐베날이 말하기를 그중 한 여인이 자기 거처의 창에서 뛰어내려 목숨을 끊었다."

1387 샬리스 수도원 관할구역에 사는 농장주 장 뢴통이 군인들의 수탈 행위를 비관하여 스스로 목을 매다. 재판정은 그의 재산을 몰수하였으나 "이 사례가 고인이 된 남편의 절망에서 비롯된 것인지 다른 원인이 있

는지 분명히 밝힐 수 없음을 고려하여" 결국 아내의 유산 상속을 허락하였다.

1394 장 마스투아가 며칠간 병으로 앓다가 스스로 강물에 뛰어들기로 결심하다. 그는 제때 구조되었으나 '머리의 우울'에서 헤어나지 못한 탓에 다시 우물에 몸을 던지다.

1399 스트라스부르의 독실하고 부유한 부르주아 위즐리누스 리히터가 고해성사를 하고 영성체를 한 뒤에 브뤼슈 강에 몸을 던지다.

1418 사르셀의 전직 푸주한 피에르 르 바시에는 내전으로 가산을 잃고 자식 둘이 죽었으며 아내는 중병에 걸렸다. 모두에게 버림받고 살길이 막막해진 그는 "나무에 목을 매러 갔고 그 바람대로 죽었다". 연대기에는 그가 '원수(악마)의 유혹을 받았다'고 기록되었다.

1421 "질병과 광란을 계기로 원수의 유혹에 넘어간" 파리의 제빵사 드니소 상소고가 스스로 목을 맸다. 그는 전염병에 걸렸다. 재판정은 그가 악마의 꼬임에 넘어갔으므로 시체를 거리에 끌고 다니다가 교수하고 그리스도교 묘지에서 배척하고 재산을 몰수할 것인지 아니면 정신병('광란')에 의한 무죄인지 심판해야 했다. 한 살짜리 딸의 엄마이자 임신부인 아내는 무죄를 간곡히 주장했는데, 이는 "이러한 일로 가산을 모두 잃고 고인의 시신이 처형을 당하게 된다면 그 아내에게는 너무나 가혹한 일이요, 훌륭한 가문 출신의 저명인사인 친척과 친구 들이 가만히 있지 않을 것이기" 때문이었다.

1423 파리의 자수 장인 미슐레 르 슈발리에가 병에 걸려 극심한 고통을 당하다가 창문에서 스스로 뛰어내리다.

1426 밧줄 제조업자의 아내 자네트 마야르가 독실한 가톨릭 신자임에도 불구하고 지나친 음주벽과 질투심 때문에 스스로 목을 매다.

1447 한 여자가 미쳐서 한밤중에 일어났는데 "남편이 어디 가느냐고 묻자 오줌을 누러 간다고 대답했다. 그 여자는 벌거벗고 집을 뛰쳐나가 13길이나 되는 우물에 몸을 던졌다".

1460 50세 가량의 파리고등법원 판사 필리프 브라크가 자기 집 지하실에서 자살하다.

1484 메스 사람 한 명이 여자와 크게 다툰 후에 스스로 목을 매다.

회고록, 성직자와 부르주아의 일기, 지금까지 남아 있는 법적 기록[1]을 바탕으로 간략하게 작성한 중세의 일반적인 자살 연표는 매우 파편적인 성격을 띠지만 자살이 사회계층과 성별을 가리지 않고 일어났음을 보여 준다. 자발적인 죽음은 절망에 못 이겨 악마의 유혹에 넘어간 결과나 미쳐서 저지른 짓으로 여겨졌다. 자살은 살인으로 간주되어 자살자의 시신은 가혹 행위를 당했고 그의 재산은 몰수되었다. 그러나 때때로 판사들은 가정형편과 정상을 참작하여 관용을 베풀었다. 민법 재판과 교회 재판은 힘을 합쳐 자살을 탄압했다. 자살의 동기는 가난, 질병, 신체적 고통, 처벌에 대한 두려움, 명예, 모욕에 대한 거부, 애정, 질투 등으로 다양하다.

그렇지만 연대기와 법적 기록은 극소수의 사례만을 다루고 있을 확

---

1 자료의 파편적 성격과 격차는 중세의 자살 실태를 심도 깊게 파악하는 데 가장 큰 걸림돌이다. 가장 많은 사례를 제공하는 법적 자료는 다음과 같다. E. Boutaric, *Actes du parlement de Paris, vol.1: 1254-1328*, Paris, 1863; H. Duplès-Agier ed., *Registre criminel du Châtelet(1389-1392)*, Paris, 1861~1864; Des Maisons, *Nouveau Recueil d'arrests et règlements du parlement de Paris*, Paris, 1867; Beugnot, *Les olim ou registres des arrêts rendus par la cour du roi*, Paris, 1839. 공식 문서들도 다수의 사례를 보여 주지만 이런 사례들은 거의 공개되지 않았다. G. Dupont, "Le registre de l'officialités de Cerisy", *Mémoires de la Société des antiquaires de Normandie* 30, 1880; "Registre des officialitè de chartres", *Bibliothèque de l'École des chartres*, 1850. 중세 관례집들은 좀더 다양할 뿐 아니라 상세한 사례들을 참조한다. A. Bayet, *Le suicide et la morale*, Paris, 1922, p.436에서 잘 작성된 목록을 볼 수 있다. 한편, 연대기 쪽에서는 자살을 거의 다루지 않는다.

률이 높다. 장 클로드 슈미트는 이 주제를 다룬 선구자적인 논문에서 300년간을 통틀어 54건밖에 수집하지 못했으며 이렇게 "불규칙적이고 제한된 표본에는 사회학자다운 본격적 통계가 적용될 수 없음을"[2] 주지한 바 있다. 중세의 자살률을 파악하여 다른 시대들과 비교할 수 있는 날은 오지 않을 것이다.

1842년에 부르크로가 말했던 것처럼 "13세기에는 자살 광풍이 모든 사회계급에 파고들었다"[3]라고 하지는 않더라도 중세가 다른 시대에 비해 자살률이 낮았다고 볼 만한 근거는 전혀 없다. 오히려 법률, 교회, 민간 관련 기록에서 자살에 대한 철학적·신학적 입장이 드러나는 빈도, 자살을 다룬 재판의 조서나 연대기에서 아무런 놀라움도 표출되지 않는 빈도를 감안하건대 중세에 자살이라는 현상은 꽤 수시로 나타나지 않았을까 짐작된다. 더욱이 최근의 사회학적 연구들은 자살률은 어떠한 유형의 사회에서든 비교적 일정하게 나타난다는 것을 보여 주었다.

귀족의 자살 대체물

중세 사회가 자살 문제에 있어서 예외였을 확률은 매우 낮다. 비록 고대 비그리스도교 사회와 대조적으로 중세에는 널리 알려진 자살이 거의 없다고 해도 그렇다. 중세에는 루크레티우스, 브루투스, 카토, 세네카 같은 사례가 없다. 1000년이 넘는 기간 동안 유명한 자살 사례가 한 건도 없다. 도처에 만연한 가톨릭 신앙이 자살을 비겁행위로 간주하고 규탄했기 때

---

2 Schmitt, "Le suicide au Moyen Âge", p.5.
3 F. Bourquelot, "Recherches sur les opinions et la législation en matière de mort volontaire pendant le Moyen Âge", *Bibliothèque de l'École des chartres*, III, 1841~1842.

문에 성직자 세력의 영향과 제약을 받던 엘리트 계층에 그 여파가 있었을 것이다. 그러나 군인 귀족의 생활양식에는 간접 자살이라고 볼 수 있는 대체행위들이 포함되어 있었다. 이러한 관점에서 마상시합은 '유희적 자살'과 유사하다. 결투 재판이나 신의 심판을 가리는 그 밖의 다양한 형식들도 마찬가지다. 언제나 끊이지 않는 전쟁은 자살 충동의 중요한 배출구인 동시에 직접적 자살을 방지하는 수단이었다. 그런데 우리가 알다시피 전쟁 기간에는 자살률이 확연히 낮아진다. 집단의 결속력, 연대, 수난, 승전에 대한 갈구가 살고자 하는 마음과 삶의 의미를 다시금 부여하기 때문이다.

심리학적으로 자살은 개인이 교화된 사회에서 남들에게 발산하지 못하는 공격성을 자기 자신에게 돌린다는 식으로 대부분 설명된다. 메로빙거 왕조의 전사, 고전주의 시대의 기사, 그리고 나중에 등장한 용병 들은 평화적인 금기에 얽매이지 않았다. 이들은 다른 사람에게 폭력성을 자유롭게 표출할 수 있었기에 그만큼 자기파괴적 성향은 덜했다.

다음의 몇몇 예에서 볼 수 있듯이 외재화된 공격성, 언제나 기꺼이 목숨을 걸고 감행하는 위험의 보완 작용은 직접적 자살의 효과적인 대체물을 제공했다. 프루아사르는 14세기에 90명의 기사가 싸움터에서 물러나느니 그 자리에서 죽기를 택했다고 전한다. 『플랑드르 연대기』에 따르면 쿠트레 전투에서의 라울 드 넬도 마찬가지였다. 그는 "그리스도교의 꽃이 죽어 버리는 꼴을 보느니 살고 싶지 않다고" 했을 것이다. 더욱이, 요한 2세가 설립한 레스투알 기사단 규약은 싸움터에서의 후퇴를 금하고 있다. 십자군 원정에서 비슷한 사건들은 숱하게 발생했다. 기베르 드 노장[4]은 수많은 그리스도교도들이 투르크인들의 손에 떨어지느니 "죽음을 선택하고 싶어 할 것이라고" 말한다. 장 주앵빌[5] 역시 성직자들에게조차 비슷한 일들이 있었음을 증언한다. 수아송 주교는 패배를 받아들이지 못하고 투르크군 앞으로 뛰어들어 죽음을 자초했다. 성왕 루이의 왕비는 한 노기사에게 만약 자기가 사라센 사람들에게 잡힐 것 같거든 칼로 목을 베어 달라고 부탁했다. 주앵빌과 그 무리가 포로 신세가 되려는 찰나, 한 성직자가 외치기를 "우리 모두 저들의 손에 죽읍시다. 그러면 바로 천국에 갈 텐데요!"라고 했다. 무리는 이 말을 따르지 않았지만 우리는 여기서 기사단의 정신 상태, 즉 자발적 순교는 자살로 간주하지 않는 의식을 엿볼 수 있다. 13세기 세비야의 프란치스코회 수도사들이 모하메드를 모욕하는 말을 큰소리로 외치며 이슬람교도들을 도발했던 사례가 그렇듯이, 일부 성직자들에게서도 동일한 정신 상태를 볼 수 있다.[6]

중세의 연대기에는 이러한 전사들 특유의 간접 자살들이 넘쳐난다. 심지어 때로는 직접적 죽음까지 등장한다. 그래서 외드에게 패배한 부르주 주교와 그 무리는 검을 들어 자기 몸을 찔렀다고 『생 브누아의 기적』은 전한다.[7] 불로뉴 백작 르노처럼 모욕을 당하느니 죽음을 원한 죄수들도 있었다. 장 드 라 리비에르도 "아니, 나는 파리의 천것들이 나의 명예롭지 못한 죽음을 보고 희희낙락하는 꼴은 보지 않겠다"고 선언했다.[8]

연대기 저자들은 루크레티아의 죽음을 연상시키는, 강간의 여파에 따른 자살들도 전한다. 장 드 카루주의 아내의 예가 그렇고,[9] 여러 부인네들이 노르만인들에게 강간을 당한 후 스스로 목숨을 끊은 사건도 있었

---

4 12세기 초 프랑스의 신학자·역사가로서 노장의 수도원장을 지냈다. 제4차 십자군 원정에 관한 중요한 기록을 남겼다.—옮긴이

5 유명한 회고록 『성왕 루이의 생애』(Histoire de Saint-Louis, Paris, 1309)의 저자.—옮긴이

6 K. Armstrong, Holy War, London, 1992, p.409.

7 De Certain ed., Miracles de saint Benoît, Paris, 1858, p.197.

8 Bellaguet ed., Chronique du religieux de Saint-Denis, vol.5, Paris, 1844, p.57.

9 Ibid., p.464.

다.[10] 남편에게 정절을 지키기 위해 자살한 여자들도 있었다.[11] 부모의 목숨을 구하기 위해 자신을 바치고 목숨을 끊은 경우도 있었다.[12] 칼레 부르주아들의 희생 역시 이타적 자살의 성격을 띤다. 신심이 깊었던 블랑슈 드 카스티유마저도 남편 루이 8세가 죽자 자살하고 싶다는 의향을 비쳤다. 1461년에는 샤를 7세가 스스로 음식 먹기를 거부해서 죽었다는 소문이 퍼졌었다. 또 어떤 이들은 음독자살이라고 수군대기도 했다. 하지만 당시 샤를 7세는 봉와직염과 뇌연화증을 앓느라 몹시 쇠약해져 있었으므로 굳이 스스로 목숨을 끊을 필요조차 없었을 것이다.

잔 다르크의 예는 좀더 심란하다. 그녀는 죄수 신분으로 탑에서 투신했는데 그 이유가 아주 명확하게 밝혀지지는 않았다. 심문을 받는 동안 잔 다르크는 콩피에뉴 민간인 학살을 암시하여 "선량한 사람들이 죽어 나간 후에 계속 사느니 차라리 죽고 싶다"고 했다. 한번은 "프랑스의 적 영국인들의 손아귀에 떨어지느니 죽는 편이 낫다"고 대답하기도 했다. 그 후에 잔 다르크는 이전에 한 말들과는 모순되게도 스스로 죽을 마음은 조금도 없었노라 주장했다. 그녀의 죄목 중 하나는 절망에 못 이겨 '자기 자신을 살해하려 함'이었으리라.

그러니까 중세에도 자살은 있었지만 사회계층에 따라 그 양상은 크게 달랐다. 농민과 수공업자는 가난과 고통을 못 이겨 스스로 목을 맸다. 기사와 성직자는 수치를 면하고 이교도의 승리에 찬물을 끼얹기 위해서 죽음을 자초했다. 첫번째 경우의 직접적 자살은 사회학적 범주에서 '이기

---

10 Orderic Vital, *Histoire de Normandie*, Collection de mémoires relatifs à l'histoire de France by F. Guizot, XXVI, p.215.

11 Suger, *Vie de Louis le Gros*, coll. Guizot, VIII, pp.65~66.

12 Guillaume de Tyr, *Histoire des croisades*, coll. Guizot, XVI, p.12.

적' 유형에 해당한다. 두번째 경우는 간접적이고 '이타적' 유형의 자살이다. 동기와 수단은 다를지언정 목표는 같다.

지배적 도덕, 즉 엘리트의 도덕은 이러한 동기와 수단의 차이를 공식적으로 확인한다. 첫번째 유형의 자살은 비겁한 도피 행위로 간주되어 시신에라도 형을 집행하고 거룩히 성별된 땅에 묻어 주지 않는다. 자살자는 영벌(永罰)을 선고받고 재산을 몰수당한다. 두번째 유형의 자살은 기사의 명예에 부합하는 용기 있는 행위, 혹은 순교에 이르기까지 흔들림 없는 신앙의 표현으로 간주되고 모두의 귀감이 된다. 군인 계급과 사제 계급이 주도한 중세 사회는 기사도적 이상과 그리스도교적 희생의 추구를 도덕 규범으로 우뚝 세움으로써 일관성을 유지했다.

문학에 나타난 자발적 죽음

문학은 이 이분법적 시각, 즉 어떤 때는 자살을 저주하고 어떤 때는 자살을 칭송해 마지않는 태도를 잘 보여 준다. 작가, 성직자, 음유시인 들은 대개 자살을 그리스도교 원칙에 따라 비난한다. 알베르 바예는 그러한 예들을 상당수 보여 주었는데,[13] 여기서도 몇 가지만 들어 보겠다. 「아름다운 마글론 이야기」에서 피에르 드 프로방스는 사랑의 번민에 잠겨 목숨을 끊고자 하나 "그는 신실한 가톨릭 신자였기에 잠시 잘못된 생각을 품었던 것을 뉘우치고 양심의 무기로 돌아섰다." 산문 『랜슬롯』에서 게일 오트는 굶어 죽으려 하나 성직자들이 그에게 "그런 식으로 죽는다면 그의 영혼은 실족하여 저주를 면치 못할 것"이라고 경고한다. 호수의 여인

---

13 Bayet, *Le suicide et la morale*, pp.451~461.

은 랜슬롯에게 스스로 목숨을 끊는다면 "대죄를 범하는 셈"이 될 것이라 일러 준다. 「페르구스」에서 갈리엔이 사랑하지 않는 왕자와 결혼하지 않기 위해서 탑에서 뛰어내리려 할 때에도 신은 한 영혼을 잃고 싶지 않다며 그녀를 만류한다. 기욤 오 포콩이 죽고 싶어 할 때에도 부인네는 "그대의 영혼이 멸절할 것입니다"라고 경고한다. 자살에 대한 공포는 『라 샤레트』, 『이벵』, 『보두』, 『플로리앙과 플로레트』, 『이포메동』, 『에라클』, 『레스쿠플』, 『마네킨』, 『아마디스와 이두안』 같은 궁정소설에서 여러 차례 표출되었다.

민중극은 교회의 도덕을 직접적으로 극화하는 신비와 기적 들을 통하여 자살을 가차 없이 규탄했다. 「노트르담의 기적들」에서 그렇듯 자살은 악마가 불러일으킨 절망의 결과로 묘사된다. 「생트 주느비에브의 기적들」에서 한 수녀는 선언한다.

나 기꺼이 죽을 테지만
이는 곧장 지옥으로 통하는 길이니
주여, 나를 절망 가운데 지켜 주소서!

뤼트뵈프의 「테오필의 기적」에서 사악한 인물 테오필은 이렇게 자문한다. "물에 빠져 죽을까, 목을 매달까?" 악한, 안티히어로, 저주받은 자의 원형이 바로 유다, 헤로데, 빌라도라는 세 명의 자살자(혹은 자살한 것으로 추정되는 인물) 아닌가. 「수난의 신비」에서 대천사 가브리엘은 단검으로 자살한 헤로데가 "혈기 넘치고 추악하며 역겹고 수치스러운 죽음을 맞았다"고 말한다.

무훈시(武勳詩)들의 분위기는 사뭇 다르다. 물론 여기서도 자살은 이유와 정황을 불문하고 실추 행위로 여겨진다. 자살의 이유는 불가능한 사랑, 지나친 번민, 후회, 수치, 패전의 모욕을 피하고픈 의지 등이다. 요컨대, 실패했는데 그 패배를 참을 수가 없기 때문에 자살을 하는 것이다. 자살이라는 치명적 행위를 촉발하는 것은 분노, 폭발적인 질투심이나 절망, 즉 죄다. 게다가 자살은 주로 악한들이 한다. 「몽글란의 가랭」에서 고마드뢰스는 악마들을 부르며 스스로 목숨을 끊는다. 또한 자살은 패배에 처한 불신자들이나 하는 짓이다. 「안티오크의 노래」나 「기 드 부르고뉴」에서 포로로 사느니 자살을 택하는 이슬람교도는 비열한이다. 어떤 노래들은 그리스도교 기사들에게 절망적인 저항보다는 도피가 낫다고 말한다. 조프루아 드 파리의 「운율에 실은 연대기」는 이러한 영웅적 행위가 자살과 다를 바 없다고 말한다. "난 되레 살인으로 본다네." 「플로랑과 옥타비앙」에서 성직자들은 전쟁도 일종의 자살이라고 주장한다. 「샤틀렌 드 베르지」 같은 다른 이야기들에서도 십자군 원정은 자살의 유익한 대체물로 제시된다. 자기 아내를 죽인 공작은 절망에 빠져 성지를 향해 길을 떠난다. 실제로도 자기 사람들과 재산을 두고 떠나는 길고 위험천만한 여행은 영주의 '사망' 비슷하게 간주되었다. 십자군 원정은 이렇게 자살의 대체행동 역할을 함으로써 기사 계급에서의 실제 자살률을 낮추는 데 이바지했을 것이다.

무훈시들은 일견 대체로 자살에 매우 적대적인 인상을 풍긴다. 그러나 이 노래들을 좀더 면밀히 들여다보아야 한다. 그래서 바예는 "가장 잘알려진 무훈시들의 유명한 주인공 중에서 죽음을 자초하지 않은 자는 한명도 없다"고 했다. 그는 이러한 관점을 입증하기 위해 스스로 죽을 마음은 없으되 죽음을 각오하고 싸우는 롤랑, 포로가 되어 자기 자신을 칼로찌를 수 없으니 튀르팽에게 자기 목을 쳐 달라고 부탁하는 오지에, 자신을 죽여 달라고 애원하는 브라미농드, 밀레스에게 "당장 내 목을 쳐주게"라고 부탁하는 플로랑스, 본의 아니게 위옹에게 부상을 입힌 탓에 부끄러워하며 "내 검을 받고 내 머리를 내리치시오"라고 하는 제롬, 자기 형제를 죽인 후에 같은 요구를 하는 가르시옹, 샤를마뉴에게 "죽여 주시오"라고 외치는 갈리엔의 예를 들어 보인다.[14] 이 인물들 중 직접적으로 자살을 하는 사람은 하나도 없지만 타인의 손을 빌려 죽기를 청한다는 것은 간접 자살 아닌가? 직접적 자살과의 차이는 형식적인 것밖에 없다. 의도는 마찬가지, 결과도 마찬가지다. 그저 타인의 손을 빌려 자살한다는 차이밖에 없다. 그런데 이 모든 일화들은 작가에게나 중세의 독자들에게나 찬탄을 불러일으킨다.

무훈시들은 직접적이지만 명예로운 자살의 예들도 담고 있다. 「오베리」에서 고트롱은 아버지를 대신하여 스스로 목을 맨다. 「도렐과 베통」에서 베아트리스는 아들이 죽고 남편이 유배당하자 탑에서 뛰어내린다. 「대머리왕 샤를」에서 디외도네는 물에 빠져 죽는다. 「에르노와 보랑드」에서 플로랑은 창에서 투신하고, 「대머리왕 샤를」과 「아이 다비뇽」에서 도렐과 아이 다비뇽은 각기 불명예를 피하고자 자결을 택한다. 이 외에도 실패하고도 살아남느니 차라리 죽고 싶다는 의지를 표현하는 주인공들은 이루 다 헤아릴 수가 없다.

궁정문학에서 이타적 유형의 자살은 자주 등장한다. 포위된 도시를 구하기 위해 자기 자신을 내어 준 랑베그 기사라든가, 문둥병 걸린 여인을 위해 자신의 피를 주고 죽어 버린 페르스발의 누이라든가. 『랜슬롯』에서 게일오트는 친구가 자살했다는 소식을 듣고 단식에 들어가 죽음에 이

---

14 이 대목들은 Bayet, *Le suicide et la morale*, p.457을 참조하였다.

르지만 저자는 이를 영웅의 죽음으로 칭송한다. 랜슬롯도 검으로 자기 몸을 찌르려 하나 호수의 여인이 보낸 전령 덕분에 '간발의 차로' 목숨을 구한다. 원탁의 기사 이야기에 등장하는 인물들은 의례적으로, 거의 본능적으로 어떤 불행이 미칠 때마다 자살을 들먹인다. 트리스탄은 형벌을 감내하느니 절벽에서 투신하는 쪽을 택하고 이졸데는 문둥병자들에게 넘겨지지 않도록 차라리 자신을 죽여 달라고 상드레에게 부탁한다. 사랑에서 비롯된 자살도 넘을 수 없는 장애물이 등장하면 반드시 취해야 하는 행동처럼 등장한다. 이뱅은 부인에게 추방당하자 이렇게 말하며 검으로 제 몸을 찌르려 한다.

> 기쁨과 즐거움을
> 자기 잘못, 자기 과오로 잃은 자,
> 자신을 죽도록 미워하고
> 기어이 자신을 죽여야 할지니.[15]

오카생은 니콜레트를 빼앗기느니 벽에 머리를 박고 죽어 버리겠다고 한다. 『트리스탄』에서 글로리앙드르는 클로도뵈의 아들과 결혼하지 않으려고 창에서 뛰어내린다. 피람과 티스베는 로미오와 줄리엣의 전신(前身)으로, 그들과 같은 운명을 맞는다. 쿠시의 부인은 단식하여 자결한다. 『랜슬롯』에서 한 부인은 연인이 죽자 삶의 낙을 잃고 절벽에서 몸을 던진다. 랜슬롯도 귀네비어가 죽은 줄 알고 자살을 결심하여 안장 앞 테에 매어 놓은 밧줄에 자기 목을 건다. 불명예보다 죽음을 선택한 여성들은 수

---

15 Chrétien de Troyes, *Yvain*, v.3540.

없이 많다.

이 모든 자살은 분명히 실추 행위로서, 슈미트의 말마따나 "문학에서도 자살은 모든 행위 가운데서도 오직 넘어설 수 없는 고통만이 명령할 수 있는 불길한 행위"라는 데 동의할 수 있겠다.[16] 그러나 이 귀족들의 행적에서 자살은 칭송할 만한 영웅적 행위로 여겨질 뿐, 비난을 받지는 않는다. 영웅들은 지고의 희생, 불명예스러운 과오를 청산하거나 사람의 힘으로 극복할 수 없는 장애물을 넘어서는 유일한 방법을 감행한 것이다. 그들은 자살을 통하여 인간 조건을 넘어서고 보통사람 이상의 존재로 격상되었다. 롤랑이 목숨을 부지하기 위해 도망치거나 사라센 군에게 자신의 검을 넘겨주었다면 중세 서사시에서 결코 불멸의 용사가 될 수 없었을 것이다. 고결한 자살과 멸시할 만한 자살을 구별한다는 점은 현실과 문학이 완전히 일치했다. 행위 자체보다는 자살하는 자의 인성과 동기가 중요하다. 소설에서나 실생활에서나 가난을 못 이겨 목을 맨 농부는 시신을 형벌에 처해야 할 비겁자요, 그의 영혼은 지옥에 떨어진다. 항복하느니 싸움터에서 죽기를 원하는 혈기 왕성한 기사는 세속적으로나 종교적으로나 추앙할 만한 영웅이다. 중세에 자발적 죽음을 택한 귀족의 시신에 대해서 재판을 집행한 사례는 단 한 건도 찾아볼 수 없다.

자살도 계급 따라

중세의 자살은 두 얼굴을 지닌다. 거의 평민들에게만 자살을 탄압하고 귀족들은 봐주는 식이다. 귀족들은 '자기 살인'을 피할 수 있는 대체행동들

---

16 Schmitt, "Le suicide au Moyen Âge", pp.14, 17.

이 있었기 때문이다. 마상시합, 사냥, 전쟁, 십자군 원정은 남의 손에 죽거나 자살 성향을 승화시키기에 좋은 기회였다. 반면, 농민과 수공업자는 자신의 불행을 끝장낼 수단이 밧줄로 목을 매거나 물에 뛰어드는 것밖에 없었다. 따라서 직접적 자살은 이들에게서 훨씬 더 많이 나타났다.

이러한 차이는 권리와 도덕에서 재발견된다. 대의를 위한 이타적 자살이든 사랑·분노·광기에서 비롯된 자살이든 귀족의 간접 자살은 허용될 수 있었다. 그러한 자살은 어쨌든 귀족의 사회적 역할과 관련된 것이었다. 전쟁에서의 간접 자살이든 연애감정에 의한 자살이든 주변 환경을 문제 삼기 때문에 당사자의 책임은 희석된다. 귀족의 자살은 사회적 행위요, 어떤 면에서는 명예로운 것이었다. 반면, 상놈의 자살은 이기주의자와 비겁자의 고립된 행위다. 그는 몰래 목을 매닮으로써 자신의 책임을 회피한 셈이다. 그의 동기는 절망, 곧 사탄이 사주한 치명적 죄악이다. 귀족은 명예로운 죽음에 이르기까지 자신의 책임을 정면으로 직시했는데 말이다.

필사본에 수록된 미세화, 스테인드글라스, 대성당의 조각상, 프레스코 벽화에 나타나는 우화적 표상들은 이러한 시각을 잘 보여 준다. 5세기 초 프루덴티우스가 지은 장문의 우화시 『프슈코마키아』(Psychomachia, '영의 싸움'이라는 뜻)를 표현한 그림 속에서 이라(분노)는 파티엔시아(인내)를 이기지 못하기에 칼에 찔리고 만다. 그러나 중세의 시각적 표상에서 분노는 인내에 굴복하거나 자신의 옷을 찢는 등의 과격한 표현에 그친다. 여기서 자살을 낳는 본질적 악은 데스페라시오(절망)다. 특히 조토 디 본도네가 1303년에서 1308년 사이에 파도바의 델 아레나 예배당에 그린 벽화는 이 점을 잘 보여 준다. 이 그림 속에서 이라는 옷을 찢고 있지만 데스페라시오는 목을 매달았다. 미세화뿐만 아니라 도덕론에서도 분노는

'고결한' 악이기에 좀체 자살과 연결되지 않는다. 광기와 '열광'을 제외하면 자살은 거의 항상 절망의 산물이다.

자살 성향이 있는 성직자들도 특수한 하나의 부류로 묶인다. 문헌상으로 사제나 수도승의 자살은 극히 드문 일이다. 그러나 추문을 일으키지 않기 위해 은폐하거나 사고나 자연사로 위장하는 경우가 많았을 것이다. "수도원들에 자살병이 돈다는 소문을 들었다. 많은 남녀 수도자들이 이 빽빽한 세상에서 도망친 까닭은 신비주의 때문이든가 절망, 곧 그놈의 '나태'(acedia) 때문일 것이다. 자살이라는 현상은 분명히 존재했으나 그 비율이 얼마나 되었는지 추정할 자료는 없다."[17] 베르나르 폴랭은 이렇게 썼다. 성직자들의 연대의식, 이 집단의 강력한 결속과 특권적 성격은 자살의 제한 요소로 작용했을 법하다. 그럼에도 이를 반박할 만한 예들이 웬만큼 존재한다. 심지어 성왕 루이 시대에 수아송 주교를 지냈던 자크 드 샤스텔이 그랬듯이 주교급에서도 그러한 예는 있었다.

자살한 성직자의 시신은 민법에 의한 형 집행은 면했다. 14세기 말에 왕실 법관 장 르 코크는 성직자는 온전한 정신으로 자살을 해도 그 시신을 관할 교구의 주교에게 인도해야 한다고 선언하고 얼마 전에 자살한 생트 크루아의 원장신부에 대하여 이렇게 덧붙였다. "그는 사제였으므로 시신이 교수되어서는 안 된다."[18] 1412년에 루앙에서 전형적인 사건이 터졌다. 성직자 장 미뇨가 스스로 목을 맨 것이다. 종교재판소의 판사는 추문을 덮기 위해 시신을 밤중에 조용히 묘지에 묻을 것을 명했다. 그런데 이 사실이 알려지고 말았다. 시신을 도로 파내고 더럽혀진 땅을 새로이

---

17 B. Paulin, *Du couteau à la plume: Le suicide dans la littérature anglaise de la Renaissance(1580-1625)*, Lyon, 1977, p.32.
18 Dumoulin ed., *Quaestiones Joannis Galli*, II, p.599.

축성해야 했다. 하지만 시신을 질질 끌고 다니거나 목매달지는 않고 그냥 축성되지 않은 땅으로 이장하는 선에서 그쳤다.[19]

사실, 이따금 민법과 교회법 사이의 의견차가 발생했다. 특히 자살한 사람의 재산을 지방 풍습에 따라 몰수하는 문제를 두고 곧잘 이러한 의견차가 빚어졌다. 몽트뢰유 벨레에서 칼로 자신을 찔러 자살한 사제 장 앙브루아 사건에 대해서도 앙주에서 문제가 제기됐다. 푸아티에 주교와 탕카르빌 백작이 재산몰수권을 두고 다툼을 벌였다. 1463년 문헌 『앙주의 옛 풍습』은 백작의 편을 들어 주는 듯하다. "자기 자신을 살해한 사람은 누구나 말에 매달아 끌고 다닌 후 교수해야 한다. 모든 동산(動産)을 압수하여 영주, 남작, 성주, 그 외 압수재판권을 가진 사람, 이러한 일이 자행된 곳에서 땅에서 심판권을 지닌 그 누군가에게 귀속시켜야 한다. 유언이 있느냐 없느냐, 자살자의 신분이 무엇이냐에 따라 이러한 관습을 차등적으로 적용해서는 안 된다. 몽트뢰유 벨레 영주 탕카르빌 백작께서 몽트뢰유 벨레에서 칼로 자살한 장 앙브루아라는 사제의 재산을 환수한 일에 대하여 푸아티에 주교께서 망자는 교회의 사람이요, 유언 없이 죽었다고 이의를 제기하였으나 백작의 처사는 합당하였다."[20]

유대인과 이단자의 자살

중세에는 유대인과 이단자의 자살이라는 또 다른 부류의 자살도 있었다. 유대인들의 자살은 주로 그리스도교의 박해에서 비롯되었다. 특히 십자

---

19 Beaurepaire, *Précis des travaux de l'Académie de Rouen*, 1892, p.133.
20 Bayet, *Le suicide et la morale*, p.471.

군 원정 기간이나 그보다 조금 앞선 시기에 그러한 박해는 절정에 달했다. 그래서 1065년에 마인츠에서 연대기 저자 알베르투스 아퀸엔시스는 이렇게 썼다. "유대인들은 그리스도교인들이 무기를 들고 자신들과 힘없는 어린아이들에게까지 달려드는 모습을 보고 무기를 들어 같은 신앙을 가진 자들과 처자식, 어머니와 누이를 서로 죽여 주었다. 입에 담기도 끔찍한 일이었다! 어머니들은 검을 들고 자기들이 젖을 먹이던 아이의 목을 베고 다른 아이들도 찔러 죽였으니 할례를 받지 않은 자들의 손에 떨어지는 것보다는 어미의 손에 죽는 편이 낫다고 생각하였음이라."[21] 마사다 항전[22]의 전통에 따른 집단자살의 예는 1069년에도, 12세기 영국에서도, 1320년과 1321년에도 있었다.[23]

이단의 자살은 박해 때문에, 혹은 독자적인 신앙의 이름으로 자행되었다. 개종을 거부하고 형벌을 피하려는 뜻에서 자결을 택하는 경우는 많았다. 라울 글라베는 11세기의 사례들을 다수 전한다.[24] 오를레앙에서 스스로 화형대에 올라간 어느 이단 집단도 그러한 예에 속한다. 알비파(派)를 진압하는 과정에서도 같은 경우가 수차례 발생했다. 74명의 카타리파 기사들은 스스로 불 속에 뛰어들었다.[25] 게다가 십자군 원정에 참여한 수장들은 알비파의 신앙적 고집을 잘 알고 있었으므로 그들의 죽음에 대한 책임을 면하기 위하여 자살로 내몬 면도 없지 않았다. 그래서 시토 수도

---

21 Albert d'Aix, *Histoire des faits et gestes dans les régions d'Outre-Mer*, coll. Guizot, XX, p.39.
22 서기 70년경에 일어난 유대인들과 로마군의 전쟁. 당시에 유대인들은 로마인들의 손에 치욕을 당하지 않기 위해 가족을 죽이고 자신들도 죽을 때까지 싸웠다.—옮긴이
23 J. Ha-Cohen, *La vallée des pleurs*, trans. J. Sée, 1881; Raoul Glaber, *Chronique*, coll. Guizot, VI, p.267. 1320년에는 파스토로파(派)에게 포위당한 500명의 유대인이 서로의 목숨을 끊는 방식으로 자결하는 일이 있었고 1321년에는 독살 혐의로 고발당한 40명의 유대인이 집단자살했다(G. de Nangis, *Chronique*, coll. Guizot, XI, pp.344, 352).
24 Glaber, *Chronique*, III, p.279.
25 de Nangis, *Chronique*, XI, p.107.

원장 아르노 아모리는 미네르브 포위공격에서 이단자들을 포로로 잡고 서 "그리스도의 원수들이 죽기를 바랐으나 그는 사제이자 수도사로서 차마 그들이 죽게 할 수는 없었다"고 연대기 저자 피에르 드 세르네는 전한다. 수도원장은 포로들에게 죽음과 개종 둘 중 하나를 택하게 했다. 그는 자기 입으로 시몽 드 몽포르에게 말했듯이 그들이 전자를 선택할 것임을 잘 알고 있었다.[26] 그러나 영웅적인 시대의 자발적인 그리스도교 순교자들은 존경할 만할지언정 기쁜 마음으로 화형대로 걸어가는 알비파들에게는 그렇지 못했다. 악마가 알비파들에게 그 같은 대담성을 불어넣는다고 생각했기 때문이다. 어쨌거나 똑같은 자살 행위를 해도 그리스도교 순교자들은 구원받고 알비파 순교자들은 저주받는다.

카타리파에게도 의식화된 자결, 즉 '엔두라'(endura, 오래 참음)가 있었다. 이는 '콘솔라멘툼'(consolamentum, 위령 안수의식)을 받은 후부터 단식을 행하여 스스로 목숨을 끊는 것이었다. '완전에 이른' 카타리파는 이처럼 자결함으로써 지상의 삶을 연장하여 악의 세력에 넘어가지 않고 영원한 구원을 얻는다고 보았다. 일반적으로 엔두라는 중병에 걸려 죽어갈 때에 실시되었다. 에마뉘엘 르 루아 라뒤리는 13세기 몽타유에서 있었던 몇 가지 사례를 보여 준다. 그를 통해서 이 의식이 아주 철저하게 시행되지는 않아서 중도 포기자들이 많았다는 점도 알 수 있다. "누구보다 의지가 투철하고 온전히 신실한 카타리파 사람이라도 훌륭한 자살이 있을지언정 기꺼운 자살은 없다."[27]

따라서 중세 중기는 자살을 하나로 싸잡아 비난하기보다는 미묘한

26 Pierre de Vaulx de Cernai, *Chronique*, coll. Guizot, XII, p.98.
27 E. Le Roy Ladurie, *Montaillou, village occitan, de 1294 à 1324*, Paris, 1975, p.343.

구별을 두고 바라보았다고 할 수 있다. 행위 그 자체보다는 자살자의 동기, 인물, 사회적 출신이 더 중요했다. 물론 법과 원칙은 매우 엄격했으나 그 적용 실태는 놀랄 만큼 유연했다. 그리스도교 문명에서 자살을 죄로 보는 원칙은 자명하지도 않고 본래적이지도 않다. 사실, 그리스도교의 초기 자료들은 이 주제에 대해 침묵하거나 애매한 태도를 보인다.

히브리 문화권에서의 자살

구약성서는 자발적 죽음의 몇몇 사례를 철저하게 중립적으로 다룬다. 사울 왕은 팔레스타인과의 전투에서 패하고 칼로 스스로 목숨을 끊었다. 『사무엘서』는 그저 "그러자 사울은 손수 칼을 뽑아 자결하였다"라고만 말한다.[28] 아비멜렉도 어느 여인이 던진 맷돌에 머리를 맞고는 자신의 종에게 이렇게 말한다. "내 칼을 뽑아 나를 죽여라. 여자에게 죽었다는 말을 들을 수는 없다."[29] 삼손도 자신과 팔레스타인 사람들의 머리 위로 신전을 무너뜨렸으니 스스로 목숨을 끊은 셈이다. 마타티아스의 아들 엘르아잘은 베트가리아 전투에서 안티오쿠스 5세에 항거하여 싸우던 중에 "동포를 구하여 불멸의 이름을 남기기 위하여"[30] 스스로 코끼리 밑으로 뛰어들어가 죽었다. 니카노르의 군사에게 쫓기던 라지스의 자결은 주목할 만하다. "이렇게 포위를 당한 라지스는 자기 칼로 자기 배를 찔렀다. 악당들의 손에 넘어가 폭행을 당함으로써 자신의 고귀한 생애에 오점을 찍느니 차라리 깨끗하게 죽어 버리겠다고 생각했던 것이다. 라지스는 너무 서두

---

28 『사무엘상』 31:4.
29 『판관기』 9:54.
30 『마카베오상』 6:44.

르다가 급소를 찌르지 못하였다. …… 라지스는 그래도 죽지 않고 피가 콸콸 솟고 상처가 위중한데도 군중을 헤치고 달려가서 우뚝 솟은 바위 위에 올라섰다. 그의 피가 다 쏟아져 나왔을 때에 라지스는 자기 창자를 뽑아내어 양손에 움켜쥐고 군중에게 내던지며 생명과 영혼의 주인이신 하느님께 자기 창자를 다시 돌려주십사 하고 호소하였다. 그는 이렇게 죽었다."[31] 지므리는 수도가 함락된 것을 보고 궁전에 불을 지르고 자신도 불에 타 죽었다.[32] 다윗 왕 치세에 아히도벨은 자신의 계략이 실패하자 "식구들에게 유언을 남기고 목매어 죽었다. 그는 선산에 묻혔다."[33] 프톨레매오 마크론이라는 자는 반역자로 고발을 당하자 독을 마시고 자결했다.[34] 라구엘의 딸 사라는 중상모략을 당하고는 스스로 목을 맬까 고민한다.[35]

이 자살들은 대체로 영웅적인 행위로 간주되었다. 이러한 전통이 지속되다가 1, 2차 유대전쟁에서 더욱 확장되어 개인 및 집단자살이 크게 늘었다. 플라비우스 요세푸스의 저작도 이 영웅적 행위들을 전한다. 파르티아 사람들의 포로가 된 파자엘은 사슬에 묶인 몸으로도 "바위에 머리를 부딪혀 스스로 죽을 방법을 포기하지 않고 찾았으니 이 명예로운 행위로써 그가 히르카누스와 같은 비겁자가 아니라 헤로데의 진정한 형제임을 보여 주었다."[36] 로마인들이 예루살렘의 어느 한 탑을 공격하고 불을 지르자 유대인들은 "불에 타 죽느니 칼에 죽자며 서로의 목숨을 끊어 주었다."[37] 사울의 아들 시몬은 전투 중에 가족을 모두 죽이고 "모두가 볼 수

---

31 『마카베오하』 14:41~46.
32 『열왕기상』 16:18.
33 『사무엘하』 17:23.
34 『마카베오하』 10:13.
35 『토빗기』 3:10.
36 Flavius Josèphe, *La guerre des Juifs*, I, 11.
37 *Ibid.*, II, 5.

있도록 시체들의 산 위로 올라가 팔을 높이 들어 올려 즉사할 수 있게끔 자신을 칼로 찔렀다".[38] 로마인들도 예외는 아니었다. 롱구스는 자기 몸에 스스로 검을 찔러 넣었다.[39]

이러한 예들을 나열하기보다는 요세푸스가 말하는 '영웅적 행위들'의 정점이라 할 수 있는 마사다 항전을 살펴보자. 서기 73년, 1000여 명의 유대인들은 바위 요새에서 로마인들에게 악착같이 항거하였으나 결국 요새가 함락될 위기에 이르렀다. 유대인들의 수장 엘레아잘은 상황에 걸 맞지 않은 장문의 연설로 집단자살을 종용한다. 이 연설은 구약성서적인 맥락에 스토아주의, 신플라톤주의, 힌두교를 연상케 하는 요소들을 결합한 명실상부한 자살옹호론이다. 우리는 여기서 철학에서의 고전적인 자살론을 볼 수 있다. 이는 곧 죽음은 잠이요, 죽음이 우리를 짧고 불행한 삶에서 해방시켜 준다는 생각이다. 따라서 불행밖에 기대되지 않는 상황에서 굳이 삶을 지속하려는 것은 사리에 맞지 않다. 언젠가는 죽어야 할 우리가 죽기에 가장 좋은 때를 스스로 결정하지 못할 이유가 어디 있나? 우리의 영혼은 육신의 감옥에서 떠나 이 보잘것없는 지성에서의 삶 이후의 복된 불멸로 나아가기를 원한다. 그래서 자살은 우리 자유의 지고한 표식이요, 우리를 모든 악에서 승리하게 한다. 어쨌든 신은 우리의 징벌을 원한다. 이 연설의 어떤 대목들은 유대인의 사고방식을 훨씬 넘어서는 울림을 지닌다.

"은총에 합당하지 못한 사람들은 되지 맙시다. 하느님께서는 우리가 아직 스스로 자유로이 명예롭게 죽을 수 있게 해주셨습니다. 지지 않을

---

38 *Ibid.*, II, 34.
39 *Ibid.*, VI, 19.

거라는 희망으로 자기 위안을 삼은 자들은 결코 누리지 못했던 행복입니다. 적들은 무엇보다 우리를 생포하길 바라고 있습니다. 우리가 아무리 기를 쓰고 저항해도 내일이면 요새의 함락을 면치 못할 것입니다. 하지만 우리가 우리에게 각별한 이들과 함께 용감한 죽음으로써 경고를 보낸다면 그들도 어쩔 수 없을 겁니다. …… 우리가 스스로에게 내리는 이 벌이 우리가 받을 벌보다는 가벼울 겁니다. 우리의 아내가 명예를 잃지 않을 것이요, 우리의 자식이 자유를 빼앗기지 않을 것이요, 우리는 비록 운이 없었으나 수치스럽게 포로가 되지 않고 우리 조국의 폐허에 묻힘으로써 명예롭게 매장될 것이라는 확신을 가지고 죽기 때문입니다. …… 어쨌든 더는 아무것도 두려워할 필요가 없을지라도 누가 이 가증스럽고 비참한 일을 생각하고도 감히 살아서 햇빛을 보기 원하겠습니까? 좀더 말해 보자면, 누가 감히 이러고도 살아 있음을 커다란 불행으로 여기지 않을 만큼 조국과 원수지는 비겁자가 될 수 있겠습니까? 이 거룩한 성이 완전히 무너진 꼴, 우리의 성전이 노략질과 방화로 폐허가 된 꼴을 보기 전에 먼저 죽은 자들의 행복을 어찌 부러워하지 않겠습니까? 용감히 싸우면 어떤 식으로든 원수들에게 복수할 수 있으리라는 희망만이 우리를 지탱해 주었는데 이제 그 희망은 사라졌습니다. 그러니 아직 죽을 수 있을 때에 스스로 죽기를 어찌 지체하겠습니까? 우리의 처자식들에게 베풀 수 있는 가장 큰 은혜가 그들의 목숨을 끊어 주는 것이거늘 어찌 지체하겠습니까? 우리는 어차피 죽으려고 태어났습니다. 인간이라면 누구나 이 자연의 섭리를 따를 수밖에 없습니다. 아무리 건장한 사람, 아무리 복 많은 사람이라도 이 섭리에서 벗어날 수 없습니다. 그러나 자연은 우리에게 능욕과 예속을 참으라고 강요하지 않습니다. 아내가 명예를 더럽히고 자식이 자유를 빼앗기는 꼴을 우리가 죽음으로 면해 줄 수 있는데도 비겁하게 보고만 있으라고 강요하지 않습니다."[40] 이리하여 이날 960명의 유대인이 자결했다.

독이 있으면 해독제도 있는 법,『유대전쟁사』에서는 엘레아잘의 연설에 정반대되는 주장도 볼 수 있다. 이번에는 요세푸스가 민감한 상황에서 직접 자신의 뜻을 밝힌다. 요세푸스가 자기편 사람들과 함께 로마인들의 포로가 된다. 그는 로마인들이 그들의 목숨을 빼앗지 않겠다고 약속하자 자기편 사람들에게 자살을 하면 안 된다고 말한다. 여기서도 상황에 맞지 않게 장황하고 철학과 종교 일반을 다루는 연설이 등장한다. 실제로 이 연설에 포함된 모든 논증들이야말로 오늘날에 이르기까지 수없이 되풀이되는 자살반대론의 기조라고 할 수 있다. 자살은 변절과 유사한 비겁행위다. 우리는 생존본능을 타고났기 때문에 자살은 자연의 섭리를 거스르는 행위다. 우리에게 생명을 준 신이 우리의 주인이기 때문에 자살은 신에 대한 공격이다. 우리는 신의 피조물이니 그가 만든 것을 빼앗을 권리가 없다. 자살을 하면 지옥에 가고 자살자의 시신은 구경거리가 된다.

"죽음을 좇을 이유가 없을 때, 단지 의무감에서 죽음을 무릅써야 할 때에는 스스로 목숨을 끊는다 해도 죽음을 두려워하거나 회피하는 것보다 비겁하다고 할 수 없습니다. 우리가 로마인들에게 항복하지 않는 것도 죽음이 두렵기 때문 아닙니까? 확실하지 않은 죽음을 피하고자 확실한 죽음을 택한다면 어떻게 보일까요? 예속을 피하기 위해서라고 말한다면 나는 지금 우리가 처한 상황이 과연 자유롭기나 한지 묻고 싶습니다. 또 누군가가 스스로 죽는 것이 용기 있는 행위라고 말한다면 나는 오히려 비겁한 짓이라 말하겠습니다. 이는 소심한 키잡이가 폭풍을 만날까 두려워

---

40 Josèphe, *La guerre des Juifs*, VII, 34.

위험이 닥치기도 전에 자기 배를 물속에 처박는 거나 다름없습니다. 마지막으로, 이는 모든 동물들의 감정에 역행하는 행위요, 신을 모독하는 불신행위입니다. 신께서 동물들을 만드시고 그 모두에게 결코 죽고자 하지 않는 본능을 주셨으니까요. 스스로 목숨을 끊는 동물들을 보았습니까? 동물들은 살고자 하는 욕망을 확고한 법칙처럼 타고나지 않습니까? 우리가 우리의 목숨을 위협하는 자들을 원수로 여기고 벌하는 것도 마찬가지 이유에서가 아닙니까? 우리는 신께 목숨을 받았으니 인간이 감히 신의 선물을 능멸한다면 신께서 괘씸히 여기시지 않겠습니까? …… 주인이 아무리 가혹하더라도 주인에게서 도망간 노예는 벌을 받아 마땅하다는 데에 동의하지 않는 사람은 없겠지요. 신은 우리의 주인이실 뿐 아니라 지극히 선하신 주인이십니다. 그러니 신을 버리는 죄를 지으면 안 된다는 것은 상상할 수 있겠지요! …… 사악한 광기에 빠져 스스로 목숨을 끊은 불신자들의 영혼은 지옥의 어둠에 속히 떨어집니다. …… 이 같은 죄의 무서움을 잘 아시는 우리의 지극히 현명한 입법자께서 자살한 자의 육신은 해가 비치는 동안 매장하지 말고 먼저 전쟁에서 죽음당한 자들을 매장하게끔 명하셨습니다. 또한 어떤 나라에서는 분을 못 이겨 자기 자신에게 칼을 겨눈 자들의 죄악된 손을 자르게 합니다. 이는 그자들이 육신에서 영혼을 분리했으니 그들의 육신에서도 죄악된 손을 분리함이 마땅하다 여기기 때문입니다. …… 나는 내가 지닌 믿음에 대하여 용서받지 못할 배신을 저지름으로써 나 자신의 적이 되고 싶지 않습니다."[41]

이 연설은 요세푸스의 동료들을 설득하지 못했다. 자살은 한 사람씩 제비를 뽑아 동료를 죽여 주는 방식으로 이루어지기 시작했고 결국 두 사

---

41 Josèphe, *La guerre des Juifs*, III, 25.

람밖에 남지 않았다. 요세푸스는 다른 한 사람을 잘 설득하여 자살을 면하고 두 사람은 함께 로마에 투항했다.

어느 쪽을 믿어야 할까? 자신이 직접 자살할 위기에 놓여 자살반대론을 펼치는 요세푸스? 아니면 (엘레아잘의 연설은 요세푸스의 창작이 명백하므로) 엘레아잘의 목소리를 빌려 자살옹호론을 펼치는 요세푸스? 이 문제는 매우 부수적이다. 중요한 것은 구약성서와 직결된 유대인들의 세계에서 자살에 대한 입장은 고정되어 있지 않았음을 확인하는 데 있다. 1세기 후반, 그러니까 유대교와 그리스도교가 분리되던 때까지도 그랬다. 요세푸스는 자살에 대한 찬반론 모두를 제시한다. 도덕주의자, 신학자, 철학자 들이 20세기가 될 때까지 이 찬반론에 크게 덧붙인 바는 없다. 역사적 상황에 따라 어떤 때는 자살에 좀더 관대해지고 어떤 때는 좀더 가혹한 태도가 나타났을 뿐이다. 성경에서 항변의 여지없이 결정적으로 자살을 허락하거나 배척하는 어떤 논증을 끌어낼 수가 없기 때문이다.

물론 모세의 율법에서 살인하지 말라는 제5계명을 자살에 대한 금지로 읽을 수도 있다. 그러나 이 계명이 자기 자신의 생명에도 적용되는지는 명시되지 않는다. 우리가 살펴보았듯이 성경은 자살의 사례를 전하면서 타살의 경우처럼 명백하게 비난을 하지 않는다. 게다가 제5계명은 다양한 예외들을 인정한다. 전쟁에서 적군을 죽이거나 정당방위로 사람을 죽이거나 죄인을 처형하는 것은 죄가 되지 않는다. 그러므로 중세 그리스도교가 성경에서 자살반대론의 근거를 찾기란 상당히 곤란했다. 자살에 대한 해석들이 매우 다양한 것도 그 때문이라고 볼 수 있겠다.

2장
중세의 유산: 광기와 절망 사이에서

중세는 처음에는 자살에 대해서 주저하는 입장처럼 보인다. 그리스도교의 기초가 되는 문헌들의 입장이 분명치 않고 교회의 입장도 점진적으로나마 일관성을 띠게 되었기 때문이다.

"나는 내 양들을 위하여 목숨을 바친다"

그리스도교는 신약성서를 토대로 유대교의 세계에서 떨어져 나오게 된다. 그러나 신약성서 어디에서도 자살을 직접적으로 다루지는 않는다. 그리스도의 죽음은 사실상 자살이 아닌가? 이 단도직입적인 질문은 충격을 불러일으킨다. 하지만 요한이 전하는 예수의 말, 즉 "누가 나에게서 목숨을 빼앗아 가는 것이 아니라 내가 스스로 바치는 것이다"라든가 "나는 내 양들을 위하여 목숨을 바친다"[1] 같은 발언은 자발적으로 선택한 죽음, 소위 자살에 대한 긍정 아닌가? 요한이 기록한 이 문장들은 중세 신학자들

---

1 『요한복음』 10:15.

을 당혹스럽게 했다. 그래서 오리게네스는 이렇게 말했다. "우리가 말을 두려워하지 않고 사태에 주의를 기울인다면 예수께서 거룩하게 자살하셨다는 표현보다 더 적합한 것이 없을 듯하다."[2]

그리스도는 유월절을 맞으러 예루살렘에 입성하면서 자신의 운명을 이미 알고 있었다. 그는 알면서도 자신의 죽음을 향하여 걸어갔고 재판을 받는 동안 죽음을 피하기 위한 일은 아무것도 하지 않았다. 예수의 자살은 신인(神人)과 대속이라는 맥락에서 일반 자살과는 전혀 다른 의미, 전혀 다른 차원을 지닌다. 그러나 애매한 구석은 있다. 그리스도교인은 모든 면에서 자신의 주님을 본받아야 한다. 게다가 그는 자기희생을 권유받는다. "제 목숨을 살리려고 하는 사람은 잃을 것이며 나를 위하여 제 목숨을 잃는 사람은 얻을 것이다."[3] "누구든지 나에게 올 때 자기 부모나 처자나 형제자매나 심지어 자기 자신까지 미워하지 않으면 내 제자가 될 수 없다."[4] "누구든지 자기 목숨을 아끼는 사람은 잃을 것이며 이 세상에서 자기 목숨을 미워하는 사람은 목숨을 보존하며 영원히 살리라." "벗을 위하여 제 목숨을 바치는 것보다 더 큰 사랑은 없다."[5]

바울로, 야고보, 베드로, 루카, 요한이 신도들에게 지상에서의 삶을 외면하라고 권고하는 대목들은 신약성서에 넘쳐 난다. 지금의 삶은 보잘것없고 짧으면 짧을수록 좋다는 주제가 끊임없이 되풀이된다. "나는 조금도 목숨을 아끼지 않겠습니다"[6]라는 성 바울로의 말은 구약성서의 여러 대목들과 호응한다.

---

2 Origen, *Commentary on John*, XIV, 554.
3 『마태오복음』 16:25.
4 『루카복음』 14:26.
5 『요한복음』 12:25; 15:13.
6 『사도행전』 20:24.

초대 그리스도교 신자들은 박해를 받는 동안 이러한 뜻에 입각하여 기꺼이 순교했다. 1세기 말에 성 요한은 "그들은 목숨을 아끼지 않고 죽기까지 싸웠다"라고 기록했고 "하느님의 말씀을 전파했다고 해서 목이 잘린 사람들"[7]을 하늘나라에서 보았다고 했다. 2세기에 성 유스티누스는 『호교론』에서 죽음으로 달려간 그리스도교인들을 찬양했고 3세기 초에 테르툴리아누스와 몬타누스파도 자발적 순교를 옹호했다. 『순교행전』에는 스스로 죽음을 택하거나 집권층에 항거하기 위하여 의도적으로 죽음에 뛰어든 이들의 예가 넘쳐 난다.

그리스도교는 지상의 삶, 곧 '세상'에서의 삶은 가증스러우니 신과 영생에 이르는 죽음을 열망해야 한다는 애매한 분위기 속에서 탄생하고 발전했다. 특히 교회사 초기에는 이러한 경향이 매우 두드러졌다. 성 요한에 따르면 이 애매성은 그리스도의 말씀에도 그대로 있다. 유대인들이 예수가 자살을 하려 한다고 생각한 때가 있었다. "예수께서 다시 그들에게 말씀하셨다. '나는 간다. 그러면 너희는 나를 찾다가 자기 죄에서 헤어나지 못하고 죽을 터이니 내가 가는 곳에는 오지 못할 것이다.' 이 말씀을 듣고 유대인들은 '이 사람이 자기가 가는 곳에 우리는 가지 못할 것이라고 하니 자살이라도 하겠다는 말인가?' 하고 중얼거렸다."[8]

그러나 그리스도교인의 죽음은 신심의 증거라야만 했다. 죽음 그 자체를 추구하거나 절망을 이유로 죽음을 원해서는 안 된다. 순교자의 복된 죽음은 죄인의 절망적인 죽음과 극명하게 대조된다. 그래서 유다의 자살은——추정에 불과하지만——행위 그 자체보다는 그 행위를 불러일으킨

---

7 『요한묵시록』 12:11; 20:4.
8 『요한복음』 8:21~22.

절망 때문에 금세 욕되고 저주받은 죽음의 원형이 되었다. 복음서 저자 가운데 유다가 스스로 목을 맸다고 기록한 사람은 마태오뿐이다. 다른 복음서들에는 아무 언급도 없다. 『사도행전』은 반대로 유다가 넘어져서 죽었다고 전한다. "그는 땅에 거꾸러져서 배가 갈라져 내장이 온통 터져 나왔습니다."[9] 중세의 세밀화가들은 이 두 증언을 적당히 조합하여 유다를 배가 다 갈라진 채 목매단 모습으로 그렸다. 마찬가지로, 바울로와 그 무리가 기적적으로 무사히 감옥에서 나왔을 때에 간수는 이 일의 책임을 면치 못할 것이 두려워 "칼을 뽑아 자살하려고"[10] 한다. 바울로가 이를 말리고 간수는 그리스도교로 개종한다. 순전히 인간적인 이유나 절망에서 비롯된 자살은 '헤로운' 행위라고 바울로는 말한다.

삶은 멸시할 만하나 참아 내야 한다. 죽음은 바랄 만하나 스스로 죽어서는 안 된다. 그리스도교인의 삶은 이 어려운 연습에 뿌리를 내려야 한다. 신약성서에서 단초를 얻어 여러 신앙 유파들에서 발전된 주요한 가르침들은 오히려 자발적 죽음을 자극하는 콘텍스트를 구축했다. 그럼에도 자살을 금기시하는 도덕이 수립될 수 있었던 것은 그리스도교 사상가들이 정전에 부합하는 억제 조치를 바탕으로 온갖 신학적 수완을 발휘했기 때문이다.

자발적 순교

그리스도교의 기원을 수립한 사건은 일종의 자살이요, 사도들의 기록은

---

9 『사도행전』 1:18.
10 『사도행전』 16:27.

자발적 희생을 한껏 찬양한다. 수많은 순교자들이 기꺼이 그리스도의 본보기를 따랐기에 교부들은 무려 3세기 동안 이를 걱정하고 스스로 질문을 제기하게 된다.

성 아타나시우스는 원칙적으로 그리스도교인은 스스로 죽음을 구해서는 안 된다고 하면서도 그리스도가 보인 모범을 생각하여 그들을 비난하지는 못했다. 나시안스의 성 그레고리우스는 일반적인 자살을 단죄하면서도 마카베오 형제의 모친의 자살은 찬양했다. 닛사의 성 그레고리우스는 위대한 순교자 테오도루스의 자발적 죽음에 갈채를 보냈고, 성 바실리우스는 성 줄리에트의 순교를 찬양했다. 성 히에로니무스는 모순 앞에서 꿈쩍하지 않는다. 그는 스스로 목숨을 버리는 그리스도교인들을 비난하면서도 재혼보다는 죽음을 택한 이교도 과부들을 칭찬한다.[11] 알렉산드리아의 성 베드로는 자발적으로 죽는 자들을 비난하나 굽히지 않는 자들을 칭찬한다. 오리게네스와 알렉산드리아의 디오니시우스는 예수가 스스로 목숨을 내놓았다 말하면서도 그리스도교인들에게는 죽음을 무릅쓰느니 도피하는 편이 낫다고 권고한다. 성 키프리아누스도 조심스럽게 물러날 것을 권한다. 성 암브로시우스는 자살을 비난하면서도 이렇게 말한다. "높이 살 만한 죽음의 기회가 오거든 당장 그 기회를 잡아야 한다." "죽음을 피하지 말라. 하느님의 아들은 죽음을 거절치 않으셨다."[12] 그는 삼손의 자살도 찬양한다. 알렉산드리아의 성 클레멘스는 그리스도교인의 자살을 애매한 구석 없이 딱 잘라 비난한 유일한 인물이다. 그는 스스로 죽는 자는 순교에 대한 잘못된 시각으로 신의 뜻을 제멋대로 추측하

---

11 Saint Jérôme, lettre XCI.
12 Saint Ambroise, *De officiis*, II, 30; *De excessu fratris sui satyri*, II, 44~46.

는 셈이라고 했다. 반면에 『디다스칼리아』(*Didascalia*, 일명 '사도계율')와 『사도헌장』에는 이 행위의 아름다운 면과 수치스러운 과실의 위험성 사이에서 망설이는 듯한 태도가 보인다. 역사가 유세비오스는 전혀 비난하는 기색 없이 수많은 순교자들의 예를 들어 보인다. 세 명의 그리스도교도 돔나, 베레니케, 프로스도키무스가 그렇듯이 이중 일부는 자발적인 숭배의 대상이 되기까지 했다.

이러한 망설임은 순교 외의 상황들에까지 확장된다. 314년 앙키라 공의회에서 공포된 법령 제25조는 남성의 유혹에 넘어가 임신했다가 버림을 받고 자살한 여인을 단죄한다. 당시의 그리스도교 도덕주의자들은 대부분 신플라톤주의에 입각해 있었다. 이들은 원칙적으로 자살을 죄악시하되 특수한 예외 상황——이를테면 소크라테스처럼 도시국가의 명에 따라 스스로 독배를 마신다든가——에서 지나치게 가혹한 운명이나 수치를 면하기 위해 죽음을 택하는 것은 용인했다. 따라서 교리는 아직 확고하게 굳어진 상태가 아니었다. 실제로 교회법은 수많은 죄들을 극도로 준엄하게 다스리고 공식적인 조정을 요구하면서도 자살자들에 대해서는 아직 어떤 징계도 생각지 않고 있었다.

다른 여러 영역에서 그랬듯이 교리와 처벌에 대한 입장도 이단 종파들과의 투쟁 과정에서 강경하게 변했다. 348년 카르타고 공의회에서부터 자살을 찬양하는 도나투스파에 대한 반작용으로 자발적 죽음은 규탄의 대상이 되었다. 381년에 알렉산드리아 주교 디모테우스는 정신이상이 확실시되는 경우를 제외한 모든 자살자들은 교회가 기도를 올려 줄 수 없다고 결정했다. 자기 자신을 죽인 사람들은 지옥에 간다는 뜻이다.

성 아우구스티누스와 자살 금지

성 아우구스티누스에 이르러 이러한 강경론은 더욱 뚜렷해진다. 그가 『신국론』에서 발표한 엄격한 교리는 훗날 교회의 공식 입장이 되었다. "우리가 말하고, 선언하고, 확증하나니 어떤 식으로든 일시적인 고행을 피하기 위해 스스로 죽는 자는 영벌에 떨어질 위험을 무릅쓰는 셈이다. 아무도 타인의 죄를 위하여 자기 목숨을 내놓아서는 안 된다. 타인의 죄가 우리를 더럽히지 못하니 이는 가장 큰 죄를 범하는 것이다. 아무도 사후의 삶이 더 나을 거라는 희망으로 스스로 목숨을 끊어서는 안 된다. 스스로 죽는 죄를 저지른 자들은 그러한 내세에 결코 이르지 못한다."[13]

모든 종류의 자살에 대한 금지는 제5계명을 근거로 삼아 어떤 예외도 두지 않는 것이다. 주교는 그 외 다른 조처들로 이 금지를 더욱 강화했다. 자살자는 시험을 이겨 내지 못한 비겁자요, 다른 사람들이 자기를 어떻게 생각하느냐를 중시하는 허영심에 물든 자이다. 카토는 그 두 가지 악덕을 결합한 인물이다. 어떤 상황도 자살의 구실은 될 수 없다. 루크레티아처럼 강간을 당했어도(영혼에 거리낌이 없는데 왜 자살을 한단 말인가? 본의는 아니었으나 그녀도 쾌감을 느꼈다면 살아서 속죄를 해야 한다), 유혹을 피하고 싶어도(이는 가능성으로만 남아 있는 죄를 피하고자 회개할 기회조차 없는 확실한 죄를 저지르는 셈이다), 괴로움과 고통을 피하고 싶어도(비겁한 행위이므로), 너무 큰 잘못을 저질렀기에 절망한다 해도(유다처럼 또 다른 죄를 짓게 되기 때문에) 자살은 안 된다. 우리는 어떤 경우에도 영생의 문을 우리 스스로 열 수 없다.

---

13 Augustinus, *De civitate Dei*, I, 47.

자살에 대한 절대 금지는 당시 지배적이었던 플라톤주의의 영향과 도나투스파에 대한 과도한 반발에서 유래했다. 플라톤주의자들은 실제로 일부 예외를 인정하긴 했지만 자살을 신권(神權) 침해로 여겼고 이러한 사상은 플로티노스, 포르피리오스, 마크로비우스, 아풀레이우스에게 이어졌다. 성 아우구스티누스는 이 원칙을 '살인하지 말라'는 계명에 비추어 더욱 심화하였다. 그는 생은 하느님이 주시는 신성한 선물이므로 오직 하느님만이 생을 거둬들일 수 있다고 말한다. 그래서 자발적 순교를 옹호하는 도나투스파 이단자들은 죄인들이다.

아우구스티누스는 당혹감이나 모순을 회피하지 않는다. 그렇다면 삼손도 죄인인가? 교회가 우러러보는 성녀 펠라기아는 목숨을 바쳐 순수를 지켰는데 그녀도 죄인이란 말인가? 아우구스티누스는 자신의 도식에 들어맞지 않는 이 예외들에 대해서 그들은 신의 특별한 부름을 받은 것이 분명하다고 인정한다. 예수 그리스도의 죽음이 자발적이었다는 것 또한 부정할 수 없다. 더욱이 제5계명은 절대적이지 않다. 죄인을 사형시키거나 전쟁에서 적군을 죽이는 것은 얼마든지 허용되니까. 수 세기 동안 교회와 세속의 권력자들은 이 역설을 벗어나지 못할 것이다. 전쟁터에서 멀쩡한 장정 수백만 명을 죽이는 자는 칭송을 받지만 자신과 가까운 이들의 고통을 덜어 주기 위해 자살한 불쌍한 인간은 죄인으로 몰린다는 이 역설을. 성 아우구스티누스 자신도 "우상에 바친 고기를 먹는 것보다는 굶어 죽는 편이 낫다"[14]고 했으며 박해를 받을 때에 주교들이 도망쳐서는 안 될 것이라 말한 바 있다.[15]

---

14 Augustinus, *De bone conjugali*, XVI, 18.
15 Augustinus, *Épitre 228 à Honoré*.

자살을 적대시하는 풍조의 사회정치적 맥락(5~10세기)

5세기 초부터 그리스도교 도덕론이 자살에 강경책을 띠게 된 이유를 어떻게 설명할까? 알베르 바예는 이것을 자살에 근본적으로 적대적인 민중의 여론이 미묘한 차이를 구분하는 엘리트 계층의 도덕론을 압박한 결과라고 보았다. 이 가설은 그리 믿음이 가지 않는다. 그렇게 본다면 이는 도덕론에서 민중 신도들의 정서가 교회 지도자들에게까지 영향을 미친 유일한 영역이라고 할 만하다. 물론 그리스도교의 실태에는 여러 가지 오용이 있었고 수많은 미신들이 깊숙이 들어와 있었다. 그러나 결코 이처럼 본질적인 부분에까지 영향을 줄 정도는 아니었다. 게다가 서민이 엘리트보다 자발적 죽음에 더욱 적대적이었다고 볼 만한 근거는 전혀 없다.

민법과 교회법이 동시에 인명의 보호를 강조한 것은 4세기 말~5세기 초에 이루어진 제국의 발전과 관련이 있다. 경제적·인구학적 위기에 처한 로마제국은 디오클레티아누스와 콘스탄티누스 때부터 전제주의 체제로 변한다. 이러한 체제 내에서 개인은 자기 자신에 대한 재량권을 상실한다. 농촌에서는 콜로누스(colonus), 즉 소작제가 확산된다. 소작인은 자유민이지만 토지에 매여 영주(dominus)에게 의존했다. 소작인은 영주의 허락 없이는 결혼을 하거나 성직자나 군인이 될 수 없었다. 332년에 콘스탄티누스는 도망간 소작인은 영주에게 돌려보내야 한다고 정했다. 도시에서는 동업조합의 일원들이 자신들의 신분 조건에 예속되어 있었다. 제국을 유지할 노동력과 군사력이 매우 부족했기 때문에 각 사람은 경제활동이나 군사활동에 징발당했다. 그래서 로마 세계에서 전통적으로 자살에 대해 대단히 너그러웠던 시민법이 강경한 태도를 취하게 된 것이다. 이때부터 재판을 피하기 위해 자살하는 사람의 재산은 몰수당했고 자살이라는 죄와 재산몰수형이라는 벌의 상관관계가 차츰 수립되었다.

한편, 교회는 금욕을 모든 신도들의 의무로 삼고 동정을 지나치게 찬양하는 비정상적 관행을 규탄함으로써 결혼을 재평가하고자 노력했다. 모든 종류의 피임과 낙태는 금지되었고 374년에는 영아 살해가 로마제국 법으로 금지되었다. 또한 영아 유기를 막으려는 노력도 나타났다. 이러한 조치들은 모두 상호 보완적으로 인명을 중시하고 보호하려는 목표를 띠었다. 출산율 저하로 사회의 존재 자체가 위협받았기 때문에 보호 조치가 나온 것이다. 여기서 세속의 권력과 교회의 권력을 구분해 보려는 시도는 아무 소용이 없다. 어차피 콘스탄티누스 시대부터 그 두 권력은 긴밀하게 결합되었기 때문이다.

교회의 소유지는 엄청나게 늘어났다. 교회는 소작농이나 노예를 해방할 뜻이 전혀 없었다. 이들의 삶은 주인에게 예속되었다. 452년에 아를 공의회는 모든 파물리(famuli), 즉 노예와 하인의 자살을 죄로 규정했다. 하인이 자살을 하면 자신을 소유한 주인의 재산을 훔친 격이다. 그의 행위는 반항과 마찬가지요, 그는 '사악한 분노로 가득 찬' 자다. 533년 오를레앙 공의회는 로마법을 승인하여 재판을 피하기 위해 자살했다고 의심되는 자들의 봉헌을 금했다. 자살을 억압하고 제한하는 각종 장치들이 서서히 자리를 잡기 시작했다. 사회경제적이고 정치적인 상황이 도덕에 압력을 가함으로써 자살은 신, 자연, 사회를 거스르는 죄가 되었다. 게다가 로마제국 자체가 그리스도교로 개종한 후로는 교회가 유일하게 칭송할 만한 자살의 형태인 자발적 순교도 케케묵은 얘기가 되어 버렸다. 어떤 종교적 동기도 이제는 자살의 구실이 될 수 없었다. 사회에서나 종교적 관점에서나 오직 주인만이 자신에게 의존하는 이들, 그에게 모든 것을 신세진 이들의 생명을 좌우할 수 있었다.

이러한 태도는 야만족 왕국들의 시대에 더욱 강화되었다. 이때에도 세속 권력과 종교 권력은 함께 작용했다. 그래서 6세기 초 '서고트 로마 법'(Lex Romana Visigothorum)은 몇 가지 구분을 유지했다. 자기가 지은 죄를 후회하여 자살한 자의 재산은 몰수하되 삶에 대한 환멸, 채무에 대한 부끄러움, 질병을 이유로 자살한 자의 재산을 몰수하지 않는다. 자살 자가 지옥에 가는지도 확실치 않다. 성 마르티누스는 자살한 노예와 우물에 스스로 뛰어든 자들을 부활시켰다고 한다. 이러한 구분들이 6세기 후반으로 넘어가면서 사라진다. 563년 브라가 공의회와 578년 오세르 공의회는 모든 종류의 자살을 죄로 규정하고 봉헌이나 추도를 일절 금했다. 이때부터 자살은 낯선 사람을 죽이는 죄보다 훨씬 더 무거운 죄가 되었다. 낯선 외부인을 죽인 죄는 벌금형밖에 받지 않았기 때문이다.

8, 9세기 앵글로색슨 사람들의 유명한 참회규정서들에서 정상이 참작되는 유일한 자살은 점잖게 잘 살던 사람이 미치거나 '마귀에 들려' 스스로 목숨을 끊은 경우다. 절망을 못 이겨 자살하는 사람은 가장 나쁜 죄인 취급을 받았다. 당시는 교회가 개인에게 고해성사를 요구하기 시작한 시대, 영혼들에 대한 권력을 강화하기 시작한 시대다. 절망에 빠져 자살한 사람은 자신의 죄가 용서받을 수 없다고 믿은 셈이다. 그는 신께 죄를 지은 동시에 교회에도 죄를 지었다. 유다처럼 하느님의 자비를 의심했고, 교회의 중재 또한 의심했기 때문이다. 절망은 사면을 통하여 잘못을 용서하는 교회의 역할을 반박하기에 각별히 무거운 죄다. 이때부터 교회는 하느님과 사람 사이의 보편적이고 불가결한 중재자 노릇을 맡는다.

참회규정서들은 재판 결과에 대한 두려움 때문에 자살한 사람들을 위한 기도를 금지한다는 점에서 민법과 보조를 맞추었다. 심지어 뚜렷한 동기가 밝혀지지 않은 자살자, 의식이 명료하지 않았던 것으로 의심되는 자살자도 교회의 기도를 받을 수 없었다. 프랑크족의 종교회의들은 더욱 강경했다. 813년 샬롱 회의, 829년 파리 회의, 855년 발랑스 회의는 결투 중의 죽음도 자살로 규정하고 결투 희생자는 교회 묘지에 매장되지 못하며 추도도 받을 수 없다고 했다. 9세기 후반에 교황 니콜라스 1세는 새롭게 개종한 불가리아인들의 물음에 답하여 모든 자살을 금하고 자살자는 반드시 지옥에 떨어지기에 어떠한 구제 수단도 있을 수 없다고 선언했다. 자살자 사냥이 시작되었다. 10세기 초에 레기노 폰 프륌은 주교들에게 교구 내의 모든 자살 사례들을 보고하라고 했다. 이슬람교도와의 십자군 전쟁이 일어나기 일보 직전의 분위기에서 일부 그리스도교도들은 자발적 순교의 실천을 부활시키려 했지만 이때에도 고위 성직자들은 반대했다.

이렇게 서양의 야만화가 진행되는 동안 그리스도교 초기 4세기 동안의 애매한 태도는 종식되었고 전면적 자살 금지가 자리를 잡았다. 피비린내 나는 폭력, 생명과 인간의 존엄성에 대한 멸시가 5~10세기의 전반적인 분위기를 이루는 가운데, 다른 한편으로는 자신을 살해하는 행위에 대한 권력층의 준엄한 입장이 있다. 우리는 이 극명한 대조에 충격을 받지 않을 수 없다. 이러한 모순적 변화는 신과 인간의 관계가 주인과 그에게 예속된 자들의 관계를 닮아 가는 시대적 맥락 속에 넣고 보아야 한다. 중세 후기부터 의존 관계들은 더욱 늘어난다. 하느님의 이익은 소유주들의 이익을 닮아 간다. 자기 생명을 마음대로 한다는 것이 권리의 침해가 된다. 교회와 세속의 권력은 함께 손을 잡고 자살을 탄압하는 싸움을 벌였고 재산몰수와 영벌이라는 자살 억제책들은 서로 보완적이었다. 두 영역에서 자살 금지는 인간 자유의 후퇴를 불러왔다. 인간은 자기 자신에 대한 재량이라는 기본권을 상실했다. 개인의 삶 전체를 이끌고 신도들이 많을수록 힘을 갖는 교회의 이익을 위하여, 인구가 부족한 세계에서 노동력을 유지하고 증대할 필요가 있었던 영주들(일부 성직자들도 포함하여)을 위하여. 당시는 기근과 전염병이 수시로 창궐하여 영지의 소출을 곧잘 위협하곤 했다.

자살 금지의 신학적 기반

11세기에서 14세기까지의 중세 중기는 이러한 사태를 체계화하고 차츰 고착시켰다. 스콜라학파의 위대한 종합, 교회법론, 세속법론 들은 특정 역사적 상황에서의 일시적 적응을 합리적으로, 또한 법적으로 무장시킴으로써 이를 절대화하고 신성한 가치까지 부여하는 위업을 달성했다. 이러한 고착화 작업은 자살에 불명예스러운 성격을 지속적으로 부여하게 된다. 르네상스부터 계몽주의 시대 사이에 이러한 고정관념을 뒤집어엎기 어려웠던 주요한 이유는 중세의 신학자, 법학자, 도덕주의자 들이 자살을 둘러싸고 워낙 단단한 '수치의 벽'을 쌓아 놓았기 때문이다.

12세기의 아벨라르에서 14세기의 던스 스코터스에 이르기까지 신학자들의 견해는 하나로 일치한다. 아벨라르는 『예와 아니오』에서 플라톤주의의 논증을 이용하여 모든 자살자들을 배격한다. 던스 스코터스는 "아무도 신의 특별한 명령 없이 자기 자신을 살해해서는 안 된다"[16]고 썼다. 성 브루노는 자살자들을 '사탄의 순교자들'이라고 불렀고, 성 보나벤투라는 자살은 지나친 자기애에서 비롯된다고 보았으며, 솔즈베리의 요하네스와 장 뷔리당도 비슷한 견해를 보였다.

13세기에 두 명의 박사가 스콜라신학의 방법론(찬론, 반론, 결론)에 따

---

16 Duns Scotus, *Sententiarum*, lib.IV, dist.XV, qu.3.

라 이 문제를 다루었다. 헤일스의 알렉산더는 자살의 정당성을 보여 주는 다섯 논증, 곧 성경의 다섯 구절을 내세웠다. 그중 두 인용은 사도 바울로에게서 나온다. "나는 죽어도 유익합니다." "누가 나를 이 사망의 몸에서 건져 내겠습니까?" 그다음에는 욥의 "사람은 자기 영혼을 위하여 자기가 가진 모든 것을 내어 놓을 것이다"가 있다. 이 모든 것에는 물론 생명까지 포함된다. 『시편』에는 "육신은 감옥과 같다"는 구절이 있으며 성 마태오는 "나를 위하여 제 목숨을 잃는 사람은 얻을 것이다"라고 기록했다. 헤일스의 알렉산더는 삼손과 라지스의 영광스러운 자살도 언급한다. 그 후에 자살에 반대하는 여덟 개 논증을 성경과 비그리스도교 철학에서 찾아내어 제시한다. 성 바울로는 선을 위하여 악을 행해서는 안 된다고 말한다. 강간당한 처녀는 아무 죄가 없으니 그 여인이 자살한다면 죄 없는 자를 죽이는 것과 같다. 또한 제5계명은 모든 살인을 금한다. 플라톤은 우리의 생명이 신의 것이라고 했다. 플라톤은 또한 육신과 영혼의 고리를 과격하게 끊는 행위는 나쁜 정념에서 비롯될 수밖에 없다고 했다. 우리는 살아 있는 한 항상 더 나은 사람이 될 수 있다. 죄가 있다면 살아서 그 죄를 갚아야 한다. 영원한 행복을 좀더 속히 누리기 위해 스스로 목숨을 끊게 되는 이유는 정념 때문이고 정념은 죄악이다.

알렉산더는 이 지점에서 개인적인 견해를 제시한다. 논문에 제시된 성경 인용문들은 해석이 필요하다. 인간은 무슨 일을 하든 어차피 죄를 짓는다. 육신이 감옥이라고 해서 우리에게 그 육신에서 벗어날 권리가 주어진 것은 아니다. 목숨을 버린다는 것은 그저 신체적 즐거움을 포기했다는 의미밖에 없다. 죽기를 바람은 단지 세상에서 죽기를 바람이다. 인간에게는 자기 자신을 사랑할 의무가 있다. '살인하지 말라'는 계명은 신성 불가침하다. 그러니 결론은 이러하다. "어떤 경우에도, 어떤 구실로도 자신을 죽이는 일은 허용될 수 없다."

성 토마스 아퀴나스는 『신학대전』에서 이 문제를 좀더 철학적으로 다루었다. 그의 결론은 이후 수 세기 동안 자살반대론에 힘을 실어 주게 된다. 일단 자살을 정당하게 볼 만한 근거들은 이러하다. 첫째, 나는 나를 죽여도 불의를 저지르는 것이 아니다. 둘째, 공권력은 나쁜 일을 한 사람을 죽일 수 있으므로 공권력을 지닌 자가 악행을 저질렀다면 그는 얼마든지 자살할 수 있다. 셋째, 자살이 더 큰 악을 피하게 해주는 경우들이 있다. 넷째, 삼손과 라지스의 자살은 성경에서도 칭송받는다. 반론은, 제5계명이 살인을 금한다는 것이다. 결론적으로 아퀴나스는 이상의 논증에 모두 오류가 있다고 본다. 첫째, 자살은 신과 사회에 대해 불의한 짓이다. 둘째, 아무도 자기 자신을 심판할 수 없다. 셋째, 자살 그 자체가 회개와 속죄의 가능성을 막는다는 점에서 가장 큰 악이므로 자살을 통해 더 큰 악을 피할 수는 없다. 따라서 자살은 세 가지 근본적인 이유에서 절대적으로 금지된다.

• 자살은 살고자 하는 자연스러운 경향과 우리 자신을 사랑해야 할 의무에 역행하므로 자연과 자비에 대한 침해다.

• 우리는 공동체의 일원이며 그 안에서 각자 맡은 역할이 있으므로 자살은 사회에 대한 침해다.

• 신은 우리 생명의 주인이므로 자살은 신에 대한 침해다. 다음의 비유는 매우 명시적이다. "노예를 죽이는 자가 그 노예의 주인에게 죄지은 셈이 되듯 자기 목숨을 버리는 자는 신에게 죄지은 자다."

삼손과 라지스는 신의 특별한 부름을 받은 경우다. 이로써 이성, 성 아우구스티누스, 성경 못지않게 아리스토텔레스과 플라톤도 자살 금지를 확고히 하는 데 공헌하게 되었다.

책임 : 사악한 절망

도덕주의자와 시인 들은 그네들의 재주로 살을 더 붙여 주었다. 뱅상 드 보베는 '삶에 대한 혐오'를 단죄하고 단테는 자신의 『신곡: 지옥편』에 자살자들의 자리를 마련했다. 자살자들은 제7환의 두번째 구역, 즉 폭력적인 자들의 자리에 모여 있다. 그들은 스스로를 모욕한 죄인들이기에 사람의 형상이 아니라 이파리 색이 다 바랜 나무의 모습으로 한데 엉켜 컴컴한 숲을 이룬다. 생명을 거부한 그들은 영원히 그 모습으로 굳어져 바람에 시달리며 슬피 운다. 자살자들의 대변인은 피에르 델라 비냐다. 프레데리크 2세의 재상이었던 이 사람은 절망을 못 이겨 자살했다. 절망은 일종의 심리 상태가 아니라 사탄의 소행으로 빚어진 죄다. 사탄이 죄인을 꼬드겨 신의 자비를 의심하고 확실한 영벌을 자초하게 만든 것이다.

교회는 교인의 자살을 막기 위하여 온갖 종교문학을 동원했다. 설교 예화집들이나 성사극에서 그러한 종교문학이 널리 퍼뜨린 이야기들을 찾아볼 수 있다. 이러한 이야기의 정신은 결국 기적은 언제라도 일어날 수 있으니 절대로 절망해서는 안 된다는 것이다. 불운을 만난 산티아고 데 콤포스텔라의 순례자의 이야기에서도 마찬가지다. 그는 성 야고보의 모습을 하고 나타난 악마에게 속아서 스스로 목을 베었다. 그러나 성모는 그의 영혼을 사탄에게서 빼앗아 순례자를 부활시켜 준다.[17] 절망에 빠진 자가 자살을 하려던 그 순간 어떤 성녀나 성모님, 혹은 성호를 긋거나 성수를 뿌리는 행위로 그 죄를 면하는 이야기들은 그 밖에도 많다.

---

17 이 이야기는 피에르 드 보베, 기베르 드 노장, 알폰소 10세의 저작을 비롯하여 여러 설교집에 나온다.

14세기에 영어로 쓰여진 신비주의 저작 『무지의 구름』도 우울한 자들을 '비존재'로 내모는 악마의 유혹을 경계하라고 말한다. 윌리엄 랭글런드는 1360~1370년에 집필한 우의적 작품 『농부 피어스의 꿈』에서 '탐욕'이 절망에 빠져 스스로 목을 매려다가 '회개'에게 구원받는 모습을 보여 준다. 존 스켈턴의 이야기에서도 '폐하'는 그의 죄는 영영 용서받을 수 없다는 '절망'의 말에 넘어가 칼로 자신을 찌르려 하지만 '희망'이 그를 구해 준다.[18]

절망의 특효약, 곧 자살의 특효약은 고해다. 고해를 통해서 죄를 용서받고 신과 화해할 수 있기 때문이다. 11세기와 12세기는 회개의 신학이 정교하게 수립되는 데 결정적이었다. 1215년 제4차 라트란 공의회는 다음의 규칙을 확정했다. "분별을 아는 나이에 이른 모든 남녀 신도는 자신의 죄를 최소한 1년에 한 번은 본당 사제에게 충실히 고백해야 한다." 12세기에 성 베르나르는 신도들에게 또다시 죄를 지은 것을 깨닫거든 즉시 그 죄를 고백함으로써 절망에 빠지지 말라고 권고한다. '고해실'에서의 절차는 융통성 있게 간소화되었다. 1000년경에는 죄의 고백과 화해가 분리되어 있어서 화해의 성사는 1년에 한 번(성목요일) 중죄에 대해서만 이루어졌으나 11세기에 접어들면서부터 고백, 판결, 용서가 하나로 합쳐진다. 이리하여 참회하는 자는 보속을 다 하기 전에 이미 신과 화해한 셈이된다. '천국의 열쇠를 가진' 사제가 그의 죄를 즉시 사하여 주기 때문이다. 따라서 참회하는 자는 즉시 안심할 수 있고 더는 절망할 이유가 없다. 정

---

18 자살과 절망의 관계에 대해서는 R. Wymer, *Suicide and Despair in Jacobean Drama*, London, 1986; A. Sachs, "Religious Despair in Medieval Litterature and Art", *Mediaeval Studies* 26, 1964, pp.231~256; S. Wenzel, *The Sin of Sloth: Acedia in Medieval Thought and Literature*, Chapel Hill, 1967; S. Snyders, "The Left Hand of God: Despair in Medieval and Renaissance Tradition", *Studies in the Renaissance* 7, 1965, pp.18~59를 보라.

신이 온전한 사람이라면 고해성사 후에 자살을 할 수가 없다. 그래도 자살이 발생한다면 교회의 시각에서 그 사람은 미친 사람이라고 짐작할 만하다.[19]

자살에 대한 교회법과 세속법의 제재

이처럼 신자로서 자살을 확실히 막을 수 있는 수단을 얻었는데도 온전한 정신으로 자살하는 사람들은 일말의 동정도 받을 수 없다. 12세기에 뷔르샤르, 이브 드 샤르트르, 그라티아누스, 그레고리우스 9세의 저술을 통하여 굳어진 교회법은 극도로 엄격했다. 확고한 문헌 증거는 1284년 님 종교회의에서 최초로 나타나지만 이미 이 시기부터 자살자들은 교회 묘지에 묻히지 못했으리라 짐작할 만한 단서들이 있다. 님 종교회의는 파문당한 사람, 이단자, 마상시합에서 죽은 자, 자살한 자는 숨이 끊어지기 전에 죄를 회개하지 않은 이상 어떠한 예외도 없이 매장을 거부한다고 결정했다. 페냐포르트의 성 라이문도도 『대전』에서 같은 견해를 보였고 13세기 말에 망드 주교 기욤 뒤랑도 『법의 거울』에서 교회 묘지에 잘못 묻힌 자살자의 시신을 도로 파내어 갈 것을 청하는 편지 형식을 보여 준다.

교회법뿐만 아니라 세속법도 자살자에게는 가혹했다.[20] 자살자에 대한 각 지방의 관습을 보여 주는 수많은 중세 관례집들은 이 점에서 대단

19 Schmitt, "Le suicide au Moyen Âge"의 각주 80~81에서 몇 가지 예를 들어 보인다.
20 17세기부터 오래된 지방의 관례집들이 다수 출간되었기 때문에 이러한 면이 아마도 가장 잘 알려져 있을 것이다. 바예의 책에도 이 관례집들의 목록이 길게 정리되어 있다(Bayet, *Le suicide et la morale*, pp.436~437). 펠릭스 부르클로의 책에는 귀중한 서지 정보가 있다(Bourquelot, "Recherches sur les opinions et la législation en matière de mort volontaire pendant le Moyen Âge"). 알렉산더 머리(Alexander Murray)와 애비게일 프리드먼(Abigail Freedman)도 중세의 자살에 대해서 중요한 저작을 준비 중이다.

히 소중한 자료다. 프랑스에서는 특히 왕국 북부에서 이 문제가 자주 다루어졌다. 이 지역의 법은 자살한 사람이 산 사람들을 괴롭히지 못하도록 하는 아주 오래된 미신적 습속들과 다를 바가 없었다. 가장 오래된 문헌자료들 가운데 13세기 릴의 행정명령서에는 자살자의 시신을 말에 묶고 교수대까지 끌고 가서 남자의 시신이면 목을 매달고 여자의 시신이면 불에 태우라고 기록되어 있다. 앙주와 멘에서도 이러한 조처는 마찬가지였다. 14세기에 쓰여진 『브르타뉴의 아주 오래된 풍속』은 "명료한 의식을 갖고 자살한 자의 시신은 거꾸로 매달아 살인자처럼 질질 끌고 다니고 그의 재산은 그 재산에 대한 권리가 있는 자에게 귀속된다"고 명시한다. 『보몽 법령집』은 여기서 더 나아간다. 자살자의 시신은 "가능한 한 가장 잔인한 방법으로 끌고 다녀 뭇사람들에게 본을 보여야" 하며 시신이 지나간 자리는 돌멩이들을 다 치워야 한다. 메스에서는 문지방 아래에 구멍을 뚫어 시체를 그 구멍으로 끌어내야 한다. 통에 시신을 넣고 "심판에 따른 조처이니 떠내려가도록 내버려 두시오"라는 문구를 써서 강에 내다버린다. 저주받은 시체는 빌라도의 시신에 얽힌 악운의 전설을 우려하여 이렇게 강물을 오염시키지 않고 멀리 보내 버려야 한다. 전하는 말에 따르면 빌라도는 자살을 했는데 그의 시신을 티베르 강에 던지자 강물이 범람하는 재앙이 일어났다고 한다. 동일한 풍습이 스트라스부르에도 통했다. 이곳에서는 주교가 스스로 목을 매더라도 똑같은 벌을 받아야 했다.

취리히에서는 자살이 이루어진 방식대로 시신을 모독하여 벌을 내렸다. 검으로 자기 자신을 찔러 죽은 자는 머리통에 나무토막을 박았다. 물속에 뛰어들어 자살한 자는 물가에서 5피트 거리의 모래사장에 파묻었다. 높은 데서 뛰어내려 죽은 자는 시신의 머리, 배, 발에 커다란 돌 세 개를 올리고 산 아래 매장했다. 릴과 아베빌에서처럼 시신을 창문에서 던지거나 '문지방 아래 구멍을 뚫고 얼굴이 땅을 향하게 하여 짐승처럼 질질 끌고 나오는' 풍습은 불길한 자살자의 망령이 자기가 살던 곳을 알아보고 돌아오면 안 된다는 생각에서 기원했다. 독일의 일부 지역에서는 시체를 말에 끌고 다니다가 꽁꽁 묶은 채로 목을 매달고 그 자리에 썩을 때까지 내버려 두었다. 대개의 경우, 시체는 뒤집힌 자세로 끌려다니다가 교수대에 거꾸로 매달렸다.

영국에서는 자살자를 큰길 아래, 그것도 가급적 사람이 많이 다니는 사거리 밑에 매장했다. 시신을 엎어 놓고 등에 말뚝을 박아 가슴으로 튀어나온 말뚝이 땅속에 단단히 박히도록 했다. 이렇게 단단히 고정해 놓으면 자살자가 산 자들을 해코지하러 올 수 없을 거라 생각했다. 자살은 악의 세력(과거에는 못된 영들, 그리스도교에서는 악마)이 작용했음을 보여주는 사악한 죽음이기 때문이다. 시체모독형은 퇴마의식이자 자살을 억제하려는 목적을 띤 조처였다. 또한 자살자의 가족들에게는 커다란 시험이었다. 그들은 가문 전체의 수치가 되는 이 구경거리에 반드시 참석해야만 했기 때문이다.

재산몰수라는 또 다른 시험도 있었다. 재산몰수형은 1205년 프랑스에서 작성된 왕실대신 조사서의 "자신을 죽이거나 스스로 물에 뛰어들어 죽은 자들의 재산은 왕이나 남작에게 귀속된다"에서 확인된다.[21] 1270년도의 『성왕 루이 법전』에는 "스스로 목을 매거나 물에 뛰어들거나 어떤 식으로든 자신을 살해한 자에 대해서는 본인의 재산은 물론, 아내의 재산까지 남작에게 귀속시킨다"고 되어 있다. 실제로 자살은 형법의 소관

---

21 Caillemer, *Confiscation et administration des succesions par les pouvoirs publics au Moyen Âge*, Lyon, 1901, p.27.

이었고 재산몰수형은 여러 가지 형태로 나타났다. 앙주, 멘, 노르망디, 푸아투, 브르타뉴, 보베시스에서는 동산만을 몰수했다. 보르도 지방에서는 동산과 부동산을 모두 몰수했다. '재산의 3분의 1은 왕에게 귀속되고 3분의 2는 미망인과 자식들에게 귀속된다'는 1397년 루앙의 최고법정판결문이 보여 주듯이 재산의 일부만 몰수하는 경우도 있었다. 하지만 이런 식의 분배는 이례적이었다. 멘이나 앙주 같은 일부 지방에서는 '라베르' (ravaire, ravoyre)라는 풍습도 있어서 길 쪽으로 난 자살자의 집 담벼락을 허물거나, 목초지에 불을 놓거나, 포도나무와 그 밖의 나무들을 모두 사람 키 높이로 잘라 버렸다.

영국에서는 13세기부터 법학자들이 '보통법'(관습법)을 정리하는 작업을 했기 때문에 자살자에 대한 법적 조치가 좀더 잘 알려져 있다. 7세기에 하트포드 종교회의는 자살자의 그리스도교식 장례를 금했고 9세기 초 에드거 왕의 법령은 여기에 쐐기를 박았다. 1230년대의 법적 문서들은 서리 지방에서 재산몰수형이 시행되었음을 보여 준다. 1250년에서 1260년 사이에 판사 헨리 더 브랙턴은 영국 법을 집대성한 저작에서 재판정이 자살에 대해 '논 콤포스 멘티스'(non compos mentis, 정신이 온전치 못한 경우)와 '펠로 데 세'(felo de se, 자기 자신을 배반한 경우)를 구분하여 후자의 경우에만 동산과 토지를 몰수한다고 기술하였다.[22] 14세기 말 리처드 2세도 이런 식으로 자기 궁정의 대신 가운데 자살한 자들의 재산 분배를 집행했다.

---

22 S. E. Thorne ed., *Bracton on the Laws and Customs of England*, vol.2, Cambridge, MA, 1968, pp.323, 423.

중세의 자살 실태

중세의 실태 연구는 자료가 희박하고 간략하기 때문에 중세의 법 연구보다 훨씬 까다롭다. 그렇지만 이러한 실태 연구는 법적 문헌자료들의 엄격함으로 미루어 짐작할 수 있는 것보다 훨씬 더 관대한 태도를 보여 준다.

중세에 발생한 자살의 구체적 조건들은 장 클로드 슈미트의 54건 표본 조사에서 취했다.[23] 남성 자살자가 여성 자살자의 3배에 달하고 자살 방법으로 가장 많은 것은 목매달기(32건), 그다음은 물에 뛰어들기(12건), 칼(5건), 투신(4건) 순으로 묘하지만 20세기의 자살 실태와도 크게 다르지 않다. 계절별 분포도 마찬가지다. 자살은 주로 3~4월, 7월에 일어난다. 오늘날에도 우리가 어쩔 수 없는 생물학적 리듬의 역할을 제외하면 3, 4월은 사순절의 금식과 고행, 7월은 고된 농사일 때문에 몸이 가장 약해질 때라는 점이 이 그리스도교적인 시골 사회에서 중요하게 작용하지 않았을까 싶다.

유독 금요일과 월요일에 자살이 많이 발생하는 이유는 더욱 해명하기 어렵다. 금요일이 회개와 후회 때문이라고 치면, 월요일은 다시 노동의 한 주가 시작된다는 우울한 생각 때문일까? 중세의 자살은 거의 밤에만 이루어졌던 것처럼 보인다. 표본 사례의 3분의 2는 자정과 새벽 사이에 발생했다. 어둠과 절망의 결합, 고독한 상념 외에는 달리 정신을 쏟을 데가 없는 상황이 주요한 요인들이라고 짐작되지만 표본의 크기가 너무 작아서 설득력 있는 결론을 끌어내기가 어렵다. 마지막으로, 대부분의 자살은 자택에서 이루어졌다.

---

23 Bayet, "Le suicide au Moyen Âge", pp.3~28.

자살은 모든 사회계급에서 일어났지만 이 자료 자체가 도시에서 작성된 법적 문헌이기 때문에 여기서의 계급 분포를 그대로 믿을 수는 없다. 도시에서는 주로 숙련된 장인 부류에서 자살이 발생했다. 귀족의 자살이 희박한 이유는 그들의 생활방식, 우리가 이미 살펴보았듯이 굳이 자살을 하지 않더라도 얼마든지 목숨을 내걸고 폭력성을 행사할 수 있었다는 점과 그들이 곧 법을 행사하는 입장이었다는 점으로 설명된다. 또한 교회 및 세속의 권력층과 가문이 결탁하여 자살을 사고나 자연사로 위장하기도 훨씬 쉬웠다.

성직자들에 대해서도 같은 종류의 은폐가 가능했다. 그렇게 본다면 성직자들의 높은 자살률(19퍼센트)은 더욱 충격적일 수밖에 없다. 유달리 강한 죄의식이나 자신의 죄를 용서받기 힘든 특성이 성직자들의 높은 자살률을 설명하는 하나의 요인이 될 수 있을 것이다.

폭넓게 이용된 구실 : 광기

자살자들에게는 굶주림, 질병, 몰락, 가까운 사람의 죽음, 극빈, 투옥, 형벌에 대한 두려움, 질투 등 삶이 너무 고통스럽고 버거운 이유가 있을 만하다. 문학에서 귀족들에게 한정되어 있었던 '명예를 지키기 위한 자살'이 실제로는 없다는 점은 주목할 만하다. 모든 의식적 자살에는 명시적인 이유, 극도의 신체적·정신적 고통을 유발하는 이유가 있었다. 브랙턴의 논문에서 볼 수 있듯이 그저 살기가 싫어서 자살한 사람들은 '미친 사람'으로 분류되었다는 점도 인상적이다. 중세의 인간은 삶은 그 자체로 좋은 것인가를 의문시한다는 것이 불가능했다. 중세는 18세기에 등장하는 소위 '철학적 자살'의 가능성을 아예 배제했다. 그래서 정신이 멀쩡한 사람이 군이 인생을 살 필요가 없다고 냉정하게 판단한다는 것은 생각할 수도 없었다. 특정한 이유 없이 그런 생각을 한다는 것만으로도 미쳤다고 볼 만했고, 그러한 정신적 불균형을 '멜랑콜리'라고 부르기 시작했다. 그리스어로 '흑담즙'을 뜻하는 단어에서 유래한 이 말은 두뇌를 흐리게 하고 우울한 생각을 불러일으키는 흑담즙이 과다 분비되는 신체 상태를 가리켰다. 브루네토 라티니는 1265년경 중세에서 처음으로 이 말을 사용했다.

힘이 없고 시름에 젖은 상태로 나타나는 이 첫번째 유형의 광기 외에도 갑작스러운 발병을 특징으로 하는 또 다른 광기, 즉 '열광' 혹은 '분노'가 있다. 환각, 망상, 과격한 행동, 끊임없는 원망 등으로 나타나는 이 광기는 때때로 술이 원인이 되기도 한다. 자살자가 조금 특이하거나 평소와 다른 행동을 했다면 정신이 오락가락했다는 증거가 될 수 있었고 조사관들도 이 증거를 그대로 받아들였다. 생 마르탱 데 샹의 범죄기록장부에는 5건의 자살이 기록되어 있는데 그중 4건은 '분노하여 제정신이 아님', '미쳐서 제정신이 아님', '헛것을 보고 제정신이 아님' 같은 이유가 언급되어 있다.[24] 슈미트가 연구한 54건 중에서 30퍼센트에 해당하는 16건은 정신이상에 의한 자살로 분류되는데, 그렇게 볼 만한 건들도 있으나 어떤 경우들은 진짜 정신이상에 의한 자살인지 꽤나 의심스럽다.

자살로 의심되는 일이 발생하면 도시의 경우에는 보좌판사, 시골에서는 형법대리인, 영국의 경우에는 검시관(coroner)이 도착할 때까지 시신을 건드리지 않고 기다려야 했다. 그 후 이런 사람들이 고인의 유족이나 지인의 증언을 바탕으로 조사를 하고 보고서를 올린다. 이 과정에서

---

24 Tanon ed., *Registre criminel de la justice de Saint-Martin-des-Champs à Paris au XIVe siècle*, Paris, 1877, pp.193, 196, 218~219, 228.

대외적인 소문이 큰 역할을 했음은 명백하다. 친인척들에게는 이 죽음을 사고, 범죄, 혹은 미쳐서 저지른 짓으로 꾸미는 편이 백번 이로웠고 마을 공동체가 힘을 합친다면 그렇게 하기가 그리 어렵지도 않았다. 아마도 대부분은 그렇게 넘어갔던 것으로 보인다. 바바라 해너월트의 연구는 14세기 영국에서 유족들이 서로 손발을 맞추고 조사와 판결을 맡은 같은 마을 출신 배심원들이 공모하여 죄를 면했음을 보여 주었다.[25] 또한 검시관은 따로 보수를 받지 않았으므로 유족들에게 쉽게 돈으로 매수되곤 했다. 설령 자살 판결이 떨어지더라도 고인의 재산은 실제보다 훨씬 적게 신고되었다.

13세기 보베시스에서 필리프 드 보마누아는 자살을 명백히 재구성하여 고인의 소행이 분명할 때에만 재산을 몰수할 수 있다고 명시했다. 예를 들어 우물에서 시신이 발견됐다면 시신의 위치, 고인이 우물가에 간 이유, 고인의 정신적·신체적 상태, 정신을 잃고 쓰러지는 바람에 사고사했을 가능성 등을 고려해야 한다. 1278년 4월 베드퍼드셔의 배심원단은 실제로 이렇게 조사를 하여 병을 앓고 있던 고인이 잠시 실신을 했다고 결론지었다.[26] 그런데 왕실조사단은 자살이 발생한 후에 별로 입증한 것이 없었다. 물론 자살을 입증하려는 입장에서는 보마누아의 말마따나 고인이 "언젠가 나는 스스로 죽을 거요"라고 말한 적이 있다는 증언만으로 충분했다. 이러한 발언들도 반드시 보고되어야 했다. 그래도 재산몰수 건이 늘어난 것처럼 보인다면 그 이유는 재판정이 다른 구실, 즉 고인이 유

25 B. A. Hanawalt, *Crime and Conflict in English Communities, 1300-1348*, Cambridge, MA, 1979.
26 R. F. Hunnisett ed., *Bedfordshire Coroners Rolls* 197, Bedfordshire Historical Record Society, 1961.

언을 남기지 않았다는 이유로도 재산을 몰수할 수 있었기 때문이다.[27]

그러나 재산몰수는 피할 수도 있었다. 특히 유부녀가 자살한 경우가 그랬다. 또한 1418년에도 한 남자가 자식들을 잃고 가산을 탕진하고 아내까지 병이 들자 자살했는데 왕은 그에게 자비를 베풀었다.[28] 1278년 필리프 테스타르 건에서 고등법원은 증언들이 확고부동하지 않음에도 무죄를 선고했다. 바예는 프랑스 미디 지방 관례집들이 자살에 대해 아무 말도 하지 않는 이유가 자살이 유죄판결을——최소한 유력인사들은——받지 않은 데다가 12세기부터 되살아난 로마법의 영향을 받았기 때문이라고 해석한다.[29]

면죄의 표시들

14세기부터 일부 법학자들은 자살에 대한 법적 처사를 완화하기 바랐다. 1395년에 사망한 장 부틸리에는 『시골 풍속대전』에서 로마법의 회귀를 옹호했다. 그는 자살이 발생하면 영주의 재판정이 조사에 착수하여 고인이 유죄판결을 면하기 위해 자살한 경우에만 처벌을 해야 한다고 썼다. 그런 경우에 한하여 죄인이 살아서 받았어야 할 벌을 시신에 내려야 한다

---

27 Bayet, "Le suicide au Moyen Âge", p.444.
28 Douet d'Arcq, *Choix de pièces inédites relatives au règne de Charles VI*, vol.2, Paris, 1863, p.176.
29 "관습법을 따르는 나라들에서는 12세기의 법학 르네상스 이후로 고대 로마법을 중시하려는 노력이 있었다. 실제로 여러 문헌들이 엄격한 관습을 예기치 못한 방식으로 완화하는 법적 해석을 보여 준다. …… 이는 미디 지방에서 자살이 처벌받지 않았다는 뜻일까? 나는 이러한 표현은 심히 정확하지 못하리라 본다. …… 미디 지방에서도 자살이 이따금 처벌받았다고 확신한다. 하지만 어떤 경우가 그랬을까? 관습은 부르주아의 권리를 수호하는 데에만 치중하였으므로 결코 그런 사례를 말하지 않는다. 아마도 하층민들만이 처벌받았을 확률이 높다"(Bayet, "Le suicide au Moyen Âge", p.477).

는 것이다. 그 밖의 모든 경우, 다시 말해 질병이나 광기에서 비롯된 자살은 정상적으로 장례를 치러야 한다. "질병이나 광기에 떨어지든가, 어떤 악운으로 갑작스럽게 아내, 자식, 재산을 잃든가 하면 누구라도 그런 일을 당하고 절망하지 않을 수 없으니 아무리 죽은 사람이라도 시신이나 재산까지 잃어서는 아니 된다. 따라서 그의 시신을 죄인 처벌하듯 교수하는 것은 정의에 위배된다. 그의 신체는 정의를 침해한 바 없으며 그저 자기 자신에게만 위해를 가했기 때문이다."[30] 여기서도 삶에 대한 환멸에서 비롯된 자살은 암묵적으로 광기에 의한 자살로 치부된다.

마지막으로 자기살해에 가혹하다는 신학자와 도덕주의자 들조차 이따금 카토, 디오게네스, 제논 같은 고대의 위대한 자살자들을 인정했다는 점을 말해 둔다. 알랭 드 릴과 뱅상 드 보베의 입장이 이러했다. 게다가 이들은 자발적 순교자들도 찬양했다. 16~18세기 결의론자들의 선구자 격인 다른 이들도 극단적인 상황에서는 그리스도인이 자살할 수 있음을 인정했다. 브루네토 라티니는 빵을 훔치는 것보다는 굶어 죽는 것이 낫다고 생각할 수 있다고 했다. 위그 드 생트 마리는 이단에게 도움되는 일을 하느니 죽는 편이 낫다고 했다. 장 뷔리당과 던스 스코터스는 간접적으로나마 전쟁과 십자군 원정이 자살의 대체물이 될 수 있음을 인정했다. 뷔리당은 도망치는 것보다 죽음을 택하는 편이 낫다고 했고 던스 스코터스는 자신의 죗값을 치르기 위해서 "교회의 적과 싸운다든가 하는 식으로 올바른 대의를 위하여 목숨을 내놓을 수 있다고" 했다. 그 밖에도 기욤 르 클레르와 필리프 드 비트리가 그리스도의 자살 개념을 다시 끌어들였다.[31] 마지막으로, 자살자에 대한 교회의 매장 거부와 시체모독형을 반박

---

30 J. Boutillier, *Somme rurale*, titre XXXIX, p.273.

하거나 정당화한 중세의 신학자나 도덕주의자는 한 명도 없다.

결국 자살에 대한 중세의 태도는 끔찍한 시체모독형, 성 아우구스티누스와 성 토마스 아퀴나스의 가차 없는 글, 관례집의 일반적인 문장으로 짐작할 수 있는 것보다 훨씬 미묘하다 하겠다. 물론 중세라는 시대는 자기에 대한 살해에 엄격했다. 자연, 사회, 신을 거스르는 이 행위 앞에서 민간신앙, 공식적 종교, 세속 권력은 다 같이 혐오감을 보였다. 그러나 역설적으로 오로지 인간에게만 나타나는 자살은 너무나 비인간적으로 보이기에 악마나 광기가 개입했다고 설명할 수밖에 없다. 전자의 경우, 자살자는 사악한 절망의 희생양이고 교회는 이러한 절망의 방지책으로 고해성사를 제안한다. 후자의 경우에는 가엾은 고인이 자기 행위에 대한 책임이 없으므로 구원을 받을 수 있다. 그런데 중세는 광기를 매우 광범위하게 보았다. 가까운 이들의 연민과 두려움은 광기의 범위를 더욱 넓히는 데 상당히 이바지했다. 게다가 문학은 사랑과 명예를 위한 자살의 위대함을 인정했고 귀족들에게는 직접적 자살의 대체물이 나름대로 존재했다.

중세의 일반적인 자살은 무엇보다 '일하는 자들'(laboratores), 즉 노동자의 세계와 관련된 일이었다. 농민과 수공업자는 형편이 급격하게 나빠진 후에 종종 스스로 목숨을 끊곤 했다. '싸우는 자들'(bellatores), 즉 군인과 귀족은 직접적인 자살을 하지 않았다. '기도하는 자들'(oratores)도 더러 자살을 했으나 언제나 그 책임은 광기에 전가되었으므로 시체모독형을 면했다. 나쁜 자살, 저열하고 이기적인 자살, 시험을 피하기 위한 비겁한 자살은 언제나 상놈, 평민, 육체노동자, 장인의 몫이었다. 그리고 이 때문에 자살은 더욱더 평판이 나빠졌다.

---

31 Bayet, "Le suicide au Moyen Âge", p.466.

중세는 자살을 오로지 악마나 광기의 작용으로 설명함으로써 순전히 비합리적인 행위로 만들었다. 그저 살기가 싫다는 이유만으로 감행한 자살은 아무리 심사숙고를 거쳤더라도 미친 짓, 멜랑콜리의 결과로만 간주되었다. 중세는 때때로 자살을 용서했으나 이는 어디까지나 자살을 악마나 온전치 못한 정신의 책임으로 돌려 더욱 규탄하기 위함이었다.

15세기부터 최초의 인문주의자들이 또 다른 유산, 즉 전혀 다른 자살의 이미지를 제시하는 고대의 유산을 성찰하기 시작한다. 루크레티우스, 카토, 세네카는 스콜라 학자들에게도 잘 알려져 있었으나 그들은 계시를 받은 것이 아니요, 그들의 행동이 어떤 도덕적 모범을 제시하지는 못했다. 고대에 대한 지식이 심화되고 고대인들의 가치관에 대한 인문주의자들의 찬미가 높아지면서 자살에 대한 시각도 조금씩 바뀐다. 자살을 재평가하려는 르네상스 시대의 소극적이면서도 대담한 최초의 시도들을 이해하려면 이러한 고대의 유산을 상기해 볼 필요가 있다.

3장
고대의 유산 : 때맞게 떠날 줄 안다는 것

사회경제·정치·군사·종교·문화의 격동기에서 근대성의 징후들이 처음 싹트기 시작하던 15세기, 최초의 인문주의자들의 충족되지 못한 호기심은 고대 이교적 문화의 방대한 유산을 재해석하는 데 열중했다. 지적·도덕적 확실성을 재고하는 거대한 움직임은 14세기부터 나타났다. 오컴의 혁명에서 시작된 이 움직임은 유명론(nominalisme), 이단으로 찍힌 존 위클리프와 얀 후스의 종교적 반박, 교회 내의 분파들, 니콜라우스 쿠자누스 추기경과 니콜 오렘의 대담한 과학적 이론, 병적인 봉건 질서의 동요, 인구학적 위기와 전쟁의 폐해에 힘입어 더욱 확산되었고 유럽 지식인들이 오랫동안 잊고 지냈던 고대의 지혜라는 보물을 돌아보게 만들었다.

물론 그리스도교 사상은 무엇에든 척척 대답할 수 있었다. 교부들, 공의회, 중세의 신학자들은 행동 규범과 앎의 규칙을 점점 더 상세하게 제시해 왔다. 도덕 영역은 가장 굳건한 전체를 이루고 있었다. 십계명은 권력층이 내세우고 신도들이 내면화하는 모든 금기와 의무의 확고부동한 초석이었다. 탈선은 만장일치로 지탄해야 할 대상으로서 종교 권력과 민간 권력이 손을 잡고 사회의 전적인 동의를 얻어 탄압했다. 그렇지만 이러한 선악의 영역에서조차 고대인들의 명성은 인문주의 사상가들이 그리스도교 도덕과의 명백한 불화 앞에서 의문을 제기하게 했다. 신학자들은 하느님이 신자와 불신자를 막론하고 모든 인간에게 보편적인 행동 원칙들을 주셨다고 하지 않았는가? 그중에서도 인간의 생명을 존중하라는 원칙은 더없이 자명해 보인다. 살인 금지는 엄격히 규정된 몇몇 예외 상황을 제외하면 절대적이며 이 금지는 자기 자신에게까지 적용된다. 그런데 고대는 그리스도교 사상가들에게 영웅적 자살의 유명한 사례들과 자살을 정당화하는 지고한 철학까지 제공한다. 르네상스가 자살의 권리에 대해서 제기하게 될 의문들의 기원에는 고대의 실제 자살들에 대한 성찰이 깔려 있다. 인간은 고대 그리스 로마 시대와 당시의 위대한 인물들을 재발견하며 감탄하고 아리스토데모스, 클레오메네스, 테미스토클레스, 이소크라테스, 데모스테네스, 피타고라스, 엠페도클레스, 데모크리토스, 디오게네스, 헤게시아스, 제논, 클레안테스, 소크라테스, 루크레티아, 아피우스 클라우디우스 크라수스, 카이우스 그라쿠스, 마리우스, 카토, 시인 루크레티우스, 안토니우스, 클레오파트라, 브루투스, 카시우스, 바루스, 피소, 코체이우스 네르바, 실라누스, 세네카, 칼푸르니우스 피소, 오토, 그 밖의 여러 인물의 자살에 대하여 의문을 품었다. 이토록 존경받을 만한 수많은 이들이 자살을 했는데도 자살이 무조건 영벌에 떨어질 비겁행위로 간주될 수 있을까?

그리스인들의 다양한 의견

자살에 대한 중세의 태도와 고대의 태도를 본질적으로 가르는 차이는 곧 그리스도교 원칙에 입각한 일신론과 의견다양성의 차이다. 비그리스도교적 고대가 만장일치로 자살에 호의적이었다고 생각하면 큰 오산이다. 고대 그리스에서 각각의 철학 유파는 자기들만의 입장을 보였고 그러한 입장의 폭은 피타고라스학파의 엄격한 반대론부터 에피쿠로스학파와 스토아학파의 기꺼운 동의에 이르기까지 매우 넓었다.[1]

이러한 다양성은 법에서도 발견된다. 아테네, 스파르타, 테베 같은 도시국가들은 자살자의 시신에 대한 처벌을 생각했던 반면, 다른 도시국가들은 그렇지 않았다. 그러나 실제로는 어디서나 자살에 대해 몹시 관대했던 것으로 보인다. 그리스 역사에는 진실하고 울림이 있는 자살, 반(半)전설이나 다름없는 자살이 넘쳐 나는데 자살 동기도 매우 다양하다. 메네케오스, 테미스토클레스, 이소크라테스, 데모스테네스는 애국적인 자살을 했다. 아리스토데모스는 회한을 못 이겨 자살했고 클레오메네스는 명예를 위해 자살했다. 데모크리토스와 스페시포스는 늙고 쇠약한 몸으로 살고 싶지 않았기에 자살했다. 판테우스, 헤론, 사포는 사랑 때문에 자살했고, 히포는 순결을 지키기 위해 죽음을 택했다. 카론다스는 시민으로서 자살했고 제논, 클레안테스, 헤게시아스, 디오게네스, 에피쿠로스는 삶을 멸시하여 철학적 자살을 택했다. 소크라테스의 죽음은 논란의 여지가 있으나 재판 과정에서의 도발적인 태도나 도주 거부를 생각한다면 일종의 자살로 볼 수 있다.

그리스 사상은 아주 오래된 시대부터 철학적 자살의 근본 문제를 제기했다. 키레네학파, 키니코스학파, 에피쿠로스학파, 스토아학파는 개인

---

1 고대 그리스에서의 자살론과 그 실태에 대한 연구는 다음과 같다. M. D. Faber, *Suicide and Greek Tragedy*, New York, 1970; J. M. Rist, "Suicide", *Stoic Philosophy*, Cambridge, 1969; R. Willie, "Views on Suicide and Freedom in Stoïc Philosophy and Some Related Contemporary Points of View", *Prudentia* 5, 1973.

의 지고한 가치를 인정하고 개인의 자유가 스스로 생사를 결정할 수 있는 능력에 있다고 보았다. 그들은 삶이 좋을 때, 즉 삶이 이성과 인간의 존엄성에 부합하고 악보다 만족을 더 많이 가져다줄 때에만 지속 가치가 있다고 보았다. 따라서 삶이 좋지 않은데도 계속 살아가는 것은 미친 짓이다.

이러한 일반 도식 안에서 각 유파들은 각기 다른 감수성으로 어느 특정한 측면을 강조하게 된다. 키레네학파는 대단히 개인주의적인 비관론자들이었다. 이 학파의 스승 중 한 사람인 헤게시아스는 알렉산드리아에서 여러 건의 자살을 교사했다는 죄로 추방당했던 듯하다. 키니코스파는 분별 있게 영위할 만한 가치가 없는 삶에 대해서는 애착을 완전히 끊어버리라고 가르쳤다. 안티스테네스는 충분한 지성을 갖지 못한 자들은 스스로 목을 매는 편이 낫다고 말했다. 그의 제자 디오게네스는 이 원칙을 극단까지 밀고 나갔다. 그는 정작 죽음이 닥치면 인간은 아무것도 느끼지 못하니 죽음을 두려워할 필요가 전혀 없다고 했다. 따라서 분별 있는 삶이 불가능하다면 스스로 목숨을 끊기를 주저하지 말아야 한다. 그는 잘 살기 위해서는 올바른 이성이 있든가 목을 멜 밧줄이 있어야 한다고 했다. 고대 철학사가 디오게네스 라에르티오스는 디오게네스의 이런 취지의 발언을 수없이 제공한다. "잘 살기를 추구하기 때문이 아니라면 그대는 대체 왜 사는가?", "누군가가 그에게 '삶은 악이다'라고 하자 '아니오, 잘못 사는 것이 악이오'라고 하였다", "그는 건강한 정신으로 삶에 다가가든가, 그게 아니면 스스로 목을 매라는 말을 끊임없이 반복하였다", "안티스테네스가 와서 외치기를 '아! 누가 나를 내 악에서 자유롭게 할꼬?'라 하자 디오게네스는 '이것입니다'라며 자신의 칼을 보여 주었다".

에피쿠로스학파는 삶이 참을 수 없게 되거든 조용히 자살하는 것이 지혜로운 일이라고 본다. 성급하지 않게, 충분히 생각을 하고 나서도 우리는 '연기로 가득 찬 방에서 나가듯' 슬그머니 생을 떠날 수 있다. 스토아학파가 설파했던 자살, 즉 이성이 사정에 합당하며 가장 존엄을 지킬 수 있는 해결책을 우리에게 보여 줄 때, 혹은 우리가 만들어 왔던 행동 노선을 더 이상 따를 수 없을 때 심사숙고하여 결정하는 자살도 마찬가지다. 모든 것이 범신론적 우주에 휩쓸려 가니 삶과 죽음은 다르지 않다. "현자는 이성으로써 자기 목숨을 친구와 조국에 내어 주고 극심한 고통에 시달리거나 신체의 일부를 잃거나 불치병을 얻으면 스스로 목숨을 끊는다." 이렇듯 디오게네스 라에르티오스는 제논의 자살을 이야기하면서 자발적 죽음에 대한 스토아학파의 사상을 요약적으로 보여 준다. 제논은 98세에 이르러 "학교에서 나오다가 넘어져 손가락 하나가 부러지자 손으로 땅을 치며 니오베의 시를 읊었다. '내가 가겠다. 왜 나를 부르느냐?' 그러고서 그는 제 목을 졸라 죽었다".

피타고라스학파는 반대로 크게 두 가지 이유를 들어 자살에 반대했다. 영혼은 원죄의 결과로 육신에 떨어졌으므로 속죄를 끝까지 수행해야만 한다. 영혼과 신체의 결합은 수(數)의 관계로 이루어지는데 자살은 그 조화를 깨뜨릴 여지가 있다. 그렇지만 헤라클레이토스에 뒤이어 피타고라스 또한 삶에 염증을 느끼고 단식자살을 했다는데 어쩌랴. 헤르미포스는 피타고라스가 시라쿠사 사람들에게 잡혀 죽었다는 다른 버전의 이야기를 전한다. 그는 신성한 작물인 잠두콩이 자라는 밭을 건너가기를 거부했기 때문에 잡혔다고 하니 이 또한 자살의 한 형태로 볼 수 있을 것이다.

플라톤의 완곡함과 아리스토텔레스의 배격

이제 서양사상사에 상반된 방향으로 가장 큰 영향을 미친 그리스 철학의 두 거인 플라톤과 아리스토텔레스가 남는다. 이들은 이전의 철학 유파들과는 달리 인간을 무엇보다 공동체에 편입된 사회적 존재로 보았다. 따라서 개인은 사적 이익을 좇아 추론을 해서는 안 되며 자신에게 제자리를 정해 준 신에 대한 의무(플라톤)와 자기가 어떤 역할을 맡고 있는 도시국가에 대한 의무(아리스토텔레스)를 고려해야만 한다.

플라톤의 입장은 뭔가 망설이기라도 하는 것처럼 불확실하고 매우 유연하다. 자발적 죽음에 대한 플라톤의 생각은 그리스도교 사상가들이 끌어다 쓴 탓에 왜곡되기도 했지만 원래도 꽤나 완곡했다. 자살반대론자들에게 일부가 삭제된 『법률』의 한 대목에서 플라톤은 "자기 자신을 죽임으로써 운명의 여신을 억지로 좌절시킨 사람"에게는 공식 장례를 치러 주지 말아야 한다고 선언한다. 그런 사람은 외딴 곳에 암매장하고 비석도 세우지 않아야 한다. 그렇지만 플라톤은 이 원칙이 "도시국가의 결정에 따라 자기 목숨을 끊은 자, 자신이 어찌할 수 없는 우연한 불행으로 극심한 고통에 시달리다가 자살한 자, 운명이 돌파구도 없고 피할 길도 없는 불명예를 마련했기에 자살한 자"에게는 적용되지 않는다고 분명히 말한다.[2] 그러니까 중대한 세 가지 예외가 있다. 유죄판결을 받은 자(소크라테스의 경우), 몹시 고통스럽고 치유 불가능한 질병, 가난에서 수치까지 오만 가지 상황을 다 포괄할 수 있는 불행한 팔자가 그 예들이다. 플라톤은 같은 대화편에서 사원의 기둥들에 대해서 말한다. 자신의 나쁜 성향들을 고칠 수 없을 때에 "일단 죽음이 최선의 해결책으로 여겨지거든 삶을 떨쳐 버려라".[3]

---

2 Plato, *Laws*, IX, 873c.
3 *Ibid.*, 854c.

플라톤은 또 다른 대화편 『파이돈』에서도 자살 문제를 다룬다. 여기서 소크라테스는 독배를 마시기 전에 친구들과 더불어 대화를 나눈다. 최소한 여기서 플라톤의 사상이 극도로 완곡하게 나타난다는 것만은 분명하다. 따분하리만치 모호한 표현은 소크라테스의 대화 상대들을 당황케 한다. 어느 한순간 케베스가 외친다. "제우스가 여기 있기를!" 소크라테스는 독배를 마시기 직전에 그들에게 자살이 도시국가에서 바람직하지는 않지만 죽음 자체는 참으로 바람직하기 때문에 철학자로서 희구하지 않을 수 없다고 말한다. 그는 일단 공식적인 태도에 마지못해 동의한다. 우리의 주인은 신들이니 우리는 신들에게 속한 바 되었으므로 우리 마음대로 도망칠 권리가 없다. 그의 자살 '반대론'은 심하게 에둘러 표현되므로 얼마나 확신을 갖고 피력한 의견인가에 대해서는 시사하는 바가 많다. "그러므로 신이 오늘 나에게 주어진 바와 같은 명령을 내리시기 전까지는 우리에게 스스로 죽을 권리가 없다는 말에 아무런 반박이 없을 듯하네."[4] 이는 자살에 대한 단죄를 상당히 유보하는 태도다. 이 문장 바로 뒤에서 소크라테스가 죽음과 그 후의 모든 것의 미덕을 서정적으로 환기하기 때문에 더욱 그렇다!

카토도 자살하기 전에 『파이돈』을 두 번 읽었을 것이다. 요컨대, 의미가 아주 명백히 와 닿지는 않았으되 자발적 죽음에 반대하는 논증도 그리 설득력이 있지는 않다. 죽음이 그토록 바랄 만한 것이라면, 죽음이 그토록 감미로운 것들의 문을 열어 준다면 자살을 금지하는 훨씬 더 강력한 이유가 있어야 한다. 그리스도교라는 콘텍스트에서 플라톤주의는 신비주의적 자살이라고 부를 수 있는 것을 탄생시킨다. 나의 죽음, 곧 세상에

---

4 Plato, *Phaedo*, 61c.

서의 죽음으로써 이승에서부터 저세상의 지복에 이른다는 발상이다. 신비주의자들은 신체적 자살을 할 수 없기에 영적 자살을 연습하게 된다.

아리스토텔레스의 메시지는 애매성으로 가득한 플라톤의 메시지에 비하면 전투적이랄 만큼 확실하다. 자살은 자기 자신과 도시국가에 대한 불의이고, 우리의 책임을 회피하는 비겁행위며, 미덕에 어긋나기 때문에 전적으로 비난당한다. 우리는 우리 자리에 머물러 평온하게 인생의 부침과 대면해야 한다. 그렇지만 아리스토텔레스도 『니코마코스 윤리학』에서 도량이 큰 사람은 "무슨 수를 써서라도 살아남는 것은 가치 있는 일이 아니라고 생각하기에 목숨을 아끼지 않는 사람"이라고 했다.[5]

고대 로마인들의 불안

모든 서양 문명 가운데 로마 문명은 자살에 가장 호의적이었던 문명으로 꼽힌다. 엘리트 계층에서 스토아학파가 지닌 위상과 유독 많은 유명인들의 자살 사례가 이러한 명성을 확고히 했다. 욜랑드 그리제는 『고대 로마에서의 자살』이라는 빼어난 저작에서 기원전 5세기에서 기원후 2세기 사이에 있었던 유명인들의 자살 사례 314건을 장장 20쪽에 걸쳐 통계화했다. 이는 유럽에서 1300년부터 오늘날에 이르기까지 발생한 유명인의 자살 사례들보다 훨씬 더 높은 비율이다.[6]

그리스가 그러했듯이 고대 로마도 이 문제에 대한 일치된 견해가 없었다. 시대, 사회계급, 사회정치적 환경에 따라서 다양한 차이들이 나타

---

5 Aristotle, *Nicomachean Ethics*, IV, 8, 1124b8.
6 Y. Grisé, *Le suicide dans la Rome antique*, Paris, 1982, pp.34~53. 이 책은 로마에서의 자살을 총괄적으로 파악하고 풍부한 참고문헌을 수록했다.

난다. 원래부터 로마 사회는 반사회적 행동을 적대시하면서도 개인의 자유 표현을 찬양했다. 로마 사회는 그러한 자유의 표현에 힘입어 강자들의 권력 남용과 폭정에서 벗어날 수 있었기 때문이다.

이런 유의 죽음이 띠는 각별히 비극적인 성격은 운명과 자연을 거스르는 것처럼 보일 뿐 아니라 시체에 대한 불안도 낳았다. 악령에 사로잡힌 시체가 산 자들을 훼방하러 올지도 모른다는 생각 때문이었다. 마찬가지로 우리는 모든 원시사회에서 고인의 시체를 꼼짝 못하게 하거나 절단하여 무력화하는 의례들을 볼 수 있다. 존 프레이저의 책과 루이 빅토르 토마의 아프리카에 대한 저작[7]은 수많은 예들을 제공한다. 중앙아프리카의 바간다족은 죽은 자의 시신을 그가 목을 매다는 데 사용한 나무와 함께 사거리에서 태운다. 여자들은 이 근처를 지날 때마다 그 재를 조금씩 회수하여 죽은 자의 영혼이 자기 안으로 들어와 소생하지 못하도록 한다. 토고의 에웨족은 목을 매단 자를 나뭇가지에 달고 가시덤불로 마구 끌고 다닌 다음 갈가리 찢어진 시신을 외딴 곳에 묻는다. 때로는 가슴팍에 말뚝을 박기도 한다. 게다가 시체도 절단한다. 대퇴골은 부수고, 귀를 뽑고, 손은 잘라서 부끄럽고 무력한 꼴이 된 죽은 자가 산 자들을 어지럽히러 오지 못하게 하는 것이다. 여기서도 시체는 사거리 아래, 사람이 다니는 길바닥 밑에 묻는다. 고대 그리스도 이러한 의례들 중 일부를 시행했다. 아테네에서는 자살자가 죄를 저지를 수 없도록 시체의 오른손을 잘랐다. 하지만 우리가 이미 보았듯이 이러한 풍습이 자살 그 자체에 대한 다양한 판단에 걸림돌이 되지는 않았다. 정화의식의 시행, 공동체 바깥으로의 시체 축출, 시신의 귀환을 막기 위한 흔적의 제거 같은 풍습은 모두 중세에

---

7 L. -V. Thomas, *L'anthropologie de la mort*, Paris, 1975.

도 나타나며 비정상적이고 초자연적인 행위에 대한 미신적인 두려움에 공동의 기반을 제공한다.

　로마에서는 이러한 습속에 대한 언급이 초기에는 전혀 나타나지 않는다. 예를 들어 12표법은 이 문제에 대해서 침묵한다. 그러나 대(大) 플리니우스가 전하는 바에 따르면 타르퀴니우스가 왕권 시대에 취한 조처들은 비슷한 민간신앙이 존재했음을 보여 준다. 그래서 타르퀴니우스는 자신의 폭정에 항거하여 자살한 자들의 시신을 십자가에 못 박게 했다. 이는 죽은 자들이 그에게 복수를 하지 못하게 하려는 방책이었다. 외딴 곳에, 게다가 땅에 발이 닿지 않게끔 나무에 못 박으면 악의를 품은 영들이 꼼짝 못할 것이요, 새들이 시신을 쪼아 먹으니 악의는 그들 자신에게로 돌아올 터였다.[8]

　이 특수한 사례를 제외하면 어떤 자료도 자살에 대한 법적 금지를 언급하지 않는다. 그리제는 일부 해석들과는 정반대로 12표법이 자발적 죽음을 금하지 않았고 자살자들의 장례도 정상적으로 치러졌다고 본다. 그럼에도 자살의 방법들 중에서 목매달기는 특히 불길하게 여겨졌다. 그 이유는 불분명하다. 안구가 튀어나오고, 혀를 쭉 늘어뜨리고, 시선은 고정되고, 사지가 뒤틀리는 등 시체가 유독 흉측해 보이기 때문일까? 그보다는 이러한 죽음의 신성모독적인 성격 때문이 아니었을까 싶다. 고대 로마 종교에서는 대지의 신들에게 제사를 지낼 때에 피가 흐르지 않도록 질식시켜 죽인 제물만 바쳤기 때문이다. 게다가 근대에까지도 목매달기는 칼을 쓰는 '고결한' 자살에 비해 명백히 부정적인 함의를 띤다.

　하지만 로마에서도 명백한 경제적·국가적 이해에 따라 노예와 군인

---

8 Grisé, *Le suicide dans la Rome antique*, pp.136~141.

이라는 두 부류의 사회계급에는 자살이 금지되었다. 노예의 자살은 사유 재산 침해로 간주되었고 이러한 측면은 중세 농노제에서도 매우 중요했다. 군인의 경우에도 자살을 기도했으나 죽지 못한 자들은 엄중한 벌을 받았다.

자살과 시민의 자유

자유민에게는 법적으로나 종교적으로나 자살에 대한 금지가 없었다. 로마인에게 삶은 신들의 선물도 아니요, 신성한 숨결도 아니요, 인권도 아니었으니 얼마든지 자기 뜻대로 해도 괜찮았다. 키케로에게 자살은 그 자체로 좋지도 나쁘지도 않은 '중간의' 행위로서 그 가치는 무엇보다 동기에 좌우되었다. 예를 들어 카토의 자살은 완전한 자유의 본보기다. 그는 생명이 위협받지 않는 상황에서 자살을 함으로써 운명을 굽어보는 자가 되었기 때문이다. 그러나 키케로는 플라톤주의를 바람직하지 못하게 해석함으로써 빚어진 그 밖의 여러 자살들을 규탄한다. 그는 『파이돈』에서 플라톤이 신들이 필연성을 보여 주지 않는 한 스스로 목숨을 끊어서는 안 된다고 말하는 대목을 인용한다. 『국가』에서도 우리는 신들이 정해 준 자리에서 도망칠 권리가 없다는 말이 나온다. 우리는 대다수의 로마 역사가들에게서 이처럼 구별을 두는 태도를 볼 수 있다. 그들은 어떤 자살은 찬양하고 어떤 자살은 규탄한다. 남편을 잃거나 강간을 당한 여인의 자살과 수치스러운 형벌, 적군, 노쇠, 불명예를 피하기 위한 사내의 자살은 찬양받는다.

베르길리우스는 자살자들을 행위 동기에 따라서 지옥에 보내기도 하고 낙원의 들판에 보내기도 한다. 후자는 애국심, 용기, 자신의 자유를 입증하기 위해 자살한 경우다. 전자는 살기가 싫어져서 비참한 인생을 끝내려 했던 경우다. 그들은 지옥의 중립 구역에서 사산아, 거짓 고발로 사형 선고를 받은 자, 사랑의 희생양이 된 여자, 전사한 군인 등 죄인이라기보다는 운이 없었거나 피해를 입은 자들의 무리와 어울려 지낸다.

로마사는 다수의 자살 사례를 보여 준다. 유명 사례가 아닌 무명씨들의 자살도 물론 많았다. 세네카는 루킬리우스에게 보낸 편지에서 "신분, 재산, 연령을 막론한 사내들이 죽음으로써 불행에 종지부를 찍었네"라고 썼다. 로마의 자살률이 다른 문명에서의 자살률보다 크게 높지는 않았던 것 같다. 그러나 자살을 부추기는 유파나 '자살이라는 전염병'에 관한 한, 로마가 전설적인 우세를 보였다. 기원전 1세기부터 기원후 1세기 사이의 격동기에 일어난 로마 유명인사들의 자살은 가히 '기록적인' 수준이다. 하지만 이것은 명백한 이유, 특히 '정치적' 이유에 따른 제한된 현상으로 봐야 한다. 이 문제는 나중에 다시 살펴볼 필요가 있겠다.

그 밖의 경우에 대해서는 그리제가 사료에 입각하여 자살의 이유들을 목록으로 정리했다. 고대의 신명재판에 의한 자살(죄인이 목숨을 걸어야 하는 상황에 뛰어들어 신들의 심판을 받음), 자발적으로 검투사가 된 이들의 유희적 자살, 다른 사람을 죽이고 스스로 자살하는 '죄인의' 자살, 복수나 협박에 따른 자살, 남들을 구하기 위한 이타적 자살, 애도의 뜻을 담은 자살, 자기체벌의 자살, 참을 수 없는 상황(신체적 고통, 군사적 패배, 법적 위협이나 추격)을 피하기 위한 자살, 두려움이나 혐오, 수치, 이해관계가 개입된 정치적 자살, 강간에서 비롯된 수치를 면하기 위한 자살(루크레티아가 그 전형이라 하겠다). 티투스 리비우스는 콜라티우스의 아내가 타르퀴니우스에게 능욕당한 후에 검으로 자결한 사연을 들려준다. 이 일화는 자살 논쟁에서 수없이 회자되고 루카스 크라나흐, 렘브란트, 요스

반 클레브, 티치아노, 카냐치, 그 외 여러 화가들의 작품 주제가 되었다.

삶의 권태

중세에는 무시되었으나 르네상스에 재발견되는 또 다른 유형의 자살이 그 독창성으로 인하여 우리의 관심을 끈다. '살기가 싫어서' 하는 자살이 바로 그것이다. 특히 젊고 잘생겼으며 부유하고 두루 사랑받던 클레옴브로토스가 『파이돈』을 읽고 더 나은 세상에서 살기를 원하여 자살한 일화에 대해서는 수많은 인문주의자들이 논평을 했다. 여기서 플라톤의 『파이돈』이 자살반대론으로 읽히지 않았음을 다시 한번 알 수 있다.

실제로 이런 유의 자발적 죽음은 로마제국 초기와 내전 시대에 나타났다. 이러한 자살은 문명 위기, 즉 집단의 사고방식이 동요하고 전통적 가치관, 도덕적 확신, 종교와 학문과 지성 분야의 기존 진리가 전면적으로 재고되는 시기와 관련이 있는 것으로 보인다. 문명이 안정 국면에 들어가기 전까지의 과도기, 인간 정신의 변화기에 일어나는 자살, 일종의 '문화혁명기'에 일어나는 자살이 그렇다. 르네상스, 유럽의식의 1, 2차 위기(1580년부터 1620년까지, 1680년에서 1720년까지), 혁명기, 20세기 말을 그러한 시기로 볼 수 있겠다.

인류의 운명을 성찰하고 인간 본성에 대한 근본적인 염세주의에 도달한 소수의 지식인들이 이러한 죽음을 택했다. 기원전 1세기의 로마에서도 이러한 혼란이 '삶의 권태'(taedium vitae)를 낳았다. "로마의 폐허 속에 무너질 듯 말세를 방불케 하는 세상, 가장 탁월한 시민들의 떼죽음 앞에서 가장 명철한 자들의 영혼과 정신은 한없는 좌절에 사로잡혔다. 첫 내전의 무서움에 치를 떨고 낙심했을 뿐 아니라 더 끔찍한 일이 닥칠 것을 우려한 시민들은 도피, 망각, 두려운 내일에 깨어날 일 없는 영원한 휴식을 바랐기에 사악하고 불안한 권태에 빠져들었다."[9]

시인 루크레티우스는 아마도 이 환멸에 찌든 지식인 세대의 대표자, '실존적 불안'이라는 말이 나오기도 전에 그 불안을 알았던 인물일 것이다. 이 고독하고 염세적인 시인은 죽음에 대한 두려움, 신들에 대한 두려움, 징벌에 대한 두려움, 질병과 고통과 양심의 가책에 대한 두려움에 몸부림치는 인간에게 연민을 드러냈다. "저마다 자기 자신에게서 도망치고자 하나 그리할 수 없어서 마지못해 자기에 매여 살고 자기를 미워하도다." 이 같은 불안은 우리의 존재가 끝날 때에만 사라진다. 루크레티우스는 기원전 55년에 약 45세의 나이로 자살했다.

그로부터 120년 후, 체념의 비관론을 보여 주는 또 다른 유명한 자살이 일어난다. 바로 세네카의 자살이다. 세네카는 공적인 삶에서나 고독한 학문 연구에서나 개인의 성취욕과 정념을 만족시키지 못하고 항상 우유부단하게 자기 자신에게서 도망치기만을 헛되이 꿈꾸는 이들의 삶에 대한 혐오를 분석했다.

"그로써 이 권태, 이 자기혐오, 무엇에도 머물지 못하는 이 영혼의 소용돌이, 우리가 아무것도 할 수 없게 만드는 이 우울한 조바심이 비롯된다. 우리가 그 이유를 고백하기 부끄러워하고 체면 때문에 우리의 불안을 억눌러야 하기에 더욱더 그렇다. 우리의 정념은 출구 없는 감옥에 옹색하게 틀어박힌 채 질식해 죽어 간다. …… 그래서 무작정 떠나는 여행, 바닷가를 따라 거니는 산보, 바다와 육지를 차례차례 시험해 보며 언제나 현 상태와 반대로 나아가려는 이 이동이 발생한다. …… 이동은 계속 이어지

---

9 Grisé, *Le suicide dans la Rome antique*, p.70.

고 한 정경이 다른 정경을 대체한다. 루크레티우스의 말대로 '이렇듯 저마다 자기 자신에게서 도망치고자 한다'. 그러나 결국 도망치지 못한다면 이동이 무슨 소용 있을까? 우리는 자기 자신을 따라가니 이 참을 수 없는 동행을 떨쳐 버리지 못한다. 또한 우리는 이 불행이 신들에게서 오지 않고 노동, 쾌락, 자기 자신, 우리에게 부담이 되는 세상 모든 것을 견디지 못하는 우리 자신에게서 온다고 생각한다. 이 때문에 자살에 이르는 사람들도 있다. 소소한 변화는 있을지언정 결국 영원히 쳇바퀴 도는 삶을 살 수밖에 없고 온전한 새로움은 불가능하다는 것을 깨달았기에 그들은 삶과 세상에 염증을 느끼고 가슴에서 솟아오르며 희열에 찬물을 끼얹는 외침, 즉 '뭐야! 늘 똑같아?'라는 소리를 듣는다."[10]

'우울'(spleen)이라는 말이 생기기도 전의 이 우울은 상대주의, 일반화된 회의주의, 가치관과 정신의 동요가 팽배하는 시대의 특징이다. 중세 중기는 이러한 우울을 몰랐고 우리가 앞에서 보았듯이 그저 광기로 치부했다. 자기 자신, 미래, 세상의 의미를 확신한 시대는 병적인 멜랑콜리를 이해하지 못했고 정신 나간 사람들이나 그러는 거라고 보았다.

삶에 대한 혐오에서 자살한 로마인들이 그렇게 많았던 것 같지는 않다. 지식인들은 그러한 정신 상태에서 자기만족을 구할지언정 실제로 기백과 결단력을 발휘하여 그 논리를 끝까지 밀고 나가는 경우는 드물었다. 그저 삶과 죽음 사이에서 늘 우유부단하게 고뇌하는 것이 자연스러운 상태였다. 세네카 본인도 네로의 명을 받아 자결했을 뿐, 삶에 대한 권태가 자살 동기였다고 보기 어렵다. 그의 저작도 독자에게 죽음에 대한 준비를 권하되 자살을 부추기지는 않는다. 그는 오히려 이 죽고 싶은 욕망을 경

---

10 *Ibid.*, pp.71~72.

계하라고 말한다. 죽음을 두려워하지는 말 것, 그러나 그의 삶이 보여 주
듯이 이유 없이 죽으려 하지는 말 것. 당시에 알려진 모든 자살 중에서 '삶
의 권태'에서만 기인한 자살은 찾아볼 수 없다. 모든 자살에는 항상 분명
한 이유가 있었고 '삶의 권태'는 부수적인 이유에 불과했다.

노쇠와 자살

세네카는 신체와 정신이 제 능력을 온전히 발휘할 때에는 품위 있는 삶을
영위할 수 있으니 자살할 이유가 없다고 말한다. 하지만 고령으로 쇠약해
지고 고통에 시달리는 와중에, 그러한 삶에서 벗어나게 해줄 사람이 우
리 자신밖에 없는데도 생을 계속 유지하는 것은 어리석음의 극치다. "비
겁하게 죽음을 기다리기만 하는 자는 죽음을 두려워하는 자와 다를 바 없
다. 이는 술을 마신 자가 술 찌꺼기까지 먹고 취함이라. 그러나 술의 마지
막 부분이 과연 찌꺼기인지 가장 순도 높은 술인지는 알아봐야 할 문제
다. 특히 육신이 전혀 쇠하지 않았고 정신과 감각이 마음먹은 대로 따라
준다면 더욱더 그렇다. …… 육신이 모든 일에 쓸모없게 되었다면 육신과
함께하느라 괴로워하는 영혼을 놓아주는 것이 어떠한가?
　사람이 변하거나 쇠락하지 않고 오래 살다가 죽음에 이른 자는 거의
없다. 그러나 활용할 수도 없는 생명을 지닌 채 그냥 살아가는 이들은 참
으로 많다. 그런데도 그대는 삶이 언젠가는 끝날 줄 잘 알면서 삶의 일부
를 쳐내는 일이 잔인하다 말하겠는가? 나로 말하자면, 늙어서도 온전한
상태로 살아가며 나의 가장 좋은 부분을 유지할 수 있는 경우가 아닌 한,
굳이 노쇠와 더불어 살지 않겠다. 만약 내가 늙어 정신이 오락가락하고
그 기능에 문제가 생긴다면, 나에게 이성이 결여된 영혼만 남는다면 나는

망가지고 이제 곧 무너질 이 집을 떠나리라. …… 언제까지나 고통에 시달려야 할 것을 안다면 나는 삶에서 벗어날 것이다. 고통 때문이 아니라 고통이 삶의 활동들에 끼칠 불편함 때문이다. 사실 나는 고통이 두려워 죽는 자는 비겁자요, 고통받으면서 사는 자는 바보라고 생각한다."[11]

이 가르침은 스토아철학 교육을 받고 자란 1세기 말~2세기 초의 로마 귀족 노인들에게 영향을 미쳤다. 소(小) 플리니우스도 병든 노인들이 품위 있게 이 생을 마감하기로 결심한 여러 사례를 편지를 통해 찬양한다. 그와 절친한 67세의 노인은 중풍으로 꼼짝도 못하고 "더없이 부당하고 믿기지도 않는 고통"에 시달리다 자살했는데 소 플리니우스는 "그의 위대한 영혼을 보니 찬탄이 일어난다"고 적었다. 그는 또 다른 편지에서 티투스 아리스토가 "살 이유와 죽을 이유를 심사숙고하여 비교하고" 자결했다고 전한다. 또 다른 대목에서는 불치병에 걸린 75세 노인이 거론된다. "삶에 지친 그가 끝을 냈다." 또한 로마 여인 아리아가 늙고 병든 남편의 자살을 격려하기 위해 자기가 먼저 남편이 보는 앞에서 자결한 일화를 환기한다. 가난한 평민 노부부의 감동적인 이야기도 빠지지 않는다. 치료할 수 없는 궤양으로 고통스러워하는 남편에게 아내는 "그만 죽을 것을 권유하면서 자신도 남편과 함께하며 스스로 죽음의 방법이 됨으로써 본을 보였다. 그녀는 제 몸을 남편에게 묶고 호수로 뛰어내렸던 것이다".

정치적 자살

내전 시대와 제국 초기의 로마에는 정치적 자살이 잦았다. 타키투스의 이

---

11 Seneca, *Lettre LVIII à Lucilius*.

야기는 이러한 자살에 다소 과장된 명성을 부여했다.[12] 운명의 역전과 자유를 지키고픈 욕망에서 비롯된 자살 가운데 가장 유명한 사례는 기원전 46년 카토의 자살이다. 또한 기원전 32년 율리우스 마리누스의 자살처럼 황제가 원로들에게 자살을 명한 경우도 있었다. 기원전 20년 칼푸르니우스 피소의 자살처럼 유죄판결을 피하기 위한 자살도 있었고, 기원전 33년 코체이우스 네르바의 자살은 공직에 염증을 느낀 탓에 일어났으며, 기원후 9년 바루스의 자살처럼 전쟁에 패한 후 장군들이 자결을 하는 경우도 있었다.

어떤 해에는 자살하는 정치인의 수가 놀라울 정도였다. 기원전 43년에는 무려 19명의 정치인이 자살했고 그 이듬해에도 16명이나 되었다. 기원후 65년에도 16명, 66년에는 12명이었다. 검으로 자신을 찌르거나 동맥을 끊는 이 영웅적인 자결들을 로마 역사가들은 운명보다 우위에 있는 개인의 지고한 자유로 해석하며 찬미한다. 카토, 카시우스, 브루투스, 카스카, 안토니우스, 클레오파트라는 전설적인 본보기가 되었다. 심지어 네로나 오토 같은 황제들조차도 자살로 비참한 삶을 부분적으로나마 청산했다. 문학은 문학대로 페트로니우스, 루카누스, 세네카 같은 이들을 순교자로서 제시했다. 역사가들이 이 모든 이들에게 부여한 영웅적 일화와 역사적인 발언은 후세 사람들이 자살을 우러러보게 하는 데 일조했다. 아리아가 남편 앞에서 자살의 본을 보이면서 했다는 말 "파에투스, 아프지 않아요"(Paete, non dolet)에서부터 네로의 "이렇게 한 예술가가 죽는구나"(Qualix artifex pereo), 브루투스의 "미덕이여, 너는 한낱 말에 불과

---

12 J. Kany, "Le suicide politique à Rome et en particulier chez Tacite", thèse de troisième cycle, Reims, 1970.

하구나", 스키피오가 검으로 자신을 내리치고 자기 부하에게 했다는 말 "장군은 잘 계시다"가 그렇다. 유명한 술꾼이었던 보노시우스의 자살에는 희극과 블랙유머마저 끼어든다. "이건 목매단 사람이 아니라 그냥 술병이로구나!"

16~18세기의 인문주의자와 철학자 들은 끊임없이 이 두 세기 동안의 유명 자살 사례들을 참조했다. 제국 시대의 로마법은 각자에게 죽음을 선택할 자유를 허용했다. 가스통 가리송[13]과 알베르 바예에 따르면 일고여덟 가지 상황에서의 자살은 재산을 몰수당할 걱정을 할 필요가 전혀 없었다. 삶에 대한 혐오, 자식을 저승길에 앞세운 슬픔, 아름다운 죽음으로 자신을 드러내고픈 바람, 광기, 어리석음, 정신박약, 질병과 고통에 대한 회피, 지불능력이 없는 상태에서 굶주림을 피하고픈 바람…… 다시 말해, 고발을 당하거나 유죄판결을 받은 자가 가문의 재산몰수를 피하기 위해서 자살하는 경우만 빼면 거의 모든 자살이 허용되었다. 타키투스는 이 때문에 티베리우스 치세에서 재판을 받을 위협을 느낀 자들이 앞질러 자살을 하는 경우가 많았다고 전한다. "이 같은 죽음에 의지하는 경우가 빈번했다. 이는 형벌에 대한 두려움에서 기인했으니 일단 사형선고를 받으면 재산도 빼앗기고 장례도 불가하지만 자살자들은 죽음을 앞당김으로써 장례 절차와 유언을 인정받을 수 있었기 때문이다."[14]

당시 부유층에서 인기가 있었던 스토아철학도 이 치명적 행위를 널리 확산시키는 데 공헌했다. 에픽테토스는 "어떤 길로 하데스에 들어가느냐가 그대에게 중요한가? 그 길들은 모두 더 나을 것도 없고 더 못할 것

---

13 G. Garrisson, *Le suicide en droit romain et en droit français*, Toulouse, 1883, chap.3.
14 Tacitus, *Annales*, VI, 29.

도 없다"고 썼다. 마르쿠스 아우렐리우스 황제는 자신이 정해 놓은 삶의 유형을 더 이상 영위할 수 없거든 당장 죽을 것을 권한다. "그대가 이승에서 떠나 살기를 꿈꾸는 바로 그 삶을 이곳에서 살 수도 있다. 그대에게 그러한 삶의 자유가 전혀 남지 않거든 삶에서 떠나되 어떠한 고통도 없는 인간으로서 떠나라. '연기에서부터 나는 빠져나간다.' 이런 것을 왜 대단한 일로 여기겠는가? 그러나 그런 것이 나를 쫓아내지 않는 한, 나는 계속 자유롭고 아무것도 내가 하려는 바를 방해하지 못한다."[15]

자살에 대한 적대성으로

로마법은 2세기부터 스토아철학이 쇠퇴하면서 강경하게 바뀌었다. 우리는 안토니우스 왕조부터 법과 철학 사상에 동시에 나타나는 놀라운 변화를 보게 된다. 신플라톤주의는 여타의 동방 숭배들과 마찬가지로 자살을 배격했다. 플로티노스는 자살이 죽은 자의 영혼을 어지럽히기 때문에 영혼이 신체를 떠나 천계로 들어가지 못한다고 보았다. 그렇지만 플로티노스도 극심한 신체적 고통, 노쇠, 포로 처지에서의 자살은 인정했다. 포르피리오스는 자살을 기도했다가 스승의 도움으로 살아난 경험이 있는데도 그 자신은 모든 형태의 자살을 배격했다. 로마제국에서 유행했던 신비 종교들 중에서 오르페우스교는 영혼이 신의 결정에 따라 육신에 갇혔고 신의 명령 없이는 육신에서 떠날 수 없다고 주장했다.

그런 외중에 차츰 늘어나던 민간 권력층은 인구가 적은 로마제국을 야만족이 압박할 수 있다는 불안에 눈을 떴다. 또한 그들은 재산의 환수

---

15 Marcus Aurelius, *Meditations*, V, 29.

를 피하기 위해 고발을 당하기 전에 스스로 목숨을 끊는 자들이 많은 이 실태에 종지부를 찍기 원했다. 국가는 자유로운 죽음의 권리를 바짝 통제하기 시작했다. 군대에서의 자살은 더 엄격하게 다스렸다. 안토니우스 왕조에서는 용의자의 자살은 죄의 자백으로 간주하여 재산을 몰수한다는 법도 만들어졌다. 3세기부터 납득할 만한 이유가 없는 자살은 처벌을 받고 자살한 남자의 아내와 재혼하는 사람도 시민권을 박탈당하게 된다.

그리스도교가 패권을 쥐기 전부터, 또한 그리스도교와는 자못 다른 이유로 자살에 대한 단죄는 차츰 로마제국에 자리를 잡았다. 우리가 이미 살펴보았듯 교회는 다소 어중간한 상황에서 그 바통을 이어받았고 교회의 지식인들은 자발적 순교 때문에 더욱더 까다로워진 이 논쟁을 연장해 나갔다. 성 아우구스티누스 때부터 철저한 자살반대론이 득세한 것은 원래의 교리가 분명하고 근본적인 원칙을 보여 주어서라기보다는 역사적 맥락의 결과라 하겠다. 신학이 이 반대론에 무려 5세기나 공을 들였다는 점만 봐도 이러한 태도가 그 자체로 당연한 것은 아니었음을 알 수 있다.

야만의 시대부터 확고해지고 중세 중기 스콜라 학자들을 통해서 체계를 갖춘 절대적 자살 금지론은 결국 그리스도교 사상의 근본 구조 속으로 통합된다. 이러한 문화 현상이 발생한 가장 큰 이유는 중세 그리스도교 사상가들이 고대의 이교 문화를 경계했기 때문이다. 그리스 로마 시대의 유산은 일부는 상실되고 일부는 망각되고 일부는 왜곡된 채 학술적·철학적 본보기를 제시했다. 하지만 이 문화에 대해 도덕적 기준으로서의 가치를 완전히 부정할 수는 없었다. 중세는 천문학을 논할 때에는 아리스토텔레스와 프톨레마이오스를 따랐지만 그리스도교 연구의 계시 이후로는 성경에 대해서만 도덕적 권위를 인정했고 그 권위는 전승, 즉 교부, 신학자, 공의회, 교황에 의하여 발전되었다. 중세는 고대의 과학은 믿고 싶어 했으나 도덕은 믿고 싶어 하지 않았다. 중세의 도덕은 스콜라 학자들과 교회법의 소관이었다.

14~15세기에 모든 영역에서 문화 혁명이 싹트기 시작한다. 코페르니쿠스의 시대는 마르틴 루터와 몽테뉴의 시대이기도 했다. 이 세 사람 모두 진리의 기둥들을 뒤흔들었으나 그 기둥들을 넘어뜨리지는 못했다. 그 후에도 건물은 제자리에 있었으나 과학, 교의, 도덕에는 되돌릴 수 없는 균열이 남았다. 지동설은 처음에 하나의 가정에 지나지 않았다. 루터의 교리는 하나의 분파, 회의주의는 하나의 의문에 불과했다. 그래도 확실성의 시대는 끝났다.

모든 것이 고대인들에게로 되돌아가지는 않았다. 과학 분야와 도덕 분야의 명암은 극명하게 엇갈렸다. 고대의 과학은 다시 일어서기 힘들 만큼 뭇매를 맞았지만 고대의 도덕은 엄청난 관심의 수혜를 입고 전통적인 그리스도교 가치관을 약화시킨다. 이제 고대인들에게서 우주에 대한 설명은 빌려 오지 않으면서 영웅적이고 고결한 행동의 본보기는 점점 더 고대에서 찾게 된 것이다. 마키아벨리에서 카스틸리오네를 거쳐 몽테뉴에 이르기까지 고대 위인들에 대한 참조는 점점 더 늘어난다. 르네상스 시대는 고대의 위대함을 사상가들의 도덕적 지혜, 정치가들의 고결한 영혼에서만 찾았고 고대 학자들의 잘못된 지식에서는 찾지 않았다. 그리고 그 행동의 모범 중에서도 고대식 자살은 점점 더 노골적인 찬양을 불러일으켰다. 이런 점에서 루크레티아의 자살이 회화의 주제로 크게 유행했다는 사실은 매우 상징적이다. 여체의 아름다움과 죽음이라는 행위의 결합은 새로운 시대의 수많은 애매성 중 하나였다.

2부

르네상스

표명되었다가 억압된 문제

4장
1차 르네상스: 자살의 수수께끼를 재발견하다

수치상의 문제

르네상스 시대에는 그 시대에 들어 자살이 급증한 것 같다고 생각한 이들이 있었다. 이미 14세기 후반에 보카치오는 피렌체에서 스스로 목을 매는 사람이 늘었다고 놀라워했다. 나중에 에라스뮈스는 『대화집』에서 사람들이 죽음을 두려워하지 않는다면 자살하는 이들이 많아서 세상이 어찌되겠는가 의문을 표한다. 1542년에 루터는 독일에 자살이 전염병처럼 퍼지고 있다고 말하고, 1548년에 마인츠 대주교가 다시 그러한 풍조를 개탄하며, 1569년에는 뉘른베르크에서 14건의 자살이 집계된다. 같은 시기에 앙리 에스티엔은 말한다. "우리 시대에는 남자와 여자를 막론하고 [누가 자살했다는] 얘기를 귀에 못이 박히도록 듣는다." 몽테뉴는 부친에게 밀라노에서 일주일 사이에 25명이나 자살했다는 얘기를 듣는다.

이러한 언명이 드물고 모호하지만 19세기의 몇몇 역사가들은 깊은 인상을 받았고 이들은 르네상스에 고유한 자살 경향에 대한 생각에 힘을 실어 주는 역할을 했다. 1841년에 펠릭스 부르클로는 르네상스에 대해서 이렇게 썼다. "그토록 많은 광란의 희생양들에 자발적 죽음이 희생양을 더 보탰다. 당시에는 자살에 호의적으로 작용하는 반응이 있었다. …… 자살은 더욱 빈번해졌다."[1] 1877년에 윌리엄 레키는 "여러 사태가 자발적 죽음의 놀라운 증가를 보여 주고 이러한 죽음에 대한 사고방식 또한 놀랍도록 변했음을 보여 준다"고 썼다.[2] 제임스 오데아는 1882년에 그러한 사태를 기정사실로 받아들이고 대략적인 해명까지 찾았다. "점점 더 부각되는 삶의 감각성, 도덕적·지적 이교 문명, 정치적·사회적 혼란이 자살률의 뚜렷한 증가를 낳았고 고대의 개념들에 근거하여 자살을 호의적으로 바라보는 문학이 곧이어 등장했다."[3] 이듬해에 가리송은 논문에 이렇게 썼다. "16세기는 고대에 열광하여 자살의 명예를 회복시켰다. 고대에는 유명한 자살 사례가 많았다."[4] 1928년에도 루스 캐번은 『자살』에서 이러한 생각을 보여 주었다.[5]

그다음부터는 역사 기술의 경향이 바뀌었다. 1887년의 알베르 데자르댕, 1897년의 에밀 뒤르켐, 1938년의 헨리 페던, 1961년의 S. E. 스프롯은 르네상스 시대에 자살률이 급증했다고 볼 만한 결정적 근거는 없다고 생각했다.[6] 그리고 가장 최근의 연구는 아날학파의 양화(quantification) 정신에 영향을 받아 대단히 신중한 입장을 견지하고 있다. 로베르 망드루

1 Bourquelot, "Recherches sur les opinions et la législation en matière de mort volontaire pendant le Moyen Âge".

2 W. E. H. Lecky, *History of European Morale from Augustinus to Charlemagne*, London, 1877.

3 J. O'Dea, *Suicide: Studies on its Philosophy, Causes and Prevention*, New York, 1882.

4 Garisson, *Le suicide en droit romain et en droit français*.

5 R. Cavan, *Suicide*, Chicago, 1928.

6 A. Desjardins, *Les sentiments moraux au XVI siècle*, Paris, 1887; É. Durkheim, *Le suicide: Étude de sociologie*, Paris, 1897; H. Fedden, *Suicide: A Social and Historical Study*, London, 1938; S. E. Sprott, *The English Debate on Suicide from Donne to Hume*, La salle, IL, 1961.

는 1961년에 "집계가 부족하기 때문에 [자살의] 실태를 측정하거나 그 규모를 가늠하려는 시도는 접어야 한다"[7]고 썼다. 장 들뤼모도 이전의 주장들에 대하여 "역사 연구가 그 점을 확인해야 할 것이다"[8]라고 했다.

자료들이 잡다하고 파편적이며 상당히 주관적이기 때문에 그 점을 확인할 수 있는 날이 올 것 같지는 않다. 개인의 일기나 비망록은 자살 사례를 그 자살이 일으킨 추문과 개인의 감수성에 따라 선택하고 있기 때문에 실망스럽다. 이름이 알려지지 않은 어느 파리의 부르주아는 프랑수아 1세 치하에서 유명인의 자살은 두 건밖에 발생하지 않았다고 전한다. 1525년에 샤틀레의 젊은 법관이자 한 가정의 가장이었던 퐁세는 "자신이 맡았던 몇몇 재판에 대한 불만과 권태 때문에, 또는 모종의 질투심 때문에"[9] 자기 집 우물에 뛰어들었다. 1534년에 루앙 주교좌성당의 참사원 두앙빌은 "소송에 패하여 1400~1600리브르를 물게 생겼기에 절망하여" 스스로 목을 맸다.[10]

1576년에 쓰여진 피에르 드 레스투알의 일기는 좀더 장황하나 통계적 출처로 삼기에는 전혀 적합지 않다. 이 일기는 주로 사건 분석과 그에 대한 판결에 관심을 두며 명사들의 평균적인 의식구조를 잘 반영한다. 중세 이후로 자살의 동기, 방법, 연루된 사회계층은 전혀 변하지 않은 것처럼 보인다. 반면, 명사들의 경우에는 1576년의 이 프로테스탄트 신학박사처럼 뚜렷한 이유 없는 절망이 가장 주된 원인으로 거론되곤 했다. "툴

7 R. Mandrou, *Introduction à la France moderne, 1500-1640: Essai de psychologie historique*, ed. A. Michel, Paris, 1974[1961], pp.315~316.

8 J. Delumeau, *La civilisation de la Renaissance*, Paris, 1967, p.345.

9 L. Lalanne ed., *Le journal d'un bourgeois de Paris sous le règne de François Ier: 1515-1536*, Paris, 1854, p.327.

10 *Ibid.*, p.436.

루즈의 신학박사 쿠스토는 뛰어난 문인이자 현명하게 처신하는 인물로서 자신이 몸담은 종교계 사람들에게 크게 존경받았으나 절망에 못 이겨 라르디 마을에서 스스로 목숨을 끊었다."[11] 1584년에 에탕프 근처에서 한 의사가 거액의 빚 때문에 제 목을 베었다. 레스투알은 "위대한 의사이자 철학자에게는 걸맞지 않은 죽음"이라고 비판한다.[12]

세번째 사례는 라 가르드 영주 프랑수아 드 세뉴의 자살이다. 고등법원의 대법정 고문으로서 45세였던 그는 "고열과 오줌소태에 고통스러워하며 살날이 얼마 남지 않았음을 느꼈다". 레스투알은 당국이 고등법원장의 재산을 몰수하지 않고 아들에게 고스란히 넘겨주기 위해 그의 자살 원인을 정신이상으로 간주한 것은 지나치게 관대한 처사라고 분노한다. "그럼에도 그가 고열과 발작에 시달리느라 제정신이 아니었다는 소문을 흘린 덕분에 장례 미사는 코르들리에 성가대와 투 법원장을 위시한 다른 법관들, 소원심사관, 고문과 그 외 여러 명이 참석한 가운데 장엄하게 치러졌고 그의 지위와 혜택은 유일한 유언집행인으로 지명된 아들 자크 드 투에게 넘어갔다."[13]

자살자의 사회적 출신에 따른 차별은 레스투알의 일기에서 뚜렷이 나타난다. 어떤 자살은 반대로 광기에서 비롯된 것이 명백한데도 시체모독형을 받았기 때문이다. 1584년에 티에네트 프티 수녀는 어느 노수녀의 목을 벤 후에 물에 뛰어들어 자살했는데 몽포콩에서 시체교수형을 받았다.[14] 1586년에 남색으로 파리고등법원 감옥에 수감된 피에몽테의 의사

11 M. Prtitot ed., *Journal de Pierre de l'Estoile*, Paris, 1825, 18 juillet 1576.
12 "의사 말메디가 자기가 진 거액의 빚 때문에 절망과 고통을 이기지 못하고 스스로 목을 베었다. 왕에게서 농지를 사들이고 무분별하게 여러 사람에게 보증을 서고 담보를 잡힌 탓이다"(*Ibid.*, 18 avril 1584).
13 *Ibid.*, 29 septembre 1578.

실바는 분노하며 날뛰다가 죄수 한 명을 죽이고 다른 죄수를 다치게 했다. 그는 독방에 수감된 후 자기 옷으로 목을 졸라 자결했다. "그의 시신은 말에 묶어 도로로 끌고 다닌 후 거꾸로 매달았다."[15] 마지막으로 레스투알은 이탈리아 자객단의 우두머리가 자살한 사건을 전한다. 브뤼헤에서 알랑송 공작 암살을 기도한 죄로 발두앵이라는 자가 체포되었다. "자신이 사주받은 일로 재판을 받을 때까지 기다리다가 더욱 가혹한 체형을 받을까 봐 두려웠던 그는 단검으로 자신의 배를 여러 번 찔러 속히 죽음을 맞았다."[16]

이 몇몇 사례로는 당시에 자살이 얼마나 빈번했는지 알 수 없다. 우리는 여기저기서 어느 누가 자살을 했다는 것만을 알 뿐이다. 이를테면 조프루아 클루에라는 사제는 1431년에 파리 생 제르맹 로제루아 거리에서 목을 맸고 이 사건은 그의 윗사람들에게 회부되었다.[17] 앙리 에스티엔은 성직자들도 일반인 못지않게 자살하는 일이 많았다고 주장한다.[18]

영국의 경우

그럼에도 남다른 가치가 있는 통계자료를 제공하는 한 나라가 있으니 그곳은 바로 영국이다. 덕분에 마이클 맥도널드와 테렌스 머피는 『잠들지

---

14 Prtitot ed., *Journal de Pierre de l'Estoile*, 25 septembre 1584.

15 *Ibid.*, 30 janvier 1586.

16 *Ibid.*, 1 août 1582.

17 *Recueil des actes, titres et mémoires concernant les affaires du clergé de France*, vol.7, Paris, 1719, p.508.

18 H. Estienne, *Apologie pour hérodote*, ed. Ristelhuber, Paris, 1879. 에스티엔은 이러한 자살의 기원에는 은둔자 헤론과 같은 교만이 있다고 본다. 헤론은 우물에 뛰어들어도 혼자 힘으로 살아날 수 있을 거라는 악마의 유혹을 받았던 인물이다.

못하는 영혼: 근대 초 영국에서의 자살』에서 유럽 대륙의 경우와는 비교
할 수도 없는 연구를 실현할 수 있었다.[19] 대륙의 자료가 빈약한 탓에 영
국의 예를 자주 참조하다 보면 영국에서 자살이 만연했다는 인상을 받게
마련이다. 몽테스키외와 18세기 철학자들은 이러한 착각의 희생양으로
서 '영국병'의 신화를 퍼뜨리는 데 일조하게 된다.

맥도널드와 머피는 르네상스 시대의 자살 통계를 얼마나 신중하게
대해야 하는가를 잘 보여 주었다. 이 통계에 따르면 1510년에서 1580년
사이 자살은 급증했다. 의심스러운 죽음을 심판하는 '킹스 벤치' 왕립 법
원 문서보관소의 자료를 보면 자살은 1500년에서 1509년까지는 61건,
1510년에서 1519년 사이에는 108건, 1520년에서 1529년까지는 216건,
1530년에서 1539년까지 343건, 1540년에서 1549년까지 499건, 1550년
에서 1559년까지 714건, 1560년에서 1569년까지 798건, 1570년에서
1579년까지 940건 발생했다. 그중 '펠로 데 세'(felo de se), 즉 '자기배반'
행위의 책임을 물어 재산을 몰수한 경우는 95퍼센트가 넘었다. 하지만
이 놀라운 증가는 1487년, 1509년, 1510년에 제정된 법령들이 의심스러
운 죽음이 발생할 경우 따라야 할 절차를 개혁하고 이를 적용했기 때문으
로 봐야 한다. 이때부터 검시관은 조사기관의 책임자로서 살인 판결이 한
번 떨어질 때마다 1마르크(13실링 4펜스)의 보수를 받았다. 죄인의 재산
은 몰수되어 왕실 사제의 주머니로 들어갔는데 그 돈이 매년 수백 리브르
에 달했다. 부유한 상인의 자살은 특히 짭짤한 돈벌이가 되었다. 1570년
에서 1600년 사이에 이러한 상인 열 명으로부터 몰수한 재산만 100리브

---

19 저자들은 매우 풍부한 자료와 대단히 신중한 판단을 결합함으로써 이 책을 16세기에서 18세
기까지의 자살에 대한 모든 연구의 참고 기준으로 만들었다.

르가 넘었다. 따라서 검시관에서 왕실 사제까지 모든 행정기관이 자살자들에게 법을 엄격하게 적용하려 안달할 수밖에 없었다. 이러한 설명에는 1540년대부터 종교적 경쟁 분위기에서 서로 앞다투어 자기살해를 악마의 소행으로 보려는 경향을 보였다는 점도 추가되어야 한다.

조서들을 살펴보면 자살을 입증하는 결정적 단서가 없는데도 '자기배반' 판결이 곧잘 떨어졌음을 알 수 있다. 목격자 없이 물에 빠져 죽은 사람이 자살로 판결난 경우는 전체 건의 5분의 1에 달한다.[20] 때로는 배심원단의 악의마저 확인할 수 있다. 그래서 1560년에 자살한 킹스 린의 토머스 스프라인골드라는 사람은 오래전부터 정신이 온전치 못했다고 증언한 사람이 10명이나 있는데도 '자기배반' 죄를 선고받았다.[21] 정신병으로 인한 자살이 5퍼센트 이하로 유독 적다는 점만 봐도 이러한 판결의 편파성을 짐작할 만하다. 따라서 이러한 양적 자료는 르네상스 시대 자살률의 추이를 제대로 보여 주지 않는다. 더욱이 영국의 예가 유럽 나머지 국가들에도 반드시 유효하란 법은 없다. 현격한 차이를 유지시키는 각 지역 고유의 조건들이 있기 때문이다.

자살을 억제하기 위한 법적인 조처들은 좀더 알아보기 쉽다. 스위스의 칼뱅파 지역, 특히 제네바와 취리히는 영국과 더불어 자살에 강경한 태도를 보였던 유일한 지역들처럼 보이지만 그것도 어디까지나 17세기부터의 이야기다. 게다가 실제로는 상당히 관대한 처우도 자주 있었던 듯하다.[22]

---

20 S. J. Stevenson, "The Rise of Suicide Verdicts in Southeast England: The Legal Process". *Continuity and Change* 2, 1987, pp.63~65.

21 M. MacDonald and T. Murphy, *Sleepless Souls: Suicide in Early Modern England*, Oxford, 1990, p.58.

22 M. Schär, *Seelennöte der Untertanen: Selbstmord, Melancholie und Religion im Alten*

문학을 통한 고대의 자살로의 회귀

그러나 완만할지언정 부정할 수 없는 변화의 기미가 있었다. 특히 의미심장한 징후는 엘리트 지식인 계층의 꿈, 열망, 두려움, 가치관을 드러내는 문학이었다. 그런데 르네상스에 이르러 인쇄혁명과 함께 이 엘리트 계층은 한층 넓어졌다. 저작들은 이제 라틴어로 논문을 쓰는 성직자 계층이나 무훈시와 궁정소설을 좋아하는 기사 독자들에게 한정되지 않았다. 기술(記述) 문화는 소수의 신흥 부르주아와 소귀족에게까지 확대되었고 그들은 새로운 독자와 저자를 제공했다. 훨씬 늘어난 책들은 더 많은 인구의 정서를 반영했다. 특히 연극의 발전은 더 많은 대중에게 다가가 엘리트 계층의 이상을 문맹들에게까지 확산시켰다.

그중 가장 특징적인 면은 고대 문명이 힘차게 되돌아왔다는 것이다. 플루타르코스, 티투스 리비우스, 타키투스, 플리니우스의 저술이 번역, 출간됨으로써 대중은 그리스 로마사를 수놓는 위대한 영웅적 자살들과 다시 만났다. 스토아학파와 에피쿠로스학파의 철학 저술, 새롭게 각색된 세네카의 극작품은 그리스도교의 간섭을 완전히 배제한 채 그러한 도덕을 보여 주었다. 그 도덕은 수많은 역사적·신화적 사례의 후광을 뒤집어쓰고 있기에 더욱더 매력적으로 다가왔다. 자살에 대한 생각은 은밀하게 대중 속으로 파고들었다. 지금까지 자살을 둘러싼 공포와 수치의 베일이 조금씩 걷히고 루크레티우스, 카토, 브루투스, 세네카의 존경할 만한 이미지가 자리를 잡았다. 14세기 말부터 등장한 최초의 인문주의자 세대는

Zürich, 1500-1800, Zurich, 1985; L. Haeberli, "Le suicide à Genève au XVIIIe siècle", *Pour une histoire qualitative: Études offertes à Sven Stelling-Michaud*, Genève, 1975.

서로 가치관의 갈등을 겪었다. 페트라르카는 『운명의 극복에 대하여』에서 고대 문화를 자살반대론에 동원한다. 이 중세식의 우화적 대화편에서 고통(Dolor)은 이성(Ratio)과 토론을 나누며 자발적 죽음에 반대하는 고대의 논증들을 제시한다(우리는 스스로 육신을 떠날 권리가 없다, 어려움과 정면으로 부딪혀야 한다, 우리의 생명은 신이 주신 것이다, 자살은 제 본성을 망각하는 행위다, 삶에 대한 혐오는 마땅치 않다, 카토는 용기가 없는 자였다). 1366년에 라틴어로 나온 이 작품은 아직 한정된 문인층만을 대상으로 했다. 우리는 이 작품에 제프리 초서의 『선한 여인들의 전설』을 비교해 볼 수 있겠다. 20년 후에 나온 이 책은 사랑을 위해 자결한 디도, 클레오파트라, 피람, 티스베를 떠받들고 있다. 물론 사랑을 지키기 위한 자살의 전통은 궁정소설의 모티프 중 하나였고 보카치오도 『데카메론』에서 여러 차례 그러한 예를 들어 보인다. 그러나 이때부터는 역사적 예화가 소설 이야기보다 우위를 점하고 도덕적 가치를 부여하는 데 큰 몫을 한다.

초서는 여인들도 사내들 못지않게 지고의 용기를 발휘할 수 있음을 보여 주기 원했다. 같은 목적에서 1528년에 발다사례 카스틸리오네는 사곤테 여인들의 자결을 위시하여 고대와 당대의 여러 자살 사례들을 거론한다. 여기서 자살은 행위와 감정의 아름다움이 찬양되고 고귀한 동기에서 비롯되기만 한다면 도덕적으로 긍정적 가치를 띤다. 르네상스 귀족들의 명실상부한 행동지침서였던 『궁정인』은 소설에서의 자살에서 실제 귀족의 삶으로의 이행을 확고하게 만들었다.

1530년대에 토머스 엘리엇도 여인의 용기를 기리기 위하여 『선한 여인들을 위한 변호』를 쓴다. 그는 여기서 브루투스의 아내 포르티아, 세네카의 아내 파울리나처럼 죽음까지 함께했던 정숙한 여인들의 자살을 한껏 추어올린다. 아서 브루크의 1562년 작 『로메우스와 줄리엣』은 두 유명한 연인의 자살을 비난하면서도 가엾게 여긴다. 윌리엄 페인터의 1566년 작『쾌락의 궁』에도 이러한 이중적 감정이 나타난다. 이 책은 루크레티우스, 무키우스 스카이볼라, 아피우스 클라우디우스, 판테우스, 테오크세니오스, 포리스의 자살을 비난하는 기색 없이 전한다. 프랑스 시문학이 주로 죽음의 공포를 표현한 반면,[23] 영국에서 시는 늘 고대의 예화에서 출발하여 자살이라는 주제를 좀더 자주 다루었다. 1559년의 시모음집『행정관을 위한 거울』은 베르길리우스의 지옥 방문이라는 주제를 재연하지만 자살자들에 대한 가혹한 판단을 보여 준다.

자살이 개가를 올리며 폭넓은 대중과 만나게 된 데에는 무엇보다 연극의 공이 컸다. 베르나르 폴랭은 영국을 대상으로 이 주제를 꼼꼼히 다루었는데 여기서 여러 가지 결론이 도출된다.[24] 첫번째 결론은 이 주제가 다루어진 빈도와 관련된다. 1500년부터 1580년 사이의 연극작품 가운데 한 건 이상의 자발적 죽음을 포함하는 작품은 30편이 넘는다. 두번째 결론은 자살에 대한 대우와 관련된다. 당시의 분위기, 특히 '도덕성'은 여전히 중세적이었기에 자기살해는 대체로 비난받았다. 자살은 대개 부도덕한 삶의 결과, 지옥에 갈 일로 여겨졌다. 자살의 직접적 원인은 절망이다. 반면에 고전적 주제를 다루는 연극에서는 좀더 다양한 판단들이 보인다. 1560년경 작품『아피우스와 비르기니아』에서 아피우스의 자살은 비난당하지만『칼리스토와 멜리보이아』(1520),『키루스 전쟁』(1576)에서 명예와 사랑을 지키기 위한 자살은 인정받는다. 목을 매는 자살은 불명예스러운 죽음, 칼로 하는 자살은 명예로운 죽음이라는 인식도 여전했다. 1차 르

23 C. Martineau-Génieys, *Le thème de la mort dans la poésie française de 1450 à 1550*, Paris, 1978.
24 Paulin, *Du couteau à la plume*.

네상스 시기의 연극들은 자살옹호론과는 거리가 멀지만 일단 자살을 다룬 작품 수가 많고 찬탄할 만한 고대의 예화들을 등장시켰다는 점에서 대중의 의식을 흔들어 놓는 데 한몫했다.

두 개의 도덕 사이에 끼여 모순을 피할 수 없었던 작가들에게서 그러한 혼란을 볼 수 있다. 피에르 보에스튀오는 1560년에 『신묘한 이야기들』에서 안토니우스의 자살을 응당 받아야 할 벌처럼 묘사했지만 1578년 작품 『첼리도니우스 이야기』에서 플라톤의 제자들이 영혼의 해방을 앞당기기 위해 저지른 자살은 인정했다. 1580년에 프로테스탄트 신도 피에르 드 라 프리모데는 『아카데미 프랑세즈』에서 "조국에 대한 사랑의 경이로운 모범"인 쿠르티우스와 오토, "위대한 불굴의 용기에 걸맞게 고결한 행동을 보여 준 자들"인 카토와 브루투스와 카시우스, 그리고 테미스토클레스와 그 밖의 여러 인물의 영웅적 행동과 그리스도교의 요구 사이에서 당혹해한다. 그는 "덕에 어긋나는 행동을 하느니 차라리 스스로 죽기를 원했던" 고대인들을 찬미하는 와중에도 그리스도교의 요구를 상기해야 한다는 의무감을 느낀다. 더욱이 그는 이 삶에서 육신은 영혼의 감옥이 맞지만 "이 삶을 끝내기를 바랄지라도 신이 기뻐하시는 바에서 떠나지 않도록 주의하며 모든 망설임과 조바심에서 멀어져야 할 것이다"라고 말한다.[25] 고대인들의 예는 "뛰어난 고결함"을 보여 준다. "비록 신을 두려워하고 그를 따르고자 하는 자는 죽음을 앞당길 기회가 있을 때마다 자신을 망각하지 않아야 할 것이지만"[26] 말이다. 그래도 그는 전염성의 위험을 제거하기보다는 되레 자극하는 입장이다.

---

25 P. de La Primaudaye, *Academie Française*, Paris, 1580, p.386.
26 *Ibid.*, p.140.

고대의 예를 찬미함으로써 본의 아니게 전통적 도덕을 약화시킨 학자들 중에서 라비시우스 텍스토르를 인용할 필요가 있다. 1520년 파리에서 출간된 그의 책 『오피시나』는 과거의 자살들을 망라해 놓았다 해도 과언이 아니다. 그는 최소 150건이 넘는 유명 자살 사례를 소개하는 데에 그치지 않고 이따금 찬양조의 논평까지 다는데 특히 루크레티아, 트라세아스, 아티쿠스, 카토, 클레오파트라는 칭찬을 받고 네로와 빌라도는 비난받는다. 반세기 후에 같은 정신에 입각하여 '고고학'에 정통한 테오도르 츠빙거가 『인생극』에서 텍스토르의 목록을 보완한다.

16세기 중반의 프랑스 소설은 이러한 전기물들의 영향을 받았다. 발랑티니앙의 1555년 작 『되살아난 연인』에서 여주인공은 카토, 루크레티아, 데키우스를 생각하며 이렇게 질문한다. "여러분 중에서 평판이 떨어지지만 않는다면 차라리 죽고 싶은 사람, 아니 백번이라고 죽고 싶은 사람은 누구입니까?"

1570년대부터 사례는 늘어나고 호의적인 어조도 두드러진다. 1578년 영국에서 작성된 익명의 수기는 "사람이 스스로 죽음으로써 자신을 벌할 수 있는가"라는 물음을 던진다.[27] 이 문제는 사울 왕에 대한 재판의 형태로 다루어진다. 전통적인 논증으로 무장한 고발자 사무엘은 그를 지옥에 처넣어 마땅하다고 주장하나 사울은 삼손, 순교자들, 소크라테스, 카토의 예를 들어 자신을 변호하고 인간은 다른 인간을 심판할 권리가 없음을 상기시킨다. 이 재판의 주재자 솔로몬 왕은 사울을 무죄 석방한다. 이듬해에 도덕주의자 피에르 드 로스탈은 『철학적 담화』에서 고대의 자살을 기탄없이 찬양한다. 이러한 의견들은 극소수 엘리트 지식인에게로

---

27 Paulin, *Du couteau à la plume*, p.105.

한정되었다. 그럼에도 1570~1580년경에 이러한 발언들을 볼 수 있다는 사실은 1차 르네상스 시기에 지식인 계층에서 상당한 변화가 있었음을 보여 준다.

자살, 인간의 악에 대한 유토피아적 해법

또 다른 문학적 지표는 사람들의 정신적 변화다. 가상의 완벽한 세계에 대한 구상, 즉 유토피아는 대담무쌍한 생각들을 검열을 피해 드러내기 좋은 장치였다. 그런데 이 16세기의 거대 픽션들은 사회의 합리적 조직은 자살권을 인정해야 한다고 암시했다. 토머스 모어의 경우만 보더라도 자신이 배우고 자란 도덕적 금기를 감히 깨뜨리지 못하는 저자의 의견과 자신의 열망을 허구적으로 실현한 정신적 창조물의 과감함이 모순을 이룬다. 1515년에 모어는 유토피아라는 가상의 섬 주민들은 고통스럽고 치유 불가능한 병에 걸렸을 때에 사제의 동의를 얻어 자살을 할 수 있다고 썼다. 여기서의 강조점은 스토아철학적이다. 한 인간이 "삶의 모든 이점과 즐거움을 잃어버리고 남들의 걱정거리밖에 되지 못하고 자기 자신에게도 해가 된다면 살아도 산 것이 아니니 더 이상 그러한 불행을 밀고 나가서는 안 된다. 삶이 자신에게 고통일 뿐이라면 죽음을 두려워하지 않아야 할 것이며 오히려 희망을 품고 감옥이나 가시바늘을 떨치기 원하듯 그 불행하고 괴로운 삶에서 해방되기를 바라니 그는 죽음으로써 자신의 재산과 안위를 망치는 것이 아니라 고통을 끝내는 셈이다. …… 이는 신실하고 거룩한 행위일 것이다".[28] 마치 세네카의 주장을 듣는 기분마저 든다.

---

28 T. More, *Utopia*, ed. E. Sturtz, New Haven, 1964, pp.108~109.

"내가 영원히 고통받을 수밖에 없다는 것을 안다면 나는 삶에서 물러날 것이다."

이 대목의 의미는 너무나 선명하고 당혹스럽기에 성인전 작가들이 탄압하는 것이 마땅하다고 여기기에 충분했다. 모어도 이 죽음에 대한 권리를 엄격하게 제한해 두는 신중을 기함으로써 이 사안의 중대성을 보여 주었다. 유토피아에서 사제와 원로원의 허가를 받지 않은 모든 종류의 자살은 처벌을 받고 시신은 공동 묘혈에 버려진다. 이 집단 사회에서 개인은 생을 끝내겠다는 결정을 독자적으로 내릴 수 없다. 선택은 '신중하게, 종교적으로, 거룩하게' 이루어진다. 자살은 극단적인 경우에만 구제할 길 없는 고통을 줄여 주는 합리적 조처가 된다. 유토피아 사람들은 안락사를 실시하지만 이것은 결코 모어가 자살 문제를 중대하게 여기지 않아서가 아니다. 물론 폴랭은 작중인물 히틀로라데우스가 헨리 8세 시대에 대법관을 지냈던 모어의 관점을 다음과 같이 대변한다고 본다. "신은 인간에게서 타인의 목숨은 물론, 자기 자신의 목숨을 빼앗을 권리를 앗아 가셨네." 그러나 이러한 발언은 유토피아에서의 생활상과 맞지 않는다.

그 이유는 모어가 그리스도교를 국교로 하는 왕국에 살고 있었으므로 그의 개인적 도덕관은 당대의 그리스도교적 이상을 벗어날 수 없었기 때문이다. 1534년에 런던탑에 투옥된 모어는 자살에 대한 생각을 더욱 밀고 나가 『위안의 대화』를 집필한다. 그는 여기서 자살에 대한 생각은 전부 다 악마에게서 온다는 주장을 반박하고 성 아우구스티누스의 말마따나 삼손은 개인적으로 신의 부름을 받았을 거라고 본다. 이렇게 본다면 『유토피아』에서 그가 안락사의 합리성을 역설하는 대목은 더욱더 인상적이다. 모어는 실제 삶에서 이러한 극단적 경우에 처하지 않았으므로 실제로는 이성과 전통적 도덕 가운데 어느 쪽을 택했을지 알 수 없다.

16세기 후반에 카딕스 주교 안토니오 데 게바라는 더욱 놀라운 주장을 펼친다. 그의 1577년 작 『리브로 오레오 데 마르코 아우렐리오』도 카토와 엘레아잘을 찬양하지만 『왕자들의 시계』에서는 일종의 유토피아에서 폼페이 군대에 속했던 것으로 보이는 인도 출신 야만족들이 50세가 되면 비참한 노년을 면하기 위해 반드시 자살을 한다는 얘기까지 꺼낸다. "50세 이상은 살지 않는다는 이 야만인들의 풍습에 따라 그 나이에 이른 자는 장작을 쌓고 불을 놓은 후에 자신을 신들에게 제물로 바친다." 주교는 이 세상에서의 삶을 경원시하는 이 풍습을 보며 황홀해한다. "이 경우에 각자가 원하는 바대로 느끼고 자기 마음에 맞는 대로 이 야만족을 규탄하니 나도 내가 느끼는 바를 토로하지 않을 수 없다. 오, 이러한 사람들이 있었던 황금시대여! 오, 다가올 모든 세기에서 마땅히 기억되어야 할 복된 자들이여! 이토록 세상을 경원시하다니! 이토록 자기를 잊을 수 있다니! 얼마나 운이 좋은가! 이는 육신을 향한 채찍이 아닌가! 삶을 그토록 가벼이 여기다니! 오, 악인들에 대한 견제요, 덕 있는 자들에게는 자극이로다! 삶을 사랑하는 이들은 얼마나 혼란스러울꼬! 우리에게 죽음을 두려워하지 말 것을 가르치는 위대한 모범이로다!"[29]

절망의 공세와 가톨릭의 반격

이러한 특징은 15세기의 데보티오 모데르나(devotio moderna, '근대적 신심'이라는 뜻의 종교쇄신운동)에 이미 존재했던 긴장을 엿보게 한다. 하지만 죽음과 내세의 지복을 바라게 만드는 세상에 대한 멸시와 스스로 생을

---

29 A. de Guevara, *L'horloge des princes*, trans. de Herberay, Paris, 1588, p.305r°.

끝내서는 안 된다는 금지 사이의 이 긴장은 가톨릭 개혁의 신비주의적 분위기 속에서 더욱 악화되었다. 긴장의 단초들은 그리스도교의 기초를 닦은 문헌들, 복음서들과 특히 사도 바울로의 서신들 속에 이미 있었다. 따라서 프로테스탄트 신앙에도 이러한 긴장은 당연히 배어 있었다. 필리프 드 모르네는 『생과 사의 뛰어난 대화』에서 삶은 '연속적 죽음'과 다를 바 없고 죽음은 이 비참한 생의 고통에 종지부를 찍기 때문에 바랄 만한 것이라고 말한다. 그는 자기 증명의 논리적 귀결이 어떤 식으로 나올 수밖에 없는지를 잘 알기에 "여러분은 이에 대하여 죽음이 바랄 만한 것이라면 그토록 나쁜 것에서 벗어나 그토록 좋은 것으로 옮겨 가기 위하여 생을 빨리 끝냄이 가하지 않느냐고 말할 것이다"라고 쓴다. 하지만 그렇지는 않다. 우리에겐 그럴 권리가 없기 때문이다. "그리스도교인은 기꺼이 이 삶을 떠나야 할 테지만 비겁하게 삶으로부터 도망쳐서는 안 된다." 이처럼 일관성이 사라지면 방법은 하나뿐이다. "우리의 육신을 죽이고 이 세상에서 벗어난 바 될 것", 다시 말해 속세에 완전히 초연한 삶을 살아가는 것이다. 이러한 일종의 정신적 자살은 여러 면에서 불가능한 육체적 자살을 대체한다.

그 이유는 1차 르네상스기의 종교적 혼란이 자발적 죽음에 대한 단죄를 어떤 식으로든 완화하지 못했기 때문이다. 심지어 더욱 강경해진 면도 있다. 가톨릭교도에게나 루터교도, 칼뱅교도, 영국 국교도에게나 자살은 악마의 소행이었고 그렇기 때문에 수많은 종교 갈등 와중에도 반대파의 자살자 수는 그 분파의 대의가 악마적이라는 증거로 동원되곤 했다. 저쪽 사람들은 악마에 사로잡혔기 때문에 결국 절망에 떨어졌다는 식이다. 따라서 각 종교 분파는 자기네 신도들의 자살을 억압하고 반대파의 자살자 소식을 이용해 먹는 데 골몰했다.

가톨릭계에서는 자살을 절망의 결과로 보는 중세의 해명이 더욱 힘을 얻었다. 수많은 죄 중에서도 절망은 가장 무거운 죄의 하나가 되었다. 종교개혁이 발발하기 전부터 절망은 문학의 주제로 자주 등장했다. 15세기에 알랭 샤르티에는 『희망 혹은 삼덕(三德)의 위안』에서 절망을 우의적 인물로 등장시킨다. 절망은 백년전쟁의 여파에 시달리는 프랑스의 비참한 생활상을 묘사하고 차라리 자살을 택하여 이 모든 불행을 피할 것을 권한다. "네 나이를 봐도 이제부터 쇠약해질 일만 남았고 네 나라의 불행은 이제 겨우 시작일 뿐이다. 벗들이 죽고, 재산을 잃고, 밭은 엉망이 되고, 도성은 파괴되었고, 영주에 대한 의무는 다해야 하고, 나라는 황폐해졌고, 모두가 노예나 다름없는 신세가 되었는데 무엇을 믿고 살아가겠는가? ⋯⋯ 네 나라가 망하는 꼴을 두 눈으로 보고, 행운의 여신이 희망과 삶의 위안을 거두어 갈 그때에 너는 필시 살아 있음을 후회하게 되리라." 이때 희망이 등장하여 스스로 죽는 것은 신의 작품을 파괴하는 행위이므로 우리에게 그럴 권리가 없다고 저자를 설득한다.

프랑수아 비용 역시 절망의 엄습에 대하여 잘 알고 있었기에 노년에 이른 아름다운 오미에르의 입을 빌려 이렇게 노래한다.

내가 나 자신을 어찌할 수 없도록
지금 나 자신을 죽이지 못하도록 그 누가 붙잡아 줄꼬?

비용은 『유언집』에서 때때로 신에 대한 두려움만이 자신을 붙잡아 둔다고 말한다.

이토록 답답한 가슴의 슬픔

그저 신이 두려울 뿐일 때가 많구나

그 자신이 무너져

끔찍한 짓을 저지른다면

신의 법을 위반하고 말 터이니.

태어나자마자 죽기를 바랐던 뒤 벨레의 『절망한 자의 푸념』에서 롱사르의 『찬가집』에 이르기까지 절망은 르네상스 시대 시인들이 가장 좋아하는 주제였다.

우리는 생기 어린 흙, 살아 움직이는 그림자,

고통과 비참과 곤란의 주인일 뿐이니 ……

우리는 그토록 연약하고 가련한 날품팔이 신세,

쉴 새 없이 불행에 시달리고 또 시달리네.

1538년 작 『죽음의 모의』에서 트레첼의 늙은 시골 아낙네는 이렇게 말한다.

더는 살고 싶은 마음이 없을 만큼

크나큰 고생을 오랫동안 이어 왔네

그러나 나 확실히 믿네

죽음은 삶보다 낫다는 것을

연대기 저자들과 편년사가들은 당대의 평범한 자살들을 대부분 절망의 소치로 보았다. 심지어 가장 위대한 신비주의자들마저도 그러한 유혹을 경험했다. 성 이그나티우스는 예민한 죄의식과 결코 용서받지 못하리라는 확신에 짓눌려 몇 번이나 창밖으로 몸을 내던지려 했다고 말한다. 1569년에 사망한 아빌라의 요한은 악마가 자살을 조장하는 절망을 어떻게 우리 안에 싹트게 하는지 설명한다. "악마는 교만에 취한 자의 앞길을 막는 온갖 술수로써 …… 우리가 저지른 모든 죄를 낱낱이 드러내고 과장하여 충격과 좌절을 안겨 주니 우리는 그토록 어마어마한 고통을 참지 못하고 절망에 빠져든다. 악마는 유다를 이런 식으로 꼬드겼다. 악마는 유다가 죄를 저지를 때에는 그 죄가 얼마나 큰 것인지 미처 깨닫지 못하게 하였다. 나중에 죄를 저지르고 난 후에는 어떤 상황에서나 그 죄의 끔찍한 실상을 보게 만들었고 신의 한량없는 자비를 잊게 만들었다. 이로써 유다는 절망에 빠졌고 그 절망으로 인하여 지옥에 떨어졌다."[30]

교회는 이런 유의 절망에 대항하여 언제나 고해성사의 도움을 제안했다. 16세기에 많이 나온 죽는 방법들에 대한 지침서들은 이러한 위험을 특히 주목한다. 1470년부터 『아르스 모리엔디』의 독일 판본은 절망의 유혹을 죽어 가는 사람을 둘러싼 여섯 악마로 그렸다. 이 악마들은 그 사람이 살아서 지은 죄들을 모두 다 보여 주고 '스스로 목숨을 끊어라'라고 꼬드긴다. 하지만 천사가 나타나 지극히 관대한 말로 그 사람을 안심시킨다. "어찌하여 절망하느냐? 강도와 노략질과 살육을 바다의 물방울과 모래알같이 숱하게 저질렀느냐? 너 홀로 세상의 모든 죄를 다 지었느냐? 지금까지 아무런 회개도 하지 않았느냐? 한 번도 고해를 하지 않았느냐? 그래도 절망해서는 안 된다. 그렇다고 하더라도 네 마음속의 통회로 충분하니라."[31]

---

30 Migne ed., *Œuvres du bienheureux Jean d'Avila*, Paris, 1863, p.438.

자살이 모든 죄를 통틀어 가장 큰 죄라고 보면 될 것이다. 설교자와 신학자 들은 일말의 양보 없이 이 주장을 되풀이했다. 이러한 고집 자체가 점점 더 가중된 불안을 시사한다. 15세기에는 설교에서 자살이라는 주제가 별로 거론되지 않았다. 에르베 마르탱은 자신이 연구한 1350년에서 1520년 사이의 문헌들[32]에서 이 주제를 딱 한 번 발견했다. 바이외의 아우구스티누스회 사제 시몽 퀴페르시가 44번째 설교에서 이 물음을 던진 것이다. '자살은 합법적인가?' 퀴페르시는 이 문제를 스콜라주의에 입각해서 다룬다. 일단 『마태오복음』을 인용하여 찬성론을 펼치고("나를 위하여 제 목숨을 잃는 사람은 얻을 것이다"), 그 후에는 전통적인 논증들을 동원하여 반대론을 펼치고, 최종적으로 자살은 중죄라고 결론짓는 것이다.

16세기의 가톨릭 신학자들은 하나같이 타협을 거부했다. 도밍고 데 소토는 『정의와 법에 관하여』에서 성 토마스에게서 가져온 정통적인 세 가지 근거를 제시한다. 자살은 자연과 자기애에 대한 침해, 국가와 사회에 대한 침해, 우리에게 생명을 주신 신에 대한 침해다. 성경의 예화는 신의 특별한 부름을 받은 경우로 설명된다. 1554년에 바르톨로마이우스 푸무스는 『황금대전』에서 절망, 자살, 결투, 사체 훼손을 용서받지 못할 중죄로 지목했다. 1557년에 프란시스코 데 비토리아는 『살인에 대하여』에서 자살을 다시 단죄하지만 동시대인들보다 훨씬 정교하고 지성적인 논증에 입각하여 자살에 대한 금기가 여러 가지 미묘한 문제들을 야기한다는 점은 인정했다. "자기 목숨을 다른 이들의 목숨을 위하여 위험에 노출시켜서는 안 된다고 한다면 역병이 돌 때에 의사는 진료에 임할 수 없고

---

31 A. Tenenti, *La vie et la mort à travers l'art du XV siècle*, Paris, 1952, pp.97~120.

32 H. Martin, *Le métier de prédicateur en France septentrionale à la fin du Moyen Age, 1350-1520*, Paris, 1988, p.259.

아내는 전염이 두려워 병든 남편을 돌보지 않을 것이다. 또한 물에 빠진 자가 다른 자에게 나무토막을 건네는 갸륵한 일 또한 일어날 수 없을 것이다."

트리엔트 공의회는 제5계명을 내세워 절대적인 자살 금지를 반복하는 데 그쳤다. "자기가 원한다 하여 스스로 생을 접고 죽을 권한은 누구에게도 없다. 이 때문에 율법은 '다른 사람을 죽이지 말라'라고 하지 않고 '살인하지 말라'라고만 하는 것이다."

결의론자 나바루스는 여기서 한 걸음 더 나아간다. 1581년에 앙베르에서 출간된 그의 고해성사 지침서는 1570년대 말의 강경론을 보여 준다. 이 책에 따르면 실제로 자살을 하는 자뿐만 아니라 태어나지 않기를 바라는 자, 분노에 취해 스스로 죽기를 원하는 자, 위험에 뛰어드는 자, 결투에서 죽은 자와 신체의 일부를 훼손당한 자, 사적인 동기에서 순교를 자처한 자까지도 용서받지 못할 죄인으로 간주된다.[33]

자살을 사탄의 소행으로 간주한 프로테스탄트계

프로테스탄트계도 가혹하기로는 절대 뒤지지 않았다. 루터는 자살을 악마가 한 인간에게 직접적으로 저지르는 살인으로 보았다. "악마가 목을 꺾고 제정신을 잃게 한 사람은 하나둘이 아니다. 어떤 이들은 물에 빠뜨려 죽였고 자살과 그 밖의 혹독한 불행으로 내몬 사람들도 여럿이다." 자살한 자는 악마에 사로잡힌 자이니 그에게 책임을 물을 수 없다. 1544년

---

33 Navarrus, *Enchiridion sive Manuale confessariorvm et poenitentium*, Antwerpen, 1581, chap.15.

12월 1일자 편지에서 루터는 마귀에 사로잡혀 자살한 여자 얘기를 하면서 그 여자는 사탄이 저지른 살인의 피해자일 뿐이니 매장을 허락한 목사를 비난해서는 안 된다고 말한다. 루터는 그렇지만 악마가 점점 더 대담해질지 모르기 때문에 탄압이 필요하다고 본다. "나는 비슷한 예를 많이 보았소. 그러나 나는 일반적으로 자살하는 이들은 여행자가 산적을 만나 죽듯 악마에게 직접적으로 죽음을 당하는 것이라 보오. 하여 자살이 자연스럽게 이루어지지 않았음이 명백하다면, 즉 파리 한 마리 죽일 수 없는 밧줄이나 허리띠나 (자네가 말한 경우처럼) 매듭 없이 늘어지는 베일을 써서 목을 맸다면 악마가 그를 미혹하여 자신이 전혀 다른 일을 하는 것처럼, 이를테면 기도 중인 것처럼 착각하게 했을 거라 믿소. 그들을 죽인 것은 악마라지만 행정관은 사탄이 다시는 설치지 못하게끔 엄하게 다스려야 하오. 세상이 쾌락을 중시하고 악마는 아무것도 아니라 여기니 이 같은 경고는 지극히 마땅하오."[34]

칼뱅은 자살 금지를 되풀이하는 데 그친다. 하인리히 불링거의 취리히 설교부터 아그리파 도비녜의 자서전[35]에 이르기까지, 다른 프로테스탄트 신학자와 도덕주의자 들도 마찬가지였다. 앙리 에스티엔은 1566년에 고대 이교도들의 나쁜 본보기를 개탄하면서 자살자는 그리스도교인의 자격이 없을뿐더러 인간으로 간주되지도 않는다고 말한다. "이리하여 농민들은 대부분 자기를 망친다는 의식조차 하지 못하고 철학자들조차 자기들의 소견으로 (몇몇은 본보기까지 보이면서) 이를 인정하나 그리

---

34 J. Michelet ed. and trans., *Mémoires de Luther: Écrits par lui-même*, Paris, 1990, pp.272~273.
35 도비녜는 1563년에 리옹에서 11세의 나이로 가난을 견디지 못해 자살을 하려고 했으나 진짜 기적이 일어나 구원받았다고 말한다(A. d'Aubigné, *Œuvres*, vol.1, ed. Réaume et de Caussade, Paris, 1873, p.12).

스도교는 자기 자신을 죽이는 자는 어떤 절박한 사정이 있든 간에 기필코 영벌을 받을 것이라 한다. 그러한 자는 교인으로 여김받지 못할 뿐 아니라 사람 취급도 받지 못한다."[36]

영국에서 국교도와 청교도도 자살을 악마의 소행으로 규탄하고 이러한 생각을 호교론의 무기로 활용했다. 어떤 이들에게는 자살이 죄악된 삶이나 악행을 벌하려는 신의 개입으로서 나타난다. 그래서 1577년에 스스로 배를 갈라 죽은 런던 노인에 대하여 에드먼드 빅놀은 그자가 몇 년 전에 저지른 도둑질을 후회하여 자살했다고 말한다.[37] 또 다른 이들에게는 자살이 악마의 소행이다. 휴 래티머는 이러한 생각에서 어떤 이들이 악마에게 놀아나 "스스로 이 삶에서 벗어나 버렸다"고 썼다.[38] 헨리 8세의 주치의 앤드루 부어드는 마귀 들린 자들이 "한 마리 혹은 다수의 악마에 사로잡혀 미쳐 버린 자로서 자해나 자살을 하는 것이 특징이다"라고 했다.[39] 이들을 치료하는 유일한 방법이 퇴마술이다. 가톨릭에서는 예수회 수사들이 주로 이러한 의식을 행했으나 프로테스탄트도 금세 이를 모방했다. 1574년에 존 폭스는 여러 번 자살을 기도한 법과대학생에게 퇴마의식을 실시했다. 좀더 후에는 청교도 존 대럴도 이러한 의식을 행했고 그 외에도 많은 이들이 자살하려고 하는 우울증 환자들에게 부적이나 성수를 처방하곤 했다.

자살에 악마가 사적으로 개입한다는 주장은 공식 문서, 증인들의 공

36 H. Estienne, *L'introduction au traité de la conformité des merveilles anciennes avec les modernes, ou traité preparatif à l'Apologie pour Hérodote*, vol.1, ed. Ristelhuber, Paris, 1879, chap.18.

37 E. Bicknoll, *A Sword against Swearing Blasphemers*, London, 1579.

38 G. E. Corrie ed., *The Works of Hugh Latimer*, vol.1, Cambridge, 1844~1845, p.435.

39 A. Boorde, *The Breuiary of Healthe, for All Maner of Sicknesses and Diseases the Which may be in Man or Woman, Doth Followe*, London, 1552.

식 진술, 검시관들의 조서에서도 찾을 수 있다. 이러한 형편이 17세기까지 이어졌다. 따라서 신학자들이 입을 모아 자살을 단죄한 것도 놀랄 일은 아니다. 크랜머 대주교의 부속사제 토머스 비컨은 절망이 자기살해의 뿌리라고 했다. 크랜머 자신도 자살자들이 영벌을 받는다는 점에는 의심의 여지가 없다고 했다. 존 후퍼 주교는 절망한 자의 죽음과 성인의 죽음을 대조한다. 전자는 신의 자비를 모욕할 뿐 아니라 우리 자신을 사랑하라는 자연법까지 위반한 셈이다. 1563년에 존 폭스는 『행적과 기념』에서 자살을 규탄하면서도 오직 신만이 이러한 행위를 심판할 수 있다고 말한다. 1577년에 존 비숍은 『아름다운 개화』에서 인간은 어떤 구실로든 자살할 수 없다고 못 박는다.

이 저자들은 자발적 죽음을 역으로 이용하여 신의 뜻이 자기네 종교에 함께한다는 증거로 삼았다. 그래서 폭스는 가톨릭교도들과 배교자들의 자살을 전하며 영국 국교회가 신의 축복을 받았다는 결론을 내린다. 프로테스탄트를 공식적으로 버린 후에 1559년 목을 매어 자살한 변호사 헨리 스미스에 대해서 폭스는 가톨릭적 우상숭배가 절망의 요인이었다고 본다. 게다가 무모하게도 자기네 국교회에서는 "자살을 하거나 절망의 징후 혹은 실태를 보인 신도의 예를 단 하나도 찾을 수 없을 것"이라고 단언한다.[40]

폭스가 이 책을 쓰던 시기의 영국에서는 이러한 주제의 선전 전쟁이 치열하게 벌어지고 있었다. 유명한 법관 제임스 헤일스 경이 그 열광적인 집착에 걸려들었다. 그는 열렬한 칼뱅주의자로서 에드워드 6세 치하에서 프로테스탄티즘을 전파하는 데 큰 역할을 했다. 1553년에 상황이 뒤집혔

---

40 J. Foxe, *The Acts and Monuments*, ed. J. Pratt, London, 1877, p.670.

다. 잔인한 메리 튜더가 왕위에 오른 것이다. 헤일스는 체포당해 박해받다가 결국 개종했다. 그는 상심했고 배교를 해도 자신이 명을 보전할 수 있을지 확실치 않았기에 자살을 기도했다. 헤일스의 가장 큰 정적 스티븐 가드너는 이것이 프로테스탄티즘은 "절망의 교의"라는 증거라고 주장했다. 영국 국교회 주교 존 후퍼는 반대로 어느 필사본에서 헤일스는 배교 후에 비로소 사탄에게 굴복한 것이라고 주장했다. 따라서 오히려 가톨릭을 절망의 원인으로 봐야 한다는 것이다. 헤일스가 석방된 후 물에 뛰어들어 자살에 성공하자 이 일은 더 큰 반향을 일으켰다. 프로테스탄트 저자들은 헤일스의 평판을 회복시키고자 노력했다. 폭스는 그가 "미사에 오염되지 않고자" 죽음을 택했다고 주장했으나 헤일스의 자살은 그를 불편하게 했다. 또 어떤 저자들은 헤일스를 프로테스탄티즘의 진정한 순교자로 높였다.

몇 년 후, 또 다른 일대 자살 사건이 프로테스탄트 측에 복수의 기회를 안겨 준다. 엘리자베스 여왕 치하에서 가톨릭교도인 노텀버랜드 공 헨리 퍼시가 메리 스튜어트를 석방시키려는 음모에 가담한 죄로 런던탑에 투옥되었다. 여섯 달 후인 1585년에 헨리 퍼시는 권총자살했다. 가톨릭교도들은 살인이라고 성토했지만 프로테스탄트들은 『진실의 요약 보고서』를 발행하여 이 자살이 신의 징벌이라고 부르짖었다. "신께서 그의 죄와 배덕에 심판을 내려 은총을 거두고 그의 영혼을 원수에게 넘겨주셨다. 원수가 그를 끔찍하고 추악한 최후로 끌고 간 것이다."

확고부동한 법

자살의 악마적인 기원은 까마득한 옛날부터 자살자의 시신에 행하는 신비의식 덕분에 민중들에게 쉽게 받아들여졌다. 그러한 의식들은 악의 권세를 연상시키는 공포감으로써 민중의 상상력에 깊은 인상을 남겼기 때문이다. 민간신앙과 성직자의 요청은 이렇게 맞물려 상호 강화 작용을 했다. 교회 권력은 이러한 습속의 미신적 성격을 개탄하면서도 그러한 습속이 교회의 가르침에 힘을 더해 주었기 때문에 용인했다. 예를 들어 시체를 거꾸로 매다는 풍습은 마귀 들린 자살자의 신체가 창조의 질서를 뒤집어 버렸음을 의미한다. 그래서 일반적으로는 동쪽에서 신호가 나타나면 속히 부활하라는 뜻에서 동서 방향으로 묘혈을 파지만 자살자의 묘혈은 남북 방향으로 파고 시체를 얼굴이 땅으로 향하게 엎어 놓았다. 시체에 말뚝을 박는 것도 자살자가 부활하여 산 자들을 훼방하러 오지 못하게 한다는 의미가 있었다. 갈림길 아래에 매장을 하는 이유는 자살을 원하는 사람들에게 경각심을 일깨운다는 뜻과 자살자가 길을 혼동하고 망설이게 하려는 뜻이 있었다. 1590년에 런던 시 검시관은 자살자 에이미 스토크에게 박은 말뚝 끝부분을 땅 위로 노출하여 뭇사람에게 본을 보여 주라고 명령하기도 했다. 혹은 자살자의 시신이 교회 묘지의 북쪽 끝에 파문당한 자나 세례받지 못한 자처럼 영원한 안식에서 배제된 이들과 함께 묻히곤 했다.

프랑스에서 중세의 처벌은 여전히, 아니 더욱더 가혹하게 적용되었다. 자살자의 시신은 머리를 아래로 향한 채 거리에 질질 끌려다니다가 거꾸로 매달렸다. 1524년에 참사원 기욤 르 콩트의 묘가 파헤쳐지고 그 가문의 문장은 지워졌다. 게다가 압수당하지 않은 재산이 벌금조로 징수되어 재판권을 지닌 자의 창고에 들어가거나 빈민 구제에 쓰이는 경우도 있었다.

법은 여전히 확고했다. 형사법에 따르는 명령은 이 문제를 건드리지 않았다. 법학자들은 지방 관습에 따를지라도 오랜 관습에서 "거칠고 투박하고 가혹하고 비이성적인 것을 잡아내어 조절하고 바르게 고치리라" 맹세했지만 바예는 딱히 주목할 만한 조처는 없었다고 본다.[41]

그렇지만 실제로는 부당한 처사를 피하려는 뜻에서 상당한 신중을 기했던 것 같다. 1541년에 툴루즈에서 어떤 판사, 중위, 검사가 법의 대리인을 피하기 위해 자살한 사람의 시체를 매달 것을 명령했다가 벌금형을 받았다는 기록이 있다. 역시 툴루즈에서 1586년에 뒤 포르 원장은 '아무 죄의식 없이' 자살한 사내의 시신을 매달고 재산을 몰수하라는 판결을 폐기했다. 툴루즈 고등법원은 18세기의 『백과전서』도 언급한 바 있듯이 그 관대한 태도로 유명했다. 이 고등법원은 "자기가 지은 죄 때문에 받을 벌이 두려워 자살한 사람들과 삶에 대한 권태와 조바심, 혹은 분노와 광기를 못 이겨 자살한 사람들을 구분했다". 물론 전자의 경우에만 처벌이 있었다.[42] 하지만 파리의 판사들도 냉혹하지만은 않았다. 1576년에 파리고등법원은 중상모략으로 잡혀 들어가 감옥에서 자살한 라 볼필리에르의 미망인에게 남편의 결백을 입증할 기회를 허락했다. 부르고뉴의 법관 부보는 1502년과 1587년의 판례를 들어 물에 빠져 죽은 사람의 경우 '자살이라는 증거가 태양처럼 뚜렷할 때에만' 재산을 몰수할 수 있다고 썼다.

조사 절차는 16세기에 한층 더 엄격해진 것처럼 보인다. 법관들은 대부분 시체가 발견된 장소에 대한 상세한 조서가 있어야 하고, 당시 [외과의사 역할까지 했던] 이발사가 시체를 면밀하게 살펴야 하며, 고인의 생전 태도와 습관을 알아보고, 자살할 만한 이유를 밝혀내야 한다고 명시했

41 Bayet, *Le suicide et la morale*, pp.447~448.
42 "Suicide", *Encyclopédie méthodique, Jurisprudence VII*, Paris-Liège, 1787.

다. 또한 자살자의 후견인을 지명하여 그가 법정에서 고인의 변호를 맡고 유족과 유산상속인을 소환해야 했다. 이렇게 신중을 기하지 않으면 판결이 무효가 되고 법원이 되레 벌을 받을 소지가 있었다. 법관 바케는 법정이 "필요, 궁핍, 가난"[43]을 못 이겨 자살한 여자들에게는 관대하다고 하였으나 로베르는 자살에서는 "분노가 추정된다"[44]고 했다. 특히 레스투알의 일기에서 발췌한 사례들에서 볼 수 있듯이 유력인사들의 경우가 그랬다. 마지막으로, 1551년의 카를 5세 법은 법의 심판을 피하기 위해 자살한 자와 "신체의 병, 멜랑콜리, 쇠약, 그 밖에도 이에 준하는 여러 불편함으로 인해" 자살한 자를 구분하여 전자의 재산만 영주에게 귀속시켰다.

전반적으로 자살 관련 법과 그 적용 실태는 1570년경까지 거의 변하지 않았다. 1487년, 1509년, 1510년 법의 여파로 자살 탄압이 더욱 심해진 영국을 제외하면 유력인사들은 항상 빠져나갈 구멍이 있었고 농민층에서도 광기라는 구실이 곧잘 통했다. 영국은 이미 자살에 대한 유죄판결이 너무 많기 때문에 자살에 대한 관심을 더욱더 불러일으키는 특별한 경우다. 1580~1620년의 영국에서 말로, 셰익스피어, 존 던, 로버트 버튼 같은 인물들이 자발적 죽음에 대한 체계적 성찰을 전개한 것은 결코 우연이 아니다.

자살은 광기인가, 지혜인가? 브란트에서 에라스뮈스까지

엘리트 지식인 계층에 고대의 사례들이 침투하면서 어떤 의문이 제기되

---

43 Bacquet, *Œuvres*, vol.7, ed. de Ferrière, Paris, 1688, 17.

44 A. Robert, *Quatre livres des arrests et choses jugées par la cour, mis en français*, Paris, 1611.

든가, 아니면 최소한 고대인들의 태도와 그리스도교인들의 태도를 비교하면서 ── 비록 아직 그러한 태도가 그리스도교 도덕을 전면적으로 문제시하지는 않았지만 ── 당혹감이 싹텄다.

자살의 문제는 광기를 통하여 다른 방식으로도 제기되었다. 광기는 15세기부터 16세기까지 대단히 유행했던 주제다. 제바스티안 브란트의 1494년 작 『바보들의 배』에서부터 에라스뮈스의 1511년 작 『우신예찬』을 거쳐 히에로니무스 보스와 브뤼헐의 회화들에 이르기까지 광기는 지식인과 예술가 들에게 크게 주목받으며 등장했다. 민중은 이미 오래전부터 사육제와 어릿광대들의 축제로써 광기에 관심을 기울였다. 이 경우에는 사상의 엘리트 계층이 뒤늦게 민중의 지혜를 따라잡으며 농민적 전통에서 빌려 온 광기라는 주제의 풍요함을 발견하고 심도 깊은 의미를 끌어낸 것이라 하겠다. 15세기 말에 광기가 지식인들의 주제로 등장한 것은 1920년대 초현실주의의 부상과 비교될 수 있다. 앙드레 브르통과 그의 아류들은 부조리한 세계에 대한 조롱을 선언했다. 그 세계의 무의미는 1914년에서 1918년 사이에 그야말로 폭발한 참이었다. 보스와 제바스티안 브란트는 서양 전체를 굴복시키는 흑사병과 전쟁의 공포를 살풀이했다. 광기는 안식이자 도피, 부조리한 무(無)에 지나지 않는 세계에 대한 설명이었다. 광기의 역사의 대가 미셸 푸코는 1490년대의 거대한 동향의 특징을 이렇게 지적했다. "이 커다란 불안은 세기말에 이르러 자기 자신을 향했다. 광기 어린 조롱이 죽음과 그 심각함을 대체했다. 인간을 하찮게 여길 수밖에 없는 이 필연성을 발견함으로써 인간은 자기 자신이라는 이 무(無)를 멸시하는 눈으로 관조하게 된다. 죽음의 절대적 한계 앞에서 느끼는 공포는 지속적인 아이러니로 내면화되었다. 공포를 미리 무장해 제시키고 가소로운 것으로 만든 것이다."[45]

보스와 「미친 그리트」(1563)를 위시한 브뤼헐의 작품들이 폭넓게 보여 주듯이 광기는 죽음의 가면 중 하나다. 미친 사람은 이미 자기 자신과 세상에 대해서 죽은 거나 마찬가지이기 때문이다. 게다가 광기는 루터파 세대를 끈질기게 괴롭혔던 죄라는 문제로부터의 도피이자 핑계다. 가난, 죽음, 죄와 지옥에 대한 강박관념에 쫓긴 인류는 바보들의 배에 몸을 실었다.

그러나 광기는 존재의 불안한 문제들에 부조리로 응수함으로써 금세 부조리한 인간 행동을 합리적으로 비판하게 되었다. 브란트에서 에라스뮈스로 넘어가면서 관점은 거꾸로 뒤집혔다. 전자는 "죽음은 알아서 우리를 발견할 터이니 우리 쪽에서 죽음을 좇는 것은 미친 짓이다"라고 했지만 후자는 이렇게 반문한다. "삶을 혐오하여 스스로 목숨을 끊는 자들은 특별히 어떤 이들인가? 그들은 지혜에 가까운 자들이 아닌가?" 브란트는 미친 사람이나 자살을 한다고 본다. 에라스뮈스는 미친 사람이나 계속 살아가는 거라고 본다. "인생의 온갖 부침, 출생의 불결함과 비참, 교육의 어려움, 유년기에 감내해야 하는 폭력, 성년이 되어서의 수고, 짐스러운 노년, 죽어야만 한다는 가혹한 필연을 생각한다면" 확신을 갖기에는 충분하다. "그리고 인생을 위협하는 온갖 질병들과의 싸움, 언제 일어날지 모르는 사고, 오만 가지 불만이 있다. 인간이 인간에게 가하는 온갖 악들은 굳이 말할 것도 없다. 가난, 감옥, 불명예, 수치, 고문, 계략, 배반, 모욕, 심판, 협잡 …… 내 생각에 만약 사람들이 모두 현명하다면 이렇게 되지 않을까. 새로운 점토와 그 점토로 인간을 빚을 새로운 프로메테우스가 있어야만 하지 않을까."[46]

---

45 M. Foucault, *Histoire de la folie à l'âge classique*, Paris, 1972, p.26.

"무지와 무분별 때문에, 때로는 악에 대한 망각 때문에, 때로는 선에 대한 희망 때문에, 혹은 자기네들의 쾌락을 조금 더 달콤하게 하겠답시고" 자살하는 사람을 만류하는 것이야말로 미친 짓이다. 에라스뮈스는 한술 더 떠 진정한 현자들의 본보기를 보라고 한다. 카토, 디오게네스, 브루투스 같은 고대의 현자들을. 그의 문체는 가벼운 어조로 반어법을 구사하며 극도의 대담성을 보여 주는 한편, 은밀하게 침투한 새로운 도덕적 성찰을 드러낸다. 에라스뮈스는 그의 『격언집』의 독설에서도 볼 수 있는 바──그는 이 책에서 고대의 자살들을 찬양조로 다루었다──를 다시금 확인시켜 준다.

새로운 자살 : 절대(파우스트)와 명예에 대한 욕망

르네상스는 이와 더불어 절망의 새로운 동기, 중세는 알지 못했던 자살의 잠재적 이유를 발견했다. 역설적이지만 이 동기는 지나친 인문주의적 낙관론에서 비롯되었다. 화가 뒤러는 그 동기를 매우 잘 표현했다. "우리는 만물의 진실을 많이 알고 소유하기 원한다. 그러나 우리의 둔한 지성은 완벽한 예술, 진리, 지혜에 도달할 수 없다. 거짓은 우리 지식의 바탕에 깔려 있고 어둠은 가차 없이 우리를 에워싼다. 고로 우리는 한 발 한 발 신중히 내딛는데도 비틀거린다." 인문주의자들의 왕성한 지식욕, 라블레적인 교육 계획, 보편적 앎에 대한 갈망은 결국 가장 걱정 많은 이들이 인간 정신의 옹색한 한계만 깨닫게 만들었다. 중세는 보편적 앎이 신에게만 가능하다고 보았다. 그런데 르네상스는 인문주의적 인간도 그러한 앎에 도달

---

46 Erasmus, *Stultitiae Laus*, XXXI.

할 수 있다는 믿음을 몇몇 이들에게 불어넣었다. 착각에서 벗어나면 씁쓸함은 더할 뿐이다. 파우스트의 시대는 종쳤다. 1588년에 크리스토퍼 말로는 당대에 가장 의미심장한 작품 중 하나를 무대에 올린다. "파우스트를 짓누른 것은 너무나 좁게만 느껴지는 인간 조건의 한계 그 자체다"라고 폴랭은 쓴다. "말로의 파우스트는 신을 부정하지 않지만 신과 맞서 자신을 주장한다."[47] 바로 여기에서 그의 실패가 비롯되고 자살의 유혹이 온다. 새로운 아담 파우스트는 지식으로 신과 견주고자 하나 그 지식의 허망함을 깨닫고 악마에게로 돌아선다. 악마에게도 실망한 파우스트에게는 죽음밖에 남지 않는다. "나는 마음이 너무 완악해져서 회개를 할 수 없다. 내가 구원, 신앙, 하늘을 입에 올리기가 무섭게 내 귓전에서 무시무시한 메아리가 울린다. 파우스트, 너는 저주받았다. 그러니 검과 단도와 독과 권총과 밧줄과 독액 바른 무기로 나 자신을 죽게 하라."[48] 메피스토는 이 절망을 틈타 파우스트에게 단검을 내민다. 그러나 회한이 터져 나온다. "파우스트, 너는 어디에 있느냐? 가엾은 것, 무슨 짓을 한 게냐? 너는 저주받았다, 파우스트, 저주를 받았다. 절망하며 죽을지어다."[49] 우리는 여기서 사탄이 불러일으키는 절망이라는 중세의 테마를 재발견한다. 그러나 사용된 수단은 새롭다. 악마의 계략은 앎에 대한 유혹, 전형적인 인문주의의 함정이다. 우리는 여기서 이미 1580년대의 암흑기로 진입한다.

1차 르네상스의 사회학적·문화적 동요는 자살에 대한 성찰을 방해하지 않는 콘텍스트를 마련했다. 고대에 대한 찬미뿐만 아니라 귀족에게 새로운 행동규범을 부여하는 군사적 사상의 발전도 한몫했다. 왕이나 왕

---

47 Paulin, *Du couteau à la plume*, p.241.
48 C. Marlowe, *Doctor faustus*, 1588, act 2, 629~634.
49 *Ibid.*, act 2, 1285~1286.

족의 조직화된 군대에 몸담은 자의 명예는 자신에게 맡겨진 직위를 성공적으로 지켜 내는 데 있다. 전쟁에서도 적군을 죽이기보다는 몸값을 받아 낼 기사들을 포로로 많이 생포하려던 시대는 끝났다. 이제 포로 신세나 패배는 불명예이기에 어떤 이들은 차라리 고대의 영웅들처럼 의연한 태도로 죽기를 바랐다. 16세기에 이러한 예는 많다. 1523년에 프랑스 제독이자 보니베 영주였던 기욤 구피에는 파비에서의 커다란 실책에 책임을 지고 죽을 작정으로 적군 앞에 나섰다. 비슷한 태도를 1544년 세리솔 전투에 참여한 앙기엔 공에게서 볼 수 있다. '코르들리에르' 호 선장 에르베 드 포르츠모게도 사실상 자살했다고 봐야 한다. 그는 1100명의 해군을 이끌고 '섭정'과의 혈전을 벌이며 항복하느니 죽기를 바랐다. 1591년에 리샤르 그렝빌도 스페인군과의 해전에서 그렇게 하기를 원했으나 부하들이 따라 주지 않았다. 세기 초에 바야르의 친구 알레그르 남작은 전쟁터에서 두 아들을 저승길에 앞세운 탓에 기꺼이 죽음으로 자식들의 뒤를 따르고자 했다.

궁정인은 명예가 자신을 지탱해 준다고 여겼다. 그 명예가 1538년에 필리포 스토르지를 자살로 내몰았다. 그는 유언장에 이렇게 썼다. "내가 나의 친구와 가족과 명예에 해를 끼칠 수밖에 없는 상태에 있기에 내게 남은 날들을 끝낸다는, 내가 내릴 수 있는 유일한 결정을 (내 영혼에는 가장 잔혹할지언정) 내리노라." 1453년에 슈루즈베리 백작 존 탤벗은 카스티용 전투에서 가망 없는 공격을 계속 주도함으로써 아들과 함께 전사했다. 브랑톰은 한 검술교사가 제자에게 두 번 찔린 후에 스스로 목숨을 끊으며 한 말을 인용한다. 이 교사는 자살을 해서는 안 된다는 점을 형식적으로 환기하면서도 "용기와 너그러운 영혼은 모든 찬사를 받을 만하다"고 말한다. 1541년에 화가 로소 피오렌티노는 친구를 고문당하는 처지로 몰아넣었다는 회한을 견디지 못하고 자살했다.

　명예에 대한 욕망은 여성들에게서도 발견되며 이는 르네상스 시대의 또 다른 특징이다. 궁정이 전반적으로 여성화되고 여성의 품격이 높아진 것도 새로운 요구들, 특히 좀더 자율적인 행동방식과 보조를 맞추었다. 사내들은 카토를 우러러보고 여인들은 루크레티아를 찬미했다. 카스틸리오네는 『궁정인』에서 루크레티아의 모범을 따른 몇몇 사례를 인용하는데 그중에는 평민 여자들도 끼어 있다. 이탈리아 아낙네는 강간을 당한 후에 강물에 몸을 던졌고 또 어떤 여자는 가스코뉴 사내들에게 겁탈당하기 전에 자결했다. 앙리 에스티엔은 어느 여인이 성 프란체스코회 수사에게 농락당한 후에 스스로 목을 맸다고 전하고, 예수회 수사 마리아나는 유혹을 피해 자결한 스페인 여성을 드높인다. 브랑톰도 이런 이야기들을 따로 떼어 놓지만 그는 도덕주의적이면서도 냉소적이다. "여자가 능욕당하지 않기 위해서나 이미 능욕당한 일을 개탄하여 스스로 죽어서는 안 되니 만약 그리한다면 용서받지 못할 죄를 저지르는 셈이다." 그렇지만 그는 여러 예화를 비난하는 기색 없이 소개한다. 브랑톰은 또한 남편의 뒤를 따르기 위해 자결한 여인들은 많지 않으니 그들은 제5계명을 기억해야 할 뿐 아니라 살아서 자식을 돌보아야 할 명분이 있다고 말한다. 또한 남편을 살해하고 스스로 자결한 마달레나 드 소지아에 대해서는 "그녀는 나중에 좋은 시간을 갖는 편이 나았을 것"이라고 비난한다.

개인주의의 부상과 전통적 가치관의 반목이 불안의 요인이 되다

르네상스 시기에는 상업·종교·문화 영역에서 부르주아적 개인주의가 부상했다. 이제 막 탄생한 자본가는 더 많은 선택의 자유를 요구하며 집단의 제약을 거부하기 시작했다. 자본가는 신과 보다 직접적으로 이어지는 내면화되고 심도 깊은 신앙을 원했다. 또한 취향, 주거, 세간, 독서, 초상으로써 자신의 개성을 나타내기 원했다. 하지만 그가 자율적으로 얻은 부분은 힘을 잃으면 함께 잃을 터였다. 뒤르켐은 자살률이 사회에 대한 편입도와 반비례한다는 것을 바로 보여 주었다. 구조화된 집단은 관계들을 만들어 냄으로써 구성원을 보호한다. 그런 점에서 단체, 가족, 종교공동체는 자살의 유혹을 막는 방벽들이다. 르네상스 시대의 실업가는 동업조합적 관계를 깨뜨렸고 시골 귀족은 엔클로저 운동으로 고립되었다. 공동체적 습속이 약화되는 가운데 프로테스탄트의 영향으로 종교적 성찰이 개인화됨으로써 수평적 관계들은 느슨해지고 성경의 개인적 해석에 따라 신과 인간이 직접 연결되는 수직적 구조들이 늘어났다. 물론 19세기와 달리 혈통, 교구, 가족의 틀은 여전히 공고한 편이었다. 그러나 해체는 중세 말부터 이미 시작되었다. 책은 인간관계를 대체할 수 없으므로 인문주의자, 문인, 상인은 자신들의 불안과 문제를 각기 고립된 채 마주했다.

비밀을 좋아하는 성향도 이러한 고독을 더욱 두드러지게 했다. 장서와 지구의 따위가 가득한 서재에 틀어박힌 학자는 홀로 새로운 발견에 이르고 그 발견을 혼자만의 것으로 간직했다. 레오나르도는 좌우가 바뀐 글자로 비밀일기를 썼다. 페르넬은 누구에게도 도움받지 않고 홀로 연구하기를 고집했다. 타르탈리아는 3차방정식 해법을 가르쳐 달라는 카르다노의 청을 거부했다.[50] 케플러는 티코 브라헤에게 아무것도 직접적으로 배우지 않았고 브라헤 역시 코페르니쿠스 덕을 봤다고는 말할 수 없다. 코페르니쿠스도 자신의 유명한 체계적 학설을 발표하기까지 참으로

---

50 원문에는 '거부했다'로만 나오지만 실제로는 나중에 가르쳐 주었다고 한다.—옮긴이

오랜 세월을 망설였다. 학자들은 여러 이유에서 —부당한 비난을 피하고 싶어서, 단죄당할까 두려워서, 결론의 정확성을 입증할 방법이 없어서—제각기 시샘하듯이, 때로는 공격적으로 진리를 탐구했다. 과학계에서 카르다노, 파라켈수스, 코르넬리우스 아그리파처럼 불만에 찬 인물들을 찾아보기란 어렵지 않다. 때로는 제로니모 카르다노의 경우처럼 그러한 불만이 자살을 부추기기도 했다. 이 변덕스러운 성품의 수학자 겸 점성가는 고대인들을 숭상했다. 그래서 고대인들의 자살을 수차례 돌아보았고 1542년에는 이런 글도 썼다. "앞으로의 삶을 원치 않는 사람들은 영혼 불멸을 믿는 사람들 못지않게 용감한 죽음을 맞는다." 그의 부친도 1524년에 자살했다. 카르다노도 점성술 관련 계산에서 과오를 범한 사연으로 1575년에 부친의 본을 따랐다.

문화적·물질적 불확실성도 고독에 가세했다. 르네상스에 모든 가치들은 전면적으로 재고되었다. 인간은 모든 규범을 반박하고, 모든 가설을 실험했다. 확실성에 의문을 제기하고 지리학, 우주론, 경제, 정치, 종교, 예술에서의 앎을 뒤집어엎었다. 아메리카 대륙의 발견, 태양중심설, 인플레이션, 절대주의, 프로테스탄티즘에 동요하는 이 문화 속에서 그 추이를 파악할 수 있는 자들은 지극히 위대한 정신을 지닌 자들뿐이었다. 그 밖의 이들은 의심하고, 상대주의나 회의주의로 피신했다. 새로운 것에 대한 탄압은 가차 없었기에 학자들은 지식을 숨겨야 했다. 고립되고 방향을 잃은 이 지식인들은 대개 극빈층에 가까울 만큼 돈이 없었기에 부유한 후원자에게 기숙해야만 했다. 1544년에 인문주의자 보나방튀르 데스페리에가 자살한 것도 이 같은 맥락에서였다. 그는 무신론에 가까울 만큼 자유로운 정신의 소유자로서 마르그리트 드 나바르 주위의 프로테스탄트 반체제인사들과 가까웠고 고대인들을 숭상하여 세네카의 저작들은 자신이 직접 번역하기까지 했다. 독창적이지만 비관론과 회의론에 빠져 있던 이 지식인은 후원자 마르그리트 드 나바르에게 버림을 받자 절망하고 만다. 그는 칼이 자신의 몸을 완전히 관통하게끔 찔러서 자결했다.

르네상스는 종교적 불안으로 자살의 또 다른 원인을 제공했다. 물론 루터와 칼뱅은 자발적 죽음에 반대했다. 그들은 스스로를 보호할 만한 정신적·신앙적 기반을 지니고 있었다. 하지만 그들은 신도들을 교회의 압제적인 감독에서 해방시키면서 어떤 이들은 감당 못할 책임까지 넘겨준 셈 아닐까? 자유로운 감찰, 자유로운 해석, 인간의 돌이킬 수 없는 노쇠에 대한 날카로운 의식, 예정설은 부각되었고 고해성사의 위안은 폐기되었다. 연약한 영혼들이 절망할 만도 하지 않은가? 이를테면 스코틀랜드에서 장로교 설교를 듣고 자살한 사람들은 여럿 있었다.[51]

이제 막 시작된 종교적 반복도 자살의 원인을 제공하곤 했다. 우선 개종을 강요당하는 상황이 그랬다. 앞에서 보았듯이 영국 법학자 제임스 헤일스가 1553년에, 그리고 변호사 헨리 스미스가 1559년에 이런 이유로 자살했다. 그리고 종교전쟁의 분위기에서 자발적 순교를 우러르는 신비주의가 다시 나타났다. 최근에 드니 크루제는 1520년대부터 부상한 종말론이 타인이나 자기 자신을 해방시키는 폭력, 즉 타살과 자살의 요인으로 작용했다는 연구를 발표했다.[52] 마침 유럽에 선풍을 일으킨 점성술도 단단히 한몫을 했다. 앙리 드 팽은 1524년에 온 세상에 대홍수가 닥친다고 예언했고, 리샤르 루사도 1550년에 '성서의 권위와 점성술의 근거에 따라 말세가 임박했음을 증거하는 책'을 발표했다. 1564년에 지구와 다른

---

51 H. Buckle, *Introduction to the History of Civilisation in England*, London, 1904, p.707.
52 D. Crouzet, *Les guerriers de Dieu: La violence au temps des troubles de religion, Vers 1525-vers 1610*, 2 vols., Paris, 1990.

천체의 합(合)이 일어나 큰 재앙이 닥칠 거라는 예언도 있었다. 노스트라다무스는 불길한 예언들을 남발했다. 이러한 저작과 일부 종교인들의 열광적인 설교에 힘입어 가중된 긴장은 폭력의 분출, 즉 자기희생과 이단 척결을 결합함으로써 해방되어야 했다. 1568년 부르고뉴에서 작성된 가톨릭 십자군 서약에서 이러한 글을 읽을 수 있다. "만약 우리 중 누구라도 그렇게 죽는다면 우리는 우리의 피로써 두번째 세례를 받는 셈이니 어떤 훼방도 받지 않고 다른 순교자들과 함께 곧바로 낙원으로 옮겨지리라." 드니 크루제의 표현을 빌리자면 '십자군 충동'은 타인과 자신을 정화의 피로 씻고자 하는 죽음 충동의 한 형태였다.

신이 주신 생명에 대한 그리스도교적 감수성과 진정한 신앙은 고대 이교도의 자살에 대한 찬양과 기묘하게 결합했다. 우리는 스트로지가 자기 목을 베기 전날 작성한 유언에서 그 표현을 볼 수 있다. "내 영혼을 주께 드리니 (다른 은총은 바라지 않고) 그 혼이 카토의 영혼들과 그 밖의 같은 신앙을 지닌 덕 있는 자들과 함께 거하게 하시기를 간절히 청하노라."

이와 같은 자가당착은 벤베누토 첼리니라는 호기심 많고 불안정한 천재적 모험가에게서도 나타난다. 살인, 방탕, 강신술로 얼룩진 그의 삶은 모범과 거리가 멀며 그의 도덕은 일관성이 없다. 회고록에 따르면 1539년에 종신형을 선고받은 그는 성경을 읽고 나서 자살을 기도했다. "나는 성경을 읽고 신실한 마음으로 묵상하기 시작했다. 성경에 어찌나 심취했는지 할 수만 있다면 쉴 새 없이 성경만 읽고 싶었다. 그러나 날이 어두워지면 오만 가지 비참함에 시달리다가 절망에 빠졌고 결국 스스로 목숨을 끊기로 결심했다. 칼을 손에 넣기 어려워 뜻을 이루기가 여의치 않았다. 그렇지만 거대한 나무토막을 얻었고 일종의 덫 같은 장치로 그 토막을 위에서 떨어뜨려 내 머리를 박살 낼 작정을 했다. 그래서 그 장치를 완성하고 가동할 준비를 했다."[53]

　그는 이러한 행동을 자연스럽게 여겼고 교회의 자살 금지 따위는 단 한순간도 생각지 않았다. 그러다 때맞춰 나타난 간수 덕분에 목숨을 구한 그는 순진하게 회개한다. "내 뜻의 실행을 어찌 저지당했을까 생각해 보니 나의 수호천사가 개입한 것이 틀림없는 듯했다. 다음날 밤에 내 꿈속에 경이로운 존재가 황홀한 미청년의 모습으로 나타났다. 그는 '네가 때가 오기도 전에 파괴하려 한 이 몸을 누가 너에게 맡겼는지 아느냐?'라고 꾸짖듯 말하였다. 나는 전능하신 하느님이 맡기셨다고 대답한 것 같다. '그런데 네가 그분이 하신 일을 멸시하여 망치려 하느냐? 이제 그분의 인도를 따르고 그분의 선의를 저버리지 말지어다.' 그는 그 밖에도 놀라운 말을 많이 하였으나 내 기억으로는 천분의 일도 간직할 수 없다. 나는 금세 그 천사의 말이 모두 참되다는 확신에 이르렀다."

　중세의 자발성을 간직했으나 한편으로 고전적 가치들이 상대화되는 시대의 증인이었던 이 남자는 흡사 어린아이처럼 앞뒤가 맞지 않는 행동 방식을 보여 준다. 벤베누토는 정신을 차린 후에 자신의 영혼과 신체가 자살에 대하여 나누는 대화를 썼다. "하여 나는 성경 속의 백지에 그 대화를 최선을 다해 기록했다. 내 신체는 삶을 버리려 했던 내 정신을 힐책했다. 나의 정신은 혹독한 고통을 핑계로 삼았고 신체는 더 나은 미래를 약속함으로써 정신을 달랬다. 뿐만 아니라 이러한 대화도 나누었다. '상심한 영이여, 삶이 너에게 지겨워졌느냐?', '하늘이 너를 버리면 누가 우리를 도와주고 지탱해 줄까? 내버려 둬, 우리가 더 나은 삶에 이르게 내버려 두라!', '아직은 아니다! 하늘이 너에게 그 어느 때보다 행복하고 기쁘게

53　B. Cellini, *Mémoires*, ed. G. Maggiora, Paris, 1953, p.260.

살게 되리라 약속하신다', '전능하신 신께서 다시는 최악의 불행 속으로 떨어뜨리시지만 않는다면 우리는 아직 조금 더 살아갈 것이다'. 내 안에서 이러한 위안을 끌어내자 기운이 샘솟는 것을 느꼈기에 나는 계속해서 성경을 읽었다." 약 250년 후인 1759년에 도덕의 지표를 잃어버린 또 다른 사내 칼리오스트로가 비슷한 상황에서 옥중 자살한다.

더욱이 르네상스에는 고통, 가난, 정념, 질투, 광기, 고문에 대한 두려움에서 비롯되는 일반적인 자살도 모두 존재했다. 이 시대의 자살률이 중세의 자살률보다 그리 높지는 않겠지만 이 주제에 대한 발언과 글은 확실히 늘었다. 대다수의 견해는 여전히 자살에 적대적이었지만 자살을 단죄할 필요성을 피력한 저자들이 많다는 사실 자체가 우리에게 시사하는 바가 있다. 성 아우구스티누스 이래로 자기살해는 살인으로 분류되어 논쟁거리조차 되지 못했다. 자살은 악마가 사주하는 중죄로 여겨졌기에 미쳐서 그랬다는 변명밖에 통하지 않았고 실제로도 시체모독형과 재산몰수형을 피하기 위해 이 변명이 자주 동원되었다. 요컨대 자살에 대한 원칙적 단죄에는 이론의 여지가 없었다.

1차 르네상스 시기의 인간들은 상식에서 벗어난 듯 보이는 이 행위의 복합성과 개인행동으로서의 중요성을 발견했다. 자살은 아직 복권되지 못했지만 문제의식만큼은 싹텄다. 옛날에는 자명했던 것이 이제 문제시되었다. 그리스도교인은 자살할 권리가 없다. 그건 모두 납득한다. 하지만 고대의 위대한 인물들의 자살은 찬탄할 만하지 않은가? 만약 그렇다면 그들의 지혜와 우리의 지혜의 차이는 무엇에 근거해 있는가? 이는 도덕주의자들보다는 지식인들의 질문이다. 하지만 도덕주의자들은 위험을 느끼고 자살의 악마성을 다시금 강조했다. 영국에서는 자살 탄압이 한층 강화되었다.

어떤 저자들은 카탈로그를 만들고 목록을 작성하고 특이한 경우들을 주목했다. 자살은 이따금 반대파를 깎아내리는 데 이용되었다. 알렉산데르 6세, 루터도 자살했다는 소문이 돌았었다. 자발적 죽음은 망각에서 벗어났다. 하지만 1580년경까지는 자살이 지식인들의 논쟁거리에 불과했다. '사느냐, 죽느냐?'라는 물음은 1600년경에 나왔다. 훗날 카뮈는 이것이 제기할 만한 가치가 있는 유일한 물음이라고 말할 것이다. 몽테뉴에서 존 던에 이르기까지 많은 이들이 이 물음을 숙고했으나 답을 찾지 못했다. 그러나 권력층에게, 세속과 교회의 '책임자'들에게 이 물음은 이미 그 자체로 인간 사회의 존재와 창조를 뒤흔드는 범죄이자 모독이었다. 이 시원적인 물음은 억눌러야만 했다. 문제를 제기한다는 것은 독이 흘러들어 오기 시작했다는 뜻이니까. 교회와 국가는 대응하고 억압하고 대체물을 찾아야만 했다.

5장
사느냐, 죽느냐? 유럽의식의 첫번째 위기(1580~1620)

셰익스피어의 『햄릿』

"사느냐 죽느냐, 그것이 문제로다. 포악한 운명의 화살이 꽂혀도 죽은 듯
참는 것이 장한 일인가, 아니면 창칼을 들고 노도처럼 밀려드는 재앙과
싸워 물리치는 것이 옳은 일인가? 죽음은 잠드는 것일 뿐, 잠들면 마음의
괴로움과 육신에 끊임없이 따라붙는 숱한 고통이 사라지니 죽음이야말
로 우리가 열렬히 바라는 결말이 아닌가. 죽음은 잠드는 것, 잠이 든다면!
어쩌면 꿈을 꾸겠지. 아, 그것이 괴롭겠구나. 이 세상의 번뇌를 벗어나도
죽음이라는 잠 속에 어떤 악몽이 나타나지 않을까 하는 생각을 그대로 끌
고 가는 셈 아닌가. 그렇지 않으면 누가 세상의 채찍과 모욕을 참겠는가?
폭군의 횡포와 권력자의 오만, 좌절한 사랑의 고통, 지루한 재판과 안하
무인의 관리 근성을, 덕망 있는 사람에게 가하는 소인배들의 불손을 누가
참을 수 있겠는가? 한 자루의 칼이면 깨끗이 끝장을 낼 수 있는 것을. 죽
은 뒤에 밀어닥칠 두려움과 한 번 이 세상을 떠나면 다시는 못 돌아오는
미지의 나라가 사람의 결심을 망설이게 하는 것이 아닌가? 알지도 못하

는 저세상으로 뛰어드느니 차라리 익숙한 이승의 번뇌를 감내하려는 마음이 없다면 그 누가 무거운 짐을 걸머지고 괴로운 인생을 신음하며 진땀을 빼겠는가? 이렇듯 분별은 우리 모두를 겁쟁이로 만들고 만다. 그리하여 결단의 본래 혈색 위에 사유의 창백한 병색이 그늘져 타오르는 투지는 잡념에 사로잡혀 길을 잘못 가고 실천과 멀어지고 마는구나."[1]

세계문학사에서 가장 유명한 이 글이 1600년에 나왔다. 셰익스피어는 단 몇 줄로 모든 것을 이야기했다. 인간 조건의 한계와 제약이 그러한 조건에서의 삶을 연장할 만한 이유가 되는가? 모든 것이 햄릿의 독백을 시대를 초월한 보편적 작품으로 만드는 데 기여한다. 셰익스피어라는 이름 뒤의 실체는 잘 알려져 있지 않고 저자의 개인적 삶은 수수께끼에 싸여 있다. 딜레마의 단순함이 좀체 내리기 힘든 결단과 대조를 이룬다. 텍스트의 내적 흐름, 왔다 갔다 하는 마음이 인간 조건에 고유한 희망과 실망의 갈마듦을 너무나 잘 드러낸다. 인간 조건은 고통과 좌절이 얽히고설켜 있지 않은가? 모욕, 불의, 감정적 고뇌, 신체적 고통, 부당한 실패, 잘나고 오만한 관리들의 오만 가지 멸시와 무관심이 엉켜 있지 않은가? 이러한 것들이 쌓여 각자의 인생은 "걸어 다니는 그림자, 무대에서나 잠시 활개 펴다가 사라져 버리는 가련한 배우"가 된다. "백치가 지껄이는 이야기와 같으니 소음과 광기는 가득하나 의미는 없도다"[2]라고 맥베스는 말한다. 왜 이토록 부조리하고 고통스러운 삶에 당장 종지부를 찍고 영원한 잠에 들어가지 않는가? 그저 미지의 것이 두려워서다. 죽음이 두려워서가 아니라 죽음 후에 무엇이 있을까 봐 두려워서다. 의식과 상상력은 우

---

1 Shakespeare, *Hamlet*, act 3, scene 1.
2 Shakespeare, *Macbeth*, act 5, scene 5.

리를 자살로부터 지켜 주고 우리는 삶과 죽음 사이에 계속 머문다.

자살의 근본적인 유혹이 이처럼 진실하게 표명된 적은 일찍이 없었다. 햄릿이 곧 셰익스피어일까? 그런 건 중요하지 않다. 셰익스피어라는 개인을 넘어서서, 이 질문이 표명되었다는 것, 그 놀라운 울림이 지금까지도 이어지고 있다는 것이 중요하다. 햄릿은 행위주체다. 우리도 모두 행위주체다. 그는 광기와 통찰 사이에 있다. 이것이 각자의 몫이다. 햄릿의 물음은 인간의 물음이다.

시대를 초월하는 보편적 텍스트. 이 작품의 성공은 그 보편성을 충분히 보여 준다. 그렇지만 『햄릿』은 1600년 당시의 영국이라는 시공간에 몹시 국한되어 있기도 하다. 칼날처럼 잘 벼려진 이 문장들을 이해하고 그 침투력, 인간적 좌절의 우울한 반복, 불가능한 선택에서 오는 불안을 실감하려면 어떤 번역으로도 살릴 수 없는 옛 영어의 표현력 넘치는 울림을 느끼며 반드시 원어로 읽어야 한다.

To be, or not to be …… to die, to sleep; no more; …… who would fardels bear, to grunt and sweat under a weary life, but that the dread of something after death, the undiscoverd country, from whose bourn no traveller returns ……

『햄릿』에 나타난 자살의 유혹은 1580~1620년대 유럽과 영국의 사상에 배어 있는 관심의 가장 완성된 표현이다. 40년간 영국 극장은 100여 편의 작품을 통하여 200건 이상의 자살 장면을 무대에 올렸다.[3] 이 수치

---

3 Paulin, *Du couteau à la plume*.

자체가 하나의 '사회 현상', 대중의 호기심과 불안을 자극할 만한 거리를 보여 준다. 16세기 말과 17세기 초의 관객들은 자발적 죽음을 몹시 좋아했다.

전통적 금기를 문제시하고 처음으로 자살을 본격적인 주제로 삼아 자살의 동기와 가치를 이성과 고대인들의 예에 비추어 성찰하는 글들이 연달아 나왔다는 점으로도 이 사실은 확인된다. 1580년에 필립 시드니는 '철학적' 소설『아케이디아』에서 자살에 대한 찬반론을 펼쳐 보인다.[4] 1580년에서 1588년까지 몽테뉴는 자살이라는 주제에 『수상록』의 여러 지면을, 특히 '케아 섬의 풍습에 대하여'라는 장 전체를 할애했다. 1588년에 말로는 『파우스트』를 출간했다. 1601년에 피에르 샤롱은 몽테뉴와 스토아철학에 영감을 얻어 『지혜에 대하여』에서 이성적인 자살을 옹호했다. 같은 시기에 이탈리아에서는 피콜로미니가 자살에 대한 공적 토론을 주도했다. 1604년에 유스투스 립시우스는 『스토아철학 입문』과 스토아적인 자살을 논했다. 그는 자살옹호론 그 자체라고 할 수 있는 『트라세아스』도 집필했으나 반응이 두려워 폐기했다. 1607년에 프랜시스 베이컨은 죽음에 대한 에세이에서 자살을 고찰했는데 자살을 단죄하는 기색은 전혀 보이지 않았다. 1610년경에 존 던은 『비아타나토스』라는 책 한 권을 송두리째 이 주제에 할애했다. 1609년에는 장 뒤베르지에 드 오란이 『왕의 의문』에서 자살을 다루었는데 장차 생 시랑 수도원장이 되는 이 인물이 일부 자살을 옹호했다는 점이 일견 놀랍다. 1621년에 로버트 버튼은 『멜랑콜리아의 해부』에서 특히 종교적 절망에 의한 자살의 과정을 분석했다. 그 외에도 수많은 픽션, 비극, 소설, 도덕론이 자살을 다루었다. 서

---

4 P. Sidney, *The Countess of Pembroke's Arcadia*, ed. J. Robertson, Oxford, 1973.

양사에서 자살에 대한 관심이 이처럼 두드러지기는 처음이었다.

그렇다고 해서 르네상스 말기가 자발적 죽음에 집착했던 것은 아니다. 자살이 전보다 줄지는 않았지만 늘지도 않았고 전체 출판물에서 이 주제를 다룬 저작의 비율은 아직도 미미했다. 그렇다 해도 이 현상은 주목할 만하다. 이때까지 자살은 도덕적으로나 법적으로나 타살과 마찬가지였고 어떤 토론의 대상도 되지 않았기 때문이다. 확실한 것이 의문거리가 되었다. 당시는 몽테뉴가 '나는 무엇을 아는가?'라는 질문을 제기한 시대였다.

자살의 단죄를 문제시함에 따라 종교계, 정치계, 법조계가 어떤 논리와 반응을 보였는지 살펴보기 전에 그러한 문제 제기가 어떻게 나타났는가를 먼저 보자.

시드니와 몽테뉴의 의문들

철학적 에세이스트, 도덕주의자, 종교색 없는 사상가 들이 자살 행위에 가장 뚜렷한 관심을 보였다. 1차 르네상스의 문제의식 이후로는 체계적인 연구들도 나왔다. 이 연구들은 자살옹호론이라기보다는 자살을 이해하려는 시도에 가까웠다. 다시 말해, 자살에도 구별을 두고 동기를 참작하려는 태도였다. 전반적으로는 회의적인 태도가 지배적이었다. 인문주의의 후계자들은 해결을 보지 못했다. 그들은 끊임없이 찬성론과 반대론을 비교했지만 결론은 나오지 않았다.

필립 시드니의 소설 『아케이디아』에서 주인공 피로클레스는 자신의 정부 필로클레아와 침대에 있는 모습을 들킨 탓에 비난에 몰릴 상황이 되자 자살로 모든 골치 아픈 문제를 해결하고 싶어 한다. 피로클레스와 필로클레아는 자살에 대한 찬반론을 한바탕 벌이는데 이 대화 속에서 자발적 죽음과 관련한 전형적 논증들이 전부 다 나온다. 피로클레스는 자살이 두 사람의 모든 문제를 해결할 수 있는 최소한의 악이라고 주장한다. 이것은 스토아철학의 주장이다. '일반 자연'의 선이 '사적 자연'의 선보다 우선시되어야 한다는 것이다. 피로클레스는 그녀에게 좋은 일이기만 하다면 두려움 없이 행복하게 죽겠다고 말한다. 죽음을 두려워하지 않으면 절망도 없다고, 어차피 짧은 생을 몇 년 더 일찍 마감해도 크게 달라질 것은 없다고, 동기가 선한 죽음은 찬양할 만한 것이라고 말한다. 희한하게도 필로클레아는 그리스도교보다는 아리스토텔레스와 플라톤의 논증에 입각해서 반박한다. 그녀는 신이 요새에 군사를 세우듯 우리 몸에 영혼을 불어넣었으니 우리 마음대로 떠날 수 없다고, 자살은 나쁜 감정을 은폐하려는 비겁행위라고 말한다. 피로클레스는 결국 자살하지 않는다. 하지만 자신의 논증이 빈약해서가 아니라 필로클레아를 사랑하기 때문에 그녀의 말을 따랐을 뿐이다. 이렇게 전통적 도덕은 무사히 지켜지지만 설득력을 발휘하진 못한다.

몽테뉴는 다른 수준에서 접근한다. 인문주의자로서 편견에 물들지 않으려 노력하면서 자살이라는 해법을 조심스럽게 고찰한다. 알다시피 몽테뉴는 죽음이라는 문제에 늘 천착했다. 삶에 가치를 부여하는 것도, 삶을 허무하게 하는 것도 죽음이다. 인간은 그러한 죽음을 기다릴 수도 있고 앞당길 수도 있다. 몽테뉴는 "남자건 여자건 보다 더 행복한 시대에 살며 여러 종파의 사람들로서 꿋꿋하게 죽음을 맞이한 자, 또는 이 생의 고난을 면하기 위해서뿐만 아니라 단지 살기에 지쳐 저승으로 도망한 자, 다른 곳에서 더 나은 삶을 살기 바라며 죽음을 택한 자"를 이해하고자 노력한다.[5] 이 문제는 그를 사로잡았다. 그래서 『여행일기』의 한 대목, 『수상록』의 30여 개 대목과 '케아 섬의 풍습에 대하여'라는 한 장을 할애했다. 특히 이 장은 명실상부한 자살론으로서 몽테뉴가 1588년 9군데, 1592년 19군데를 보필(補筆)했다. 또한 1595년 사후 판본에서도 2군데가 보완되었다.

저자는 신중을 기하기 위해 서두에서 '신의 의지의 권위'만을 인도자로 삼겠노라 선언하지만 전반적으로 이 장은 완전히 독립적인 정신으로 살펴보고 구조화한 체계적 연구에 가깝다. 도입부에서 자살에 호의적인 고대의 견해들이 대단히 설득력 있고 명쾌한 문장으로 소개되고 있기에 저자도 이에 동조하고 있다는 인상을 지울 수 없다. "현자는 살아야 할 대로 살아야지 살 수 있는 대로 살아서는 안 된다." 자연은 우리에게 좋은 선물을 주었다. "자연은 인생에 들어가는 길은 하나밖에 주지 않았으나 나가는 길은 얼마든지 남겨 두었다." "살기가 괴롭다면 그 원인은 그대의 비굴함에 있다." "죽음은 모든 고통에 대한 처방이다." "자진해서 받은 죽음이 가장 아름다운 죽음이다." "인생은 남의 의지에 매여 있다. 죽음은 내 의지에 달렸다." "가장 힘든 병에는 가장 쓴 약이 있다." "우리가 죽는 것이 차라리 나은 상태에 있을 때에는 하느님도 우리를 방면시켜 준다." 내가 내 지갑을 가져가거나 내 집에 불을 지른다 하여 도둑이나 방화범이 되지는 않는다. 그렇다면 내가 내 생명을 없앤다 하여 왜 살인을 저지른 죄인이 되겠는가?

몽테뉴는 이렇게 주로 고대 문화에 힘입어 납득할 만한 논증들을 늘어 놓은 후에 자살반대자들이 내세우는 이유들을 요약한다. 신은 우리 생명의 주인이요, 우리를 신께 영광을 돌리고 타인들에게 봉사하라고 이 땅

---

5 Montaigne, *Essais*, book I, chap.14.

에 보냈다는 종교적 이유가 있다. 우리는 우리 자신을 위해 태어나지 않았으니 생을 버릴 권리가 없다는 것이다. 법률이 스스로 생명의 처분을 금한다는 사회적 이유도 있다. 덕과 용기가 우리에게 불행과 맞설 것을 요구한다는 도덕적 이유도 있다. 자기를 사랑하는 것이 자연의 섭리라는 철학적 이유도 온다. 이 세상의 불행을 피하고자 자살한다면 더 큰 불행에 뛰어드는 셈이다. 죽음으로 도망쳐서 더 나아질 것은 없으니 일단 죽으면 아무것도 누릴 수 없기 때문이다. 무(無)는 모든 것에 대한 부정이기에 결코 해결책이 되지 않는다. "그가 없어진다는 자기를 위한 이 보수를 누가 즐기며 느낄 것인가? …… 죽음을 대가 삼아 이 인생에서 불행을 피하고 무감각, 무고통, 평정을 사들일지라도 우리는 아무 편익을 얻지 못한다. 휴식을 맛볼 거리가 없는 자는 고통을 피한다 해도 소용없다."[6]

결론이 나지 않는 추론들 후에는 구체적 사례가 온다. 몽테뉴는 자살이 절대적 기준으로 논의해서 보편적 결론에 도달할 수 있는 추상적 도덕의 문제가 아니라 상황윤리의 문제라는 것을 잘 알고 있었다. 자살은 개인이 혼자 모든 차원을 파악할 수 없는 어려운 상황에 처했을 때에 그의 가장 깊은 내면에서 떠오르는 해법이다. 외부에서 보는 관점에 따라 타인들의 자살은 어느 정도 정당화되기도 하고 그렇지 않기도 하다. 몽테뉴는 그리스도교, 비그리스도교를 떠나 수많은 유명 사례들을 고찰하고 각각의 사례에 대한 자신의 견해를 밝힐 뿐 일반적인 해법을 내놓지 않는다. 결정은 자기 자신이 상황에 부딪쳤을 때에만 내릴 수 있다. 이것이 『수상록』의 교훈이다.

몽테뉴는 유명 자살 사례들을 살펴보면서 대체로 찬탄하는 어조를

---

6 Montaigne, *Essais*, book II, chap.3.

취하지만 이따금 비판적이거나 비꼬는 태도도 보인다. 브루투스와 카시우스는 그들의 이상을 지키기 위해 살아가는 편이 나았으리라. 앙기엔 공도 세리솔 전투에서 패배가 확실해지기도 전에 너무 성급히 굴었다. 강간 이후의 자결에 대해서 몽테뉴는 상당히 남성 본위의 외설적 견해를 피력한다. 피해여성도 어느 정도 쾌감을 느끼지 않을 수 없기 때문에 어쨌든 자살을 하기보다는 기회를 즐기는 편이 나을지도 모른다는 것이다. "몇몇 병사들의 손에 넘겨지는" 일을 당하고 난 후 "고마우신 하느님 덕에 평생 적어도 한 번은 죄 짓지 않고 실컷 즐겨 보았어요!"라고 말했다는 어느 부인네처럼 말이다.

하찮은 이유로 성급히 자살해서는 안 되며 삶의 즐거움을 최대한 끌어낼 줄 알아야 한다. "모든 불편은 그것을 피하기 위해 죽기를 바랄 만하지 않다. 인생사는 급격한 변화가 너무나 많기 때문에 어느 지점이 희망의 마지막 끝인가를 판단하기란 쉽지 않다." 자살은 정말로 극단적인 경우, 치유할 수 없는 끔찍한 신체적 고통이나 고역스러운 죽음을 피하려는 경우에만 정당화된다. "고통과 최악의 죽음은 가장 참작할 만한 이유들로 보인다." 이렇게 스토아철학과 에피쿠로스철학이 만나는, 순수하게 상식적인 결론이 나온다.

몽테뉴 본인은 극도로 고통스러운 담석증을 앓으면서 죽음을 기다렸다. 그도 햄릿처럼 "어떤 여행자도 돌아오지 못하는 수수께끼의 고장"이 두려웠을까? 우리는 알 수 없다. 자살에 대한 글을 썼지만 주저하는 입장을 보였던 거의 모든 사람들이 그랬듯, 몽테뉴는 자살하지 않았다. 마치 자살을 논함으로써 자살을 퇴치하기라도 한 것처럼.

몽테뉴의 의문은 그의 친구 피에르 샤롱의 펜을 통해 주장으로 변한다. 샤롱은 1601년에 『지혜에 대하여』를 출간한다. 스토아철학에 심취한 이 사제는 세네카와 예수 그리스도를 다 같이 참조하며 1589년에 보르도에서 알고 지냈던 벗 몽테뉴의 논증들을 되풀이한다. 그러나 샤롱은 신학자답게 그 논증들을 체계화했다. 자발적 죽음은 뚜렷한 동기를 갖고 심사숙고한 결과일 때에만 용인되며 합리적일 수 있다. "중대하고 정당한 사유 없이 이런 행위를 원해서는 안 된다. …… 때를 깨닫고 죽을 줄 아는 것이 지혜의 큰 특징이다. 어떤 이들은 그때를 앞당기고 또 어떤 이들은 그때를 넘겨 버린다. 연약함과 용기는 그 둘 다에게 있으나 신중해야 할 것이다. …… 나무에 달린 열매를 따먹어야 하는 때도 있다. 그 열매를 더 오래 두면 맛이 없어지고 상해 버리니 더 일찍 따지 않은 것이 커다란 손실이 된다."[7]

샤롱은 1603년에 뇌졸중으로 죽었으므로 본인의 경우를 생각할 겨를이 없었다. 하지만 그의 책은 교계에서 파문을 일으켰다. 몽테뉴의 경우는 개인적 성찰과 의문이라는 명목으로 봐줄 수 있었지만 유명한 사제, 카오르 주교대리신부에게는 용납할 수 없는 일이었다. 그래서 이 책은 1605년 9월 9일자로 금서 목록에 오른 반면, 몽테뉴의 『수상록』은 1676년 1월 28일에야 금서로 분류되었다.

1595년에 피에르 드 당마르탱이 『궁정의 행운』에 당대의 의문들을 반영했다. 그는 굳이 추론을 전개하지도 않고 카토를 비난하다가 일면 찬

---

7 P. Charron, *Livres de la sagesse*, II, 11, 18.

양하기도 하는 자가당착에 그친다. "나는 또한 사정이 바뀌기를 기다릴 수 없어 죽음을 앞당김으로써 용감하다는 평판을 얻은 자들이 있다고 말하겠다. …… 나는 그러한 견해에 찬성할 수 없으니 오히려 용기와 믿음이 없어 그런 일을 저지른다고 본다."[8] 하지만 그는 또 한편으로 페르세우스와 오토를 영웅적 자살로 과오를 씻은 용기의 모범으로 우뚝 세운다.

플랑드르 인문주의자 립시우스는 가톨릭과 칼뱅주의 사이로 돌파하면서 자발적 죽음에 대한 스토아철학의 입장을 뚜렷이 보여 준다. 그는 1604년에 자살에 대한 동정론을 피력했다.[9] 테제와 안티테제라는 스콜라철학의 도식을 쓰되 호의적 견해는 마음을 담아 검토하고 반대 견해는 형식적으로 간략하게 짚고 넘어갔다. 이러한 요령에도 불구하고 금서 지정은 피할 수 없었다. 립시우스는 서한문에서 좀더 자유롭게 자기 견해를 드러낸다. "그토록 많은 죽음에 괴로워하면서도 정작 죽지는 않는다면 비겁하지 않은가." 그는 자신의 대담성에 놀라서 트라세아스에 대해서 쓴 원고를 스스로 폐기해 버렸다. 아마 그 원고야말로 최초의 철학적인 자살옹호론이었을 것이다.

1606년에 영웅적 자살, 특히 카토의 자살에 한껏 흥분할 기회를 주었던 스키오푸스의 스토아철학 논고도 마찬가지였다.[10] 같은 시기에 소설가이자 도덕주의자였던 오노레 뒤르페도 1598년 작 『도덕서한』에서 비열한 자살과 영웅적인 자살을 구분했다. 전자에 대해 저자는 경멸을 금치 않는다. "너희들에게는 상처의 고통보다 죽음이 낫다니 땅에 묻힐지어다! 노예살이가 싸움보다 낫다니 노예가 될지어다!" 하지만 카토를 전

---

8 P. de Dampmartin, *La fortune de la cour*, Liège, 1713, p.345.

9 Justus Lipsius, *Manuductio ad stoicam philosophiam*, Antwerpen, 1604.

10 Caspar Schoppe, *Elementa philosophiae stoicae moralis*, Mainz, 1606.

형으로 삼는 후자는 "용기와 배포"의 상징이다. 뒤르페는 궁정인의 후계라고 할 수 있는 '신사'의 귀족 정신 그 자체다. 그에게 가장 중요한 것은 명예다. 인간 조건은 수많은 제약들을 부여하나 우리가 그 제약들을 전부 다 참을 필요는 없다. 인간은 "운명이 빚어 내거나 마련하는 모든 부당함을 참아야 하는 의무"가 없다. 어떤 상황에서는 인간다운 존엄성을 실추시키는 모욕에 굴복하기보다는 분연히 거부하고 죽을 줄 알아야 한다. 뒤르페가 1607년 초에 발표한 대하소설 『아스트레』에서도 몇몇 등장인물은 사랑 때문에 자결하지만 저자의 축복을 받는다.

엘리자베스 1세와 제임스 1세 치하의 영국은 이러한 사상들에 매우 민감했던 것으로 보인다. 이미 헨리 8세 때부터 칼뱅파와 국교회파의 경쟁구도 속에서 자살자들의 재산을 철저히 몰수하는 왕가의 공격에 맞서 자살에 대한 논쟁은 공개적으로 벌어졌다. 물론 종교인들은 앞다투어 자살을 악마의 소행으로 규탄했지만 덕분에 자살에 대한 관심은 더 높아졌고 지식인들의 사유도 자극을 받았다. 17세기 초에 고대인들의 저작 외에도 프랑스어 책들이 번역, 출간되었다. 『수상록』은 1603년에, 샤롱의 『지혜에 대하여』는 1608년에 영어로 번역됐다. 장차 대법관이 될 프랜시스 베이컨은 1607년 발표한 죽음에 대한 에세이에서 자살을 전혀 비난하지 않는다. 그는 훗날 1623년 작 『생과 사의 이야기』에서 자살을 학문적이고 중립적인 자세로 탐구한다. 이 책은 삶에서 죽음으로 넘어가는 순간의 느낌을 알고 싶어서 스스로 목을 매려 했던 한 사내의 경험에서 출발한다. "그는 아무 고통도 느끼지 않았으나 처음에는 불길 혹은 불꽃이 보였고 그 후에는 암녹색 안개 같은 것이 보였으나 마지막으로 혼절할 때마다 으레 보이곤 했던 새파란 바다의 빛깔이 나타났다고 대답했다."[11]

존 던의 『비아타나토스』

자살에 대한 일련의 저작들은 1610년에 출간된 아주 특별한 한 권의 책으로 귀결된다. 영국 국교회의 왕실 전속 사제, 케임브리지 대학 신학박사, 런던의 명문 법학원 링컨스 인의 부교수였던 존 던의 『비아타나토스』가 바로 그 책이다. 존 던은 인문주의자이자 성직자이자 신학자로서 당대의 모든 사상적 흐름에 민감했다. 그는 아웃사이더나 괴짜가 아니라 고위 성직자였다. 이 사실이 그의 저작에 무게를 더하는 면도 있다.

이 책의 부제는 이중부정으로 꽤나 당혹스럽게 주제를 드러낸다. '자기살해는 다른 식으로는 생각할 수 없을 만큼 당연한 죄가 아니다.' 다시말해, 자살은 정당화될 수도 있다는 얘기다. 『비아타나토스』는 자살의 복권을 전적으로 다룬 최초의 책이다. 존 던은 이 주장의 과감성과 그 책임을 의식했기에 립시우스가 그랬듯 원고를 폐기하려고도 했다. 1619년 로버트 커 경에게 쓴 편지는 "항상 거의 폐기하기 직전까지 가서 하마터면 태워 버릴 뻔했다"라고 말한다. 게다가 그는 이 책의 출간을 완강히 거부하고 믿을 만한 친구 몇 명에게만 사본을 보여 주었다. 아들에게 남겨 준 판본에는 "출간하지도 말고 태워 버리지도 말 것"이라고 쓰여 있다. 로버트 커 경에게 보낸 판본에는 '던 박사가 아니라 잭 던이 쓴 책'이라고 쓰여 있다. 이 책은 존 던의 사후 16년 만인 1647년에야 출간되었다. 18세기에 데이비드 흄도 자신의 자살론에 대해서 이 같은 신중함을 보여 줄 것이다.

신중함이라는 말로는 부족하다. 존 던은 자신이 금기를 깨뜨리는 줄

---

11 F. Bacon, *Historia Vitae et Mortis*, London, 1638, p.274.

알고 있었고 자신의 책에서 영향을 받은 자살들에 책임을 지게 될까 봐 두려웠다. 거의 신화가 되어 버린 까마득한 옛 사람 카토나 브루투스를 찬양하는 것과 자살은 자연과 신법을 침해하는 행위가 아니니 처벌할 필요가 없다고 주장하는 것은 전혀 별개다. 그래서 존 던은 여러모로 대책을 세웠다. 자신이 자살옹호론자가 아님을 분명히 하고 자살이 허용되는 구체적 상황들이 어떤 것인지 한정 짓지도 않았다. "나는 이 견해를 특정 규칙과 사례로 확장하기를 일부러 삼간다. 이렇게 특수한 학문에서 내가 대가 노릇을 할 수 없기 때문이요, 그 한계가 애매하고 불분명하고 왔다 갔다 하는 데 과오는 치명적일 것이기 때문이다."[12]

그렇지만 그는 과감히 "이 쇠를 연단하고" 우리 자신을 "이 편견의 압제에서 해방시킬" 때가 왔다고 덧붙인다. 그의 사유는 당대의 문화적 관심 중 하나와 고통스러운 개인적 상황이 만남으로써 나왔다. 존 던은 자기 인생, 결혼생활, 처지를 다 망쳤다는 느낌을 받곤 했다. 우울증에 빠진 그는 죽기를 바랐는데 그러한 심경이 작품 전체에서 드러난다. 『비아타나토스』는 스콜라신학의 형식을 따르지만 단순한 논리적 기술이 아니다. 이 책이 그저 지적 활동에 불과하다면 왜 존 던이 힘들게 감춰 가며 썼겠는가? 그의 책은 그의 삶과 시대에 단단히 뿌리내리고 있다. 같은 시대에 장차 생 시랑 원장신부가 될 뒤베르지에 드 오란도 비록 존 던처럼 과감하게 나가지는 못했지만 자살이 합법화되는 경우들에 대해서 글을 썼다.

존 던이 이전의 접근들과 차별화되는 대담성은 자살 문제를 그리스도교 내부로부터 성찰했다는 데 있다. 그는 카토, 루크레티아, 세네카에서 출발하여 에둘러 가지 않고 곧장 그리스도교 신학으로 들어가며 종교

12 J. Donne, *Biathanatos*, ed. M. Rudick and M. P. Battin, New York, 1982, p.193.

적·이성적 논증들만을 구사한다. 요컨대, 정면 공격이다. 우리는 자살이 가장 나쁜 죄라는 사실이 자명한 것처럼 생각한다. 그런데 이 '명증성'을 떠받치는 논증들을 살펴보면 자살이 중죄가 아닐 수도, 아니 전혀 죄가 되지 않을 수도 있는 듯하다. 어쨌거나 우리에게는 누군가가 자살을 했다고 해서 그 사람이 영벌을 받았다고 판단할 권리가 없다. 오늘날 단죄당하는 여러 행위들이 실상은 성경에서 용인되었다.

존 던의 책은 3부로 구성되어 있다. 자살은 자연법, 이성법, 신법에 각기 위배되는가?

자연법에 대한 침해라? 그렇다면 모든 고행, 자연을 '길들이는' 모든 행태도 단죄해야 하지 않을까? 인간만이 타고나는 것은 이성이다. 이성이 우리를 여타의 동물들과 차별화한다. 따라서 우리에게 무엇이 좋고 나쁜지는 이성이 밝혀 주어야 한다. 그런데 가끔은 자살이 더 합리적인 선택일 수 있다. 게다가 자살은 시대와 장소를 초월해서 항상 존재해 왔다. 이거야말로 자살이 인간의 자연스러운 성향에 그렇게까지 어긋나는 것은 아니라는 증거 아닐까.

이성법에 대한 침해라? 인간의 법을 이끄는 것이 이성이다. 그런데 어떤 법, 특히 로마의 법은 자살을 단죄하지 않았다. 교회법조차도 자살을 늘 단죄하지만은 않았다. 성 토마스를 위시한 일부 신학자들은 자살은 사회와 국가의 멀쩡한 구성원을 제거하는 행위이기 때문에 사회와 국가에 대한 잘못이라고 했다. 하지만 어떤 장군이 수도사가 되거나 외국으로 이민을 간다면 어쩔 건가? 또한 이러한 관점에서도 과도한 고행은 위장된 자살이나 다름없을 수 있는데 어떤 법도 고행을 단죄하지는 않는다. 따라서 우리는 더 나은 선을 위하여 삶을 버릴 수 있다.

신법에 대한 침해? 존 던은 성경에 자살을 단죄하는 구절이 없음을 거리낌 없이 보여 준다. '살인하지 말라'는 계명이 있기는 하나 전쟁이나 사형 집행으로 발생하는 수많은 살인이 예외가 되는데 그보다 훨씬 적은 자살을 예외로 치지 못할 이유가 어디 있나? 자진한 순교는 자살 아닌가? 선한 목자의 본이 되신 그리스도의 죽음 또한 전형적인 자살 아닌가? 삼손이 신의 부름을 받았다는 성 아우구스티누스의 주장은 순전히 가정에 불과하다.

존 던의 추론에 약점이 없지는 않다. 그는 삼단논법과 유비적 추론을 구태의연하게 남발한다. 그렇지만 그 추론의 힘은 부정할 수 없다.

존 던, 갈릴레이의 동시대인

존 던은 자살의 단죄가 거짓 명증성에서 도출되었음을 보여 주고자 했다. 중세와 근대 신학이 자살을 절대적인 죄로 만들었을 뿐, 사실은 전혀 그렇지 않다는 것이다. 자살은 '절망의 병들을 달래 주는 약이거나 독'이다. 하지만 『비아타나토스』는 큰 반향을 일으키지 못했다. 워낙 따분한 형식의 책이기도 하지만 내용상의 이유가 더 클 것이다. 이렇게 불길한 소문이 앞서는 책을 굳이 보려는 독자는 별로 없었다. 이런 사상을 공유하되 굳이 거론하지는 않으려는 독자들도 이 책에 손 내밀기를 주저했다. 『비아타나토스』는 극소수의 자유사상가들만이 참조하는, 성가신 동맹군 같은 책이었다.

사느냐 죽느냐는 하나의 물음으로 남았다. 지나치게 상세히 답하려는 모든 시도는 이 물음의 매혹을 깨뜨렸다. 그러한 매혹은 낭만적이고 우수 어린 애매성, 즉 인간이 상상할 수 없지만 막연히 느끼는 아찔한 심연을 감싸는 수수께끼의 안개에 있었다. 존 던은 대담하게 조금 멀리까지 나아감으로써 그의 시대가 듣고자 하는 얘기를 넘어서 버렸다. 그럼에도 그의 책은 전통적 가치를 문제 삼고 새로운 지표를 추구하던 시대의 놀라운 증언으로 남아 있다. 존 던은 그와 정확히 같은 시대를 살았던 피에르 드 베륄이 그랬듯 코페르니쿠스, 조르다노 브루노, 갈릴레이의 새로운 천문학을 기준으로 삼았다. 천문학 혁명은 17세기 초의 정신에 큰 영향을 미쳤다. 시공간 상대성이론이 20세기에 문화와 정신의 격동을 이끌었듯이 이 혁명은 모든 전통 체계를 뒤흔들고 새로운 확실성들이 깨어나게 했다. 1564년생인 갈릴레이도 바로 이 1610년대에 지동설을 과학적으로 수립했다. 같은 시기에 1575년생인 베륄은 인간은 아무것도 아니라는 생각을 기반으로 그리스도 중심 영성론을 수립했고, 역시 1575년생인 야콥 뵈메는 '존재'와 '무'의 대립과 '심연'에 기초하여 자신의 신비주의를 성숙시켰다. 1572년생인 존 던은 인간의 자율성이 생과 사를 자유로이 선택할 수 있을 만큼 크다고 보았다. 이는 결코 우연이 아니다. 이 문화적 위기는 다음 세대, 즉 데카르트, 파스칼, 홉스 세대가 일시적으로나마 해결하게 될 터였다.

뒤베르지에 드 오랑이 일부 자살들을 정당화하다

자살에 대한 생각은 이 위기의 징후 중 하나였다. 좀더 예를 들어 볼까? 1609년에 앙리 4세는 측근들에게 "왕의 목숨을 구하기 위해서라면 백성이 자기 목숨을 바쳐도 되는가?"라는 물음을 던졌다. 궁정에 갓 들어온 베아른 출신 성직자 뒤베르지에 드 오랑[장차 생 시랑 수도원장이 되어 '생 시랑'이라고도 불리게 된다]은 이에 『왕의 의문』이라는 논문을 통해 어떤 경우에 한해서는 자살이 합법적일 뿐만 아니라 의무가 된다고 주장했다.

미래의 생 시랑 수도원장은 이러한 결론에 도달하기 위해 먼저 자살 그 자체가 반드시 단죄될 필요가 없음을 증명한다. 그도 존 던처럼 뭇사람들이 자살이라는 "행위에 단단하게 결부시킨 왜곡을 어떤 식으로든 제거하고자" 한다. 살인과 자살은 "이러한 행위들에 광택을 더하고 도덕적 성실의 표지를 남기는 모든 관계들로부터 따로 떼어 오직 그 자체로만 보았을 때에만" 악한 행동이라고 말할 수 있다.[13] 달리 말해, 자살은 상황에 따라 판단해야 하며 절대적 심판의 대상이 아니라는 뜻이다. 어떤 상황에서는 자살이 합법적이지 않을까? 살인에 그토록 많은 예외가 있는데 자살이라고 그러지 못할 이유가 어디 있나? 더욱이 나라의 중요한 인물을 구하기 위해서라면? 그런 행위가 군인이 자기가 지켜야 할 탑을 폭파시키는 것보다 자연이나 이성에 반한다고 할 수 있을까? 왕을 위한 자기희생은 사회에 대한 의무이기도 하다.

경솔한 젊은이가 그저 상황에 밀려 예수회 스승들에게 배웠던 결의론의 비기(秘機)를 한껏 구사하여 쓴 글이라고 봐야 할까? 생 시랑 본인이 훗날 도서관에서 이 책의 판본들을 직접 회수했다고 하니 어느 정도는 그렇다. 하지만 이 사내의 혼란스러운 심리도 고려해야 한다. 브레몽 사제는 이런 말을 했다. "그의 경우에는 분명히 사악한 성향의 표식, 상당히 문제가 되는 정신병적인 특성이 있음을 인정하지 않기가 어렵다."[14] 실제로 브레몽은 생 시랑이 "뚜렷이 드러나는 정신이상"을 앓고 있다고 믿었다.[15] 1617년에 생 시랑은 성직자도 무기를 소지할 권리가 있음을 보여 주

---

13 Duvergier de Hauranne, *Question royalle et sa decision*, Paris, 1609, pp.3~4.
14 Abbé Bremond, *Histoire littéraire du sentiment religieux en France*, vol.4, Paris, 1923, p.50.
15 Duvergier de Hauranne, *Maximes saintes et chrestiennes tirées des lettres de messire Jean du Verger de Hauranne*, 2nd ed., Paris, 1653, p.70.

는 논문으로 다시 우를 범했다. 포르루아얄에서 함께 어울리는 친구들마저 그의 우울증, 피해망상, 애매한 태도를 불안하게 여겼다. 생 시랑은 병적인 것에 유독 끌리는 자신의 성향을 자기망각과 삶에 대한 혐오로 '승화'시켰다. "죽을 수밖에 없는 이 삶을 사랑하려면 영혼의 병과 얼마간 사악한 정념이 있어야 한다." 세상에 대해 죽은 자가 됨으로써 정신적으로 우리를 '무화'해야 한다. "법의 목적은 우리 각 사람을 무화하는 데 있으니 그 덕으로 말미암아 우리는 우리에게 합당한 무에 참여하고 하느님의 전능으로 무에서 벗어난 바 된다."[16] 우리는 여기서 신체적 자살에서 정신적 자살로의 이행을 본다. 어느 쪽이든 무에 대한 매혹은 마찬가지다. 어떤 면에서 17세기 프랑스의 정신은 세속 생활에 대한 거부를 자살의 대체물로 삼았다고 볼 수 있다. 그러한 경향은 1580~1620년의 그리스도교 의식의 근본적인 위기와 직결되어 있다.

멜랑콜리의 도래, 로버트 버튼

이 위기의 또 다른 표시가 자살을 세속의 일로만 여기려는, 나아가 일반화하려는 움직임이다. 교계는 여전히 분파에 상관없이 자살을 악마가 절망을 매개로 벌이는 소행으로 보았으나 지식인과 의사 들은 자기살해에 이르게 되는 심리적 과정을 분석하기 시작했고 이에 '멜랑콜리'라는 용어까지 탄생했다. 절망은 도덕적 개념, 즉 죄다. 멜랑콜리는 심리학적 개념이며 뇌 이상을 뜻한다. 자살은 의학 연구 대상이 되었고 속화되었다.

---

16 *Ibid.*, p.77. 조금 뒤에는 이런 말도 나온다. "이 불행에서 가장 빨리 벗어나는 방법은 신께서 원하시는 한 기꺼운 마음으로 그렇게 살아가는 것이다."

이러한 구분을 너무 과장해서 받아들여선 안 된다. 1586년에 티모시 브라이트는 『멜랑콜리론』에서 멜랑콜리가 악마의 유혹과 신의 응징에서 비롯된다고 했다.[17] 생리학적 설명이 극도로 불분명하고 근거 없는 시대였던만큼, 이렇게 멜랑콜리는 오랫동안 도덕적 뉘앙스를 떨쳐 내지 못했다. 1607년에 장 페르넬은 '우울질'을 흙과 가을에 결부되는 "뻑뻑한 끈기와 차고 건조한 체액"으로 설명했다.[18] 뇌에 이 체액이 너무 많으면 음울한 생각이 늘고 어느 한 대상에 강박적으로 주의를 쏟게 된다는 것이다. 요한 바이어는 "뇌에 우울질이 퍼짐으로써 모든 감각이 비정상적으로 변한다"고 썼다.[19] 토머스 시드넘은 이 흑담즙이 어떤 이들에게는 자살 충동을 일으킨다고 보았다. "그들은 죽음을 두려워하는데도 스스로 목숨을 끊는 일이 많다."[20] 이미 1583년에 영국의 의사 필립 바로는 멜랑콜리로 고생하는 사람들이 "죽기를 바라고 스스로 목숨을 끊을 생각을 하거나 결단을 내리는 일이 많다"고 지적했다.[21] 또한 1580년에 라 프리모데는 『아카데미 프랑세즈』에서 흑담즙이 어떤 이들을 자기혐오와 절망과 자살로 내몬다고 썼다. 1609년에 펠릭스 플라터는 멜랑콜리를 '기능 장해(故害)'로 분류했다.[22]

자살의 원인인 멜랑콜리는 분명히 병이다.[23] 그러나 이 병의 원인은 뭘까? 1621년에 로버트 버튼은 『멜랑콜리아의 해부』라는 유명한 책을 통

17 T. Bright, *A Treatise of Melancholie*, London, 1586, p.228.
18 J. Fernel, *Physiologia*, 1607, p.121.
19 Foucault, *Histoire de la folie à l'âge classique*, p.281.
20 *Ibid.*.
21 P. Barrough, *The Method of Physick*, London, 1596, p.46.
22 F. Plater, *Praxeos Medicae: Tomi tres*, Basel, 1609.
23 당시 영국에서의 멜랑콜리를 연구한 책으로는 L. Babb, *The Elizabethan Malady: A Study of Melancholia in English Litterature from 1580 to 1642*, Michigan, 1951을 보라.

하여 바로 이 물음을 고찰했다.[24] 그는 성찰이 병적인 상념의 되풀이로 변질되기 쉬운 연구자들에게서 이 병이 특히 많이 나타난다고 말한다. 버튼 자신도 이러한 성향이 있으며 바로 그래서 "소일거리를 찾아 멜랑콜리를 피하기 위하여 멜랑콜리에 대한 글을 쓴다"고 털어놓는다.

이 병에 대한 그의 기술은 전형적이다. 생리학적이면서도 우주적 상응에 따르는 유비론적 기술이랄까. 멜랑콜리는 흑담즙의 과다분비 증상으로서 4원소 중 가장 거무스름한 흙과 토성에 결부된다. 이러한 기질은 선천적이므로 어떤 이들은 우울한 성격을 지니게끔 정해져 있다고 할 수 있다. 그렇지만 이 기질은 사회적 환경이나 개인의 행동방식에 따라 개선될 수도 있고 악화될 수도 있다. 일종의 정신신체치료로 멜랑콜리를 다스릴 수 있으며 오히려 탁월하고 심도 깊은 정신을 도야하기에 좋은 자질로 만들 수도 있다는 것이다. 몇몇 위대한 인물들과 종교적 예언자들이 바로 이런 경우였다.

마르실리오 피치노는 이미 신플라톤주의 정신에 입각하여 멜랑콜리 치료의 기본이 음악, 맑은 공기, 일광욕, 좋은 향, 풍미 좋은 음식, 술이라고 말한 바 있다. 버튼은 여기에 덧붙여 고대인들이 추천한 바 있는 몇 가지 약초와 정신적 균형을 잡아 주는 심리치료를 권한다. 책을 덜 보고 다양한 활동을 할 것, 여러 주제에 관심을 가질 것, 보편적으로 통용되는 약은 없으니 각자 자기에게 맞는 생활을 택할 것, 혼자 사는 사람은 사람들을 좀더 자주 접하고 가까운 이들에게 속내를 털어놓을 것, 사람을 많이 접하는 이는 반대로 이따금 혼자만의 시간을 가질 것이 권고된다. 또한

---

24 이 책에 대한 체계적인 연구로는 J. -R. Simon, *Robert Burton et l'Anatomie de la mélancolie*, Paris, 1964; H. Trevor-Roper, "Robert Burton and the Anatomy of Melancholy", *Renaissance Essays*, London, 1961을 보라.

예쁜 여인들을 보면 마음이 즐거워지니 그런 여인들을 자주 만나고 성생활을 즐기는 것이 좋다. 성적 욕구불만은 멜랑콜리의 원인이 되기 때문이다. 그러나 방탕한 삶은 경계해야 한다. 수학이나 연대학(年代學)처럼 몰입하기 좋은 학문에 규칙적으로 힘을 쏟는 것이 좋다. 요컨대, 균형 잡힌 삶을 살라는 얘기다. 버튼은 가난이 정신적 문제의 중요한 원인이라고 지적함으로써 사회경제 조직도 멜랑콜리에 간접적 책임이 있음을 시사했다. 그의 사상은 이 모든 면에서 대단히 현대적이며 당대 성직자들의 초자연적인 설명과는 비교조차 되지 않는다. 버튼은 퇴마술과 점성술의 멜랑콜리 치료 실태에 분개했다.

멜랑콜리는 치료로 어느 정도 효과를 볼 수 있으나 특정 상황에서는 더욱 악화되어 우울한 생각이 죽음을 추구하게 되어 버린다. 병자들은 "근심, 불만, '삶의 권태'에 영혼이 타락하고 부패하여 조바심, 불안, 불균형, 망설임으로 감히 말할 수 없는 불행에 성급히 뛰어든다. 그들은 무리, 빛, 삶 그 자체를 참지 못하고 …… 자기 자신을 파괴하니, 이는 그들에게 널리 퍼져 자주 일어나는 일이다". 병세는 "급격하게 변하고 마음이 무거워지고 좋지 않은 생각들이 영혼을 괴롭히니 한순간에 나가떨어지거나 삶에 지쳐 버린다. 그는 죽기를 원한다".[25] 가난, 질병, 사랑하는 이의 죽음, 자유의 상실, 교육, 중상 등 여러 가지 상황들이 원인으로 작용할 수 있지만 그중에서도 특히 사랑의 질투와 종교적 공포가 해롭다. 전자의 경우, 우울증에 걸린 자는 질투의 대상을 죽이고 자신도 따라 죽는다. 후자의 경우에는 구원받지 못할 거라는 확신 때문에 자살한다.

버튼은 가톨릭과 청교도 양쪽 모두 이 종교적 절망에 책임이 있다고

---

25 R. Burton, *The Anatomy of Melancholy*, 3 vols., London, 1948, vol.1, pp.407~408.

본다. 가톨릭은 미신적이고 우상숭배적인 신앙으로 악마의 소행에 힘을 실어 준다. 청교도는 묵시론적 설교로 공포를 조장한다. 신실한 국교도 버튼은 균형과 절도를 높이 샀다. 어느 분야에서나 그렇지만 종교에서도 지나침보다 나쁜 것은 없다. 무신론은 악마를 지배자로 삼는 격이니 피해야 한다. 그러나 지나친 신심도 더 나을 것은 없다. 금욕주의는 정신을 망가뜨린다. 성경을 자유롭게 고찰하는 것 또한 절망을 낳을 수 있다. 칼뱅주의 예정설은 어떤 이들에게 그들이 무슨 일을 하든 영벌을 받을 수밖에 없다는 생각을 심어 주므로 절망의 요인이 된다. 가련하고 정신적으로 약한 자는 이미 자기가 지옥에 와 있는 기분이리라. "그들은 유황 냄새를 맡고, 악마들과 얘기를 나누며, 환청, 환상, 위협적인 그림자, 곰, 올빼미, 원숭이, 검은 개, 괴물, 음산한 울부짖음, 불안한 소리, 비명, 탄식에 시달린다." 이들이 겁에 질려 자살해 버리는 것이다.

이후에 버튼은 직접적으로 자살 행위를 논한다. 그는 두 가지 생각 사이에 서 있다는 인상을 준다. 자살의 원인이 외부적 상황과 딱한 사정으로 피폐해진 정신의 병이라고 했는데 어떻게 아무 책임 없는 불쌍한 자살자를 비난하겠는가? 그는 전통적인 태도, 즉 자살에 호의적인 견해와 그런 입장을 피력한 권위자부터 훑어보는 것으로 시작한다. 자살은 고대인들에게 자유와 용기의 행위였고 토머스 모어 같은 동시대인에게도 그랬다. 버튼은 상당히 편파적으로 성 아우구스티누스조차 자살을 용납하는 진영에 끼워 넣는다. 고대의 유명한 자살 사례들을 거론하고 난 후에 버튼은 설득력 없이 이렇게 말한다. "그러나 이는 거짓되고 이교도적인 입장, 세속적인 스토아주의자들의 역설, 나쁜 본보기들이다." 순전히 형식적으로 한 발 빼고 보는 것이다. 사실 버튼은 관용과 연민을 호소한다. 자살하면 지옥에 가는지는 아무도 모른다. 그건 신이 결정할 일이다.

우리는 오히려 그들을 불쌍히 여겨야 한다. "자기 손으로 자신을 해한 자들, 혹은 극한의 위기에서 타인을 해한 자들에게는 가혹한 검열이 있으나 …… 미쳤거나, 잠시 정신이 어떻게 되었거나, 오래전부터 우울증으로 고생한 사실이 알려져 있는 자에게는 이 검열을 완화해야 한다. 극도로 우울증이 깊어지면 이성이니 판단력이니 하는 것을 다 잃고 자신이 무슨 짓을 하는지도 모르니 마치 조종사 없는 배가 암초가 나타나자마자 충돌하여 난파하는 것과 같다."[26]

따라서 멜랑콜리로 인한 자살 성향은 악마적인 죄가 아니라 그냥 병이다. 버튼의 저작은 자기살해를 고찰하는 방식에 전환점을 마련했다. 당시 교회는 자살을 도덕적으로 더욱더 단죄하고 있었으니 이처럼 속화된 해석을 달가워할 리 없었다. 이때부터 적대적인 두 생각이 존재하고 19세기에 정면으로 맞붙게 될 것이다. 1620년에는 종교적 생각이 훨씬 지배적이었다. 버튼 자신도 악마의 개입이라는 발상을 완전히 저버리지 못했다. 버튼이 권하는 약 중에도 작약, 안젤리카, 그리고 특히 일명 '악마를 쫓는 풀'(Fuga daemonum)로 통하는 '세인트존스워트'(성 요한의 풀)와 고대인들이 악령을 몰아내기 위해 묘지에 심었다는 두견초가 있었다.

그렇다 해도 멜랑콜리를 통한 설명은 자살을 탈종교화하고 처벌에서 제외시키는 첫걸음이었다. 훗날 관용을 부르짖게 될 이들도 이 첫걸음에 기댈 수 있을 터였다. 나아가 17세기와 18세기에는 자살 성향을 멜랑콜리에서 기인한 생리학적 이상에 결부시키는 하나의 의학적·철학적 흐름이 나타날 것이다. 1635년에 라 메나드리에르는 『멜랑콜리론』을, 1644년에 욘스톤은 『의학보편관념』을, 1672년에 무리요는 『새로운 우울치

---

26 Burton, *The Anatomy of Melancholy*, vol.1, p.439.

료』를, 1672년에 윌리스는 『광포한 정신에 대하여』를 발표했다. 1726년
에는 블랙모어의 『우울과 증기에 대하여』, 1763년에 부아시에 드 소바주
의 『체계적 질병분류학』과 린네의 『게네라 모르보룸』, 1765년에 로리의
『멜랑콜리와 그에 따른 병에 대하여』, 1785년에 포세트의 『멜랑콜리에
대하여』, 같은 해에 앙드리의 『멜랑콜리 연구』가 나왔다. 바이크하르트는
1790년에 『철학적 의사(醫師)에 대하여』를 발표했다. 『백과전서』의 '멜랑
콜리' 항목에도 나오듯이 이 저자들은 모두 "한두 가지 일을 자꾸 곱씹게
되는 특수한 착란으로서 열이나 혈기가 없다는 점에서 광증이나 광란과
구분된다. 이 착란은 곧잘 극복할 수 없는 슬픔, 우울한 기분, 인간 혐오,
혼자 있고 싶어 하는 경향과 결부된다".[27]

당대 일부 의사들의 말대로라면 종교적 멜랑콜리라는 특수한 경우에
는 일종의 심리치료가 이따금 자살 성향을 없애 주기도 했던 모양이다.
루시타누스는 1637년 작 『프락시스 메디카』에서 '연극적 실현'을 통한 치
료를 설명한다. 한 남자가 자기가 지은 죄 때문에 영벌을 받을 거라고 생
각했다. 이성적 논리로는 그를 전혀 위로할 수 없었다. 그래서 의사는 그
의 망상에 손발을 맞춰 주었다. 흰옷을 입고 검을 든 천사를 그의 앞에 등
장시켜 용기를 내라고, 그의 죄는 모두 용서받았다고 말하게 한 것이다.[28]

소설 속 자살에 대한 논쟁

'사느냐, 죽느냐'라는 문제는 1580~1620년에 철학적 성찰, 의학 및 심리

---

27 Foucault, *Histoire de la folie à l'âge classique*에서 재인용.
28 Z. Lusitanus, *Praxis medica admiranda*, 1637, pp.43~44.

학 연구의 주제였을 뿐 아니라 문학에도 파고들었다. 허구라는 명목으로 공식적 비난을 피할 수 있는 소설, 시, 연극 무대에서 자살은 점점 더 빈번해졌다. 우리는 이러한 자발적 죽음의 상상적 난무에서 두 가지를 알 수 있다. 자살은 인기 있는 주제였고 작가가 자살을 다룬다고 해서 비난받는 일은 없었다. 이 작품들은 어떤 도덕적 교훈을 설파하여 자살을 단죄하지 않았다. 자살은 착한 인물, 나쁜 인물을 가리지 않았고 어디까지나 동기와 정황에 따라 찬미할 만한 행위가 되기도 하고 비겁한 행위가 되기도 했다.

자살은 프레시오지테(préciosité) 소설의 한 구성요소였다. 17세기 문학에서의 바로크 풍조의 한 갈래로서 세련미와 기교를 중시하는 이 소설은 스페인에서는 공고리스모, 이탈리아에서는 마리니스모, 영국에서는 유퓨이즘(과식체)으로 명칭만 달랐을 뿐 온 유럽에 전성기를 구가했다. '사랑의 지도'의 기교 넘치는 줄거리 속에서는 『아스트레』의 셀라동이 그랬듯이 사랑의 시련에 부딪혔을 때 강물에 몸을 던지는 것이 바람직한 태도다. 자살은 저자들이 전통적 도덕이나 단순한 논리에 구애받지 않고 거창한 한탄과 함께 자주 써먹는 편리하고 우아한 장치였다. 『세상의 모험담』에서 여주인공들은 자살을 하면 지옥에 간다고 말하면서도 스스로 목숨을 끊는다. 『클레앙드르와 도미필의 사랑』(1597)에서 클레앙드르는 자살을 '지독한 죄'라고 말하지만 정작 자신이 자살을 하기로 결심했을 때에는 자신의 '영광'이라고 한다. 네르베즈의 1617년 작 『다양한 사랑』에서 여주인공 마리제는 자살한 것을 참회한다고 말하지만 그녀는 결국 천국에 간다. 알베르 바예는 당대의 주요 프랑스 소설들을 살펴보고 이렇게 썼다. "한 인물의 자살이 가증스럽게 그려지는 경우는 단 한 건도 찾아볼 수 없었다. 오히려 명예를 지키기 위해, 후회나 사랑 때문에 자살한 사람들은 예외 없이 동정적으로 그려진다."[29] 우리는 이 말을 그대로 믿는다. 게다가 바예는 이러한 소설 속의 자살들을 목록으로 길게 정리하여 보여준다. 자살 동기는 사랑의 좌절, 후회, 정절, 명예를 지키고자 하는 바람 등이다.

이 끝없는 소설들의 미로로 들어가기보다는 등장인물들이 자살 문제를 논하는 대목들만 살펴보자. 이베르의 1572년 작 『봄』에서 산 인물이 이교도적인 자살관을 설파하며 '높이 살 만한 명분'이 있다면 자살도 용인될 수 있다고 말한다. 순결을 지키기 위해, 저세상을 알고 싶어서, 사회에 봉사하기 위해서, 삶이 권태로워서 자살한다면 비난받을 이유가 별로 없다는 것이다. 1586년에 푸아스노는 『새로운 비극 이야기』에서 자살이 명예로울 수 있다는 이교도적 입장과 자살은 금지되어야 한다는 그리스도교적 입장이 모두 존재함을 인정한다. 올레닉스 뒤 몽 사크레의 작품은 이런 유의 논쟁을 풍부히 담고 있다. 1585년 작 『쥘리에트의 양떼』에서 아르카스라는 인물은 자살은 우리의 모든 악을 끝내 줄 수 있기에 위대하다며 옹호론을 펼친다. 자연은 우리를 "우리 자신의 손에 맡겼으니 [자살은] 이 척박함을 치료하는 명약이요, 이 세상의 아름다운 출구"다. 우리는 이 나가는 문을 마음대로 할 수 있으니 물질적으로나 정신적으로나 타인의 도움을 구걸하는 것이 되레 치욕스러운 일이다. "고유하고 특별한 약이 있으니 그 약은 죽음이라." 자살할 만큼 절망에 빠진 사람은 어차피 이 땅에서 "아무 쓸모가 없기" 때문에 그의 자살이 국가나 가족에게 해를 끼쳤다고 말할 수 없다. 게다가 자살한 자들은 "칭찬받고 온 세상으로부터 존경받는다". 고대인들은 이 행위를 통하여 그들이 "비단 자연뿐만 아니

---

29 Bayet, *Le suicide et la morale*, p.521.

라 하늘의 모든 권능조차" 초월해 있음을 보여 주었다. 아르카스의 대화 상대 필리스는 이 말을 듣고 "무어라 말해야 좋을지 몰랐다". 그는 우리는 창조주의 작품을 망가뜨릴 수 없고 인간들은 살아남아 하느님께 영광을 돌려야 한다는 빈약한 두 가지 논증만 내세운다. 아르카스는 이 말에 설득당하지 않고 자살하겠다는 결심을 굳힌다. 같은 소설 안에서 쥘리에트는 자살이 신에 대한 불복종이라 선언하면서도 스스로 곡기를 끊고 죽어 간 브랑실을 칭찬해 마지않는다.

1595년에 올레닉스는 『정절의 소산』에서 사랑의 좌절에 부딪힌 한 남자를 통해 자살 문제를 다룬다. 이 남자는 "고통이 사람을 그 자신의 원수로 만들어 살기보다 죽기를 더욱 애절히 바라게 된다면 그자는 세상을 떠나고자 하는 것이 마땅하지 않은가"를 반문한다. "그는 죽음으로써 신을 거스르는 말을 하지 않게 될 터요, 절망이 그를 스스로 죽게 만들었음이라. 그 이유는 삶으로써 영혼이 죄악 속에 죽게 하느니 차라리 죽는 편이 덜한 악이라고 생각되기 때문이다."[30]

소설은 자살 문제를 자유롭게 제기할 기회를 주었고 이 문제를 제기한다는 것만으로도 기존 도덕에 이의를 표하는 셈이었다. 그 예로 토머스 내시의 『운 나쁜 여행자』(1594)에서 여주인공 헤라클리데스는 로마 여인 루크레티아와 똑같은 상황에서 자살의 위대함과 그리스도교의 금기를 길게 논한 후에 자결한다. 1596년 작 『라 마리안 뒤 필로멘』의 인물도 자살에 앞서 스스로 용기를 내고자 포르시아, 클레오파트라, 소포니스바의 '대담성', '한결같음', '도량'을 상기한다. 같은 유의 자기격려를 『클레앙드르와 도미필의 사랑』에서도 볼 수 있다. 1607년부터 집필된 『아스트

---

30 Ollenix du Mont-Sacré, *Œuvre de la chasteté*, Paris, 1595, p.78.

레』에서는 실연, 거부, 연인의 부정으로 인한 수많은 자살들과 삶의 부당함을 어느 수준 이상 견딜 수 없어 빚어진 자살까지도 당연시된다.『샤리클레의 명예로운 죽음』(1609)의 작가 장 댕트라스는 샤리클레에게 거부당하고 자살을 고민하는 멜리스라는 인물을 통하여 자살의 정당성 논의를 다시금 끌어들인다. 그는 자살을 해서는 안 되는 이유로 신법, 자연법, 자기애, 후세의 판단을 생각하지만 인간을 위대하게 하는 자유의 요구에 비하면 그 네 가지 이유 모두 부질없다고 본다. 이 책 결말부에서 여주인공도 동일한 결론을 내리고 스스로 목숨을 끊는데 저자는 이 죽음을 찬양하며 "세상 사람들은 내가 아무리 드높여도 부족하다 여긴다"고 말한다. 1620년 작『희생의 사원』에서 주인공은 연인의 자살을 거론하며 이렇게 선언한다. "나는 진정한 사랑의 증거인 그 행위들을 단죄할 수 없소. 나는 오히려 그 뜻을 높이 찬양하는 바요. 참된 사랑을 할 수 있는 아름다운 영혼만이 그런 뜻을 품을 수 있기 때문이오."[31]

당시에 인기 있었던 우의시도 자살에 대한 논쟁을 포함하고 있었다. 에드먼드 스펜서의『요정의 여왕』에서는 거룩함의 상징인 적십자 기사가 절망, 특히 자살을 유도하는 종교적 절망과 싸운다. 기사는 패배하지만 우나(진리)의 도움으로 겨우 목숨을 건지고 절망은 분을 못 이겨 스스로 목을 맨다. 전통도덕은 무사하지만 늘 그렇듯 여기서도 도전을 받는다. 죽음의 유혹을 몸소 겪은 바 있는 비관론자 스펜서는 버튼이 그랬듯 두려움을 글쓰기로 풀어 놓음으로써 우울함에서 벗어나고자 했다.

중세의 시와 소설은 자살을 곧잘 기사도라는 틀 안에서 영웅적 행위로 그려 냈지만 별다른 논평은 달지 않았다. 1580~1620년대 소설의 새로

---

31 Du Verdier, *Le temple des sacrifices*, Paris, 1620, p.172.

움은 인물의 자살에 대한 찬반론을 비교함으로써 바로 작품 내에 스콜라학파적 토론을 삽입했다는 것이다. 이러한 풍조가 뚜렷이 유행하지는 않았다 해도 자살이라는 문제가 저자와 독자의 관심을 끌었다는 결론은 내릴 수 있다. 자살은 분명히 당시에 지속적으로 고민되었던 문제의 하나다. 그리고 자살의 정당성을 논한다는 것은 정치권과 교권의 대대적인 압박에도 불구하고 의심이 싹텄다는 뜻이다.

연극에서의 자살

비극이 인기 장르가 되어 감에 따라 햄릿의 의문은 온 유럽의 무대들에서 울려 퍼졌다. 모든 언어와 형식을 통하여, 모든 종류의 관객 앞에서 '사느냐, 죽느냐?'라는 위대한 물음은 울림을 낳았다. 1600년 무렵의 프랑스에서는 자살이 인기였다. 거의 어느 곳에서나 자살의 장점을 찬미하는 소리를 들을 수 있었다.

자유로운 삶이 금지될 때
용감하게 죽는다면 좋지 않은가.[32]

마지막 한 방으로
승리를 앗아 가려는 두 가지 역병을 물리쳤구려.
사악한 마음의 질투와 잔혹한 죽음을.[33]

---

32 Montchrestien, *La Carthaginoise*, III.
33 *Ibid.*, III.

너는 네 옆구리를 검으로 찔러 열기 두려우냐?[34]

기필코, 기필코 죽어야 한다. 아름답게 죽어야 한다.

나를 구해 줄 관대한 죽음을 나 부르노라.[35]

이 낮은 곳에서 겁 많은 이들만이

죽음을 두려워할 만큼 마음이 여리나니

죽기는 무섭고 용기는 없이

감히 자결로써 노예살이를 청산치 못하누나.[36]

오, 얼마나 많은 이가 부러워할꼬,

용감하게 생애를 접은 그대를,

죽음으로 명성을 얻은 그대를.

그로써 그대는 불멸의 이름을 얻었도다.[37]

　　베르나르 폴랭은 1580~1625년의 영국 연극을 연구하고 자살이 당시 연극에서 거의 필수 요소였다고 말한다.[38] 셰익스피어의 『로미오와 줄리엣』에서 고대 인물들을 빌려 온 연극들에 이르기까지 자살은 넘쳐 난다. 어떤 비극들은 한 편당 자살자가 5명에 달한다. 이러한 경향은 심지어 고조되기까지 하여 1580년에서 1600년 사이에는 무대에서의 자살이 43건

---

34 Garnier, *Phèdre*, last scene.
35 Garnier, *Marc Antoine*, act 3.
36 Ollenix, *Cléopatre*, act 1.
37 Jean de la Taille, *Saül*, act 5.
38 Paulin, *Du couteau à la plume*.

이었지만 1600년에서 1625년 사이에는 128건에 달했고 셰익스피어의 작품에 등장하는 자살은 모두 52건이나 된다. 자살의 동기도 좀 달라졌다. 이 기간에도 사랑은 여전히 가장 주요한 자살 동기였지만 명예는 물러나고 후회가 상승했으며 중세에 득세했던 절망은 4순위로 밀려난 반면, 자본주의의 부상에 따른 사회경제적 동기가 세를 넓히기 시작했다. 버튼이 제안했던 사회학적 설명이 조금씩 심리적 설명과 각축을 벌이고 초자연적 설명은 힘을 잃었던 것이다. 이제 그러한 설명은 마지막 남은 중세식 도덕주의 비극에서나 찾아볼 수 있었다. 너새니얼 우즈의 1581년 작『양심의 갈등』이 그 예인데, 이 작품에서는 이탈리아인 프로테스탄트 교도 프란체스코 스피라가 배교 후에 악마의 선동에 못 이겨 스스로 목을 맨다.

작가들은 직접적인 판단을 내리지는 않았지만 전통도덕에 기준을 두지 않고 자살을 대체로 찬양할 만한 행위로 그려 냈다. 이것은 어디까지나 상황, 동기, 심미적 기준의 문제였다. 특히 칼을 쓰는 자살이 압도적으로 많다는 점도 자살의 고귀함을 암시한다. 당시 연극에서 목을 매거나, 물에 뛰어들거나, 독을 마시는 자살은 드물었다.

폴랭이 연구한 연극들 중에서 특히 세네카를 모방한 작품들, 이를테면 로버트 윌못의『탄크레드와 지스문드의 비극』(1591)은 불길하고 잔인한 죽음의 의식을 연출했다. 로베르 가르니에를 모방한 그 밖의 작품들 (메리 시드니, 새뮤얼 다니엘, 토머스 키드)은 자살 논쟁의 기회를 제공했고 말로는 주로 자살을 방조하는 인물의 시각에서 이 행위를 검토했다. 새뮤얼 다니엘, 벤 존슨, 존 마스턴, 토머스 헤이우드, 프랜시스 버몬트, 존 플레처는 고대의 인물을 주인공으로 삼아 주로 명예나 정치적 이유에서 비롯되는 39건의 자살을 극화했다. 게다가 여기서 우리는 순수한 초탈에서 아무 동기 없이 자살하는 인물도 만나게 된다. 윌리엄 롤리의 『음욕에 다 잃다』에서 여주인공 디오니시아는 자살하기 전에 "어차피 죽어야 할 몸, 오늘 죽으나 다른 날 죽으나 마찬가지지"라고 말한다.

토머스 데커의 그리스도교적 비극에서 자살은 악인이나 하는 일이다. 이는 자발적 죽음에 매우 비판적이었던 필립 메신저의 작품에서도 마찬가지다. 그러나 엘리자베스 1세 시대에 비하면 제임스 1세 시대에는 전반적으로 관점들이 흐릿하고 모호하다. 폴랭은 "창조주가 자살자들을 비판하거나 옹호할 권리를 우리에게 주었는가가 점점 더 의문시되었다. 이 점에서 제임스 1세 시대의 도덕적 혼란은 이론의 여지가 없다"고 쓴다.[39] 더욱이 자살의 동기, 실행 수법, 목적은 다양화되었다. 협박 자살, 거짓 자살, 복수의 의미를 띤 자살, 계책의 도구로서의 자살이 등장했다. 자살은 압박 수단으로서 사회관계들 속에 편입되어 차츰 일반화되고 긴급한 도덕적 논쟁 대상으로서의 힘을 잃어버린다.

셰익스피어와 자살 : 물음에서 조소로

윌리엄 셰익스피어는 1589년부터 1613년까지 52건의 자살을 작품에서 다룸으로써 이 행위의 모든 상황, 면모, 동기를 고찰했다. 어떤 면에서 그의 방대한 전집은 사느냐 죽느냐라는 주제, 곧 그의 예술의 정점에서 터져 나온 딜레마에 대한 기나긴 변주와 같다.

셰익스피어는 도덕주의자가 아니라 인간 조건의 관찰자였다. 그는 자살을 옹호하지 않는다. 말과 행위의 대립에 대한 관찰에서 그의 가장

---

39 Paulin, *Du couteau à la plume*, p.533.

빼어난 통찰이 드러난다. 자살에 대해서 가장 많은 말을 하는 인물 햄릿은 자살하지 않는다. 재빨리 자살하는 이들은 말이 없다. 루크레티아는 예외다. 그녀는 이런저런 이유들을 너무 많이 생각하다 보면 결국 자살을 할 수 없으리라 깨닫는다. "이 헛된 말들의 연기가 나를 정당케 하진 않는다." 자살에 대한 말이 길어지면 결심이 무뎌진다. 자살의 진짜 동기, 기본적으로 이기적인 동기를 깨닫게 하는 치료법의 시초를 여기서 엿볼 수 있다.

셰익스피어는 바로 그 점에서 동시대인들보다 훨씬 앞서 나가 시대를 초월하는 작가가 되었다. 그가 우리에게 주는 유일한 교훈은 모든 앎을 탈신화화하고 모든 확실성을 고발하는 겸손이다. 인간의 지혜로 만든 것들은 모두 무엇을 담고 있나? "말, 말, 말"이라고 햄릿은 말한다. 진리를 품었노라 주장하며 남들에게 설파하는 자들은 우습고 가증스럽다. 자살보다 더 헤아리기 힘든 것이 뭐가 있을까? 훗날 앙리 드 몽테를랑은 이렇게 말한다. "그러니 이 엄청난 농담을 꾸며 내야만 한다. 사실들의 보고 아닌 다른 것과 뒤섞이고 (그뿐 아니라!) 이를테면 자살의 동기를 부여하기도 하는 역사라는 농담을." 셰익스피어가 자살에 대해서 많은 말을 하는 이유는 자살의 미스터리를 파헤치기 위해서다.

자살은 그 다양성으로 모든 가능한 시각들을 뒷받침하는 동시에 그 시각들을 무위로 돌려 버린다. 고대의 영광스러운 자살(브루투스, 카시우스, 안토니우스와 클레오파트라), 불행한 사랑이 초래한 자살(로미오와 줄리엣), 운명을 완성하는 불길한 자살(맥베스), 후회를 이기지 못한 가련한 자살(오델로)이 우리 눈앞에 펼쳐진다. 이 자살들은 모두 상황의 산물, 가차 없는 외적 작용의 결과다. 반면, 묘지의 해골들에게 말을 거는 우울한 햄릿은 찬론과 반론을 비교해 보면서도 아무것도 하지 않고 생을 이어 나간다. 오펠리아는 아무에게도 말하지 않고 자살한다. 그녀는 관객에게 아무 설명도 남기지 않는다. 그런데 오펠리아는 로미오와 줄리엣처럼, 또한 모든 자살자처럼 ——명예를 지키고자 했던 위대한 자살자들까지 포함해서 ——비극적인 오해 때문에 죽었다.

명예? "명예란 무엇인가? 말이다. 명예라는 말 속에 뭐가 있는가? 공기다. 멋진 추정이로구나! 그 명예를 가진 자가 누구인가? 지난 수요일에 죽은 자다. 그가 명예를 느끼는가? 아니다. 그가 명예의 소리를 듣는가? 아니다. 그렇다면 명예는 느낄 수 없는 것이로구나. 그렇다, 죽은 자들에게는. 하지만 명예가 산 자들과 함께할 수 있는가? 아니다. 왜인가? 세상의 악담이 이를 허락지 않기 때문이다. 그래서 나는 명예가 달갑지 않다. 명예는 그저 묘석의 문장에 지나지 않으니 나의 교리문답은 이걸로 끝이다."[40] 이것은 비겁하고 천한 광대 폴스타프의 대사다. 그러나 가증스러운 광대나 고귀한 왕자 햄릿이나 행동방식은 마찬가지 아닌가? 왕자는 내세에 대한 두려움 때문에, 불한당은 이 세상의 쾌락에 대한 집착 때문에, 저마다 자기 방식대로 자살을 거부한다. 헨리 왕자가 "자네는 신께 목숨 하나를 빚졌네"라고 말하자 폴스타프는 "기한이 되기 전에 돌려주다니 천만의 말씀, 독촉도 하지 않는데 왜 먼저 돌려준답니까?"라고 응수한다. 햄릿은 살아야 할 동기는 충분한가를 고민하지만 폴스타프는 죽어야 할 이유가 전부 헛것은 아닌가 반문한다. 말, 관념, 명예, 연기처럼 허망한 것을 위해 죽어야 하나? 미래에 대한 앎만이 자살의 이유를 제대로 제공할 수 있다. 헨리 4세는 자신이 미래의 책을 볼 수만 있다면 "아무리 행복한 젊은이도 지나온 위험과 앞으로 갈 길을 다 보고 나면 그 책을 덮고 앉은

---

40 Shakespeare, *Henri IV*, part 1, act 5, scene 1.

자리에서 죽기를 바랄 것"이라고 말한다.[41]

『율리우스 카이사르』의 카시우스와 브루투스의 자살이 그렇듯, 고대의 가장 유명하고 영예로운 자살들조차 허상과 맹목을 일부 포함한다. 로미오와 줄리엣은 어떤 판단도 배제하는 숙명의 인도를 받았다. 폴랭에 따르면, "셰익스피어는 증명하지 않고 보여 준다. 그는 극적이고 시적인 산물 전체로서 자살에 의미를 부여한다. 이것이 셰익스피어가 자살옹호론을 펼치지 않고 그저 사랑을, 더 정확하게는 로미오와 줄리엣이 체험한 그대로의 사랑을 옹호하는 이유다. 이러한 실존적 관점에서 자살은 단지 삶의 끝이 아니라 삶의 연장이 된다."[42]

오래전부터 비평가들은 셰익스피어의 작품 가운데 특정한 하나의 자살, 즉 『리어 왕』에 나타나는 글로스터의 자살의 상징적 중요성을 주목해 왔다. 이 일화에서는 모든 것이 거짓되다. 환멸에 젖은 늙은이 글로스터는 한때 무척이나 육욕에 충실한 인물로서 세상에 매여 살았지만 이제 그런 삶에 실망하고 악의 보편성에 질려 버렸다. 삶의 권태에 빠진 그는 스스로 죽기 원한다. 하지만 그가 실제로는 어떻게 하나? 그는 도버 절벽에서 몸을 던지는 매우 수동적인 방식의 자살을 택한다. 하지만 그는 눈이 멀었기 때문에 절벽까지 데려다 줄 사람을 필요로 한다. 그 안내자가 바로 바보인 척하는 아들 에드거다. 장님이 바보의 인도를 받는다. 인류는 이처럼 개탄스럽고 비극적인 모습으로 나아간다. "정신 나간 놈들이 장님을 인도하니 비통한 시대로다"라고 글로스터는 말한다. '자살' 그 자체는 그로테스크하다. 에드거는 아무리 뛰어내려도 절대 죽지 않을 야트막

---

41 Shakespeare, *Henri IV*, part 2, act 3, scene 1.
42 Paulin, *Du couteau à la plume*, p.340.

한 언덕에 글로스터를 세운다. 그러고는 악마의 인도를 받아서 까마득히 높은 곳에서 뛰어내렸는데도 다치지 않았다고 글로스터가 믿게 만든다. 글로스터는 자살하고픈 바람에서 벗어나 이렇게 말한다. "이제 나는 견딜 거요, 고난이 '됐다, 됐다' 외치고 사라질 때까지."

조소가 가득한 이 일화는 대단히 다른 방향들로 해석되곤 했다. 윌슨 나이트는 인간이 절망에 빠지지 않도록 경계하고 사탄의 인도에 넘어가는 일 없이 신이 정한 죽음의 때를 기다려야 한다는 대단히 도덕적인 교훈을 끌어냈다.[43] 한편, 얀 코트는 이 대목에서 근대적인 허무주의를 보여주었다. 그러한 개념은 완전히 헐벗은 무대를 통해 더욱 강화된다.[44] 하늘을 비롯하여 모든 것이 텅 비어 있다. 삶과 죽음도 허상일 뿐이다. 어떠한 해석도 배제할 수 없겠지만 글로스터의 실패한 자살을 햄릿의 자살하지 않음, 로미오와 줄리엣의 오해 어린 자살, 오델로의 잘못된 해석이 빚어낸 자살, 고대 정치가들의 실패로 인한 자살과 비교해 볼 때 셰익스피어가 제기하는 진짜 문제는 '자살에 어떤 의미가 있는가?'라는 생각이 든다. 눈멀고 자각이 부족한 글로스터는 바보에게 이끌려 가다 자살에 실패하고 계속 살아가기로 결심한다. 이것은 넌센스의 비극이다. '사느냐, 죽느냐'라는 햄릿의 물음에 대한 대답은 '그 물음은 말이 안 된다' 아닐까?

문학에서의 자살, 동요하는 사회의 상징적 해방

셰익스피어의 현기증 나는 예술은 단순한 도덕과 천지 차이다. 1600년경

---

43 W. Knight, *The Imperial Theme*, London, 1965, chap.9.
44 J. Kott, *Shakespeare, notre contemporain*, Verviers, 1962.

에 연극 무대에서 이 문제가 제기됐는데 관객이 몰려와 열광했다는 사실
에는 분명히 의미가 있다. 자살이 논쟁의 주제로서 인기를 끌고 궁정과
최초의 살롱들에서 이야기되었다는 사실은 문화 의식의 위기를 시사한
다. 스콜라철학에서 분석적 이성으로, 닫힌 세계에서 무한한 우주로, 인
문주의에서 근대과학으로, 질적 기술에서 수학적 언어로, 선천적 진리에
서 방법적 회의로, 확실성에서 비판적 질문으로, 단일 그리스도교에서 다
수의 종교 분파들로 넘어가면서 가치 체계 전체가 흔들리지 않을 수는 없
었다. 1580~1620년은 근대정신으로 거듭나는 과도기였으므로 위기에
전형적인 단절들이 발생했다. 엘리트의 일부는 열광하며 요란스럽게 신
세계로 돌진했다. 다른 일부는 정치계와 교계의 권력층과 함께 절대적으
로 수립된 전통 가치관에 더욱더 매달렸다. 대다수는 이러한 대결구도를
불안해하고 주저하면서 판세가 기울면 그쪽으로 붙을 채비를 하고 있었
다. 각각의 위기에서 일단은 도덕적 상대주의가 기선을 잡았다. 규범에
대한 문제 제기가 늘어났고, 검열관, 집권층, 공공도덕 수호자 들의 점점
더 강경해지는 언어는 더욱더 괴리되었다.

　권력층은 일반 원칙을 따라 보편적 용어로 추론하고 규범을 정하지
만 문학은 가치 갈등 상황에 놓인 개인들의 구체적 사례를 드러낸다. 극
적 긴장을 자아내는 것이 바로 이 갈등이다. 코르네유의 비극, 위기와 과
도기의 특징을 담은 예술은 이제 막 태어나는 중이었다. 안정기에는 누구
나 인정하는 선악 구도밖에 없으며 필연적으로 착한 사람이 악한 사람을
이긴다. 중세의 신비극에서 미국 고전 서부영화에 이르기까지 늘 그랬다.
질서와 문명이 확고한 시대는 이원론적 비극이 지배한다. 반면, 의심의
시대에는 선이 선과 대립하고 백(白)이 조금 다른 백(白)과 반목한다. 이
출구 없는 새로운 대결구도 속에서는 오직 승자가 있을 뿐이요, 영웅에게

나 다른 이들에게나——혹은 다른 사람들보다 영웅에게 더욱더——죽음
이 유일한 해법이다. 보잘것없는 이류는 대개 살기 위한 타협점을 찾는
다. 영웅에게 깃든 위대한 영혼, 뭇사람이 우러러보는 그 영혼은 갈등을
일으키는 의무들 속에서 적당한 절충안과 편의를 거부하기 때문에 자살
할 수밖에 없다. 셰익스피어와 코르네유의 비극은 비록 형식은 매우 다르
지만 근본적으로는 다 같은 죽음의 기제다. 여기서 숙명적인 결과는 처음
부터 불가피한 것처럼 느껴진다. 무대에서 그토록 많이 연출된 자살은 가
치 갈등 시대의 표식이다.

작가들은 이 시대의 갈등을 승화했다. 관객들은 연극을 통해 좌절감
을 해소했다. 다양한 의견들이 빚은 혼란과——검열 강화에도 불구하고
인쇄출판물이 유통됐다는 점도 감안해야겠다——기존 가치 규범을 강요
하는 지배층의 억압 사이에서 그들은 비극에서의 자살을 통해 실존적 갈
등을 부정했다. 안정된 사회에서 관객들은 연극에서 권선징악, 도덕적 확
신의 재확인을 보았다. 불안정한 사회에서는 가치 갈등과 그 안에서 고뇌
하는 주인공의 자발적 죽음을 보았고 의심을 재확인했으며 그 주인공의
자살을 통해 상징적 해방을 맛보았다. 관객은 자신이 찬탄하는 범상치 않
은 인물, 완전히 잘못된 일을 할 리 없는 그 인물과 함께함으로써 스스로
는 내세가 두려워 감히 실행할 수는 없는 그 행위에 가담하는 셈이었다.

1580~1620년 당시의 수준까지 급증한 문학과 연극에서의 자살은
아마 사회 치료의 역할도 했을 것이다. 가상 자살은 실제 자살을 제한함
으로써 혼란에 빠진 한 세대가 어려운 시기를 통과하도록 도와주었을
것이다. 우리는 가치 갈등 시기에 번성하는 결의론과 자아망각의 정신
이——이 둘은 여러 면에서 정반대일지라도——비슷한 역할을 한다는 것
을 보게 될 것이다.

자살 실태에 대한 관심

유럽의 첫번째 정신적 위기가 실생활에 있어서는 결코 자살률 증가로 이어지지 않았다는 점은 충분히 놀랍다. 믿을 만한 통계는 부족하지만 최소한 어떤 추세를 파악할 수 있는 단서는 있다. 영국 킹스 벤치에서 심판을 거친 자살 건수들을 보건대, 안정세는 유지되었다. 1580년에서 1589년까지 923건, 1590년에서 1599년까지 801건, 1600년에서 1609년 사이에 894건, 1610년에서 1619년까지 976건이다.[45]

이 수치가 실제로 일어난 모든 자살을 의미하는 것은 아니다. 자료의 손실과 공백, 판사나 검시관의 부주의, 왔다 갔다 하는 기준 때문에 자살률은 실제보다 낮게 잡혔고 그 때문에 역사학자들끼리도 상반된 해석을 내놓곤 한다. 1970년에 P. E. H. 헤어는 16세기 에식스의 자살률이 인구 10만 명당 3.4~4명 수준으로 중세에 비해 크게 증가했다고 보았다.[46] S. E. 스프롯은 여기서 더 나아가 『런던 사망 내역』(처음에는 역병이 발생했을 때만 작성되었으나 점차 주기적으로 발행된 사망 통계 및 사망 원인 보고서)을 참조하여 청교도주의가 자살률 증가의 원인이었다고 1961년도에 발표한 책에서 주장했다.[47] 1986년에 마이클 젤은 16세기 말 켄트의 자살률이 인구 10만 명당 10명 수준이었다고 보았지만[48] 다른 저자들은 4~6명 수준으로 훨씬 더 낮게 잡기도 했다.[49]

---

45 MacDonald and Murphy, *Sleepless Souls*, p.29.
46 P. E. H. Hair, "A Note on the Incidence of Tudor Suicide", *Local Population Studies* 5, 1970, pp.36~43.
47 Sprott, *The English Debate on Suicide from Donne to Hume*.
48 M. Zell, "Suicide in Pre-Industrial England", *Social History* 11, 1986, pp.309~310.
49 J. A. Sharpe, *Early Modern England: A Social History, 1550-1760*, London, 1987.

최근 연구는 파편적이지만 확실한 자료를 바탕으로 신중하게 추이만 살펴보는 데 만족한다. 마이클 맥도널드와 테렌스 머피는 1540년에서 1640년까지의 킹스 벤치 자료를 바탕으로 도표를 수립했다. 이 도표에서 작황이 좋지 않고 임금이 낮았던 몇몇 지점(1574년, 1587년, 1597~1600년)의 자살률이 높아 보이기도 하지만 작황, 가격, 임금 수준과 자살의 상관관계를 엄격하게 수립할 수는 없다. 1595년과 1620년 이후의 몇 년도 농업생산이 바닥을 기었지만 이때의 자살률은 높게 나타나지 않는다. 10년 단위 평균을 내보자면 1580~1620년의 자살률은 인구 10만 명당 2.1명 수준으로 안정적이며 오히려 1555~1580년의 2.8명보다 한층 낮아졌다고 볼 수 있다.[50]

모든 면을 보건대 자살은 결코 증가하지 않았다. 새로운 것은 동시대인들이 자살에 쏟는 관심이었다. 이 시대 사람들은 이전 사람들에 비해 자살을 훨씬 더 주목하고 자주 분석했다. 이제 곧 런던의 한 선반공 느헤미야 월링턴이 자신의 일기에 모든 자살 사례를 꼼꼼히 기록할 것이다. 그는 심지어 "자기 자신을 해한 자들에 대한 비망록"[51]까지 썼다. 월링턴은 열한 번이나 자살을 기도했으면서도 신실한 청교도로서 자살은 악마의 소행이라고 본다. "사탄이 또다시 나를 유혹했고 나는 또다시 저항했다. 그러나 사탄이 세번째 유혹하자 나는 넘어가고 말았다. 나는 칼을 뽑아 내 목에 가까이 댔다. 그때 선하신 하느님이 내가 기어이 일을 저지르면 어찌 될지 아셨기에 …… 나는 엉엉 울며 주저앉아 칼을 버렸다."[52]

존 디도 비슷한 여러 사례들을 자신의 일기에 기록했다.[53] 의사이자

---

50 MacDonald and Murphy, *Sleepless Souls*, p.243.
51 P. S. Seaver, *Wallington's World*, Stanford, 1985.
52 MacDonald and Murphy, *Sleepless Souls*, p.50에서 재인용.

점성가였던 리처드 네이피어는 1597~1634년 사이의 자살기도 139건과 그 정황을 공들여 기록했다. 자살기도자들은 가난한 농부에서 엘리자베스 여왕의 대자(代子) 존 해링턴에 이르기까지 다양했으며 대부분은 그 일을 악마의 소행으로 돌렸다. 또한 네이피어가 1618년에 기록한 대로, 아그네스 버트리스라는 여성은 사악한 마녀가 자신에게 주술을 걸어 강물에 몸을 던지게 했노라고 주장했다.[54]

네이피어가 전하는 이 자살기도의 실제 원인은 다양하면서도 일반적이다. 서민들은 거창한 형이상학적 문제와 거리가 멀었고 늘 그렇듯 일상적인 절망의 이유들에 시달렸다. 가정불화로 인한 자살들도 있었다. 남편에게 학대나 멸시를 당하는 여성들은 자살을 생각했다. 캐서린 웰스라는 여성은 남편이 지참금을 탕진하여 집안이 신용을 잃고 망신살이 뻗치자 칼을 본 순간 자살 충동을 느꼈다. 남편이 죽고 5년간 계속 죽고 싶다는 생각을 한 마거릿 랭턴 같은 사람도 있었다. 마거릿 위팬처럼 아이를 잃고 시름에 젖은 어머니들도 있었다. 토머스 메이, 도로시 기어리, 리처드 멀린스, 엘리자베스 처치는 실연을 당해 자살을 기도했다. 엘리자베스 로렌스는 사랑의 아픔 때문에 죽으려 했고, 로버트 노먼처럼 고통스러운 질병이나 갑작스러운 파산 때문에 자살을 기도한 자들도 있었다.

칼뱅파 목회자들에게 자살기도는 개종 과정의 일부와 다르지 않았다. 새로운 개종자는 과거의 죄를 아프게 후회하지만 앞으로 살아야 할 거룩한 삶은 아득하고 어렵게만 보이니 절망에 쉽게 빠질 수밖에 없었다. 느헤미야 월링턴과 장로교 목사 조지 트로스는 이 과정을 아주 잘 보여

---

53 J. O. Halliwell ed., *The Private Diary of John Dee*, London, 1842.
54 MacDonald and Murphy, *Sleepless Souls*, p.53.

준다.[55] 존 버니언 또한 『천로역정』으로 그 과정을 문학에 담아냈다. 다른 한편으로, 청교도들의 자살은 여전히 영국 국교도와 가톨릭교도 들에게 청교도주의가 절망적이라는 증거로 이용되었다. 1600년에 윌리엄 더딩턴의 자살은 격렬한 논쟁을 불러일으켰다. 정부 요직인사의 친구이자 칼뱅주의자로 유명한 이 부유한 상인은 런던 성묘교회 종탑에서 투신자살했다.[56]

그러한 논쟁은 동시대인들에게 자살이 증가했다는 인상을 심어 주었다. 1594년에 사망한 리처드 그리넘은 자살이 늘었다고 걱정하고, 1600년경에 조지 애벗은 "거의 일상적으로" 자살을 접한다고 말한다. 1637년에 윌리엄 가우지는 "태초로부터 지금 시대만큼 절망한 사람들의 예가 넘쳐 나는 시대는 달리 없었던 듯하다. 그러한 예는 종교인, 세속인, 배운 자, 무지한 자, 귀족, 평민, 부자, 가난뱅이, 자유로운 자, 예속된 자, 남녀노소 할 것 없이 온갖 부류의 사람들에게서 나타난다"고 썼다.[57]

1605년에 앙리 4세는 몇 번이나 자신을 노리는 공격에서 목숨을 구한 후에 세상에 미쳐 가는 사람들이 점점 늘어난다고 개탄하면서, 그 예로 그 전주 일요일에 멀쩡한 사내가 센 강에 투신자살한 일을 든다. 궁정에서도 자살은 대화 주제가 되었다. 그러나 실제 자살률이 늘어났다고 볼 만한 증거는 전혀 없다. 당대의 가장 유명한 자살은 주로 고문이나 불명예를 피하려는 죄수들의 자살이었다. 레스투알의 일기에도 여러 사례가 나온다.[58] 1595년에 낭시의 법관 니콜라 레미는 자신의 무시무시한 심판

---

55 A. W. Brink ed., *The Life of the Reverend Mr. George Trosse*, Montreal, 1974.
56 청교도와 자살의 관계에 대해서는 다음 책을 보라. H. I. Kushner, *Self-Destruction in the Promised Land*, New Brunswick, 1989.
57 J. Sym, "Introduction", *Lifes Preservative against Self-Killing*, London, 1637.
58 Pierre de L'Estoile, *Journal de L'Estoile*, vol.3, p.309.

을 두려워한 열여섯 명의 '마녀들'이 스스로 목숨을 끊었다고 자랑삼아 말한다.[59]

영국에서 1585년 노텀버랜드 백작의 자살 말고 또 다른 유명인의 자살을 꼽자면, 1603년에 탐험가이자 시인인 월터 랠리 경이 런던탑 투옥 중에 칼로 자결한 일을 들 수 있다. 그는 아내에게 자신의 행위를 설명하는 편지를 썼다. "어느 부당한 사내의 말 때문에 나는 원수요, 반역자가 되었소. …… 오, 참을 수 없는 모략이오! 오, 신이시여, 이 생각을 견딜 수 없소, 조롱거리가 됐다고 생각하면 살 수가 없소. …… 오, 죽음이여, 내 안으로 오라, 이 모든 기억을 없애고 나를 깊은 망각 속에 묻어다오. 오, 죽음이여, 나를 괴롭히는 기억력을 망가뜨려다오, 내 생각과 내 생명이 더는 같은 육신 속에서 살 수가 없구나. …… 그러나 내가 신의 자비를 불신하고 절망 속에 죽을까 두려워 마시오. 따지려고 하지도 마시오. 그저 신은 나를 버리지 않으셨고 사탄이 나를 유혹하지도 않았다고 굳게 믿어주시오. 희망과 절망은 공생할 수 없소. 나도 자살이 금지된 줄은 안다오. 하나 그러한 금지는 신의 자비에 대하여 절망하여 자기 자신을 파괴하지 말라는 뜻이리라 믿소."[60]

『햄릿』 발표 후 3년 뒤에 나온 이 편지는 '사느냐, 죽느냐?'에 대한 행동하는 인간의 답변이다. 정황에 따라서는, 이 세상에서의 중상을 피하고자 신의 자비를 믿고 완전히 의식적으로 실행하는 자살은 정당하다. 이 답변은 불행히도 신학자들에게 채택되지 못했지만 의식구조의 변화를 충분히 보여 준다. 자살을 둘러싼 토론들도 엘리트 계층이 이러한 개념과

---

59 N. Rémy, *Demonolatreiae*, Lyon, 1595.
60 S. J. Greenblatt, *Sir Walter Raleigh*, New Haven, 1973, pp.114~117.

친숙해짐으로써 죄의식을 완전히 버리지는 못하더라도 좀더 상대적인 판단을 내릴 수 있게끔 일조했다.

그러나 대중 신도의 감정은 변하지 않았다. 비록 광기를 핑계 삼아 재산몰수형과 시체모독형에 반대하기는 했지만 그들에게 자살은 여전히 불길하고 악마적인 행위였다. 1580~1620년의 위기는 문자에 익숙한 지배계급, 엘리트 지식인, 귀족, 부르주아지에게 훨씬 더 영향력을 미쳤다.

사회조직의 우두머리, 교계 집권층은 자살을 정당화하려는 움직임을 더욱 적대시한다. 그러한 움직임이 구성원을 제거하고 그러잖아도 흔들리는 사회체제에 의혹, 불안, 이론을 확산시키기 때문이었다. 또한, 자살은 사회정치 집권층과 종교지도자들에 대한 간접적 비난이었다. 자살은 지도층이 정의를 실현하고 모든 이에게 온당한 삶을 보장하지 못했다는 실패의 증거나 다름없다. 자살은 구성원의 행복을 보장하고 불행을 위로하지 못한 사회체의 회한과 죄의식을 자극한다. 자살하는 사람은 무(無) 혹은 불안한 내세가 차라리 낫다 싶을 정도로 이 세상이 지옥 같다는 증언을 하는 셈이니, 자살 행위는 사회와 그 지도자들에 대한 비난이 될 수밖에 없다. 자살은 책망, 고발, 나아가 산 자들, 특히 집단의 행복을 책임지는 자들에 대한 모욕이다.

그렇기 때문에 집권층은 모든 정치 및 종교 체제를 모욕하는 이 행위를 눈감아 줄 수 없다. 미지의 죽음이 더 낫다고 여긴 자들은 어떤 쪽의 이론, 이념, 신앙, 계획, 약속도 믿지 못했다는 얘기다. 따라서 집권층은 그들의 책임, 더 크게는 산 자들의 책임을 면하기 위해 자살자들을 미친 사람들로 몰아갈 수밖에 없다. 가장 자유롭다는 체제들조차 자살을 용인하고 이 주제와 관련한 표현의 자유를 허용하는 데에는 소극적이다. 자살은 아마 인류의 가장 강력한 터부들 중 하나일 것이다. 17세기 초의 정치 및 종교 지도자들은 의식의 위기를 맞아 동요하는 유럽에서 전반적인 문화의 고삐를 다시 바짝 조이기로 작정했기에 자살 논쟁을 좌시할 수 없었다. 주어진 그대로의 삶, 지도자들이 구상한 삶을 받아들이게 만들어야만 했으니까. 그 삶에서 도망치고픈 유혹에 시달리는 자들에게는 억압과 대체물(정신적 자살)만이 있었다. 세상의 권력에 복종하든가, 아니면 세상에서 정신적으로 벗어나든가. 이것이 위대한 세기가 우수에 찬 영혼들에게 남겨 준 선택지였다.

17세기 집권층의 대응: 자살을 억압하다

햄릿의 의문은 제기되자마자 교계, 도덕계, 법조계 집권층에게 격렬한 반응을 불러일으켰다. 새로운 관심사의 부상과 전통 가치의 반격은 종교개혁이라는 콘텍스트 속에 자리 잡는다. 프로테스탄티즘과 가톨릭 개혁은 사실 똑같은 싸움을 하고 있었다. 그것은 문화를 다시 장악함으로써 르네상스의 의혹, 실험, 가설로 흔들리는 유럽 사회에 다시금 토대를 제공하겠다는 싸움이었다. '영혼들의 위대한 세기'는 폐허가 되어 버린 수많은 인문주의자의 이상 위에 세워졌다. 아리스토텔레스주의는 새로운 세기에 철학적 근간을 제공했으나 이 시대의 무기는 권위, 질서, 명확성, 전통, 이성의 인도를 받는 신앙이었다. 종교, 문학, 건축, 회화, 음악, 정부와 경제, 이 모든 것이 이제 위계질서를 갖춘 왕정의 단일한 이상에 복종해야 했고 그 이상은 기존에 수립된 '전통'을 길잡이로 삼았다.

예외와 탈선을 피하기 위해 모든 영역에서 규준을 체계화하는 대대적인 사업이 필요했다. 궁정 예법에 맞는 문법과 철자법 규칙, 연극에서의 3일치[시간, 공간, 행위] 법칙, 상법이 체계화되었고 한층 정교한 결의론이 양심의 문제들에 적용되었다. 모든 것은 예측되고 가격이 매겨졌다.

르네상스의 팽배한 불안은 물러나고 고전 시대의 확고하고 안심되는 엄정함이 돌아왔다. 대답은 미리 잘 마련되어 있었으니 사람들은 더 이상 의문을 품지 않았다. 17세기 초의 교리문답은 그 좋은 예다. 확실성, 안정, 부동의 세계. 데카르트처럼 의심을 품는다 해도 실상은 의심을 품는 척하기, 자명한 것을 더욱 확고히 하려는 방법적 회의에 불과했다. 이제 내세조차 신비에 싸여 있지 않았다. 신학자들은 내세의 모든 비밀을 설명했다. 사후의 모든 것은 왕실 의식이나 범죄 소송처럼 규준화되었고 각 신도는 자기가 받을 벌을 정확히 알고 자신이 지옥에 갈지 연옥에 갈지 짐작할 수 있었다. 설교는 최후의 심판에 임하는 예전(禮典)을 지겹도록 되풀이했다.

모든 사물과 사람은 제자리를 지키고 정체된 조화를 이루어야 했다. 완벽은 부동(不動)에 있었다. 관리되고 감시당하고 인도당하는 인간은 이제 문제를 제기하거나 불안해할 필요가 없었다. 모든 것이, 심지어 영생조차 예정되었다. 인간은 안심해야 마땅했다. 이러한 생각에서는 각 사람이 자신에게 예정된 자리를 잘 지킬 때에만 전체가 잘 굴러갈 수 있었다. 자기 조건에서 벗어나려고 하는 것은 가장 나쁜 과오였다. 각 사람에게 주어진 역할을 거부하고 신의 섭리에 대한 불만을 드러냄으로써 신과 군주의 질서를 거스르는 셈이니까. 그런데 신의 섭리 중에서도 첫째가는 것이 생명 아닌가? 이 선물을 거절하는 자는 가장 큰 신성모독을 저지르는 자요, 가족과 인간 사회에서 자기의 소임을 버리고 국가와 도덕을 욕보이는 자다.

그래서 17세기의 정치, 종교, 법은 자살을 정당화하려는 모든 바람을 차단하고자 서로 손을 잡았다. 가톨릭과 프로테스탄트 신학자들은 자살을 더없이 준엄하게 단죄하고 일말의 가능성도 열어 두지 않았다. 도덕주의자들은 극단적 예외를 일부 인정하는 융통성을 약간 보여 주었다. 법학자들은 그보다 좀더 관대했다.

결의론과 자살

신학자들은 자살을 만장일치로 단죄했다. 원칙적으로 당시에 큰 영향력을 지녔던 성 아우구스티누스의 교의에 추가된 내용은 없었다. 새로운 점이라면 결의론이 예수회를 중심으로 발전했다는 것이다. 이는 신도와 백성 들에게 어떤 망설임의 여지도 남기지 않는 삶의 지침을 제공하고자 노력했던 문명의 전형적인 측면 중 하나다. 결의론은 의심, 정신 상태, 양심의 문제에 처방하는 해독제였다. 거대 원칙의 모호하고 불확실한 면이 불안을 낳을 때 결의론은 치료약이 되었다. 도덕의 모든 덫으로부터의 보호벽이랄까. 개인의 탐구, 자기 양심에 대한 신도의 자율성은 이제 끝났다. 이제 이정표가 완벽하게 세워진 세계, 가장 말도 안 되는 상황을 포함한 '모든 것'이 예정된 세계로 진입했다. 어마어마한 세속화와 정신의 속박이 동시에 진행되었다. 결의론은 모든 상황에서의 행동방식을 예측함으로써 사람들을 안심시키는 동시에 꽁꽁 옭아맸다. 그런 점에서 결의론은 16세기 말에 시작된 문화 장악의 부산물이라 하겠다.

인문주의자들은 오랫동안 토론의 여지가 없다고 생각했던 자살 문제를 끌고 나와 균열을 일으키고 가치 갈등을 부추겼다. 자살과 명예, 자살과 사랑, 자살과 자선. 그러다 보면 일부 자살을 정당화하기 좋은 상황들이 빚어지지 않겠는가? 결의론자들은 이 주제에 매달려 가능한 모든 상황들을 검토하고 하나하나 빗장을 채웠다.

그래서 카예타누스 추기경은 『성 토마스 주해』에서 명예를 지키기 위해 자살한 그리스도인들의 사례를 재검토했다.[1] 그들은 자살할 의도가 없었다고 말한다면? 웃기는 얘기다. 그들이 법을 몰랐다고 한다면? 자살 금기는 자연법이니 아무도 모르려야 모를 수 없다. 1581년에 나바루스 박사는 『고해와 참회의 지침』에서 모든 출구를 봉쇄하는 데 몰두한다. 분노, 조바심, 수치, 가난, 그 밖의 어떤 불행에 의해서든, 또한 순교정신이나 삶의 권태에 의한 것일지라도 자살은 금지된다. 그저 죽기를 바라는 것, 태어나지 않았기를 바라는 것, 위험을 무시하는 것(연습 없이 줄타기를 한다든가), 결투, 신체 절단, 과도한 금욕조차 죽을죄가 된다.[2] 1587년에 루이 로페즈는 『양심의 교화』에서 몇 가지 생각할 수 있는 빈틈을 서둘러 메운다. 사형수도 기꺼운 자세로 독배를 마셔서는 안 되고, 굶어 죽을 것이 빤한 사람도 어떻게든 식량을 구하고자 노력해야만 한다는 식이다. 고대의 모든 위대한 자살들은 그 자체로 나쁘다. 모든 전형적 상황에서도 자살은 금지된다. 로페즈는 역병에 걸린 남편을 돌보는 아내가 같은 병에 옮을 위험만 허용한다. 하지만 반대로 남편이 아내를 돌볼 때의 위험은 고려 대상이 아니다.[3]

1595년에 장 베네딕티는 "(남의 손을 빌려) 스스로 죽는 자, 말로써 이러한 행위를 유발하는 자, 죽을 수도 있는 위험에 알면서 달려드는 자"와 "추정과 무모함, 헛된 명예욕, 더 이상 살고 싶지 않은 마음"에서 순교를 추구하는 자를 공식적으로 단죄했다. 사울, 카토, 루크레티아를 위시한 여러 자살자들은 유죄다. 삼손과 성 사비나는 아마도 개인적으로 부름을

---

1 T. Cajetan, *Commentary on Saint Thomas' Summa theologiae*, II, 2, q.CXXIV.

2 Navarrus, *Enchiridion sive Manuale confessariorum et poenitentium*, Antwerpen, 1581, chap.15.

3 L. Lopez, *Instructor conscientiae*, Lyon, 1587, chap.64.

받았을 것이다. 베네딕티는 의사의 처방과 권고를 따르지 않는 환자, "약을 먹고 사혈을 하거나 그 밖의 치료를 받기" 거부하는 환자도 유죄라고 했는데 이는 그가 당시의 의학을 지나치게 믿었음을 보여 준다. 또한 "삶에 대한 불평"을 하는 자와 서커스 곡예를 하는 자도 유죄다. 반면, 베네딕티는 죽도록 채찍질을 하는 고행에 대해서는 "피부는 항상 잘 아물 수 있기 때문에" 아무 위험이 없다며 관대한 태도를 보였다.[4]

예수회 추기경 프란시스코 데 톨레도는 그의 대작 『사제 훈령』에서 직접적 자살과 간접적 지살의 계기들을 사소한 것까지 추적했다. 사형수조차 교수대에 제 발로 올라가 올가미에 목을 내미는 것까지는 괜찮지만 자기 발로 발판을 걷어차면 자살이 되니 다른 사람이 치울 때까지 기다려야 한다. 굶어 죽거나 사약을 먹어야 하는 죄인도 최대한 죽음을 면하고자 노력해야만 한다. 그러나 톨레도는 일부 결의론자들이 상반된 주장을 펼치고 있음을 인정했다. 심지어 사형선고를 받을 수도 있는 죄인이 이를 피하려고 도망칠 권리가 있는가에 대한 논의도 있었다. 신앙과 국가를 수호하기 위해서, 난파 상황에서 다른 사람을 구하기 위해서, 친구를 풀어 주기 위해서 등 몇 가지 예외는 있을 수 있다. 그러나 그 밖의 모든 경우에 대해서는 "무슨 일이 일어나든, 설령 더 큰 악이나 중상을 피하기 위해서라고 해도, 자기가 지은 죄나 장차 지을지도 모르는 죄 때문이라고 해도, 그런 식의 조처는 금지된다". 톨레도는 성 토마스의 논증을 되풀이한다. 모든 자살은 신법, 자연법, 인간의 법에 반하는 행위다.[5] 우리는 영국 베네딕트회의 결의론자 로버트 세이어(1560~1602)에게서도 비슷한 추론을

---

4 J. Benedicti, *La somme des pechez, et le remède d'iceux*, Paris, 1595, book II, chap.4.

5 F. Tolet, *La somme des cas de conscience ou l'instruction des prestres*, Lyon, 1649, book V, chap.6 (1599년에 쓰여진 라틴어 논문 *De instructione sacerdotum*의 프랑스어 번역본).

볼 수 있다.[6]

또 다른 예수회 수사 레오나르도 레시우스는 1606년에 다른 결의론자들의 다양한 답변들을 정리하여 가능한 모든 경우를 재검토했다.[7] 사실, 결의론자들은 중대한 문제들에 대해서만 뚜렷하게 합의를 보았다. 그러나 까다롭고 복잡한 구체적 사례, 매우 특수하고 극단적인 상황에 대해서는 의견이 엇갈려 다시 불확실성, 양심의 문제, 자유의지를 끌어들이곤 했다. 레시우스는 다양한 견해들을 소개하고 자기 의견을 덧붙였다. 예를 들어, 그의 의견에 따르면 불이 났을 때에는 죽을 것을 알면서 높은 탑에서 뛰어내린다 해도 죄가 되지 않는다. 그 사람은 사실 죽고 싶은 마음이 없는데 더 끔찍한 죽음을 피하고 싶어 그랬기 때문이다. 배가 난파했을 때 다른 사람에게 나무토막을 건네준다면 위험에 노출되겠지만 그래도 그 사람이 죽음을 원했다고 할 수는 없다. 극심한 기근 중에 자신의 동반자에게 빵을 양보하는 일이 죄가 되지는 않는다. 군주를 위해 목숨을 걸거나 포로 신세를 피하기 위해 배를 폭파시켜도 죄가 되지 않는다. 하지만 사형수는 형벌을 받기 전에 자살할 권리가 없다. 그런 일은 "일반 자연의 성향"에 위배되기 때문이다. 순결을 지키기 위해 자살한 성녀들은 무지 혹은 신께서 주신 영감에 의해 그리한 것이다. 일반적인 자살은 국가의 법과 생사를 주관할 수 있는 유일자이신 신의 법을 침해하는 행위다. 또 다른 결의론자 코미톨루스도 특히 사형수의 경우에 주목하여 다양한 견해들을 망라했다.[8]

예수회 수사 프란치스코 수아레즈는 1613년 논문에서 더욱더 세부적

---

6 R. Sayr, *Compendii clavis regiae pars prima*, Venezia, 1621.

7 L. Lessius, *De justitia et jure coeterisque virtutibus cardianalibus*, Paris, 1606.

8 Comitolus, *Responsa moralia*, book IV, q.10.

인 사항까지 다듬는다. 그는 난파선의 경우를 들어 두 가지 가능성을 구별한다. 아직 나무토막에 올라가지 못한 사람이 양보를 하는 것은 죄가 아니다. 그러나 자기가 이미 차지한 나무토막을 다른 사람에게 양보하는 것은 중죄에 해당한다. "이때에 자신의 자리를 양보한다는 것은 스스로 물에 뛰어드는 격이니 결코 합법적일 수 없다." 이런 식으로 상황을 무수히 쪼개어 생각할 수 있다. 수아레즈는 굶어 죽게 된 사람에 대해서는 다른 결의론자들의 견해들을 소개만 하고 자기 의견을 드러내지 않는다.[9]

미카엘 로타르두스는 1615년에 모든 자살을 단죄하고 광기만 예외로 쳤다.[10] 필리우시우스는 『도덕의 문제들』에서 자살과 관련된 열 가지 경우를 다루는데 그중 일부는 자기가 생각해도 별로 있을 법하지 않다고 솔직하게 말했다.[11]

1. 일반 원칙의 환기: 신의 명령이 아닌 한, 자살은 결코 합법적일 수 없다.

2. 순결을 지키기 위해 자살해서는 안 된다. 성녀들은 몰라서 그랬을 뿐이다.

3. 자신의 죽음을 돕는 일을 해서도 안 된다. 사형수는 교수대 발판에 올라서도 괜찮지만 그 발판을 스스로 차버려서는 안 된다. 그러나 신앙, 국가, 친구, 군주를 위해 위험을 무릅쓰는 경우는 허용된다.

4. 사약을 받는 죄인이 입을 벌리는 것까지는 괜찮지만 스스로 사약을 들어 입으로 가져가서는 안 된다. 굶어 죽어야 할 죄인이 음식을 마다하는 것은 괜찮다. 군인은 죽을 위험이 있더라도 자기 자리를 지켜야 한다. 난파자는 나무 판자를 양보해도 괜찮다.

---

9 F. Súrez, *Tractatus de legibus ac Deo legislatore*, Antwerpen, 1613, book V, chap.7.

10 M. Rothardus, *Crux saulitica duabus pertractata quaestionibus*, Frankfurt, 1615.

11 Filliucius, *Moralium quaestionum tomus II*, Lyon, 1626, tract.XXIX, chap.4.

5. 사형선고를 받은 자는 도망치지 않음이 마땅하다.

6. 목숨을 부지하기 위해 죄를 지어서는 안 된다.

7. 성직자는 아내를 취해야만 목숨을 부지할 수 있는 상황에서도 그리 해서는 안 된다(필리우시우스는 어쨌든 이러한 딜레마는 일어난 적이 없다고 말한다. 그러나 훗날 프랑스 대혁명에서 이 딜레마는 발생하게 된다).

8. 목숨을 구하기 위해 한 팔을 절단하거나 단식을 할 수 있다. 그러나 우선은 일반적인 약을 써 보아야 한다.

9. 목숨을 구하기 위해 고기를 먹는 것은 허용된다.

10. 병자들과 전염병 환자들을 돌보아도 괜찮다.

보나시나,[12] 우르타도,[13] 부젠바움[14]에게서도 거의 비슷한 결의론을 볼 수 있다. 후안 카라무엘은 사형수가 자살할 권리를 인정하기 때문에 '관대한 자'로 간주된다. 카라무엘의 1652년 논문은 처음으로 '자살'(suicidio)이라는 라틴어를 사용했으며 자기살해는 타살만큼 중죄가 아니라고 주장했다. 그는 어느 수도사가 대죄를 짓고 고해성사를 통해 죄사함을 받은 후 목을 맨 사연을 이야기한다. 사제는 그의 시신을 강물에 던져 버리라 명했다. 농부들이 그 시신을 발견하고는 자살한 사람인 줄 모르고 묻어 주었는데 그 후로 그 농부들의 밭에는 우박이 떨어지지 않았다. 카라무엘은 아무 결론도 내리지 않지만 깊이 생각해 볼 만한 얘기다.[15]

어떤 결의론자들은 특정 사례를 두고 뚜렷이 상반된 입장을 보였다.

12 Bonacina, *Œuvres*, vol.2, Paris, 1629, p.673.

13 Hurtado, *Resolutiones orthodoxo-morales*, Köln, 1655.

14 H. Busenbaum, *Medulla theologiae moralis*, Paris, 1657.

15 Caramuel, *Theologia moralis fundamentalis*, Frankfurt, 1652, chap.6, fund.55, parag.13.

안토니노 디아나는 사형을 언도받을 죄를 지은 자가 재판을 받아야 할 뿐 아니라 무고한 자도 고문을 받다가 죽는 일이 없도록 짓지도 않은 죄를 지었다고 말할 수 있다고 했다.[16] 반면, 1653년에 레기날두스는 죄인도 굳이 자기 죄를 자백하여 죽음을 자초할 필요는 없다고 했다. 설령 무고한 사람이 대신 죽을지라도 그렇다고 하니 상당히 파격적인 견해다. 그는 개인을 사적으로 구하고자 목숨을 거는 행위도 단죄했으나 "우리 시대에 이단들에게 더 모진 고문을 당하지 않기 위해 어쩔 수 없이 독배를 마시거나 높은 데서 투신하는 가톨릭 신자들은 용서받을 수 있다"고 했다. 또한 역병에 걸린 남편을 돌보는 아내는 비록 병자를 위로하는 역할밖에 할 수 없더라도 용서받는다. 여기서도 남편과 아내의 입장이 바뀌는 상황은 고려되지 않는다.[17]

예수회 수사 안토니오 에스코바르는 1659년에 사약을 받는 사형수의 경우를 다시 고찰하고 입을 벌리는 행위 외에는 어떤 것도 해서는 안 된다고 말한다. 그는 임신한 여자가 수치를 피하고자 자살하려는 경우도 살핀다. 자살을 철회할 방법이 낙태밖에 없다면 그리 해도 괜찮은가? 에스코바르는 낙태가 자살보다는 가벼운 죄이므로 그렇게 해도 좋다고 본다.[18] 교회가 얼마나 치열하게 낙태에 반대해 왔는가를 생각한다면 자살이 불러일으키는 공포를 짐작할 수 있을 것이다.

결의론은 허점이 많지만 중대한 장점도 있다. 그것은 바로 행위를 의도에 따라 심판한다는 것이다. 그 때문에 결의론은 훗날 파스칼의 비웃음을 살 정도로 별의별 '경우'를 다 생각할 수밖에 없었다. 결의론은 전반적

---

16 A. Diana, *Resolutiones morales*, 1645, pars 3, tract.5, resol.7.

17 Reginaldus, *Theologia practica et moralis*, Köln, 1653.

18 A. Escobar, *Liber theologiae moralis*, Lyon, 1659.

인 단죄를 특수한 사례들에 대한 연구로 대체하고 가치 갈등을 고려하기 때문에 원칙적으로는 더없이 인간적인 도덕론이다. 결의론의 과오는 모든 것을 규범화하려는 몽상적이고 실현 불가능한 시도에 있다. 그러한 시도는 출발 원칙과 모순된다. 구분의 원칙을 인정한다면 각 사람의 경우가 유일무이하고 완전히 똑같은 정황은 없으니 어떤 분류도 소용없다는 것까지 인정해야 한다. 게다가 자살이 순전히 예외적인 상황에서만 정당하다는 것을 보여 주기 위해 점점 더 많은 구분을 두면서 결의론은 논란을 종결짓기는커녕 오히려 더 키웠다. 일단 결의론자들끼리도 의견이 달랐고, 나중에 더 세부적으로 파고들 여지를 남겼기 때문이다. 결의론의 교훈은 결국 모든 것은 논의될 수 있으며 충분히 기민한 정신은 합법적이지 않은 행동들도 합법적인 것으로 만들 수 있다는 것이었다. 따라서 결의론이 쌓아 올린 방벽은 그리 오래 버티지 못할 터였다.

가톨릭 도덕주의자들의 망설임

교계와 세속의 가톨릭 도덕주의자들은 성 아우구스티누스의 엄격한 교의에 약간 수정을 가하긴 했어도 자살에 비판적인 것만은 틀림없었다. 1597년에 라 모트 메스네 영주 프랑수아 라 풀크르는 『기분전환』에서 자살에 반대하며 "참다운 힘은 이성적 판단으로 욕심을 다스리고 책망받을 만한 정념을 영혼에서 몰아내는 데 있다"고 카토를 비난했다.[19] 동시대 시인 샤시녜도 명예로운 자살의 상징 카토를 비판했다.[20]

---

19 Paulin, *Du couteau à la plume*에서 재인용.
20 J. -B. Chassignet, *Le Mespris de la vie et consolation contre la mort*, ed. A. Müller, Genève, 1953, p.13.

그러나 니콜라 코에페토는 도미니크회 수도자이자 마르세유 주교이 면서도 고대 이교도들의 자살에 관대한 태도를 보여 주었다. 1620년 작 『인간 정념의 묘사』는 클레오파트라와 그 외 유명한 자살자들의 행위는 "그리스도교가 아직 이교도들의 헛된 과오를 척결하지 못하고 관용을 비 난하던 시대의 풍습대로" 저지른 것일 뿐, 그들의 위대한 영혼을 부정할 수는 없다고 한다. 또한 코에페토는 소크라테스와 순교자들을 함께 찬양 해 마지않는다.[21] 그는 너무 늦게 태어난 인문주의자의 면모를 보여 준다. 또 다른 고위성직자 리슐리외 추기경은 동시대인이지만 이러한 태도와 거리가 멀었다. 1626년에 집필한 『교리문답서』는 자살을 무조건 단죄한 다. 그는 신의 이름과 왕의 이름으로 모든 백성이 헌신하는 삶을 살 것을 요구한다. 그의 문체는 형법 조항처럼 딱 부러진다. "의식적으로 죽음을 자초하거나 삶에 권태를 느끼고 죽기를 바란 자, 나아가 죽음을 바라지는 않았으나 정당한 이유 없이 위험을 무릅쓴 자는 다른 사람을 죽이거나, 다른 사람의 죽음을 바라거나, 정당한 이유 없이 타인을 죽음의 위험으로 몰아넣은 자보다 더욱 죄가 크다. 각 사람은 이웃보다 자신을 돌봐야 하 며 누구도 자기 존재의 절대적 주인이 아니니 목숨은 잘 보전해야 할 뿐 자기 임의로 처분할 수 없기 때문이다."[22]

17, 18세기의 모든 교리문답은 살인하지 말라는 제5계명은 자기살해 에도 적용된다고 명시하는 데 만족한다. 부연설명은 아주 드물었다. 이를 테면 쿠아사르 신부의 1618년도 교리문답서에서는 자살자의 시신이 어 떤 대우를 받는가를 운문으로 설명한다.[23]

---

21 N. Coeffeteau, *Tableau des passions humaines, de leur causes et de leurs effets*, Paris, 1620.

22 Richelieu, *Instructions du chretien*, Paris, 1626, p.208.

발을 묶어 거꾸로 매달고 손을 자른다.

자기 자신을 해한 자들이니

히르카니아의 호랑이들도 하지 않을 일을 저지른

자연의 적이요, 비인간적인 티몬[24]들이로다.

뒤 보스크 신부는 자신의 도덕론 저작에서 포르시아와 브루투스를 '괴물' 취급하고 그들이 루크레티아와 카토에 버금가는 '범죄'를 저질렀다고 말한다. 그들은 자진한 죽음과 살인으로 비난받아 마땅하다. "자신을 죽게 하는 자는 용감한 자가 아니라 절망한 자다." 그렇지만 뒤 보스크는 같은 인물들에 대해서 고결함과 영혼의 위대함은 인정한다. 이를테면 루크레티아에 대해서 "일단 그녀가 그리스도교인이 아니었음을 비난하지 않는 한, 그녀를 온당하게 비난하기 어렵다는 점"을 인정한다. "그런데 그녀가 그리스도교의 원칙을 따를 수 있었겠는가? …… 알지도 못하는 복음에 복종할 수가 있었겠는가?" 테오크세나의 자살에 대해서는 이렇게 쓴다. "이를 계기로 한결같은 마음과 용기가 눈부시게 드러났다고 고백해서는 안 될까?"[25] 이러한 모순은 뒤 보스크가 여성도 남성 못지않게 극단적인 행동을 영웅적으로 할 수 있다는 것을 보여 주는 데 중점을 두었기 때문으로 설명된다. 원칙적으로 자살은 여전히 무조건 금지다.

1640년대에는 여성의 용기를 드높이는 저작들이 풍성하게 나왔다. 뒤 보스크의 『명예로운 여성』(1643)과 『영웅적 여성』(1645)과 같은 시기에 스퀴데리의 『유명 여성들과 영웅적 연설』(1642)과 프랑수아 드 수시

23 Coissard, *Sommaire de la doctrine chrétienne*, Lyon, 1618, p.236.
24 그리스의 염세주의 철학자 티몬을 가리킨다. ─옮긴이
25 Du Bosc, *L'honneste femme*, Paris, 1643; *La femme héroique*, Paris, 1645.

의 『부인들의 승리』(1646)가 나왔다. 좀더 나중인 1663년에 르 무안 신부의 『강인한 여성들의 초상』이 나왔다. 여성의 영예를 기리는 이 책들은 자살이라는 범상치 않은 일을 감행한 모든 여성들에 대한 찬양을 담고 있다. 전통 사회에서 여성이 차지한 미미한 역할을 고려하건대 그 여성들 중 일부는 순전히 자살 때문에 유명해졌다 할 수 있다. 루크레티아, 포르시아는 물론, 자진하여 순교하거나 순결을 지키려 자결한 그리스도교 여성들이 그렇다. 저자들의 당혹감은 여실히 드러난다. 스퀴데리는 루크레티아의 연설 앞에 다음과 같은 경고를 내세우며 독자에게 판단을 맡긴다. "그녀가 불행을 당한 후에 자결한 것이 잘한 일인지는 판결 내릴 수 없었다. …… 독자여, 그녀가 드는 이유들을 들어 보고 …… 다른 이들의 의견에 그대의 의견도 보태라." 수시는 성 히에로니무스가 불명예보다 죽음을 선택한 여성들을 찬양했다고 상기시킨다. 르 무안 신부는 파울리나, 포르티아, 캄마, 판테이아, 파비아의 블랑슈의 예를 들어 찬사를 보낸다. 특히 세네카의 아내 파울리나는 자살로써 강인한 정신력을 보여 준 모범이다.

우리에게서 아름다운 정념을 앗아 가는 현자들이여,
한 여인을 통하여 스토아주의자가 되는 법을 배우시오.

포르티아는 활활 타는 숯을 삼켜 "영원한 빛"을 얻었고, 루크레티아는 "우리의 찬사를 받을 자격이 있다. 고대 로마는 자연의 지고한 덕성과 위대한 이교도 영웅들을 길러 냈으나 루크레티아보다 고결하고 위대하고 강인하고 드넓은 것은 그 무엇도 키우지 못하였다". 또한 "순결하고 관대한 판테이아"도 그러한 찬사를 받을 만하다.

르 무안 사제는 균형을 지키기 위해 여성들에게 자살을 권하지는 않지만("나는 여성들의 손에 칼을 쥐어 주거나 사약, 밧줄, 낭떠러지를 권하는 것이 아니다") 이러한 찬사가 문제가 되지 않을 수는 없었다. 특히 그는 이교도 정신에서 찬양받을 만한 것이 그리스도교에서는 "모든 살인 중에서도 가장 어마어마한 것"이 되어 "분에 찬" 행동으로 분류될 수 있음을 상기시킨다. 자진한 죽음은 "그리스도교 여성으로서는 악하고 가증스러운 것"이다. 자살한 과부는 "부부애를 거스르는 죄를 짓고 남편에 대한 정절을 깨뜨리는" 셈이다. 르 무안 신부는 상당히 불편한 입장에서 성 아우구스티누스가 루크레티아에게 지나치게 가혹하다고 비판한다. "나는 『신국론』에서 루크레티아에 대한 심판과 선고를 보았다. …… 솔직히 나도 그녀가 교회법과 복음의 법에 따라 심판받는다면 죄가 없다고 보기는 어려울 것이라 생각한다. …… 그렇지만 그녀가 어떤 이교도의 미덕도 살아남을 수 없을 이 가혹한 법정이 아니라 자기 조국의 법과 당대 종교의 법으로 심판받는다면 그녀는 그 나라에서 가장 순결하고 강인한 여성 축에 들 것이다. 그녀를 곧잘 비판하는 고결하고 덕망 있는 철학도 그녀의 불행을 씻어 주고 그녀와 화해할 것이다."[26]

어쨌든 모든 도덕주의자들에게 자살은 더 이상 허용될 수 없었다. 오를레앙 공 전속사제 르네 드 세리지에가 1651년에 쓴 대로 "일부 공정한 상황"과 "간접적으로 삶을 버릴 만한 온당한 이유들이 많을 때"만이 예외가 되었을 것이다.[27] 직접적 자살은 항상 금지되었다. 1656년에 셰브로는 고대의 자살과 근대의 자살을 구분하였다. 전자는 찬양할 만하나 "이 이

---

26 P. Le Moyne, *La gallerie des femmes fortes*, vol.1, Paris, 1663, p.225.
27 Ceriziers, *Le philosophe français*, Rouen, 1651.

교도들의 덕이 오늘날 우리에게는 죄가 된다".[28] 게즈 드 발자크는 1657년 작『대화편』에서 필리포 스토르지의 자살을 거론한 후에 딱히 다른 말을 하지 않는다. "그러나 복음의 법이 이러한 믿음과 상반되고 새로운 로마는 고대인들이 위대함과 용기라 일컬었던 것을 절망이라고 부른다. 과거에 숭배되었던 것을 이제는 파문한다."[29] 이렇게 강조되는 모순 이면에 은근히 비판적인 속내가 있는지는 알 수 없다. 도비냑의 소설에서 "청렴한 인간이 준수해야 할 모든 것"이 있다는 성전에 새겨진 수수께끼의 문구도 알 수 없기는 마찬가지다. 제 배를 가르며 죽어 가는 자유의 여신상 아래에 새겨진 그 문구는 이렇다. "행운이 있어도 죽을 수가 있다."[30]

장 피에르 카뮈의 모호한 도덕론

어떤 도덕주의자들에게서는 자살의 단죄가 더욱 애매한 형태로 나타났다. 장 피에르 카뮈의 도덕론은 특히 모호하다. 1584년에 태어나 24세 되던 1608년에 벨레 주교가 된 그는 프랑수아 드 살의 제자였다. 그는 또한 열성적인 ──리슐리외 추기경이 보기에는 지나치다 싶을 정도로── 고위성직자로서 교구 개혁에 매달렸고 130권이 넘는 방대한 저작을 남겼다. 1629년 공직에서 물러나 올네 수도원에서 지내다가 1652년에 죽었다. 피에르 카뮈는 새로운 세기로의 전환을 불안해하던 세대에 속했고, 그의 도덕론은 거의 병적이랄 만큼 불건전한 주제를 즐겨 다룬다.[31] 『무

---

28 Chevreau, *Les effets de la fortune*, vol.2, Paris, 1656, p.280.

29 Guez de Balzac, *Les entretiens*, Paris, 1657, p.332.

30 D'Aubignac, *Macarise ou la reine des isles fortunées*, Paris, 1664, p.15.

31 고덴의 논문은 이러한 측면을 잘 연구했다. R. Godenne, "Le spectacles d'horreur de Jean-Pierre Camus", *XVII siècle* 92, 1971, pp.25~36.

서운 구경거리』에는 잔인하기 이를 데 없는 죽음이 126건이나 나온다. 음울, 피칠갑, 공포에 대한 매혹이 「켜켜이 쌓인 시체들」, 「피의 원형극장」, 「시칠리아의 순교자들」 같은 이야기들을 이루고 프레보 신부와 사드 후작의 등장을 예고한다.

물론 피에르 카뮈의 목표는 도덕적인 것이었다. 그는 어떤 것도 신의 심판을 피할 수 없다는 얘기를 무엇보다도 하고 싶었다. 그래서 브레몽 신부는 그를 엄격한 도덕을 구체적 사례로 가르치고자 했던 신앙심 깊은 소설가로 분류한다.[32] 그러나 브레몽이 그를 '정감 가는'(aimable) 작가라고 본 데에는 이론의 여지가 있을 듯하다. 이 불안한 고위성직자가 가장 신랄하게 공격한 죄가 바로 자살이다. 그는 이 죄를 유명한 역사적 예화들로 설명하는데 「어머니 메데아」에서는 한 여자가 남편이 바람을 피우자 네 명의 자식들을 토막 내어 죽이고 스스로 목을 벤다. 또한 「분별없는 절망」에서는 한 일꾼이 화를 못 이겨 아들을 죽인다. 그 아내는 이 사실을 알고 아기를 불 속에 처넣고 스스로 목을 맨다. 「후회의 힘」에서는 상심한 연인이 자기와 바람을 피우는 여자의 남편에게 사실을 고한다. 여자는 집에서 쫓겨나 시름시름 앓다 죽는다. 연인은 자신의 배반을 고백하고 음독자살한다. 남편은 자신이 짓지 않은 죄로 부당하게 고발당하지만 저항 없이 유죄판결을 받아들인다. 「성급한 질투」에서는 아내가 남편을 살해하고 칼로 자기 배를 찔러 자살한다. 「신심 깊은 쥘리」는 실화에 바탕을 두었다. 이 이야기에서 몽탕주 남작은 자기가 좋아하는 여자가 수도원에 들어가 버렸기 때문에 자살하려 한다. 「핏빛 순결」에서는 한 젊은이

---

32 Bremond, *Histoire littéraire du sentiment religieux en France I: L'humanisme dévot, 1580-1660.*

가 수도사가 되기로 결심한다. 부친은 그 결심을 막기 위해 육체의 쾌락을 이용하기로 작정하고 아들의 침대에 벌거벗은 아가씨를 들여보낸다. 그 젊은이는 칼로 제 몸을 찌른다. 게다가 주교까지 지낸 이 작가는 교수대에서 썩어 가는 자살자들의 끔찍한 시체들까지 일일이 묘사한다. "절망한 그 둘은 재판에서 명한 대로 거꾸로 매달려 뭇사람들에게 본이 되었고 [시신이 다 썩은 후에는] 죽은 나귀들을 묻는 곳에나 던져 넣음이 마땅했다."

악은 절망을 낳고 절망은 자살이라는 용서받지 못할 죄로 이어진다는 것이 그의 교훈이다. 그러나 이렇게 도덕적 구실을 앞세움에도 불구하고 『무서운 구경거리』에 등장하는 끔찍한 장면들은 독자를 불편하게 한다. 이러한 살육을 꾸며 주는 일부 논평들은 더욱 의심을 자아낸다. 피에르 카뮈는 자신이 여인과 동침하느니 자살을 택한 젊은이 편이라는 것을 숨기지 않는다. "이 행위를 두고 여러 가지 판단이 있으니 어떤 이는 무분별한 혈기를 비난하고, 어떤 이는 잔인하게 자기 자신을 살해했다 흥본다. 또 다른 이들은 그를 우러러 받들었다. 나 자신도 비난보다는 찬양하고 싶은 쪽이다. 후자에 찬성하며 고백하노니 …… 그에 반대되는 살벌한 판단은 다소 무모하게 나온 것일 수밖에 없다."

게다가 저자는 강간당하지 않기 위해 자결한 처녀의 행동도 찬양한다. 「명예로운 절망」에서도 그는 포위된 도시에서 아내와 딸을 먼저 죽이고 자살한 한 사내의 이야기를 전한 후에 이처럼 놀라운 결론을 내놓는다. "절망과 치욕이 예속과 결합할 때에 명예를 탐하는 영혼은 이마에 영원한 불명예를 남기고 새날을 맞느니 서둘러 죽기를 골백번 바랄 것이다. …… 내가 보여 주려는 장면이 …… 그리스도교의 금언들과 다소 충돌하는 결과를 낳을 줄은 안다. 그러나 그 이면을 들여다보면, 비록 용감한 영혼이 수치를 두려워한 탓에 자연의 한계와 의무를 넘어섰다 해도 이는 단순히 명예로운 절망의 결과다. 그러한 절망은 자기 자신을 죽였으나 역사적으로 늘 칭송받아 온 위대한 카토의 절망과도 비슷하다."[33]

마지막으로 「시칠리아의 순교자들」에서 젊은 이교도 여인은 사랑하는 아가톤이 그리스도교인이라서 그와 결혼하지 못하는 사정 때문에 자살을 결심한다. 아가톤은 그가 믿는 종교가 자살을 금하기 때문에 안타깝지만 자신은 그녀의 뒤를 따를 수 없다고 말한다. 여인은 비통하게 말한다. "여자만큼도 도량과 용기가 없다는 수치심으로 죽겠군요!" 그러자 아가톤은 "최악의 상황이 온대도 함께 죽읍시다"라고 결론을 내린다.

이 이야기들의 교훈은 어떤 종류의 죄든 그보다는 죽음이 낫다는 얘기인 듯하다. 피에르 카뮈가 이단 척결과 교구 재정비에 얼마나 열성적이었는가를 볼 때에도 이 결론은 재확인된다. 그는 병적이랄 만큼 육욕을 증오했기에 순결을 지키기 위한 자살에 동의한다. 어쨌든 이 피비린내 나는 이야기들의 심란한 분위기는 새로운 순수에 대한 바로크 시대의 요구와 불안이 일부 사람들에게 유발한 심리적 불균형의 증거다.

프로테스탄트 신학자와 도덕주의자

프로테스탄트 신학자와 도덕주의자 들은 가톨릭에 비해 좀더 단호하게 자살에 반대했던 것으로 보인다. 영국과 스코틀랜드에서 영국 국교도, 청교도, 장로교도 들은 결의론자들처럼 미묘한 차이를 구별하지 않고 하나

---

33 J. -P. Camus, *Les spectacles d'horreur où se découvrent plusieurs tragiques effets de notre siècle*, Paris, 1630, p.312.

같이 자살에 반대했다. 1580~1680년 사이에 이 주제에 대해서 글을 쓴 신학자와 도덕주의자 들의 인상적인 명단은 셰익스피어, 프랜시스 베이컨, 존 던의 나라에서 자살이 얼마나 민감한 문제였는가를 보여 준다.

1583년에 윌리엄 펄크는 자살자는 무조건 지옥에 간다고 했다.[34] 1585년에 옥스퍼드 교수 존 케이스는 자살을 비겁행위로 보았고 카토, 브루투스, 안토니우스의 자살도 마찬가지라고 했다. 심지어 미친 사람이나 어린이도 단죄를 피할 수 없다. "나는 어린아이의 나이가 죄를 완전히 씻어 주지는 않는다고 생각한다. 바보의 무지도, 미친 사람의 병든 정신도 그 점은 마찬가지다."[35] 1586년에 티모시 브라이트는 우울증을 비롯한 어떤 구실로도 자살은 용서받을 수 없다고 썼다.[36] 1591년에 헨리 스미스가 같은 태도를 보였고,[37] 1593년에 리처드 후커는 조금 융통성을 발휘했다.[38] 1594년에 존 킹은 자살이 자연에 반하는 행위라고 했고[39] 1596년에 앤서니 코플리는 자발적 죽음에 반대하는 장문의 우의시를 썼다.[40] 한편 윌리엄 휘태커는 성경 속의 자살 예화들조차 공격하고 『마카베오서』는 엘레아잘과 라지스의 자살을 미화하기 때문에 성경에 포함되어서는 안 된다는 성 아우구스티누스의 의견에 동의한다. "라지스는 용감하다고 칭송받을 자격이 없다. 폭군의 손아귀에 넘어가지 않기 위해 자살하는 것

---

34 W. Fulke, *A Defense of the Sincere and True Translations of the Holy Scriptures into the English Tong*, London, 1583. 여기에 언급한 신학자들은 Paulin, *Du couteau à la plume*, pp.52~65에서 재인용.
35 J. Case, *Speculum quaestionum moralium*, Oxford, 1585.
36 T. Bright, *A Treatise of Melancholie*, London, 1586.
37 H. Smith, *A Preparation to Marriage*, London, 1591.
38 R. Hooker, *Of the Laws of Ecclesiastical Polity*, London, 1593.
39 J. King, *Lectures upon Ionas delivered at Yorke in the Yeare of Our Lord 1594*, Oxford, 1597.
40 A. Copley, *A Fig for Fortune*, London, 1596.

6장 · 17세기 집권층의 대응: 자살을 억압하다 **203**

은 용감한 인간의 죽음이라기보다는 비겁자의 죽음이다. 성령은 카이사르의 손에 넘어가지 않으려고 자살한 카토를 떠받드는 이 세상 사람들과 같은 기준으로 용기를 판단치 않으신다. 그는 두려워 그랬거나, 카이사르를 보고 싶지 않아 그랬거나, 끔찍한 행위로 명성을 남기고 싶어서 그랬을 것이기 때문이다. 이렇듯 그는 절망 혹은 번민, 그 밖의 정신적 동요에 짓눌리고 파괴되었다. 이러한 동기 중에서 그 무엇도 진정한 용기와는 상관없다. 고로 성 아우구스티누스께서는 그러한 범죄가 칭송되는 책들을 정경에서 제외해야 한다고 옳은 말씀을 하셨다."[41]

1600년에 훗날 캔터베리 대주교가 되는 조지 애벗은 요나의 경우를 들어 전통적인 논증들을 재탕한다. 우리는 신의 허락 없이 삶을 떠날 수 없으니 자살은 금지되었다.[42] 1600년에 윌리엄 본은 『황금 과수원』에서 같은 견해를 피력했다. 하지만 초판에서는 자살을 한 장(章)에서만 다루었던 데 반해, 1608년의 재판본은 열여섯 장을 할애했다. 17세기 초에 이 주제가 주목을 받았다는 또 다른 증거라 하겠다. 본의 대대적인 자살반대론은 상당한 반박에 대한 그의 불안과 비례하며 자살이 그에게 불러일으키는 공포를 잘 보여 준다. 그는 자살이 연약한 영혼에서 태어난 절망의 소산이며 신에 대한 모욕이라고 본다. 자살은 국가에서 한 백성을 앗아간다. 자살은 성경에도 금지되었다. 자살을 용인하는 것처럼 보이는 일부 대목들은 외경(外經)에나 속한다. 교부들, 도덕주의자, 법은 자살을 단죄한다. 루크레티아와 카토는 약해 빠진 자들이니 특히 카토는 "절망에 빠져 자살하느니 팔라리스의 청동 황소[43]에 갇혀 고문당하는 편이 나았

---

41 Paulin, *Du couteau à la plume*, p.55에서 재인용.
42 G. Abbot, *An Exposition upon the Prophet Ionah*, London, 1600.
43 팔라리스의 청동 황소는 사람을 산 채로 넣어 불을 피워 죽이는 형틀이다. ─옮긴이

을 것"이다. 삼손과 요나는 특별한 부름을 받았으니 괜찮지만 순결을 지
키고자 자결한 처녀들은 과오를 범했다. 심지어 고문에 못 이겨 하느님의
영광에 누가 되는 짓을 할까 봐 자결한 자들도 죄지은 자들이다. 요컨대
"사람에게 자살보다 더 불경하고 저주받을 만한 죄는 아무것도 없다". 자
살자의 운명이 결국 어찌 되는가는 신께서 결정하실 일이다.[44]

같은 해인 1608년에 청교도 결의론자 윌리엄 퍼킨스가 신의 자비를
의심하는 것보다 더 큰 죄는 없기 때문에 절망에서 빚어진 모든 자살은
죄라고 선언한다.[45] 1614년에 앤드루 윌릿도 모든 자살을 단죄했다. 이교
도들의 자살은 신앙의 명령을 받든 것이 아니므로 아무런 가치가 없다.
라지스의 자살도 『마카베오서』는 정경으로 칠 수 없으니 가치가 없다. 절
망에 빠져 자살한 아히도벨은 유다의 전조에 지나지 않으며 사울 왕도 그
점은 마찬가지다. 자살자들은 모두 비겁한 인간들이다.[46]

1618년, 조지 스트로드는 조금 다른 시각을 보여 준다.[47] 물론 모든 상
황에서 자살은 유죄다. 스스로를 벌하고자 했든, 삶에 지쳐서 그랬든 자
살은 오만과 잔인함의 증거밖에 되지 않는다. 자신을 사랑하지 않는 사람
은 아무도 사랑하지 못한다. 사울, 아히도벨, 지므리, 유다는 자살은 악인
들이나 한다는 증거다. 자살을 하면 불행을 피할 수 있다고 믿는 이교도
들은 착각의 희생양이지만 그리스도교인의 자살은 결코 용서받지 못한
다. 그러나 자살까지 가지는 않더라도 차라리 죽기를 바라는 상황은 있을
수 있다. 더 이상 주님이 영광을 받지 못할 때, 악인들과 더불어 살고 싶지

---

44 W. Vaughan, *The Golden-Groue*, London, 1608 [1600].
45 W. Perkins, *The Whole Treatise of the Cases of Conscience*, London, 1608.
46 A. Willet, *An Harmonie upon the First Book of Samuel*, Cambridge, 1614.
47 G. Strode, *The Anatomie of Mortalitie*, London, 1618.

않을 때, 주님에 대한 모욕을 중단시키고 싶을 때, 삶의 역경과 고난을 생각할 때, 그리스도와 온전히 하나가 되고 싶을 때. 이러한 동기들은 '자기 망각'을 설파하는 신비주의자들에게서도 발견된다. 세속과의 모든 접점을 거부하는 그들의 행위는 자살과 비슷한 면이 있다.

자살을 단죄하는 이들의 명단은 아직도 한참 남았다. 1620년에는 존 윙이, 1621년에는 조지 헤이크윌이 아무리 비극적인 상황에서도 자살은 불가하다고 주장했다(악처를 만나 우스꽝스러운 처지가 된 남편의 자살도 어쩔 수 없다).[48] 존 애버네시는 종교적 절망에 빠져 자살한 자들은 용서받을 수 없다고 맹비난했다. 정신적으로 약해 빠진 우울증 환자들이 신의 자비를 믿지 못하여 생각을 잘못한 탓에 회개의 가능성을 날려 버린다는 것이다. 어차피 죽음은 우리를 찾아온다. 스코틀랜드에서 주교를 지냈던 애버네시의 증언은 종교적 절망에 의한 자살이 그의 교구 안에서도 드물지 않았음을 보여 준다.[49] 1629년에 너새니얼 카펜터는 자살을 비겁행위로 간주하고 이교도들의 자살도 마찬가지라고 했다. 우리는 신앙, 정의, 조국을 지키기 위해서만 위험을 무릅써야 한다.[50] 1633년에 리처드 카펠은 사탄이 자살의 원흉이라고 상기시킨다.[51] 피터 바커는 같은 해에, 윌리엄 가우지는 한 해 뒤에 모든 종류의 지나침에서 비롯될 수 있는 간접적 자살을 다루었다. 과식과 과음, 지나친 분노는 물론, 지나친 금욕도 삼가라는 이 경고는 가톨릭주의자들을 겨냥한 것이었다. 직접적 자살은 사탄이 사주한 것이니 더욱더 단죄되어야 한다.[52] 1634년에 청교도 목사 존 다

---

48 J. Wing, *The Crowne Conjugall or the Spouse Royall*, Middelburg, 1620; G. Hakewill, *Kings Davids Vow for Reformation*, London, 1621.

49 J. Abernathy, *A Christian Adviser and Heavenly Treatise*, London, 1623.

50 N. Carpenter, *Achitophel or the Picture of a Wicked Politician*, London, 1629.

51 R. Capel, *Tentations*, London, 1633.

우네임은『그리스도교의 투쟁』에서 자살을 다룬다.[53] 우리는 주님의 군대에서 각자 맡은 소임이 있으니 그 소임을 넘겨줄 때까지는 어떻게든 버텨야 한다. 우리의 선택은 삶의 역경을 참고 견디든가 영원한 지옥에 떨어지든가 둘 중 하나다. 성인들은 우리에게 길을 보여 주었다. 삼손을 제외한 성경의 모든 자살자들은 비난받는다. 신, 교회, 사회, 가족이 우리에게 이 행위를 금한다. 1638년에 리처드 영은 쇠약, 절망, 자살로 이끄는 과격함을 경계하라 이른다.[54]

설교자와 신학자 들은 지루한 자살반대론을 쉬지 않고 곱씹었다. 1642년에 앤드루 랜슬롯이 그랬고,[55] 1645년에 헨리 해먼드가 이후 50년간 열네 번이나 재출간될 교리문답서에서 그리했다.[56] 청교도 윌리엄 페너는 1648년에 발표한 책에서 자살을 대죄로 규정했다.[57] 토머스 풀러는 1653년에 그랬고,[58] 에드워드 필립은 1658년에 출간한 사전에서 자살을 짐승만도 못한 짓이라 했다.[59] 제레미 테일러는 1660년에 자비는 우리가 우리 자신에게 품는 사랑으로 가늠된다고 했다.[60] 토머스 필리포는 1674년에 자살하고 싶은 우울감을 피하는 방법들을 제시한다.[61]

이 이야기들은 모두 똑같은 논증을 취하고 있기 때문에 독창성이 거

---

52 P. Barker, *A Learned and Familiar Exposition upon the Ten Commandments*, London, 1633; W. Gouge, *Of Domestic Duties*, London, 1634.
53 J. Downame, *The Christian Warfare*, London, 1634.
54 R. Younge, *The Drunkard's Character*, Lyon, 1638.
55 L. Andrewes, *The Morall Law Expounded*, London, 1642.
56 H. Hammond, *Practical Catechism*, London, 1645.
57 W. Fenner, *Wilfull Impenitency, the Grossest Self-Murder*, London, 1648.
58 T. Fuller, *A Comment on the Eleven First Verses of the Fourth Chapter of S. Matthew's Gospel Concerning Christs Temptations*, London, 1653.
59 E. Phillips, *The New World of English Words or a General Dictionary*, London, 1658.
60 J. Taylor, *Ductor dubitantium or the Rule of Conscience*, London, 1660.
61 T. Philipot, *Self-homicide Murther*, London, 1674.

의 없다. 그렇지만 윌리엄 데니 경이 1652년에 『펠리카니시디움』에서 지적한 대로 똑같은 얘기가 이렇게까지 많이 나왔다는 것 자체가 실제로 문제가 있다는 증거다.[62] 데니 경은 자살의 급증과 존 던의 『비아타나토스』 출간에 위기의식을 느꼈노라 고백한다. 그는 "비슷한 행위가 자주 일어나 어느 정도 시간이 흐르면 관습상 정당화되거나 최근 출간된, 자살이 적법할 수도 있다는 역설이 권위를 얻을까 걱정이 되어" 이 책을 쓴다고 밝힌다. 데니 경은 사랑, 질투, 우울, 방탕, 파산, 후회, 종교적 과격파들의 심한 양심의 가책 등 자살의 동기들을 고찰한다. 그렇지만 자살에 반대하는 그의 논증들은 매우 구태의연하다. 신, 이성, 자연, 국가, 가족이 우리에게 자살을 금지한다는 것이다. 그리스도는 죽음으로 모든 죄를 대속하셨으니 절망할 이유 따위는 없다.

토머스 브라운과 자살의 실존적 문제

자살 문제에 천착한 영국인 중에서도 토머스 브라운 경은 『렐리기오 메디시』에서 1670년의 한 편지에 이르기까지 깊은 성찰을 보여 주었다.[63] 그의 행보는 세 가지 수준——개인적으로, 아버지로서, 이론적으로——에서 인간적이고 실존적인 가치가 있다. 그러한 가치는 순수한 신학이나 추상적인 도덕론에 입각하여 논지를 펼쳤던 이전 저자들에게서는 볼 수 없다. 브라운의 다양한 시각은 특히 실제 자기 삶의 문제를 연구했던 개인

---

62 W. Denny, *Pelicanicidium: Or the Christian Adviser against Self-Murder*, London, 1652.
63 T. Browne, *Religio medici*, ed. J. Winny, Cambridge, 1963 [1635]; *Urne-Burial*, 1658; "A Letter to a Friend upon Occasion of the Death of his Intimate Friend", *The Works of Sir Thomas Browne*, ed. G. Keynes, 1928~1931.

의 모순과 변화를 잘 보여 준다.

브라운은 '중도'를 믿는 온건주의자로서 상식과 지혜를 영웅심보다 높게 쳤다. 『렐리기오 메디시』에서 그는 자살, 심지어 이교도의 자살조차 마뜩잖게 여긴다. 카토는 우러를 만한 영웅이 아니다. 그가 삶에 정면으로 부딪쳤으면 더 좋았을 것이다. 스카이볼라와 코드로스 사람들의 성급함보다는 욥의 인내가 더 낫다. 그래도 스토아주의자들이 그네들의 종교 안에서 불치병으로 쇠약해지느니 죽기를 더 선호한 것은 잘못이 아니다. 하지만 그리스도인이라면 얘기가 다르다. 신앙을 위해 순교하라고 선동하는 자들은 광신도에 지나지 않는다. "지상에서 성인품에 오를지라도 천국에서는 성인으로 인정받지 못할 이들도 당연히 있다. 그들은 역사와 순교론에서는 명성을 날릴지언정 주님이 보시기에는 소크라테스가 순교자가 아니듯 그들 또한 순교자로 인정받지 못한다." 지혜와 절제가 무엇보다 우선이다.

20년 후인 1658년, 저자도 삶에 지친 탓일까, 『호장론』(壺葬論)에서는 좀더 고대인들에게 관대한 태도가 엿보인다. 당대 의사 기 파탱의 증언에 따르면 당시 53세였던 브라운은 우울증 기미가 있었다고 한다. 그는 영적이고 신비주의적인 자살의 유혹을 느꼈기에 저세상의 축복을 생각하며 "삶이라는 순교"를 논한다. 또한 단테가 "불멸을 격려치 않고 삶을 경시했던" 에피쿠로스를 지옥에 간 것으로 묘사했다고 비난했다.

하지만 1667년에 해군장교로 복무하던 아들 톰이 항복하느니 자살을 택했던 로마인들을 찬양하자 브라운은 고대인들에 대한 관용을 싹 철회한다. 그는 아들에게 이런 편지를 썼다. "네가 그들을 닮고자 한다는 것은 있을 수 없는 일이다. 네가 그러한 유혹에 빠지지 않도록 항상 신께 기도하지 않을 수 없구나." 플루타르코스 영웅전에도 명예롭게 항복한 군인과 대장 들의 예가 많이 있다. 브라운은 이때부터 좀더 정통적인 입장으로 돌아갔다. 고대인들을 좋게 보는 견해를 버리고 스토아주의적 행위에서 비겁함을 보게 된 것이다.

그의 태도는 지식, 신학, 일반도덕의 문제로서의 자살과 구체적인 삶의 문제로서의 자살을 가르는 간격을 잘 보여 준다. 앞에서도 말했지만 자살에 대해 말이 많은 사람, 이 문제를 공개적으로 제기한 사람과 실제로 자살하는 사람은 별개다. 몽테뉴, 샤롱, 셰익스피어, 베이컨, 던은 폭탄 같은 문제를 건드렸다. 그들은 그 문제에 대한 망설임을 쏟아 놓음으로써 폭탄의 뇌관을 제거했을지 모르지만 성찰보다 행동을 선호하는 다른 이들에게 그것은 치명적이었다. 이는 자살에 대한 글쓰기의 책임이라는 문제를 제기한다. 의사이자 철학자였던 브라운은 교양과 성찰을 통해 자살의 상대적 가치만을 보았다. 반면, 군인이었던 아들은 영웅적 자살의 구체적 사례에 매료됐고 깊이 있는 안목을 지니지 못했기에 자칫 유혹에 넘어갈 소지가 있었다. 경각심을 느낀 아버지는 아들에게 위험을 경고한다. 이렇게 자살은 순전히 사적인 문제, 엄격한 개인의 결단이자 실제 상황에 부딪혀 본 사람과 생각을 교환해야만 해결할 수 있는 문제이기도 하다.

악마 타령은 여전히

17세기 영국의 신학자와 설교자 들은 신학과 도덕의 고전적 논증들을 내세우는 데 그치지 않았다. 그들은 자기살해를 악마의 소행으로 규정하는 운동을 재개하고 확산했다. 리처드 그리넘은 "오늘날 많은 이가 사탄에 내몰려 스스로 목숨을 끊는다"고 썼다. 존 머크, 토머스 비어드, 조지 애벗, 랜슬롯 앤드루스, 존 심, 리처드 길핀의 생각도 마찬가지였다. 특히 길핀은 1677년에 "사탄은 우리 몸과 영혼을 망치려 하고 곧잘 사람들을 자살로 유혹한다"[64]고 했으며 악마가 우리를 자살로 이끄는 여덟 과정을 목록으로 정리했다. 청교도들의 수많은 고백록과 자서전도 악마의 유혹을 증언한다. 느헤미야 월링턴은 물론이요, 해나 앨런도 1683년에 출간한 저서에서 사탄이 어떻게 "그의 깊은 우울을 이용하여" 자살 충동을 부추겼는지 썼다.[65] 침례교도 헨리 워커는 1652년에 자기 마을사람들의 증언을 모아 책으로 펴냈는데 그중 상당수가 악마에게 자살의 유혹을 받았다고 했다.[66]

찰스 해먼드는 '인간에 대한 악마의 잔혹성'을 이야기하는 민요시에서 1663년에 할복자살한 조지 깁스의 이야기를 다루었다. 이 가련한 사내는 무려 여덟 시간 동안 단말마의 고통에 시달리며 여러 차례 악마의 유혹에 저항하다가 기어이 굴복하고 만 사연을 이야기한다. 존 버니언의 1678년 작 『천로역정』은 크리스천과 소망이 절망이라는 거인의 유혹에 빠져 감옥에 갇히고 마는 우의적 장면을 그려 냈다. "그는 그들에게 결코 여기서 탈출하지 못할 터이니 칼이나 비수나 독으로 스스로 목숨을 끝내는 수밖에 없다고 말했다. 그는 '삶에 이 같은 쓰라림이 있는데 어찌 살기를 선택하겠는가?'라고 했다." 몬머스 반란에 가담했다가 유죄를 선고받고 1685년에 자살한 로저 롱은 스스로 목숨을 끊는 자들이 "걸핏하면 인간을 망치고 죄의식을 자극하여 절망적인 절망(désespérant désespoir)에 빠뜨리는", "인류의 원수"에게 희생된 자들이라고 했다.[67]

64 R. Gilpin, *Daemonologia sacra; or a Treatise on Satan's Temptations*, London, 1677.

65 H. Allan, *Satan, His Methods and Malice Baffled*, London, 1683.

66 H. Walker, *Spiritual Experiences of Sundry Believers*, London, 1652.

67 *A Sad and Dreadful Account of the Self-Murther of Robert Long, alias Baker*, London, 1685.

17세기 가톨릭과 프로테스탄트가 앞다투어 열어 놓은 전망 앞에서 어떻게 절망하지 않을 수 있을까? 그들은 거의 모두 선택받은 자가 극소수라는 데 동의했다. 장 바티스트 마시용도 금욕적인 칼뱅교도들보다 낙관적이었다고 할 수 없다. "그럼 누가 구원받을 수 있을까? 친애하는 독자들이여, 그런 자는 극소수다. 여러분도 변화하지 않는 한, 구원받을 수 없을 것이다. 여러분과 비슷한 사람들, 많은 사람들은 구원받지 못한다." 마시용은 「선택받은 소수에 대하여」라는 설교에서 이렇게 선언했다.[68] 하느님은 60만 히브리 사람 중에서 여호수아와 갈렙만을 구해 주었다. 그러니 오늘날이라고 해서 더 많은 사람이 구원받겠는가? 말브랑슈도 결코 관대하지 않다. "형제들이여, 우리의 실족은 확실하오. 천 명 가운데 스무 명이나 구원받을까 모르겠소." 예수회와 얀센파도 확신한다. "그리스도교에서 선택받은 이가 극히 적다는 점만큼 충격적인 진실은 없다." 피에르 니콜은 이렇게 썼다.

따라서 17세기의 자살 동기 중에서 종교적 절망이 차지하는 비중이 높은 것도 무리는 아니다. 종교개혁과 반종교개혁이 지나치게 공포를 조장했기에 기대했던 것과 다른 역효과가 났다. 정신적으로 약한 사람들이나 일시적 위기를 겪는 사람들이 구원받지 못할 거라는 절망 때문에 성급히 죽음으로 달려갔다. 지옥행이 확실하다면 언제 가느냐가 뭐 그리 중요하겠는가? 앞으로 보겠지만 당시에는 영적으로 뛰어난 수많은 작가들도 이 절망에 굴복할 뻔했고 신비주의에서 자살 충동을 달랠 방도를 찾기도 했다. 그러니 영적으로 잘 무장되지 않은 신도들은 얼마나 많이 그 충동에 넘어갔겠는가?

---

68 이 주제에 대해서는 G. Minois, *Histoires des enfers*, Paris, 1991, pp.284~288을 보라.

존 심은 자살에 좀더 이성적으로 접근했다. 템스 강 하구의 작은 고기 잡이 항구 리(Leigh)에서 영국 국교회 목회활동을 했던 심은 1637년에 전적으로 자살만을 다룬 최초의 책 『자기살해를 예방하는 생활, 혹은 삶과 자살에 관한 유용한 논고』를 발표했다(존 던의 『비아타나토스』는 여전히 미출간 원고 상태로 있다가 10년 후에야 빛을 보게 된다). 이 책의 목표 또한 앞에서 말했던 불안을 재확인시켜 주는 자살에 호의적인 생각들을 반박하는 데 있었다. 하지만 심의 책은 자살의 심리를 기술하려 했다는 점에서 새로웠다. 그는 자살자가 죽음 그 자체보다는 죽음 너머의 선과 치료약을 원한다고 보았다. 자살 결심에는 순수한 이성보다 정념과 상상력이 더 큰 역할을 한다. 어떤 이들은 복수를 위해서, 이를테면 자신을 괴롭히는 자들의 양심에 자기 죽음의 책임을 떠넘기기 위해서 자살한다. "다른 이들에게 공격을 당하고도 그런 일을 시정하게 하거나 보상받지 못하는데, 자기가 죽으면 그들에게 수치심이나 피해가 돌아갈 수 있다는 생각이 든 것이다. 주로 여성이나 조건과 수단이 열악한 자들, 이를테면 유부녀와 하인, 혹은 이들과 비슷한 자질을 지닌 사람들이 이러한 동기에서 자살을 택한다."[69]

존 심은 또한 자살자의 상당수는 자기 행위에 책임이 있다고 보기 어렵다고 했다. 미치광이, 어린애, 노망난 사람뿐만 아니라 심각한 불의에 고통받는 가난뱅이들이 그렇다. 그는 작은 어촌에서 목회를 했기 때문에 안타까운 사례를 많이 보았다. 그런 점에서 심은 신학자들보다 다소 인간적인 태도를 보여 준다. 그는 자기 의도를 명백히 알면서도 일부러 자살한 자들만 죄가 있기 때문에 유죄를 선언하기 전에 먼저 자살의 원인과

---

69 Sym, *Lifes Preservative against Self-Killing*, p.236.

동기, 자살자의 정신적 능력을 알아보아야 한다고 했다. 따라서 자살을 효과적으로 억제하려면 자살의 원인을 공략해야 한다. "자살이라는 행위를 반박하는 논증을 펼치는 것보다는 …… 자살이 일어나게 한 원인과 동기를 발견하고 제거하는 것이 더 낫다."[70]

그렇지만 심이 자살에 너그러운 태도를 호소했다고 보기는 어렵다. 그 점에 관한 한, 목회자보다 신학자의 면모가 두드러지며 그의 단죄는 가차 없다. "자기살해의 특수한 사례들을 살펴보면 하나같이 지탄할 만하고 영벌을 받을 만하니 자살자는 구원받지 못하며 그럴 수도 없다는 결론을 확실히 내릴 수 있다."[71]

자발적 죽음을 정당화할 수 있을 것처럼 보이는 모든 동기와 원인 이면에는 사탄과 그의 도구, 즉 교만, 절망, 불신이 있다. 이것들은 자살을 부추기는 죄다. 심의 자살반대론은 자살이 신, 사회, 인간에 반하는 행위라는 고전적 논증을 그대로 답습한다. 재상이나 왕처럼 공동체에 더 유익한 존재를 구해야 할 때가 아니면 인간은 자기 목숨을 위험에 노출시킬 수 없다. 심의 사유는 다소 근대적인 면모가 엿보이기는 하나 신학자와 도덕주의자 들이 쌓아 올린 거대한 방벽에 돌 하나를 더 보탤 뿐이다.

이론서의 강경한 태도는 교회법과 종교회의의 구체적 규약들에서 재발견된다. 각 지역 공의회(1577년 리옹, 1583년 랭스와 보르도, 1586년 캉브레, 1587년 샤르트르)는 자살자에 대한 매장 금지를 다시 한번 촉구했다. 랭스 공의회는 자살자의 시신을 묻어 주는 사람까지 파문시킬 계획도 세웠다. 자살자들은 곧장 영벌을 받는 것으로 결정되기 때문에 위령기도조

---

70 Sym, *Lifes Preservative against Self-Killing*, p.323.
71 *Ibid.*, p.293.

차 금지되었다. 이미 묻힌 자들도 무덤에서 쫓겨났다. 레스투알의 일기에도 1596년에 재판에서 지고 자살한 사람이 자신들의 수완 덕에 파리 생 이노상 묘지에 묻혔으나 나중에 무덤이 파헤쳐졌다는 기록이 있다.

법학자들이 두었던 구분

세속의 법은 자살자에게 항상 엄했고 로마법의 영향력은 약화되었다. 그러나 16, 17세기 법학자들은 서로 다른 입장을 보였다. 이를테면 뒤레는 1572년에, 샤스뇌는 1573년에 순전히 로마법에 의거하는 태도를 보여 주었다.[72] 샤스뇌는 죄를 짓고 자살한 사람의 재산만을 환수할 수 있다고 주장했다. 하지만 그들은 예외적인 법학자들이었다. 장 드 코라스 같은 법학자는 1573년에 자살은 "극도로 저열하고 비겁하며 그리스도인에게 걸맞지 않은" 일이라고 썼다. 그럼에도 그는 시체모독형에는 반감을 표하며 "참으로 기이하고 한없이 비인간적이며 야만스럽게 느껴진다"고 했다.[73] 하지만 베르트랑 다르장트레는 1580년 작 『브르타뉴 신풍속』에서 브르타뉴 법에 주해를 달며 거리낌 없이 "이교도들조차 자살을 배격하며 그나마 그 시대에는 구실이라도 있지만 오늘날 그리스도교 세계에서는 구실이 통하지 않는다. 자살자는 계속해서 재산을 몰수하고 시신에 처벌을 가해야 한다"고 썼다.

다르장트레와 같은 앙주 사람 피에르 에로는 그렇게까지 깐깐하지

---

72 Duret, *Traité des peines et amendes*, Lyon, 1572; Chasseneux, *Commentarii in consuetudinus ducatus Burgondiae*, 1573.

73 Jean de Coras, *Arrest mémorable du parlement de Tholose contenant une histoire prodigieuse*, Paris, 1572.

않았다. 자살은 질타당해 마땅하지만 시체모독이 과연 정당한 일일까? 에로는 1591년에 『시체, 재, 기억, 동물, 무생물, 죄에 책임이 있으나 법정에 나타나지 않은 사람에 대하여』라는 법학 논문에서 이 같은 의문을 제기한다. "그림자를 상대로 싸우다니 우습고도 무력하며, 잔인하고 야만적이기까지 한 일이 아닌가? …… 우리는 죽음이 죄를 지우고 멸한다 말하지 않는가? 도대체 죽은 사람에게 뭘 어쩌자는 건가? 그는 이미 휴식을 얻었으니 더는 우리와 볼 일이 없다. 이제 그들은 하느님과 볼 일이 있을 뿐이다. …… 신께서 그들을 부르시고 지고한 법대로 하실 것이 분명하다. 이미 자살을 기도한 자들에게는 앎을 일깨워 주시고 아직 그리 하지 않은 이들에게는 그러지 말라고 하실 것이다.

죽은 자가 또 죽을 수 있는가? 그의 빚은 재산과 목숨으로 빚쟁이들에게 이미 다 갚은 게 아닌가? …… 죽은 자를 두고 또 다른 죽음의 운명과 연약함을 들먹인다면 우리의 연약한 인간성, 덧없고 비참한 인간 조건을 조롱하는 셈이라고 말할 수 있지 않은가? …… 죽은 자를 규탄하고 처벌할 수 없음에도 그렇게 하려고 하니 파렴치한 짓이다."[74]

1603년 법학자 샤롱다스는 『관습법대전』에서 신체모독형과 재산몰수형 그 자체를 문제 삼진 않았으나 이러한 벌은 삶에 대한 권태나 자신이 지은 죄를 후회하여 자살한 자들에게만 내리고 가난과 질병에 내몰린 자살자들에게는 내리지 않아야 한다고 했다.[75] 고메시오 데 아메스쿠아 (1604)와 에라스뮈스 웅에파우어(1609)를 위시하여 다수의 유럽 법학자들은 자기살해에 대한 교회법과 로마법을 비교해 보는 선에서 그쳤다.[76]

---

74 Ayrault, *Des procez faicts au cadaver, aux cendres, a la memoire, aux bestes brutes, choses inanimées, & aux contumax*, Angers, 1591, pp.3~4.
75 Charondas le Caron, *Somme rural avec annotations*, Paris, 1603.

안 로베르는 1611년에 앙주에서 일어난 재판에서 자살에 대한 전통적인 찬반론들이 동원되었음을 보여 준다. 우리는 여기서 자발적 죽음에 대한 논쟁의 시의성과 이제 막 제기된 반박들을 볼 수 있다.[77] 변호사 아르노는 자살죄로 전 재산을 몰수당한 사내의 유족들을 대변한다. 그는 자기가 변론을 맡은 사건이라는 차원을 넘어서서 카토, 스토아학파, 세네카를 동원해 가며 자살의 복권을 꾀한다. 아르노는 자살이 "불굴의 용기를 지닌 자가 시련과 역경에 시달리다가 결단을 내렸을 때, 혹은 끝장을 내기로 했을 때" 위대함과 용맹의 증거가 된다고 주장했다. 그는 그리스도교조차 일부 예외를 인정한다고 말한 후에 그래도 자살이 범죄라는 점은 틀림없다고 말한다. 그다음에는 다시 사건으로 돌아와 어쨌든 앙주에서 재산몰수형은 존재하지 않으며 자살한 사람은 제정신이 아니었을 것이라고 주장한다.

로베르는 반면에 기존의 논증들, 특히 병사는 자기 위치를 떠날 수 없다는 논증을 강조하며 자살을 죄로 규정하고자 애쓴다. 우리는 모두 주인의 노예요, 소유물이다. "죽음을 앞당기고 영혼과 신체의 구조물, 그 아름다운 조화를 성급히 흩뜨리고 풀어헤치는 자는 도망친 노예나 마찬가지 아닌가?" 로베르는 이교도와 그리스도교의 자살반대론자들의 말을 인용하여 재산몰수형을 정당화한다.

루아젤과 담하우더르는 더욱더 엄격한 시각을 피력한다.[78] 자살자의

---

76 Gomezio de Amescua, *Tractatus de potestate in se ipsum*, Panhorni, 1604; Erasmus Ungepauer, *Disputatio de autocheira singularis, homicidium suiipsius jurecivili licitum esse demonstrans*, Jena, 1607.

77 A. Robert, *Quatre Livres des arrests et choses jugées par la Cour*, Paris, 1611, book I, chap.12.

78 Damhoudère, *Praxis rerum criminalium*, Antwerpen, 1616.

시신은 끌고 다닌 후 매달아야 하고 자살기도를 한 사람도 벌을 받아야 한다. 1629년에 르브룅 드 라 로셰트가 같은 의견을 표했다.[79] 17세기 중반에 법학자 데페스는 대부분의 프랑스 지방에서 자살 혐의가 있는 죽음에 대해 취하는 절차에 찬동하는 글을 썼다. 일단 시신이 발견된 정황을 기술하는 조서를 작성하고 외과의사의 소견서를 받는다. 고인의 생활방식이나 품행, 자살 동기가 될 만한 것들도 조사한다. 그 후 친족들에게 조사 소견을 전달하고 자살로 판정이 나면 고인을 변호할 '관리인' (curateur)을 지명한다. 재판이 진행되는 동안 시신은 심한 부패를 막기 위해 모래나 소금에 묻어 두든가 생석회를 뿌려 보관한다. 판결이 떨어지면 시신을 찾아서 발에 엎어 놓고 매달아 질질 끌고 다닌다. 이때 중사가 행렬의 선두에 서서 처형 이유를 큰소리로 외치고 다닌다. 그다음에 시신을 교수대에 거꾸로 매달고 공개처형이 끝나면 죽은 말들을 처넣는 구덩이에 던져 넣는다. 데페스는 자기 자신에게 "참으로 끔찍하고 파렴치한 폭력"을 가한 이들에게 이러한 처사가 마땅하다고 했다. 미친 사람, 극빈자, 그 밖의 극단적인 불행에 시달려 제정신이 아닌 사람만이 이러한 판결을 피할 수 있다.[80]

모든 법관들은 죄악된 자살과 용서받을 여지가 있는 자살을 구분한다. 그래서 1662년에 르네 쇼팽은 자살은 타살보다 "훨씬 더 엄청난" 죄이지만 꼭 미친 사람이 아니더라도 "삶의 고뇌, 빚으로 인한 망신, 질병으로 인한 초조함" 때문에 스스로 목숨을 끊은 자에게는 유족을 위해 재산 몰수형을 면해 주어야 한다고 주장했다.[81] 1667년에 데메종은 자살이 "사

---

79 Lebrun de La Rochette, *Le Procès criminel*, Rouen, 1629.
80 Despeisse, *Œuvres*, vol.2, Lyon, 1660, pars 3; *Ibid.*, vol.1, pp.705~707.
81 R. Chopin, *Œuvres*, Paris, 1662.

218 2부 · 르네상스: 표명되었다가 억압된 문제

실상 가장 가증스러운 죄"라고 했다.[82]

카르댕 르 브레는 자살자들이 "모든 범죄자 가운데 가장 끔찍한" 자들이라고 했다. 하지만 그도 일반적 판단은 이렇게 엄격하게 내렸을지언정 그 판단을 차등적으로 적용함으로써 매우 인간적인 태도를 보여 주었다. 그는 재판에서 유죄판결을 받고 자살한 사람까지도 봐주는 선례를 남겼다. 또한 커다란 고통과 불행을 당하거나 정신적으로 약해진 사람이 자살을 했다면 그의 재산을 환수해서는 안 된다는 글도 썼다. "시련과 불운에 판단이 흐려져 조바심을 이기지 못한 자에게 또다시 수치와 재산몰수형을 가한다는 것은 비인간적인 처사다. 인간은 불행의 상(像)이자 무력과 연약함의 상이기도 하다. 그러므로 인간 조건에 가장 맞닿아 있는 연약함에는 우리의 판단과 의견을 굽힐 줄도 알아야 할 것이다."[83]

의학과 자살광증

1665년에 폴 샬린은 이와 비슷한 구분을 두어 "질병, 광란, 그 밖의 사고"로 자살한 사람들은 유죄판결에서 제외된다고 했다. 이 주장은 모든 자살을 처벌에서 면하게 할 소지가 있었다. 자살 그 자체가 어떤 식으로든 일종의 '사고'에서 비롯되지 않는가? 샬린은 "발작 혹은 광란"의 징후를 규정하면서 논점 선취의 오류를 범하기 때문에 모든 자살이 단죄를 면할 여지가 생긴다. 이는 샬린이 자기가 자기를 죽였다는 것 자체가 광란의 가장 좋은 증거라고 보기 때문이다. 그렇다면 자살한 사람들은 전부 미친

---

82 Desmaisons, *Nouveaux Recueils d'arrêts et réglements du parlement de Paris*, Paris, 1667.
83 C. Le Bret, *Œuvres*, Paris, 1689, p.349.

사람이라는 얘기 아닌가.[84]

로랑 부셸은 죄를 짓고 자살한 사람들에 대해서는 처벌을 유지하기 바랐다. 하지만 그들에 대해서도 실제 시신이 아니라 허수아비를 대신 처형하기 원했다.[85] 1665년에 법학자 기 코키유도 시체모독형에 대한 반감을 표했다. 그는 이 절차가 교회가 자살자의 매장을 거부함으로써 일종의 범죄를 만들어 냈기 때문에 존속되는 것인 양 말한다. 그는 세속법에 한해서는 "그들을 살인자처럼 단죄하고 재산을 몰수하지 않아야 한다고 생각한다"고 썼다. 왜냐하면 자살은 "이미 죽은 후에 생전의 일을 비난하기 위해서 조사를 해야만 하는 범죄"에 속하지 않기 때문이다.[86] 스키피옹 뒤 페리에도 샬린의 의견에 동의한다. 벌을 피하기 위해 자살한 사람들만 벌해야 한다. 그 외의 자살자들은 멜랑콜리에 빠졌을 뿐인데 그것도 일종의 정신이상이다.[87]

이 점에는 당시의 의학 이론들도 동감한다. 아마 17세기의 법학은 이미 정신병리학 논문들의 영향을 받았을 것이다. 위대한 의학자 토머스 윌리스(1621~1675)는 우울증이 발작적으로 일어나 급격한 자살 충동을 불러올 수 있다는 것을 보여 줌으로써 '조울증' 주기의 존재를 입증했다. "멜랑콜리가 지나간 후에는 광증과 몹시 비슷하고 정서적으로 쉽게 변하는 상태가 온다." 대부분의 다른 의사들은 두 증상이 병치되는 데에만 주목했을 뿐, 그 둘을 연결시키지는 않았다.[88]

윌리스의 설명은 학계는 물론, 법조계에도 상당한 반향을 일으켰다.

84 P. Challine, *Maximes générales du droit français*, Paris, 1665.
85 L. Bouchel, *La Bibliothèque ou Trésor du droit français*, Paris, 1615.
86 G. Coquille, *Œuvres*, vol.2, Paris, 1665, pp.35, 171.
87 S. Dupérier, *Œuvres*, Paris, 1759.
88 T. Willis, *Opera omnia*, vol.2, Lyon, 1682, p.255.

윌리스는 멜랑콜리가 "열이나 발작 없이 슬픔과 두려움을 동반하는 병"이라고 보았다. 멜랑콜리는 일종의 착란이요, 뇌에서 '동물 정기'(esprit animal)가 마구잡이로 설치기 때문에 일어나는 결과다. 이 정기는 정상 회로를 밟지 않고 뇌에 미세한 구멍을 내며 동요를 일으킨다. 이 비정상적인 흐름 속에서 동물 정기들은 "모호하고, 불분명하고, 암울해진다". 게다가 뇌가 어느 한 대상에 집착하거나 두려움과 슬픔으로 가득 차게끔──마치 부식 가스처럼──뇌의 기능을 망가뜨린다.

이처럼 자살 성향을 의학적·신체적으로 설명하려는 태도가 차차 등장했고, 이 태도는 자살자들의 책임을 면해 주고 그들을 살인자라기보다는 피해자로 바라보려는 방향으로 작용했다. 연구자마다 병의 원인에 대해 의견이 분분했으나 자살의 광기를 초자연적 원인, 악마의 개입으로 설명하려는 태도는 차츰 사라졌다. 자기 자신을 죽인 사람이 처음으로 사탄의 희생양이라기보다는 병자로서 조명되었다. 미셸 푸코가 지적했듯이 자살을 기도한 사람의 감금은 점점 늘었고 정신병동과 수용원에서도 환자에게 '자해 시도' 따위의 기재를 하는 일이 많아졌다. "이렇게 자살이라는 신성모독은 정신착란이라는 중립적 영역으로 합병되었다."[89] 자살을 기도했던 사람들은 다시 그런 일을 하지 못하도록 손을 묶고 버들가지 우리 같은 곳에 가두었다.

그렇지만 의학의 발전에 걸맞게 우울증을 다스리는 치료, 다시 말해 자살을 방지하는 치료도 존재했다. 당시의 상당수 의사들은 흑담즙이 혈액에 과다 분비되면 우울증 기질을 띠게 된다고 믿었다. 1662년에 모리츠 호프만은 수혈을 통해 우울증을 치료할 수 있을 거라고 생각했다. 이

---

89 Foucault, *Histoire de la folie à l'âge classique*, pp.108~109.

아이디어는 오랜 망설임 끝에 런던에서 실연에 의한 우울증 환자를 대상으로 실험에 옮겨졌다. 환자의 혈액을 10온스[약 280밀리리터] 채혈하고 그 대신 송아지의 피를 수혈한 결과, 환자는 성공적으로 완치된 듯했다.[90] 1682년에 에트뮐러가 다시 한번 이 치료법을 권장했으나 동물수혈법은 키니네를 주원료로 하는 약물요법에 밀려 금세 쇠퇴했다. 그 외에도 목욕, 여행, 음악을 치료법으로 제시하는 이들이 있었다. 18세기에 이르러 이 모든 유형의 치료들은 본격적으로 발전하게 된다.

신학자, 법학자, 결의론자 들은 모두 영혼은 광기에 손상을 입지 않는다고 보았다. 따라서 '미친 사람'이 무슨 짓을 했든 그에게 도덕적 책임은 없다. 데카르트식 사유의 흐름도 기계론적 시각에서 불안의 원인이 신체에 있다는 생각을 강화했다. 데카르트는 불안이 동물 정기가 마구잡이로 설치기 때문에 일어난다고 보았다. 한편, 말브랑슈는 관성의 법칙이라는 최신 발견을 이용해서 설명했다. 신은 우리에게 무한한 선으로 향하는 운동성을 어느 정도 불어넣었다. 그런데 영혼이 이 선을 향한 전진을 멈추면 제대로 사용되지 못한 운동성이 불안을 야기한다는 것이다.[91]

17세기의 법학자들은 이러한 철학적·의학적 흐름에 무감각하지 않았고 어떤 식으로든 심리적·생리학적 이유에서 기인한 자살에는 처벌을 내리지 않으려는 의지를 분명하게 보여 주었다. 그들은 자살이 악마의 소행이라는 설명을 버리고 자기살해가 원칙적으로 죄라는 주장은 유지하되 우울증에 의한 자살에 대해서는 차츰 책임과 처벌을 면해 주었다.

90 Foucault, *Histoire de la folie à l'âge classique*, p.329.
91 J. Deprun, *La philosophie de l'inquiétude en France au XVIIIe siècle*, Paris, 1979.

억압의 완화와 1670년 법령

이렇듯 더욱 강경해진 교회의 태도와 학문, 철학, 풍속의 변화에 민감한
세속법의 판결은 점점 더 간격을 넓혀만 갔다. 법학자 데메종이 전하는
1664년의 한 사건은 그 간격의 명백한 예화다.[92] 오세르 성당 참사회의 땅
을 소작하는 농가 아낙네가 자살했다. 가족은 사고사를 주장했고 묘지 한
구석에 매장을 해도 좋다는 판결을 받아 냈다. 참사원들은 이의를 제기하
고 이 일을 주교구 재판에 회부하여 "그녀가 남긴 여섯 명의 미성년자 자
녀들에게 손실이 가더라도 그 여인의 재산을 몰수하고자" 했다. 종교재
판소에서는 자살자의 시신이 묘지를 더럽혔다고 선언하고 단죄의 절차
에 착수했다. 참사회는 아이들이 안됐지만 자살은 자살이니 그냥 넘어갈
수 없다고 했다. 유족은 고등법원에 이 일을 회부하여 승소했다.

　이 사건은 가톨릭 종교개혁이 몰고 온 문화적 분위기 속에서 일어났
다. 1580~1620년 위기 이후로 교회는 교리, 사목, 도덕의 기반을 극도로
상세하게 다시 규정했고, 그 후로는 모든 영역이 요지부동이었다. 이러한
교계의 완강함에 비하면 법률학은 비교적 유연하고 이해심 있는 자세를
보여 주었다. 재산몰수라는 엄격한 법이 과부와 상속자 들을 도탄에 빠뜨
리지 않기 위해 굽히고 들어가는 경우는 매우 많았다. 르 브레도 앞에서
말한 오세르 재판의 예에서 관용이 관례로 굳어져 있음을 고등법원에 상
기시켰다. 그는 "법정은 비슷한 사례들에 대하여 지금까지 항상 대단한
관용을 보여 주었다"고 말한다.

　그러한 예들은 드물지 않다. 1630년경 피카르디아의 라 페르 인근에

---

92 Desmaisons, *Nouveaux Recueils d'arrêts et réglements du parlement de Paris*, p.123.

서 74세의 노인이 20세의 어린 아내와 부부관계를 제대로 맺지 못하는 것을 비관하여 자살했다. 3월 16일자 판결로 그의 재산은 환수되었으나 과부에게 1500리브르, 다른 상속인들로 추정되는 이들에게 1000리브르를 떼어 주었다.[93] 1634년에 툴루즈에서 한 여인이 자살했으나 상속인들은 로마법을 따랐기 때문에 재산몰수형을 면했다. 1670년에 법학자 이아생트 드 보니파스는 프로방스 법원이 "엄청난 불만에 겨워" 물에 빠져 죽은 여인의 재산몰수형을 파기했다고 전한다. 형식상의 문제도 있었지만 판결이 파기된 데에는 그보다 근본적인 이유가 있었다. "소송에서 크게 패하거나 정신이 온전치 못해 삶이 싫어져 죽을 날을 앞당긴 자들"은 "이 세상의 좋은 것들에서 떠나감으로써 이미 충분히 벌을 받았으니 교회 묘지에 묻히지 못한다는 것 외에는 어떤 벌도 받을 까닭이 없다". 법학자는 이에 덧붙여 "이런 유의 죄를 벌하는 것은 하느님의 소관이요, 고인의 재산을 몰수한다면 상속자들에게 자살 원인을 제공하는 일밖에 안 된다"고 말한다.[94]

같은 해인 1670년, 역사학자들이 자살 억압이 결정적으로 강화된 것으로 볼 만한 중요한 법령이 채택되었다. 그러나 우리가 보기에 이 해석은 지나치다. 우선, 자살이라는 단어는 이 문건에 부수적으로만 등장한다 (12호 1조 '고인의 시신이나 평판을 심판하는 방식'에 세 번 나올 뿐이다). 문제의 12호는 다음과 같다.

93 J. Imbert and G. Levasseur, *Le pouvoir, les juges et les bourreaux, vingt-cinq siècles de répression*, Paris, 1972, p.202.
94 Hyacinthe de Boniface, *Arrêts notables de la cour du parlement de Provence*, vol.2, Paris, 1670, part 3.

1조 죽은 사람의 시신이나 평판에 대한 심판은 신이나 인간에 대한 대역죄를 저지른 경우에만 실시할 수 있으니 결투, 자기살해, 법정을 모독하다가 진압당하여 죽은 자에 대한 재판은 타당하다.

2조 판사는 고인의 시신이 자연 상태로 있으면 그것에 대해(그렇지 않으면 고인의 평판에 대해) 관리인을 지명하되 고인의 친족 가운데 그러한 역할을 감당할 사람이 있으면 가급적 그 사람으로 지명한다.

3조 관리인은 읽고 쓸 줄 알아야 하며 서약을 해야 한다. 재판은 일반적으로 그에게 반하는 방향으로 진행되나 관리인은 최후 심문에서 증인석에 앉을 필요 없이 그냥 서 있기만 하면 된다. 재판의 모든 절차에 그의 이름이 개입되나 형벌은 고인의 시신이나 평판에만 주어진다.

4조 관리인은 고인의 시신이나 평판에 떨어진 선고에 공소를 제기할 수 있다. 또한 유족의 강요에 따라 그렇게 할 수도 있다. 이 경우, 유족은 비용을 선지급한다.

5조 우리 법정은 판사가 요청을 받아 지명한 관리인 대신 다른 관리인을 선발할 수 있다.

이 법령은 지금까지 여러 관례집에서 자살이 발생할 경우 시신에 취했던 절차들의 예를 모아 놓은 데 불과하다. 새로운 점은 아무것도 없다. 게다가 1조는 이 모든 경우에 있어서 재판은 자살자의 시신 '혹은' 평판에 대하여 이루어질 수 있다고 했다. 따라서 알베르 바예의 생각[95]과는 반대로, 이 법령이 시체에 대한 재판 외에도 고인의 기억을 훼손하는 재판을 추가했다고 보기는 어렵다.

---

95 Bayet, *Le suicide et la morale*, p.607.

바예는 이 법령에서 범죄행위가 대단히 포괄적으로 기술되었다는 데 주목했다. 정황에 대한 설명 없이 '자기살해'라는 말만 있다. 그는 "표현의 일반성이 더 무섭다"고 했지만 우리는 그렇게 생각하지 않는다. 수 세기 전부터 신법과 인간의 법이 광기를 이유로 들어 자살을 용서해 왔음은 너무나 명백하기 때문에 군이 환기할 필요가 없다. 1670년에 새삼스럽게 미쳐서 자살한 사람들의 시신을 벌하기로 했다는 것은 말이 안 된다.

게다가 이 법령은 형벌에 대해 일체 언급이 없다. 그저 따라야 할 절차를 제시하고 피고인의 변호권을 보장하고 있다. 첫째, 매우 제한적인 형식을 볼 수 있다('~한 심판은 ~한 경우에만 실시할 수 있다'). 둘째, 이 법령은 가급적 친족 중에서 관리인을 지명할 것을 고려한다. 다시 말해, 고인에 대해 잘 알고 고인을 진심으로 변호할 만한 이유가 있는 사람을 지명하라는 뜻이다. 셋째, 관리인의 명예가 존중받을 수 있도록 보장하고 있다. 넷째, 관리인은 판결에 이의를 제기할 수 있으며 유족의 강요로 그렇게 할 수도 있다. 요컨대, 1670년 당시의 법조계와 실제 상황을 감안한다면 이 법령은 사정을 더 악화시켰다고 보기 어렵다. 오히려 남용을 방지하고 변호권을 좀더 잘 보장하기 위해서 당시에 통용되는 관례를 정리하고 명시적으로 규정했다고 할까. 이 법령은 혁신이 아니지만 퇴보도 아니며, 그저 관례를 법전화한 것이다. 법학자들이 관대한 태도를 보여 주었다지만 교회법에서처럼 민법에서도 부동(不動)이 대세였다.

자살 : 귀족과 성직자의 특권?

이 법령이 등장한 후에 자살 탄압이 더 심해졌다는 증거는 아무것도 없다. 예전과 다름없이 타협과 정상참작은 빈번했다. 귀족 계급에서는 재판에 회부될지 모른다는 생각조차 희박했다. 이 법령이 공포된 지 1년 만인 1671년, 프랑스 법정에서 큰 반향을 일으킨 자살 사건이 있었다. 이 일은 한동안 사교계의 이야깃거리가 되었기 때문에 여러 자료를 통해서 알 수 있다. 콩데 공의 집사 바텔이 자살을 했다. 니콜라 푸케 저택에서 근무한 바 있는 이 사내는 왕이 콩데 공의 샹티이 성을 방문하는 동안 연회상 두 곳에 구이요리가 빠지고 주문한 생선이 제때 나오지 않았다는 이유로 스스로 수치스럽게 여겨 목숨을 끊었다. 회고록 저자들은 연회의 분위기가 조금 동요했다는 것 외에는 딱히 아무런 비난도 하지 않는다.

이 일로 세비녜 부인의 펜 끝에서 유명한 이야기가 나왔다. 이 글에서 지체 높은 귀족 여성은 비록 고위직이라고는 하나 일개 하인에 불과한 자가 이토록 명예를 중시한다는 데 놀라고 탄복한다. 좌중은 이 행위의 아름다움을 찬양하나 잠시 후 최초의 흥분이 가라앉자 아무 일 없었다는 듯 식사와 연회를 이어 나간다. 귀족 손님들이 약간의 유감을 표시하는 이유는 바텔의 죽음이 공작의 여행 계획에 차질을 일으켰기 때문이다. 왕은 콩데 공에게 심려할 일이 생겨 유감스럽다 말한다. "바텔은 자기 방에 올라가 칼을 문고리에 끼우고 칼날이 심장을 관통하게 했다. 그러나 처음 두 번은 치명상이 되지 못했기에 세번째 시도에야 쓰러져 사망했다. 생선요리는 그새 전부 나왔다. 주방에서는 요리 분배를 위해 바텔을 찾아 나섰다. 사람이 그의 방에 올라갔다. 문을 두드리고, 억지로 부수다시피 해서 밀고 들어가 보니 바텔은 피를 잔뜩 쏟고 죽어 있었다. 콩데 공에게 달려가 알리니 공은 비탄에 빠졌다. 공작도 눈물을 흘렸다. 그의 부르고뉴 여행 건은 바텔이 전담하고 있었기 때문이다. 공은 매우 슬퍼하며 이 일을 왕에게 고했다. 그 사람 나름대로 명예심이 남달라 빚어진 일이었기에 모두 그를 칭찬했다. 그의 용기를 찬양하기도 하고 비난하기도 했다. 왕은 이렇게 당황스러운 일이 있을 듯하여 샹티이 방문을 5년째 미뤄 왔다고 했다. 그러고는 공에게 음식을 두 상만 차리고 나머지는 차리지 않았어야 했다고, 다시는 그렇게 힘들게 하지 않겠노라고 했다. 하지만 가엾은 바텔에겐 너무 늦어 버렸다. 그러나 구르빌이 바텔의 공백을 메우려 애를 썼고 실제로 그렇게 했다. 저녁식사도, 간식도 훌륭했다. 잘 먹고, 산책을 하고, 놀이를 하고, 사냥도 했다. 모든 것이 황수선화 향내가 났고 매혹적이었다. 토요일이었던 어제도 마찬가지였다."[96] 『가제트』는 이 연회에 몇 쪽이나 할애했지만 바텔의 죽음은 일절 언급하지 않는다.

귀족 외에도 언제나 자살에 대한 처벌을 면하는 집단이 하나 있었으니 바로 성직자들이었다. 성직자의 자살은 철저하게 광기의 결과로 판명났고 죽은 이는 그리스도인으로서 교회 묘지에 묻혔다. 교회는 추문을 피하기 위해 자살 원인을 빤히 알면서도 묘지를 '더럽히기를' 주저하지 않았다. 그렇기 때문에 자살자의 운명에 대한 교회의 이론들의 진실성이 더욱 의심스럽다.

자살로 의심되는 성직자의 죽음을 다루는 절차도 17세기 초에 확립되었다. 성직자는 교회의 독자적인 법정, 즉 종교재판소에서 심판을 받지만 그래도 변사(變死)는 왕실재판소에서만 다루었기 때문에 갈등이 불거질 소지가 있었다. 그래서 1635년 툴루즈 고등법원에서는 자살한 성직자에게 재산몰수형을 선고했으나 교회가 이 사건은 종교재판에 다시 회부해야 한다고 들고일어났다. 고등법원은 분개하며 "전에 없던 해괴한 일"이라고 말하고 "그토록 비겁하게 교회를 배신한 이들의 이익을 보호하기 위해 교회가 나서는 일은 없어야 할 것"이라고 선언했다.[97] 그러나 소용

---

96 Madame de Sévigné, *Correspondance*, vol.1, Paris, 1972, p.236, 26 avril 1671.

은 없었다.

그렇지만 『프랑스 교회사 관련 법, 증서, 의견서 모음』에 나타난 바로는 17세기 중반부터 타협이 이루어졌던 것 같다. "백성들이 종교와 성직에 편견을 갖지 않게 하고 교권이 추문에 휩싸이는 일을 피하고자" 성직자들의 자살은 위장되었다. 한 예로, 콜레주에 사는 사제가 주머니칼로 몇 번이나 자신을 찌른 후 밧줄에 목을 맨 시신으로 발견되었다. 누가 보아도 자살이 명백했고 생전에 정신이 이상한 징후도 전혀 없었기에 더욱 난처했다. 콜레주 교장은 추문을 피하기 위해 종교재판관과 주교구 재판소의 검사를 불렀다. 종교재판관은 왕실 이발사 겸 외과의를 데려와 소견서를 작성케 하고 이것을 검사에게 넘겼다. 그러면 검사는 증인들을 소환하여 "고인의 행실, 생전의 정신 상태, 이러한 사고가 일어나게 된 정황"을 조사하고 아주 사소한 증언이라도 빌미를 잡아 광기에 의한 자살로 결론을 내리는 것이다. 이리하여 자살한 성직자는 교회 묘지에 묻혔으나 매장은 신중을 기하기 위해 주로 밤에, 종도 치지 않고 조용히 이루어졌다. 『프랑스 교회사 관련 법, 증서, 의견서 모음』은 비슷한 예가 매우 많다고 전한다.[98]

이렇게 17세기의 교회 권력과 세속 권력은 1580~1620년에 제기된 의문들에 자살에 대한 단죄와 탄압으로 답변했다. 그러나 민중에게 위압감을 주고자 했던 이 극단적인 폐쇄성에서 엘리트 계층은 수많은 속뜻과 암시, 너무 많은 예외, 반대의견을 발견했다.

결의론자들의 구분은 자살에 대한 죄의식이 상황과 의도에 따라 달

---

97 Simon d'Olive, *Questions notables du droit décidées par divers arrêts de la cour du parlement de Toulouse*, Toulouse, 1682, book IV, chap.40.

98 *Recueil des actes, titres et mémoires concernant les affaires du clergé de France*, vol.7.

라진다는 생각을 뒷받침했다. 법학자들의 망설임은 시체모독형의 야만성을 환기시켰고, '광기'라는 용어가 점점 더 포괄적인 의미를 띠면서 형법의 담벼락에 금이 가기 시작했다. 성직자들의 자살을 고의로 위장하는 관행은 자살하면 지옥에 간다는 주장을 의심스럽게 만들었다. 마지막으로, 귀족들은 자살을 해도 아무 처벌도 받지 않으니 자살 탄압은 계급차별법으로 보였고 이 행위에 대한 금지의 힘은 약화될 수밖에 없었다.

자살의 권리는 귀족의 부수적 특권인가? 17세기 프랑스에서 귀족이 시체모독형을 받은 전례가 없다는 점을 참고한다면 이런 의문이 드는 것도 당연하다. 바텔 사건을 봐도 알 수 있듯이 궁정에서 1670년 법령은 완전히 무시되었다. 자살은 제3계급에만 금지되었고 성직자와 귀족은 어떻게 해서든 용서받았다. 동일한 현상을 영국에서도 통계자료에 근거해 확인할 수 있었다. 마이클 맥도널드와 테렌스 머피는 1485년에서 1714년 사이에 발생한 6701건의 자살 관련 절차들을 조사했다.[99] 그중 유죄판결을 받은 비율은 귀족과 신사가 67.2퍼센트, 하인과 도제가 99퍼센트, 빈농은 94.1퍼센트, 수공업자는 93.5퍼센트, 부농은 92.3퍼센트, 소지주는 86.6퍼센트였다. 이렇듯 도제와 하인이 자살을 하면 항상 의식적으로 죄를 지었다며 책임을 물었지만 신사가 자살을 하면 그중 3분의 1은 미쳐서 저지른 짓으로 인정되었다. 귀족들이 특히 정신건강에 문제가 많다고 보지 않는 한, 이러한 판결은 부당하게 느껴질 수밖에 없다. 그러한 양상은 17세기에 더욱 심해져서 1650년 이후에는 신사의 자살이 유죄판결을 받는 비율이 51.1퍼센트까지 떨어졌다.

노골적으로 부당한 사례들도 적지 않았다. 1610년 4월 5일, 모던트 경

---

99 MacDonald and Murphy, *Sleepless Souls*, p.128.

의 딸이 창문에서 뛰어내렸다. 그녀는 부상을 입었을 뿐, 죽지 않았다. 얼마 지나지 않아 그녀는 강물에 몸을 던졌고, 여러 번의 자살기도 끝에 결국 닷새 후 눈을 감았다. 배심원들은 자살기도와 사망 사이의 명백한 관련을 부정하고 '자연사'라는 판결을 내렸다. 1622년에는 버크셔 백작이 자신의 쇠뇌를 써서 스스로 목숨을 끊었다. 그러나 궁정에서 검시관을 압박한 덕분에 이 죽음은 광기에 의한 자살로 처리되었다.[100] 1650년에 요크의 공직자 토머스 호일의 자살도 세력가 친구들이 손을 써서 무죄판결을 받았다.[101]

모두가 자살에 대한 불평등을 잘 알았고 받아들이기 힘들어했다. 그래서 유명 회고록 저자 새뮤얼 피프스의 사촌 앤서니 조이스의 예에서 알수 있듯이 극도의 조심성이 필요했다. 1668년 1월, 조이스는 물에 뛰어들었다가 구조받았다. "그는 악마에게 떠밀려 그런 짓을 했노라 고백하고 신에 대한 의무를 망각했다는 슬픔에 젖었다." 조이스는 집에 와서 병석에 드러누웠다. "이제 그의 재산과 세간을 압수당하지 않을까라는 걱정이 든다." 가족은 겁에 질렸다. "사촌누이[케이트 조이스]는 은제품을 가급적 많이 집 밖으로 빼돌렸고 나에게 나의 은제 병들을 가져가 달라 청했다. 나는 기꺼이 그것들을 가지고 왔지만 집에 오는 길에 누구에게 잡히지 않을까 두려웠다. 조이스는 아직 죽지 않았으니 사실 겁을 먹을 필요는 전혀 없었다. 그럼에도 나는 정말로 조마조마했다." 피프스는 그 후 런던 시청에 가서 이런 경우가 법적으로 어떻게 처리되는가를 알아본다. 시청에서는 자살을 하면 재산을 압수당한다고 설명한다. 그런데 그 사이

---

100 *Ibid.*, pp.126~127.
101 M. F. Keeler, *The Long Parliament, 1640-1641*, Philadelphia, 1954, p.224.

에 조이스가 정말로 죽어 버렸다. 피프스는 즉각 대처에 나선다. "나는 당장 마부에게 화이트홀로 가달라고 했고 W. 코벤트리 경을 만났다. 경은 나를 국왕께 안내했다. 왕은 요크 공작과 함께 있었다. 내가 사정을 고하자 왕은 지체 없이 설령 자살로 판결이 나더라도 재산은 미망인과 자녀들에게 돌아가도록 해주겠다고 했다. 그래서 나는 사촌누이에게 돌아왔다. …… 깊은 시름에 잠겨 있던 사촌누이와 다른 식구들은 내가 한 일을 듣고 크게 안도했다. 재산을 노리는 자들이 많으니 내가 정말 큰일을 해준 셈이다. 검시관이 오고 배심원단이 모여 사망에 대한 조사를 해야 할 것이다."[102] 결국 왕실의 개입으로 모든 일이 잘 풀렸다. 조이스는 정상적으로 장례를 치렀고 재산몰수는 없었다. 이 사건은 자살이 가까운 이들에게 아무런 도덕적 질책을 받지 않았다는 것을 보여 준다. 또한 적대적인 반응, 이해관계가 개입된 반응을 피하려면 신중을 기해야 한다는 것도 보여 준다.

1600년에는 누구나 귀족에게는 자살에 대한 처벌이 통하지 않는다고 알고 있었다. 셰익스피어도 『햄릿』에서 오필리아의 무덤을 파는 인부의 입을 통해 이렇게 말한다. "이 아가씨가 귀족이 아니었다면 그리스도교의 묘지 밖에나 묻혀야 했을걸." 한 세기 반이 흐른 1755년에 『코누아쇠르』라는 잡지에는 자살에 대한 기사가 실렸다. "빈털터리 거지는 묘지에서 내쳐져도 정교하게 만든 권총이나 파리 근위대의 검으로 자살한 이는 성대한 장례식은 물론, 그의 덕을 기리는 비석을 웨스트민스터 대성당에 갖게 된다."[103]

---

102 S. Pepys, *Diary of Samuel Pepys*, vol.61, 21 janvier 1668.
103 G. Colman and B. Thornton ed., *The Connoisseur* 50, London, 1755, p.298.

자살 탄압은 수많은 예외를 허용했다. 17세기 교회와 세속의 권력층은 엄격한 원칙을 내세우되 그 원칙을 차별적으로 적용했다. 자살은 만장일치로 배격되었으나 그 이면에서는 1580~1620년 시기에 싹튼 논쟁이 계속되었고 자살의 대체물과 정신적 부산물도 발전해 갔다.

7장

17세기의 자살 대체물

금기와 도덕적 문제에 대한 논쟁에도 불구하고 17세기 사람들은 이전 시대와 거의 비슷한 빈도로 자살을 했다. 자살 논쟁은 실제 사태에 큰 영향을 미치지 않았다. 자살의 실태는 신학, 도덕, 법 분야의 논문들보다 그 시대의 고통, 두려움, 좌절과 상관이 있다. 프랑스의 '위대한 세기'도 다른 세기들과 다르지 않았다. 하지만 1580년 이후로 사람들은 자살에 대해 더 많이 이야기했고 그 때문에 자살률이 높아진 것 같다는 느낌을 받았다. 1647년에 익명으로 작성된 영국의 한 유인물은 투신과 목매달기가 어찌나 횡행하는지 이제 사람들이 신경도 쓰지 않는다고 말한다.[1] 몇 년 후 윌리엄 데니도 런던에서 자살 얘기가 너무 많이 들려서 귀가 "따갑다"고 썼다.[2]

---

1 *A Petition unto his Excellencie, Sir Thomas Fairfax, Occasioned by the Publishing of the Late Remonstance*, London, 1647.
2 Denny, *Pelicanicidium*.

안정적인 자살률

런던의 경우는 소문의 확대효과로 보아야 한다. 17세기 초부터 시·군 단위 행정기관은 매주 '사망 내역'을 발행했다. 사망 원인을 기재하여 일종의 '인과성'을 밝히려 했던 이 보고서는 페스트가 창궐하면서 처음 시작되었으나 차차 정기적인 발행물로 굳어졌다. 이리하여 자살자도 교구별로 매주 집계되었으니, 그중 미쳐서 죽은 사람이 얼마나 되고 사망자의 직업은 무엇이었는지 알 수 있었다. 또한 종합적 보고와 연간 통계도 게재되었다. 이러한 사망 내역은 런던은 물론, 지방에서도 신문에 실렸다. 이 목록이 존재한다는 것만으로도 자살이 늘어난 것 같은 느낌이 들 수 있다. 자살은 친숙해졌고 그 규칙적인 발생은 독자들에게 충격을 주었다. 자살이 런던 풍습의 일부가 된 것 같을 정도로. 18세기에는 이런 현상이 더욱 활발해졌고 바로 여기서 '영국병'의 신화가 시작되었다. 이러한 통계자료가 다른 나라에는 없었기 때문에 자살이 영국의 전매특허 같은 이미지가 형성된 것이다. 물론 16세기 이탈리아의 일부 도시들, 1670년에서 1684년까지의 프랑스, 1676년의 라이프치히, 1692년의 슈투트가르트에도 자살률 집계가 있었지만 사망 원인까지 밝혀 놓는 경우는 없었다.[3]

『사망 내역』은 영국 최초의 인구학자 존 그론트가 일찍이 17세기 중반부터 활용했다. 그론트는 이 자료의 정확성에 대해 불평한 바 있다. 그는 묘지에 매장되지 못한 사망자들(사산아와 자살자)이 실제보다 낮게 집계되었다고 보았다.[4] 1726년에 아이작 왓츠는 익사자의 경우까지 끌어들

---

3 J. Dupâquier and M. Dupâquier, *Histoire de la démographie*, Paris, 1985, pp.67~71.
4 J. Graunt, "Natural and Political Observations Mentioned in a Following Index, and Made upon the Bills of Mortality", *The Economic Writings of Sir William Petty*, London, 1662.

이면서 이 지적이 옳다고 재확인한다.[5] 익사자 827명, 거리에서 시체로 발견된 사람 243명, 독을 마시고 죽은 사람 14명, 기아 사망자 51명, 미쳐서 죽은 사람 158명 중에서 결과적으로 자살자는 몇 명이나 될까? 익사자의 수는 확실히 너무 많다. 가족들의 위장, 교구 비서관들의 허점 많은 보고서 때문에 불확실성은 더욱 크다. 확실한 것은 하나, 공식 집계는 실제보다 훨씬 낮게 잡혔다는 것이었다.

그론트의 연구는 1629년에서 1660년까지 다루었다. 이 기간 동안 런던에서는 한 해 평균 15건의 자살이 발생했는데 1660년만은 해명되지 않은 이유에서 36건이나 발생했다. 아마도 이해에 군주제가 부활하는 정치적 변화가 일어나면서 일부 청교도들이 희망을 잃어버렸기 때문일까? 어쨌든 런던 총인구를 참조할 때 평균 자살률은 인구 10만 명당 3명을 조금 넘는 수준이었다. 『사망 내역』은 비록 미비한 점이 많을지언정 소중한 자료다. 이 자료 덕분에 연구자들은 10년 단위 평균을 내어 영국의 자살률이 1680~1690년 즈음까지 안정적으로 유지되다가 유럽의식의 2차 위기에 급증했다는 결론을 얻을 수 있었다.

그 외 자료들은 순전히 지엽적으로, 자살 동기를 추정하는 데에나 도움이 되는 수준이다. 영국에서 지금까지 가장 중요한 자료로 통했던 킹스 벤치 문서보관소 자료는 신뢰성이 떨어질 뿐 아니라 1660년 이후 기록이 없다. 여기에 보고된 자살 건수의 집계는 정치계의 흐름에 따라 유동적이다. 1620~1629년 사이에는 자살이 780건 보고되었다. 이 시대는 마지막 평화의 시대로서 그래도 아직 군주정의 압박이 검시관과 배심원단에게 잘 통할 때였다. 반면, 1630~1639년에는 532건, 1640~1649년에는

---

5 I. Watts, *A Defense against the Temptation of Self-Murder*, London, 1726, p.iv.

356건이 보고되었는데 당시는 내전 시기라서 행정기관이 제대로 기능하지 못해 실제보다 적게 집계된 것으로 보인다. 이 수치는 크롬웰 섭정 시대인 1650~1659년에 다시 720건으로 껑충 뛰어오른다(그러나 유죄판결을 받는 비율은 훨씬 낮아졌다).[6]

17세기 내내 배심원단은 왕실의 재산몰수에 반대했으며 이를 강탈행위로 간주했다. 배심원단은 마을이나 도시의 주민으로 구성되었으며 종종 자살자의 재산을 알면서도 숨겨 주곤 했다. 왕실 법정이 자살자의 측근들이나 검시관을 고소하는 경우가 여러 차례 있었다는 것이 그 증거다. 그들이 주로 쓰는 수법은 자살자의 재산을 실제보다 아주 낮게 신고하거나, 재산보다 빚을 더 크게 불려 신고하고는 재산몰수가 집행되기 전에 빚부터 해결하게 했다. 자살이 명백한데도 자연사 판결이 떨어지는 경우도 더러 있었다. 1598년 노리치에서 식품업자 존 윌킨스가 스스로 목을 베고는 일주일 후 사망했다. 세 명의 외과의와 한 명의 내과의가 목에 입은 상처는 치명상이 아니었고 고인이 훨씬 전부터 중병을 앓고 있었다고 증언했다. 자살이 극히 아무렇게나 사고로 위장된 극단적인 예가 있다. 한 남자가 축구를 하다가 실수로 칼 위에 넘어져 죽었다나.[7]

왕실의 위임을 받은 이들이 재산을 몰수하여 귀족들만 이로운 일을 할 때면 마을사람들의 감정이 격해졌다. 게다가 귀족들은 대개 자살자의 유족들이 알거지 신세가 되거나 말거나 신경도 안 썼다. 1666년에 에식스 위덤에서 영주 재판은 어느 자살자의 과부를 위해 15실링 6펜스의 재산을 은닉했다는 이유로 그 마을에 15파운드의 벌금을 부과했다.[8]

---

6 MacDonald and Murphy, *Sleepless Souls*, p.29.

7 *Ibid.*, p.80.

8 Essex Record Office, D/P 30/28/9.

제임스 1세와 찰스 1세의 권위적인 체제하에서는 왕실 정부가 감시를 게을리하지 않았기 때문에 자살이 용서받는 확률이 줄어들었다. 이 비율은 군주정이 무너지는 1650~1660년에 급증한다. 재산몰수형을 폐지한다는 의견도 이때에 다수 나왔다. 1651년에 존 마치는 "부친의 악행과 죄 때문에 아이들에게 고통을 끼치는 것보다 가혹하고 압제적인 법은 없다고 생각한다. 무고한 자가 죄인 때문에 고생하는 격 아닌가"라면서 개혁안을 제시했다.[9] 그러나 고소를 당하거나 유죄판결을 받은 자살자에 한해서 재산을 몰수하자는 이 개혁안이 빛을 보기도 전에 군주정은 부활하고 말았다.

이 시대에는 유명한 자살 사건이 비교적 적었고 자살 동기는 대단히 다양했다. 1641년에 화가 도메니코 잠피에리, 일명 도메니키노가 적대자들을 피하고자 스스로 독약을 마셨다. 1647년에는 암스테르담에 정착한 포르투갈 출신 유대인 우리엘 아코스타가 권총자살했다. 종교적 회의에 사로잡혀 번민하던 이 인물은 유대교와 가톨릭을 여러 차례 왔다 갔다 했고 그 때문에 양쪽 진영에서 박해를 받기도 했다. 1654년에 우스터 성에 구금되어 있던 사이먼 번은 능지처참형을 선고받자 음독자살했다. 1657년에 크롬웰 암살을 기도했던 마일스 신더콤은 음독자살을 하며 자신의 행위를 설명하는 짧은 메모를 남겼다. "세상이 내 육신에 가하는 공개적인 수치를 피하고자 이러한 결정을 내린다." 추종자들은 그를 제2의 카토, 제2의 브루투스로 떠받들며 칭송했다. 1664년에 라틴 고전 번역가이자 번민하는 영혼의 소유자였던 니콜라 페로 다블랑쿠르는 단식자살했다. 그의 자살은 삶에 대한 혐오를 가장 큰 동기로 삼았다는 점에서 철학

---

9 J. March, *Amicus Republicae: The Common-Wealth Friend*, London, 1651, p.109.

적 자살의 최초 사례 중 하나라고 할 만하다.

1667년 8월 2일에 이탈리아의 바로크 대가 프란체스코 보로미니가 자신의 데생을 일부 소각한 후에 검 위로 쓰러져 자결했다. 클로드 미뇨는 "보로미니는 오만한 독신남으로서 우울증과 약간의 편집증 성향이 있었으며 자기 예술에 대한 의식이 남달랐다"고 하면서 자살 원인을 "편집증적 발작"으로 보았다.[10] 자연스러운 조화에 집착하며 고민하고, 베르니니를 위시한 경쟁자들을 질투하며 괴로워하던 예술가의 자살이었다. 1671년에는 명예를 남달리 중시하는 집사 바텔이 자살했다. 또한 영국의 유명 가문 출신으로 우울한 기질이 있던 헨리 노스 경이 아내의 죽음에 상심하여 자살했다.

자살과 페스트

영국이 흉작과 식량 가격 급등으로 골머리를 앓던 1638년과 1639년,[11] 그리고 페스트가 창궐한 시기에 자살은 확실히 늘어났다. 공포, 절망, 감염됐으리라는 확신에 이성을 잃은 사람들이 스스로 목숨을 끊는 경우가 많았다. 1630년 밀라노에서 페스트가 기승을 부렸을 때도, 17세기 중반 말라가에서도 동일한 현상이 나타났다. 말라가의 한 의사는 "전에 없는 공포"가 일어났다고 말한다. "어떤 여자는 동물들과 목초지에 남아서는 안 된다는 이유로 산 채로 매장되었고 어떤 남자는 딸을 묻은 뒤에 그 옆에 관을 마련해 놓고 그 안에 들어가 죽었다."[12]

---

10 "Borromini", *Encyclopedie Universalis*.
11 W. G. Hoskins, "Harvest Fluctuations in English Economic History, 1620-1759", *Agricultural History Review* 16, 1968, pp.15~31.

대니얼 디포는 페스트가 런던을 덮친 1665년 당시의 자살 반응을 분석했다. 그의 『페스트 일기』는 엄밀히 말해 역사적 연대기보다는 죽음의 수용소, 즉 역병이 휩쓸고 간 대도시에서의 인간 행동양식에 대한 연구라 할 만하다. 며칠이 지나자 좌절과 숙명론에 빠진 사람들은 차츰 예방조치고 뭐고 소홀히 하기 시작한다. 이것은 간접 자살이나 다름없다.

"사람들은 삶에 절망하여 체념했고 그 결과가 3~4주에 걸쳐 묘하게 나타났다. 그들은 무모하고 대담해져서 이제 서로를 두려워하며 집 안에 틀어박혀 있기보다는 아무 데나 돌아다니며 스스럼없이 이야기를 주고받았다. '나는 당신에게 어떻게 지내느냐고 묻지 않고 내가 어떻게 지내는지도 말하지 않지요. 어차피 우린 다 죽을 테니까요. 누가 병에 걸렸고 누구는 아직 괜찮고, 그런 건 중요하지 않아요.' 그들은 절망적으로 아무데로나 달려가고 아무하고나 어울렸다.

이렇게 사람들이 기꺼이 어울리게 되자 교회에는 놀랄 만큼 군중이 쇄도했고 저마다 옆자리에 누가 앉든 개의치 않았다. …… 모두를 다 같은 시체처럼 여기며 아무런 조심성 없이 교회에 몰려가고, 목숨이 뭐 중요하냐는 듯이 무리에 끼어들었다."[13]

어떤 이들은 직접적 자살을 감행했다. 『사망 내역』에서는 드러나지 않은, 물에 빠져 죽는 수법이 가장 많이 동원됐다고 디포는 말한다. "내 생각에 지금까지 얼마나 많은 사람이 이성을 잃고 템스 강에 몸을 던졌는지는 아무도 모를 것 같다. …… 주간 사망 내역에 기재된 사람들은 극소수다. 그들이 사고로 물에 빠졌는지 어땠는지는 밝힐 수 없기 때문이다.

12 M. Devèze, *L'Espagne de Philippe IV, 1621~1665*, vol.2, 1971, p.318.
13 D. Defoe, *A Journal of the Plague Year*, ed. L. Landa, Oxford, 1992, pp.174~175.

하지만 내가 관찰하고 아는 바에 따르면 그해에 스스로 강물에 몸을 던진 사람은 굉장히 많았다. 하지만 시신이 발견되지 않는 경우도 많고 사망의 정황도 불분명하기 때문에 내역에는 좀체 기재되지 않는다. 그 외의 수법을 써서 자살한 사람들도 마찬가지다. 화이트크로스 거리 인근에서는 자기 침대에 불을 질러 자살한 사람도 있었다."[14]

디포는 자살을 부추기는 집단광란의 현장도 묘사한다. "절망과 분노, 혹은 참을 수 없는 종창의 통증에 시달리던 자들이 이성을 잃고 미쳐 날뛰다가 종종 자해를 하거나, 창문에서 뛰어내리거나, 총기를 써서 자살하거나 했다. …… 어떤 이들은 벌거벗고 길가로 나와 곧장 강으로 달려갔고, 경비병이나 하사관에게 저지당하지 않으면 물이 보이는 대로 당장 몸을 던졌다. …… 이 가엾은 존재들, 절망한 자들, 불행으로 분별을 잃거나 우울증에 빠진 자들이 워낙 많았으므로 우리는 모두 그런 자들이 밭이나 숲을 헤매다가 아무 데나 몸을 숨길 만한 수풀이나 울타리를 찾아 죽는다는 것을 잘 알고 있었다."[15] 그런데도 법은 여전히 완고했고 유족들은 재산몰수형을 염려해야 했다. 특히 재산이 많다면 더욱 그랬다. 시의원까지 지낸 부유한 상인이 스스로 목을 맸다. 디포는 "나는 그의 이름을 잘 알지만 언급하고 싶지 않다. 이제 다시 번성하게 된 그의 집안이 괜히 피해를 입을까 걱정되기 때문이다"라고 쓴다.[16]

이 같은 자살 선풍은 끔찍한 죽음이 너무나 확실시되는 극한 상황에서 비롯된 예외임에 분명하다. 1666년경 러시아 일부 지역에서 발생한 말세론적 집단자살도 매우 드문 예외에 속한다.[17]

---

14 *Ibid.*, pp.164~165.
15 *Ibid.*, pp.81~82, 100.
16 *Ibid.*, p.81.

결투라는 대체물

17세기에는 극히 드물었던 자살의 한 유형이 — '정직한 인간'의 윤리에 모순되는 것처럼 보일 정도로 — 바로 명예를 이유로 삼는 고결한 자살이었다. 사실, 귀족의 생활양식에서는 결투가 이 자살의 효과적인 대체물이었다. 신학자와 도덕주의자 들은 바보가 아니었으므로 결투도 자살 못지않게 격렬히 배척했다. 트리엔트 공의회 제25회기 19번 법령은 자신 혹은 상대가 자살할 소지가 있고 준비되지 않은 죽음을 야기할 수 있다는 이유로 결투를 금지하고 결투에서 죽은 자의 매장을 거부했다. 1574년에 베네딕티는 『죄인들과 그들에 대한 처방 대전』에서 결투를 "소망을 거스르는 죄"로 규정했다. 결투에서 죽는 것만이 명예를 지키는 유일한 방법인 경우는 너무나 많았다. 예를 들어 샤테뉴레는 자르낙과 결투한 후에 상처를 싸맨 붕대를 일부러 풀어헤치고 출혈과다로 사망했다.

교회와 세속의 법이 함께 결투를 금지했음에도 불구하고 1600~1660년 사이에 결투광들은 점점 더 늘어났다. 프랑스에서는 한 해에 결투로 죽는 사람이 30~40명, 영국도 비슷한 수준으로 집계되었으나 실제로는 이보다 훨씬 많았을 것으로 추정된다. "결투라는 자살을 통해 영웅은 자기 자신을 제거한다"고 프랑수아 빌라쿠아는 지적한다.[18] 이 시기에는 결투지침서도 많이 나왔는데 이러한 지침서의 저자들은 결투에 임하는 사람들의 정신 상태를 이유로 들어 결투를 자살과 비슷하게 간주한다. 명예가 문제라면 기꺼이 흘리는 피로만 과오를 씻을 수 있다. 결투는 자살과

---

17 J. Frazer, *The Golden Bough*, 3rd ed., London, 1936, part 3, pp.42~45.
18 F. Billacois, *Le duel dans la société française des XVI et XVII siècles: Essai de psychologie historique*, ed. École des hautes études en sciences sociales, Paris, 1986, p.389.

마찬가지로 오만하고 절망적인 해법이요, 뭇사람 앞에서 약점이나 실수를 인정하지 않으려는 몸짓이다. P. 부아사는 『결투 연구』(1610)에서 결투는 "일종의 절망"이라고 했고, 샤를 보댕은 『결투에 대한 반론』(1618)에서 "절망적이고 격앙된 정념"이라고 언급했다. 1670년 법령은 결투에서 죽은 자들에게 자살자와 똑같은 절차를 취할 것을 규정한다. 16, 17세기에 결투에서 죽은 자들의 상당수는 아마도 좀더 귀족적이고 세련된 자살의 한 방식으로 결투를 활용했을 것이다.

결국 교계, 정치계, 법조계의 담론은 사람들에게 그리 잘 먹히지 않았다고 봐야 한다. 신학 논문과 도덕론, 입법과 형벌조차 자살률에 별 영향을 미치지 못했다. 단죄, 탄압 조치, 자살하면 영원한 지옥에 떨어진다는 협박이 빗발치는데도 사람들은 여전히 불행, 고뇌, 고통, 좌절, 후회, 수치에 자살로 답하곤 했다. 삶이 지옥보다 끔찍하다는데 지옥에 간다는 협박이 무슨 소용 있을까? 자살은 원인이 사라질 때, 다시 말해 지상이 낙원이 되고 모두가 행복을 누릴 때에야 사라질 수 있으리라. 절망에 빠진 사람들에게 이성적 추론과 법이 무슨 효과를 미치리라고 생각하는 것 자체가 착각이다. 살지 않는 편이 낫다고 이미 결론을 내린 사람을 무슨 논리로 설득하겠는가? 자살하는 사람은 인력(人力)이 닿지 않는 지점에 있기에, 자살이라는 행동은 여느 행동들과 다르다. 물론 신의 능력이 남아 있지만 절망에 사로잡혀 죽기로 작정한 사람은 깊이 생각할 수가 없든가, 현재보다 더 나쁜 상황을 상상할 수 없든가, 신의 용서를 확신하든가, 어차피 용서받지 못할 거라고 확신하든가, 아예 제정신이 아니다. 자살은 규범을 벗어난다. 법과 배격의 장치 전반은 쓸데없이 헛도는 기계처럼, 칼로 물 베기처럼, 허깨비에 쏘아 올린 대포처럼 현실에 아무런 효력도 미치지 못했다.

문학이라는 피난처

그래서 집권층은 논란을 종결지었다고 생각했지만 그 논란은 여전히 진행 중이었다. 특히 문학은 자살을 곧잘 호의적으로 조명하곤 했다. 고전 비극은 가치갈등을 주인공의 영웅적인 자살로 해결 내기 일쑤였다. 코르네유도 자살을 여러 차례 동원했다. 폴리왹트는 신앙을 위해 죽기를 원한다. 『라 테바이드』에서는 메네세가 자결한다. 『오이디푸스』에서는 드리세가 다른 사람들을 위해 자신을 희생한다. 『니코메드』에서는 아르시노에가 형벌을 피하기 위해 목숨을 끊고, 『로도귄』에서는 안티오쿠스가 "검보다는 영광스러운 죽음을" 원하며, 『아게실라스』에서는 망단이 적군의 손에 떨어지지 않으려고 자결한다. 오토와 그의 딸 플라우티나는 "로마인들에게 그토록 마땅하였던 이 고귀한 절망"을 부르짖으며 자살한다. 『르 시드』는 결투가 자살의 대체물이었다는 점을 뚜렷하게 보여 준다. 동 디에그는 아들에게 복수를 해달라며 이렇게 말한다.

오직 피로써만 이 같은 능욕을 씻을 수 있네.
죽든지, 죽이든지.

딜레마에 빠진 로드리그는 맨 처음에는 자살을 생각한다.

죽음으로 달려가는 편이 나으리 ……
자, 내 영혼아, 죽어야만 할지니
적어도 시멘을 힘들게 하진 말고 죽자.

그러나 로드리그는 마음을 바꾸어 목숨을 걸고 싸우기로 한다.

싸우다 죽든가, 슬픔으로 죽든가
내가 받은 그대로의 순수한 피를 돌려주리.

코르네유에게 자살은 죄를 씻는 수단이기도 하다. 시나는 아우구스티누스 황제를 암살할 마음을 품었으나 스스로 그 마음을 용납 못 한다.

그러나 내 손은 즉시 내 가슴으로 향하여, ……
어쩔 수 없는 내 죄는 벌을 받을 것이요,
이 행위를 다른 행위에 더함으로써
잃어버렸던 나의 명예는 돌아오리라.

자살은 이룰 수 없는 사랑의 의지처이기도 하다. 로드리그는 백작을 죽인 후에 더 이상 시멘과는 맺어질 수 없다는 이유로 동 상슈의 손에 죽기로 작정한다. 어떤 경우에서든 자발적 죽음은 영웅을 더욱 드높이고 악인들을 대속하는 용감한 해결책으로 제시된다. 주로 귀족 관객을 대상으로 했던 17세기 프랑스 비극은 그리스도교 교리와 법률에 정반대되는 이 윤리를 더욱 확고히 했다. 알베르 바예는 크레티앙, 아르디, 라포스, 메레, 로트루, 방스라드, 라 샤펠, 라 그랑주 샹셀, 프라동, 트리스탕, 스퀴데리, 나달, 부아생, 빌라르, 캉피스트롱의 작품에서 그 예를 풍부하게 발췌해 보였다.[19] 바예의 인용들은 설득력 있다. 무대에서 자살은 영광스러운 행

---

19 Bayet, *Le suicide et la morale*, pp.559~565.

위였고 자살에 대한 찬사는 힘찬 12음절 시구로 흘러나온다.

불행이 소망을 짓눌러 버린 후로

기막힌 팔자에도 용기를 간직한 자는

여기서 찾을 수 없는 것을 죽음으로써 찾는다.[20]

소망이 죽었으니 삶을 멈추어야 하리.

불행한데도 삶을 중시해야 한다면

용감한 영혼들은 병들고 만다.[21]

용감한 인간들은 제 마음에 맞는 때에 죽는다.[22]

하얗게 겁에 질린 자에게는 죽음이 찾아오나

침착한 자는 스스로 죽음을 택한다.[23]

······ 치욕 없이 삶을 지속할 수 없게 되거든

삶을 스스로 떠나야 한다.[24]

사랑하는 것을 잃을 때에는 삶을 그만두어야 하리.[25]

---

20 Hardy, *Scédase*, last scene.
21 Mairet, *La Silvanire*, act 2, scene 4.
22 Théophile, *Pirame*, act 5, scene 1.
23 Mairet, *La Silvanire*, act 5, scene 1.
24 Benserade, *Corésus et Callirhoé*, act 4, scene 4.
25 Pradon, *Statira*, act 5.

저자가 칭송하고 관객이 찬탄하는 영광스러운 자살의 수많은 예들 다음에는 '정신 나간 속셈', '수치스러운 절망', '죄악된 수고' 운운하는 몇몇 문장들이 나오지만 별 위력을 발휘하지 못한다.

라신에게서 자살은 과도한 종교적 엄격성과 절대적 절망을 모호하게 결합하는 얀센파 정신과 결탁하여 더욱더 강렬한 비극적 효과를 발휘한다. 앙드로마크, 쥐니, 베레니스, 페드르는 참다운 얀센파 영웅을 구현한다. 타협, 절충, 인간의 한계를 온전히 거부하고 절대성을 열망하는 태도는 자살로 귀착될 수밖에 없다. 종교적 엄격성이 자가당착에 빠지면 죽음밖에 답이 없다. 세상에서의 은둔은 임시방편, 일시적 대체물에 불과하다. 우리는 당시의 다른 비극들과는 근본적으로 다른 라신의 비극이 지닌 분위기를 다시 한번 살펴볼 필요가 있을 것이다.

17세기 소설에 대해서도 같은 결론을 도출할 수 있다. 이 귀족들의 이야기에서 출구 없는 상황에 봉착한 모든 인물들에게 자살은 도덕적 의무가 된다. 소설은 연극보다 그리스도교의 자살 금지를 자주 상기한다. 그러나 이 금지는 죽는 것이 귀족다운 태도임에도 인물들이 계속 살아가는 구실이 되든가, 영웅적 결심보다는 중요하지 않은 것으로 여겨진다. 또한 소설들은 가엾은 주인공이 결국은 틀림없이 신의 자비를 얻을 거라고 암시하기도 한다. 소설적 세계는 앙시앵레짐 사회에 암묵적으로 통하는 이중적 도덕을 완벽하게 보여 준다. 한편에는 백성들이 따라야 할 엄격하고 깐깐한 일반도덕이 있다. 백성은 인도하고, 통제하고, 감시해야 할 대상이다. 백성은 스스로 판단할 수 없으므로 좁은 한계 속에, 그 한계를 넘으면 안 된다는 두려움 속에 가두어야 한다. 다른 한편에는 일반적 금지를 넘어서는 귀족의 도덕이 있다. "태생적으로 훌륭한 영혼들"은 고양된 정신으로 각각의 특수한 사례에서 선악을 분별할 줄 안다. 귀족은 우둔한 대중이 이해할 수 없는 고차원적 동기에 따라 움직이기 때문에 고귀한 의도에서 나오는 그들의 행동방식은 일반적 금지를 뛰어넘는다. 가난을 견디다 못해 스스로 목을 맨 농부의 자살은 나무랄 만한 비겁행위다. 눈동자가 아름다운 후작 부인을 위하여 검으로 제 몸을 찌른 귀족의 자살은 고귀한 영혼에 걸맞은 영웅적 행위이므로 신조차 벌하지 않을 것이다.

스퀴데리의 소설들은 이 이원성을 잘 드러낸다. 자살할 뜻을 내비치는 인물들은 너무나 많다. 『이브라임』에서 여주인공 이자벨은 자살을 금하는 그리스도교 교리를 의식하면서도 단 한순간도 그 교리에 맞게 살 생각은 하지 않는다. 그녀는 연인이 죽으면 자신도 자결할 것이라 선언한다. 이것이 전형적인 귀족의 반응이다. 그녀는 평범한 금지가 적용되지 않는 존재이니 신에게 벌을 받지도 않을 것이다. "나의 절망이 잘못이라면 하늘이 나의 어마어마한 불운과 나의 순수한 애정과 나 자신의 연약함을 보시고 용서해 주시기를 바랍니다."[26]

수많은 소설에서 귀족 출신 인물들은 오만 가지 이유에서 더없이 명료한 의식을 갖고 자살한다. 여인들은 명예를 지키기 위해 자살한다. 보모리에르의 1638년 작 『무고한 근친상간』에서 플로리니스가 말하듯 "부끄러운 모욕을 겪고도 사느니 더럽혀지지 않고 죽는 편이 골백번 낫기" 때문이다. 무고한 사람이 유죄판결과 형 집행의 불명예를 피하기 위해 자살한다. 패자도 수치를 면하기 위해 자살한다. 죄악된 정념에 사로잡힌 자는 후회를 못 이겨 자살한다. 실연을 당하거나 이루어질 수 없는 사랑을 하는 자도 자살한다. 용감한 영혼의 소유자들이 부모를 구하고자 자살한다. 여기서도 바예의 연구가 인용한 수많은 예들을 참조할 수 있다.[27]

---

26 Mademoiselle de Scudéry, *Ibrahim*, vol.4, Rouen, 1665, p.423.

일부 저자들은 인물의 행위를 꼼꼼하게 정당화하는 선까지 나아갔다. 등장인물이 왜 어떠어떠한 경우에는 자살이 고결한 해결책이 될 수 있는가에 대해서 소논문 뺨치게 논증을 펼치는 것이다. 데 퐁텐의 1645년 작 『저명한 이 아말라종트』에서 마르세유 왕은 자신이 살아남는 것은 비겁행위가 된다고 장장 열 쪽에 걸쳐 설명한다. 1630년에 『라 폴릭센』의 저자 메리유는 여주인공의 입을 빌려 더 이상 희망이 없을 때에는 자살이 절망의 행위가 아니라 이성의 행위라고 말한다. "아무도 내가 이성이 아니라 절망에 이끌려 이런 일을 했다고 생각지 않도록 모두에게 부탁하노니, 나의 죽음을 전해 듣는 이들은 더 사는 것이 차라리 더 큰 고통이었음을 생각해 주기 바랍니다." 라 칼프르네드의 『클레오파트라』에서 여주인공은 자살을 정당화하는 연설을 늘어놓는다. 그녀는 "하늘에 대한 돌이킬 수 없는 침해"와 "자연에 대한" 잔혹성이라는 반박들을 일축하고 아무도 자신을 "위안을 얻을 수 있으리라는 생각으로 스스로를 괴롭히며" 살라고는 할 수 없다고 주장한다. 공베르빌의 1627년 작 소설에서 시테레는 아버지가 내세우는 교회의 금지를 멸시한다. "불행하고 용기 없는 자들이 자신들의 비겁을 숨기려 지어낸 논증으로 아버지께서 저를 설득하려 해봤자 소용없습니다. 저는 죽고 싶습니다. 그래야만 하고요. 정의로운 신들께서 정의가 저에게 권고하는 바를 책망하실 리 없습니다." 자살 금지가 일반 대중에게만 적용된다는 논지를 이보다 더 분명하게 드러낼 수 있을까. 이 지적은 셰익스피어의 『리처드 3세』를 연상시킨다. "양심은

---

27 Bayet, *Le suicide et la morale*, pp.565~572. 바예가 인용한 예들은 보리외, 부아로베르, 도디기에, 데 퐁텐, 데마레, 뒤 바이, 뒤 펠트리에, 뒤 페리에, 뒤랑, 뒤 베르디에, 제르장, 공보, 공베르빌, 라 칼프르네드, 라파예트 부인, 란넬, 라 세르, 라 투르 오망, 마일리, 마레샬, 메리유, 메제레, 몰리에르 데세르틴, 몽타가트, 프레샥, 레미, 로세, 생 레알, 스퀴데리, 세그레, 소렐, 트리스탕, 튀르팽, 뒤르페, 보모리에르에게서 발췌한 것이다.

겁쟁이들이 쓰는 말에 불과하나니, 원래가 강자를 위협하고자 만들어진 것이다."

그럼에도 종교의 가르침이 자살 직전에 인물의 발목을 잡기도 한다. 하지만 그들은 항상 체념조로 다시 살아가기로 결심하며 그러한 교의만 아니면 지체 없이 목숨을 끊었을 것이라는 변명이 따라붙는다. 이때 종교의 금지는 영웅으로서는 이해할 수 없는 굳건한 장애물, 이교도들은 몰랐던 모욕처럼 묘사된다. "내가 그리스도인만 아니었다면 기꺼이 자결할 터인데!" 메즈레의 소설 속에서 오라지의 한 기사는 이렇게 말한다. 라 칼프르네드의 1651년도 소설 『파라몽』에서도 플라시디는 사랑하지 않는 사내와 원치 않는 결혼을 하게 되자 자신이 그리스도인이라서 차마 죽지 못한다고 말한다. 그녀의 연인 콩스탕스도 "자신이 늘 공경하는 하늘에 대한 두려움이 발목을 잡지만 않는다면" 진즉에 골백번 자살했을 거라고 한다. 그리스도교의 교의가 매우 부정적으로──마치 영웅은 위반해도 무방한 약자들의 도덕률처럼── 묘사되는 흔치 않은 예이다. 니체보다 한참 앞선 '니체적인' 태도랄까.

철학적·도덕적 논쟁

소설가와 극작가 들은 특수한 상황 속에서의 인간상을 다루고 인물들에게 일반을 초월하는 초인적 도덕을──자살의 권리를 포함하여──요구하기 때문에 심리학자나 사회학자보다 훨씬 자기 의사를 많이 드러낸다. 그러나 일단 진짜 삶으로 돌아오면 의견이 보다 신중해진다. 작가, 철학자, 에세이스트, 도덕주의자 들은 전통 신학의 관점에서 크게 벗어나 있었지만 자살에 대한 교회의 적의에는 대체로 공감했다. 물론 그들이 내세운 이유들은 교회가 내세운 이유들과 달랐지만 그들의 결론은 교회와 세속 권력층의 결론과 다르지 않았다. 또한 그들은 논증 전개에 필요하다면 주저 없이 신학에서 논거를 빌려오기도 했다.

토머스 홉스는 교회에 대해 매우 미묘한 입장을 취했지만 자살은 단호하게 배격했다. 1651년에 그가 오직 자연법과 이성을 기준으로 삼아 『리바이어던』을 쓴 것은 사실이다. "자연법(lex naturalis)이란 이성에 의해 발견된 계율 혹은 일반 규칙이다. 자연법에 따라 인간은 자신의 생명에 해가 되는 일을 하거나, 삶의 유지 수단을 빼앗길 만한 일을 하거나, 삶의 보호 수단을 간과하는 것이 금지된다."[28] 홉스는 자살이라는 주제를 살짝 건드리기만 한다. 국가의 절대권력을 이론화함에 있어서 자살은 문제를 제기하지 않는다. 국가는 일단 시민공동체로서 인정받은 한, 그 공동체 구성원들의 이탈을 용납할 수 없다. 그러한 이탈이 전체 조직을 흩뜨리고 망가뜨릴 수 있기 때문이다. 백성은 온전히 리바이어던을 위해 충성해야 한다.

데카르트는 홉스의 동시대인이자 홉스처럼 집권층과 미묘한 관계에 있었지만 조금 다른 동기에서 자살을 배격했다. 보헤미아의 왕녀 엘리자베스와 1645년, 1647년에 주고받은 서신에서 그의 자살론을 엿볼 수 있다. 그의 접근은 익히 알려져 있는 대로 평생을 이성과 신중함의 인도를 따라 살아온 사람답다. 데카르트는 갈릴레이의 유죄판결 소식을 듣고 자신의 논문 『세계』를 없애고 싶다고 말한다. 그는 학문적 견해보다 평온함에 대한 사랑을 더 우위에 두는 사람이요, "휴식을 너무나 좋아하여 휴식에 조금이라도 방해가 될 일은 전부 다 피하고 싶은 사람"을 자처하기 때

---

28 T. Hobbes, *Leviathan*, ed. Pelican, London, 1987, p.189.

문이다.[29] 따라서 저편에 무엇이 기다리고 있는지 뚜렷하고 확실하게 알지도 못한 채 성급히 죽음으로 돌진할 인물은 결코 아니다. 사실 데카르트는 햄릿과 매우 비슷하다. "어떤 여행자도 돌아오지 못하는 수수께끼의 고장"에 가본다는 것이 마땅한 일인가? "죽음이라는 잠 속에 어떤 악몽이 나타나지 않을까 하는 생각을 그대로 끌고 가는 셈 아닌가." 이 삶은 분명히 행복하지 않지만 몇 가지 위안이 있다. 심지어 좋은 것의 총합이 나쁜 것의 총합보다 더 클 수도 있다. 그나마 이 삶에서는 우리가 무엇을 어떻게 해야 하는지 알지만 저세상은 완벽한 신비에 싸여 있다. 더 나은 삶을 위한 자살이란 허깨비 때문에 그나마 잡은 것을 내동댕이치는 짓, 불확실하고 의심스러운 것 때문에 확실한 것을 버리는 짓이다. 물론 교회는 내세에 대해 이야기한다. 그러나 이성은 우리에게 아무것도 말해 주지 않는다. 수학적 증거가 없으니 이 낮은 땅에 머물러 소소한 불행을 견디는 편이 낫다. 그래서 이 천재 철학자는 1645년 11월 3일자 편지에서 자신을 우러러보는 왕녀에게 이렇게 말한다.

"이 삶이 끝난 후 영혼이 어떻게 되는가에 대해서는 디그비 씨가 저보다 훨씬 잘 알 겁니다. 고백하건대, 신앙이 우리에게 가르치는 바를 제외하면 우리는 자연의 이성으로 좋은 것과 아름다운 소망을 짐작할 수 있을 뿐 확실한 것은 아무것도 없기 때문입니다. 바로 그 자연의 이성이 우리에게 이 삶에는 나쁜 것보다 좋은 것이 많고 불확실한 것을 위해 확실한 것을 버려서는 안 된다 가르치기 때문에 나는 우리가 진정으로 죽음을 두려워해서는 안 되지만 죽음을 추구해서도 안 된다고 봅니다."

같은 해 10월 6일에도 데카르트는 왕녀에게 이렇게 말한 바 있었다.

---

29 Descartes, *Œuvres et Lettres*, édition de la Pléiade, p.1058.

"영혼 불멸과 세상을 떠난 영혼이 누리는 복을 알 수만 있다면, 죽어서 그 복을 누린다는 확신만 있다면 이 삶을 지겨워하는 이들은 죽음을 택할 까닭이 생길 것입니다. 그러나 이성은 그러한 확신을 전혀 주지 않으니 헤게시아스의 거짓철학만이 …… 이 삶이 나쁘다고 설파합니다. 반대로 진정한 철학은 가장 슬픈 사고와 버거운 고통 속에서도 우리가 이성을 사용할 수만 있다면 항상 만족을 얻을 수 있다고 가르칩니다."[30]

데카르트는 거대 원칙을 따지지도 않고, 서정적으로 고양되어 자발적 죽음의 고결함인가 신이 주신 시련의 수용인가를 고민하지도 않는다. 그에게 자살은 가게 주인의 계산과도 비슷한 문제다. 그는 햄릿의 의문에 저울을 써서 답한다. 우리가 이성을 바르게 사용함으로써 지상에서 누릴 수 있는 쾌락의 총무게가 고뇌의 총무게보다 크다. 다른 한편으로, 죽음 이후보다 불확실한 것은 아무것도 없으니 저울에 올려놓을 것도 없다. 그러니 죽지 말고 살아야 한다! 이것은 이성과 상식의 결정이다. 그러나 엘리자베스 왕녀는 그래도 자살하는 사람들이 있지 않느냐고 반문한다. 철학자는 1646년 1월 편지에서 "그들은 올바른 추론에 의한 판단이 아니라 잘못된 오성으로 그리하는 것입니다"라고 답한다.

데카르트는 비록 명시적으로 말하진 않지만 루크레티아, 카토, 브루투스를 위시한 자살자들이 어리석다고 본다. 이념을 위해 죽다니, 계산이 잘못됐다. 지금까지 다루었던 자살반대론자들을 통틀어 보건대 데카르트만큼 소박하고 안정적이며 안심이 되는 인물은 없다. 그는 자기가 잘 알고 검증 가능한 데이터에서 출발할 뿐, 추상적 원칙 따위를 내세우지 않는다. 그러한 원칙은 대의에 따라 항상 달라질 수 있고 신앙 행위에 휘

---

30 하지만 데카르트는 친구나 조국이나 군주를 구하기 위해 목숨을 걸 수 있다고 말한다.

둘리기 때문에 임의적이다. 지금까지 신, 자연, 국가, 사회, 명예를 명목으로 논쟁이 이어졌다. 그런데 이 단어들이 무엇을 의미하는가에 대해서는 전문가들도 의견이 분분하다. 데카르트는 각 사람이 볼 수 있고 느낄 수 있는 것, 소위 '자명한 것'에 입각하여 추론을 전개하고 자살하지 않는 편이 합리적이라는 결론을 냈다. 그의 추론 과정은 증거 없는 종교적 교의를 일절 포함시키지 않는다. 데카르트에게 자살은 도덕의 문제가 아니라 이성의 문제다. 스스로 목숨을 끊는 것은 죄가 아니라 오류이므로 처벌을 논할 필요가 없다. 자기가 저지른 잘못으로 자기가 벌을 받을 테니까.

홉스는 국가의 이름으로, 데카르트는 이성의 이름으로 자살에 반대했으나 그들의 저작은 이 문제에 불과 몇 줄만을 할애한다. 게다가 자살 반대파는 자유의 명목으로 이 문제를 논한 자유사상가들에게서 생각지도 않았던 지지를 얻기도 했다. 원자론자 가상디는 인간이 삶에 대한 사랑을 타고나기 때문에 자연이 자살을 금지한다고 주장함으로써 자신이 스승처럼 여겼던 에피쿠로스를 반박했다. 자살은 자연과 자연의 창조자를 모욕하는 변태적 행위다.[31] 라 모트 르 바예르 역시 자연에 대한 침해, "상식의 타락", "막대한 비겁행위" 운운하며 자살자의 매장 금지에 동의했다.[32] 스키피옹 뒤플렉스, 자크 드 루르, 부쥐, 바르댕, 바리, 뒤 물랭의 철학개론서들도 동일한 태도를 취한다.

어떤 이들은 좀더 미묘한 구분을 두려 했다. 특히 영국에서는 내전이 일어나기 전에 스토아철학이 부흥하면서 토머스 브라운이 개탄했듯이 성직자들까지 그 영향을 받았다. 브라운은 "그들은 사람이 자기 자신의

---

31 Gassendi, "Syntagma philosophica", *Opera*, vol.2, p.672.
32 La Mothe Le Vayer, *La Promenade*, IV, 1.

살인자가 되는 것도 용납하고 카토의 자살과 최후를 극찬한다"고 말한다. 내전과 공위기간에는 검열이 주춤했기 때문에 자살에 대한 유죄판결을 대담하게 문제시하는 글들도 많이 나왔다.

1656년에 월터 찰턴이 『에피쿠로스 도덕론』을 출간하면서 두 진영의 갈등을 결론 없이 제시했다. 찰턴은 성직자였지만 정통파라고 보기는 어려운 인물로서, 찰스 1세의 주치의를 지냈고 홉스와 친구 사이였다. 그는 그리스도인으로서 에피쿠로스의 자살윤리를 "신법이 분명히 혐오하는 잔혹하고 악한 의견"으로 보지만 철학자로서는 인간에게 "불가피하고 참을 수 없는 시련이 닥칠 때 자신을 죽일" 자유가 있다고 인정한다. 자연법은 우리에게 좋은 것을 추구하고 나쁜 것은 피하라 가르친다. 따라서 삶이 나쁘게 변했다면 자살이 곧 "자기 보존 법칙의 절대적 실현"이다.[33]

1665년에 조지 맥켄지는 스토아주의자들을 다룬 논문에서 자살반대론을 피력했으나 그의 논증은 모순적이었다. 하느님은 성경에서 자살을 금지하지 않으셨다. 그 이유는 죽음을 피하려는 인간의 성향 자체로 충분하다고 생각하셨기 때문이다. 하지만 맥켄지는 다른 대목에서 신이 자살을 거론하지 않은 이유는 인간에게 그러한 암시 자체를 주지 않으려 했기 때문이라고 말한다. 게다가 성경에 나타난 자살들은 모두 죄가 아니라고 말한다.[34]

논쟁은 이렇게 계속 이어졌다. 때로는 공공연한 논쟁도 일어났지만 이는 매우 드문 경우였다. 『인력소개소회의에서 다룬 문제들』 모음집은 1635년에 자살과 그 정당성에 대한 공식 토론이 있었음을 보여 준다.[35] 자

---

33 W. Charleton, *Epicurus's Morals*, London, 1656.
34 G. Mackenzie, *Religio stoici*, Edinburgh, 1665.
35 *Questions traitées ès conférences du Bureau d'Adresses*, vol.2, p.639, 19 novembre 1635.

살옹호론자와 자살반대론자가 전개한 주장은 독창적이지 않았지만 그들은 열띤 토론을 벌였다. 자살반대론자들은 자연에 반하는 죄, 자기 위치를 사수해야 하는 군인의 비유, 불행에 맞서는 용기를 근거로 들었다. 한편, 자살옹호론자들은 명예를 강조하거나 고대 로마의 영웅적 자살, 배와 함께 자폭을 택한 함장의 예를 들었다. 항복한 겁쟁이들보다는 그런 자들을 존경해야 한다는 것이다. 자신의 자살이 국력을 약화시킨다고 생각하는 사람은 자기를 너무 높이 평가한 것이다. 나라에 없어서는 안 될 개인이란 없다. 이 토론은 몇 시간이나 이어졌지만 결론을 보지 못했다. 하지만 이런 토론이 있었다는 사실에서 자살이라는 주제가 널리 퍼져 있었음을 알 수 있다.

종교적 대체물 : '자기망각'의 영성

종교적 삶 자체는 17세기 초부터 자발적 죽음의 유혹에 영향을 받았다. 귀족들의 결투가 그렇듯 구도 생활의 일부 형태들도 자살 욕망을 놀랄 만큼 반영하고 있어서 어떤 면에서는 자살의 대체 혹은 파생처럼 보일 정도다. 17세기 초의 가톨릭 개혁에서 탄생한 특수한 신앙 유파들은 우연의 일치라고 보기 어려운 애매성들을 포함하고 있다. 자살 문제는 바로 이 그리스도교 의식의 일대 위기에서 터져 나왔다. 문화적 혼란기에 예민한 영혼들을 그렇게나 뒤흔들었던 세상에 대한 거부는 일부를 자살로, 또 다른 일부를 신비주의와 은둔으로 인도했다. 이러한 도피 행위의 기저에는 세상에 대한 증오가 깔려 있었고, 그 증오는 영성 지도자들의 글에서 폭발적으로 드러났다. 자크 누에 신부는 묻는다. "이 눈물의 골짜기에서 무엇이 마음에 들겠는가? 다시 한번 대답해 보라. 어째서 그대는 삶을 좋아하는가?" 생 시랑은 한술 더 뜬다. "죽을 수밖에 없는 이 삶을 사랑하려면 영혼의 병과 얼마간 사악한 정념이 있어야 한다." 우리가 바랄 수 있는 최고선이 죽음이라는 주장은 지극히 타당하다. "진정한 그리스도인은 삶보다 죽음을 사랑하고 죽음에서 기쁨을 얻기가 더 수월하다. ······ 죽음은 나의 선, 나의 유리한 조건, 나의 기쁨이로다."[36] 케넬이 말한다.

이상적인 그리스도인의 삶을 불안정한 균형에 근거시키는 이런 유의 선언들이 17세기 영성 관련 문헌에는 넘쳐 난다. 신앙인은 세상과 삶을 멀리하고 죽음과 내세를 열망하되 스스로 그 선을 넘어가서는 안 된다. 세상 속에 살되 세상이 제공할 수 있는 모든 쾌락은 거부하며 죽은 자처럼 살아야 한다. 가급적 죽음과 가까이 살되, 결코 죽음을 자초해서는 안 된다. 이러한 영성은 사실상 자살의 대체물, 일종의 정신적 죽음에 기초하고 있다. 바로 이것이 17세기 초의 위대한 신비주의자들과 구도자들에게서 볼 수 있는 '자기망각'의 교의다. 때때로 이들의 글은 충격적인 반향을 일으켰다.

프랑스 영성운동의 선구자 중 한 사람인 피에르 드 베륄(1575~1629)은 내면의 죽음을 설파했다. 그는 우리 고유의 존재를 이루는 것, 우리의 지적·정신적 능력을 온전히 포기하고 하느님께 그 자리를 내어드려야 한다고 했다. 그는 인간이 "자신에 대한 소유권을 포기하고 무화되어 예수님의 것이 되어야 한다. 예수 안에서 존속하고, 접붙인 바 되고, 살아가고, 작용해야 한다"고 썼다.[37] 인간이 자신으로서 살기를 멈추어야 그 사람 안의 예수가 산다. 사람은 '시체', 무생물 같은 도구가 되어 성령의 작용대로

---

36 Quesnel, *Le bonheur de la mort chrétienne*, Paris, 1687.
37 P. de Bérulle, *Œuvres complètes*, ed. Migne, Paris, 1856, p.914.

움직여야 한다. 그는 또한 신은 "당신이 사시기 위해 우리의 삶을 파괴하기 원하시며 우리가 우리 삶에서 나와 당신의 삶으로 들어가기 바라신다고, …… 우리가 우리 안에서 죽기를, 죽음이 찾아올 때까지 우리가 정신적으로 죽어 있기를, 우리 자신이 보기에나 현시대가 보기에나 이 정신적 죽음 속에 거하기를 바라신다고" 말한다.[38]

베륄은 이른바 '자기 자신의 무화'라는 체험을 이렇게 기술한다. "나는 영혼의 정신적 능력으로나 감각으로나 나 자신을 사용하지 않기로 결심했다. 이 경지에 이르면 영혼은 아무것도 느끼지 못하게 되니 더 이상 자기 자신에게 아무것도 바라지 않고 나 자신의 판단과 권위에 의거하여 좋은 것을 취하지도 않게 된다."[39] 이 과정의 끝에서 개인은 정말로 죽는다. "우리는 죽었다. 우리는 오직 주 안에서 예수 그리스도하고만 진정한 삶을 산다."[40]

세상에 대한 거부, 개인적 삶의 거부, 개인적 의식의 거부, 거대한 전체(혹자는 신이라 부르고 혹자는 무라고 부르는 전체)에 녹아들려는 의지, 내가 더 이상 존재하지 않음, 나를 완전히 지우기. 이런 것들은 정신적 자살과 다르지 않다. 베륄의 제자 샤를 드 콩드랑 신부(1588~1641)는 이러한 유비관계에서 한층 더 나아갔다. 그는 12세 때 자기희생을 결심했다. 아브라함이 산 제물로 바치려 했던 이삭처럼 자기도 산 제물이 되고 싶다고 생각했던 것이다. 그는 평생 이 자기파괴의 의지에 강박적으로 매달렸다. 그의 『영성 서한』에는 "나를 파괴해야 한다"라든가 "그대 존재 전체를 없애기로 결심하라", "그대의 모든 본성을 제거하라", "그대가 존재

38 de Bérulle, Œuvres complètes, p.1182.
39 Ibid., p.1296.
40 Ibid., p.960.

하고 살아가고자 하는 바람을 온전히 버리고", "이 죽음이 …… 그대 안의 주님을 살게 하리니", "이 무가 …… 그대 안에 그분의 존재를 가능케한다" 같은 표현들이 넘쳐 난다. 브레몽 신부는 "그에게는 이러한 표현들이 단순한 수사나 문체상의 과장이 아니다. 콩드랑이 설파하는 죽음은 훨씬 더 현실적이다. 아니, 좀더 정확히 말하자면 여기서 죽음이라는 말은 희생적 금욕이 추구하는 완벽한 자기망각을 불완전하게 표현한 것이다. …… 이 파괴 자체가 희생자에게는 그가 잃어버린 삶보다 더욱 고차원적이고 새로운 삶의 탄생을 가능케 한다. 하지만 그러한 새 삶이 옛 삶과 다른 삶을 의미하지 않는다면 무슨 뜻이겠는가?"[41] 자살하는 사람이 추구하는 것도 마찬가지 아닌가? 그가 원하는 것은 새로운 삶, 더 나은 삶, 현재의 삶과는 전적으로 다른 삶 아닌가?

우리는 아슬아슬한 칼날 위에 서 있다. 신체적 죽음과 정신적 죽음의 유사성, 유비관계, 비교는 온갖 애매성과 혼란을 초래한다. 범상치 않은 의식의 깊이에 위치하는 신비주의는 일상적이고 피상적인 의식의 범주를 벗어난다. 이 수준에서는 한계들이 흐려진다. 의식에서 무의식이 떠오르고, 구체적인 것이 추상적인 것과 뒤섞이며, 금지는 욕망의 불꽃 속에 소멸되니, 정신은 지상과 하늘 사이 어느 지점까지 떠올라 도덕과 지성의 장벽들을 넘어 버린다. 이성의 경계가 흐릿해진다. 여성 신비주의자의 법열에는 신성한 사랑과 인간적인 사랑이 얼마나 모호하고 심란하게 뒤섞여 있는지 모른다. 마찬가지로, 일부 연약하고 민감한 정신의 소유자들은 베륄의 자기망각이라는 가르침에 푹 빠져 신체적 자살과 정신적 자살의 차이가 무엇인지 아리송할 지경이 되었다.

---

41 Bremond, *Histoire littéraire du sentiment religieux en France*, vol.3, part 2, p.85.

콩드랑의 제자 장 자크 올리에(1608~1657)는 매우 심각한 정신적 위기를 겪었다. 그는 이 시기에 곡기를 끊고 스스로를 이미 죽은 자처럼 여겼다. "나는 먹는 법을 몰랐다. 그러한 방법을 거의 잊어버리다시피 했다. 뭔가를 먹는다는 것이 마치 시체에 먹을 것을 주는 행위처럼 느껴졌다." 그는 자신이 저주받았다 생각하여 자신을 지옥에 떨어진 유다와 동일시했다. "사람들이 신에 대해서 말할 때 나는 엄격하고 짜증스럽고 잔인한 존재밖에 떠올릴 수 없었다. …… 나는 오히려 지옥을 생각하며 자기만족을 느꼈다. 지옥의 묘사가 내게 마땅한 곳의 이야기처럼 마음에 들었다." 올리에의 신경증과 신경쇠약 발작을 두고 브레몽 사제는 이렇게 말한다. "이는 순전히 병적인 현상으로 딱히 신비주의적일 것도 없고 딱히 수치스러울 것도 없다. 교회에 벼락이 내려 불이 날 수도 있듯이 하느님은 당신이 아는 이유로 그런 현상을 허락하시기도 한다."[42]

리골뢱 신부도 5년간 자신은 지옥에 갈 거라고 굳게 믿었다. 예수회 신부 쉬랭(1600~1663)도 광기와 신경증으로 고생하며 자살 충동을 느끼곤 했다. 그는 "나는 7~8년간 스스로 죽고 싶은 마음을 품고 살았다"라고 썼으며 그 유혹이 심각했을 때에는 실제로 창에서 뛰어내리기도 했다. 예수회는 그의 행동에 당황하여 그의 저작 중 일부 이상한 것들의 출간에 반대했다. 그는 20년간이나 자신은 저주받았다는 절망에 빠져 살았다.

자기망각의 영성은 17세기 내내 다양한 형태로 자살적이라고 할 만한 태도들을 자극했다. 순수한 사랑의 사도요, '성스러운 겸양회'의 창시자 성 요한 크리소스톰 신부(1594~1646)는 극단적인 신체적 고행을 실시하고 자기 자신을 죽여야 할 의무를 설파했다. 또 다른 순수 사랑

---

42 Bremond, *Histoire littéraire du sentiment religieux en France*, vol.3, p.136.

의 신봉자 피니 신부도 온전한 헐벗음을 강조하고 "극한의 절망 근처까지 갈지라도" 모든 것을, 심지어 영벌까지도 수용해야 한다고 말한다.[43] 1647년에 루이 샤르동 신부는 『예수의 십자가』에서 '신의 모습을 한' (déformante) 카타르시스를 권고한다. 우리 안의 모든 "지적·동물적 능력", 기억력, 상상력, 지식, 의지를 말소하고 "자신을 무로 귀착시켜" 일종의 영적 가사 상태에 이르러야만 예수를 영접할 수 있다는 것이다.

젊은 과부 마르탱 부인은 1630년에 우르술라회에 들어가 훗날 '강생의 마리아' 칭호를 얻었다. 이 사례는 상을 당한 사람의 수도회 입회가 자살을 대체할 수 있다는 것을 잘 보여 준다. 그녀는 양심의 가책에도 불구하고 세상을 하직하고 싶다는 바람이 너무나 강렬했기에 11세짜리 아들 클로드를 버리기로 결심한다. 마르탱 부인은 훗날 아들에게 이런 편지를 쓴다. "너와 이별함으로써 나는 살아 있으면서도 죽을 수 있었다." 그 아들 클로드도 나중에 성직자가 되어 건강이 상할 정도로 금욕적인 생활을 하는데, 그녀는 모성본능을 초월하여 이렇게 말한다. "너의 신체적 힘이 약화되었으리라 믿어 의심치 않는다. 너의 은거, 연구 작업, 업무, 규칙에 따른 금욕생활이 그 원인이겠지. 그러나 우리는 오직 죽기 위해서 사는 것이다."[44]

강생의 마리아는 자기망각이 완벽한 평정의 상태로 귀결된다고 보았다. 신에게 자신을 온전히 내놓은 영혼은 "더 이상 걱정 없는 상태에 이르니 이는 아무 욕망 없는 심오한 평화를 말하며 그 평화는 경험에 의해 변질되지 않는다". 신 안에서 무화된 자는 안식을 얻는다 할 수 있다. 그는

---

43 P. Piny, *L'état de pur amour*, Paris, 1676.
44 Bremond, *Histoire littéraire du sentiment religieux en France*, vol.6, p.114에서 재인용.

자기 자신에 대해서 죽었으니 더 이상 걱정할 것이 없기 때문이다.

자기망각의 영성은 종교개혁으로 한층 첨예해진 분위기 속에서 그리스도인의 의식을 호시탐탐 노리는 불안과 절망을 벗어나려는 수단, 부분적으로는 도피 행위다. 어떤 이들은 이 불안이 극단으로 치달을 때 자살을 한다. 또 다른 이들은 길을 잃고 자기망각의 정신에서 "자기를 망가뜨린다"고 콩드랑은 말한다. 이따금 위대한 정신의 소유자들이 영벌을 받으리라는 확신에 젖어 갈림길에 선다. 그래서 성 프랑수아 드 살(1567~1622)은 우울하고 불안한 청년기에 완벽을 추구하다가 심각한 절망의 위기를 겪었다. 구원을 받을 수 없다고 절망한 18세의 그는 잠도 잊고 식욕도 잊고 쇠약해졌다가 노트르담 데 그레에서 갑자기 회복되었다. 성녀 잔 드 샹탈에게도 절망의 시기가 있었다. 카르멜 수녀회의 마들렌 드 생 조제프는 지옥의 고통을 생각만 해도 기절하곤 했다.

어떤 이들은 자발적 순교라는 오래된 자살의 대체물을 이용할 작정까지 했다. 그래서 1604년에 스페인 카르멜회 수녀 여섯 명이 칼뱅파가 번성한 프랑스 남서부에 자기네 지부를 설립하러 와서는 도발적인 태도를 보이기도 했다. 당시의 회고록은 이 일을 이렇게 기술한다. "우리의 거룩한 수녀들은 예수 그리스도를 고백하고 이루 헤아릴 길 없는 순교의 행복을 누리려는 의도에서 …… 뭇사람에게 보이도록 마차 창밖으로 십자고상과 묵주를 든 손을 내밀고 다녔다."[45]

종교적 불안에는 두 가지 측면이 있다. 드 살의 말마따나 그 불안이

---

45 Bremond, *Histoire littéraire du sentiment religieux en France*, vol.2, p.306에서 재인용. 이 수녀들은 지나치게 단순한 방법으로 이단을 구분했다. 일행 중 한 명인 안 드 제쥐의 말로는 "거의 모든 주민이 이단이었다. 그들의 얼굴만 봐도 나머지를 능히 알 수 있었다. 그들은 정말로 저주받은 자들의 낯짝을 하고 있었기 때문이다"라고 말한다.

"지고선을 지향하려는 자연스러운 경향을 유발하기도 하지만 악마에게 이용되어 절망을 낳기도 한다".[46] 사람을 자살로 이끌 수도 있는 이 못된 불안의 치료약으로는 두 가지가 권유된다. 우선 신 안에서의 체념으로 평온을 얻는 법이 있다. 보쉬에와 예수회 수사들은 행동의 영성을 권한다. 그들은 정신이 선을 고양하고자 바삐 노력하면 균형을 회복할 수 있다고 보았다. 일부 얀센파도 비슷한 견해를 보였다. 예를 들어 피에르 니콜은 "죄라는 측면에서나 유혹이라는 측면에서나 항상 평온을 뒤흔들지 말아야 한다"고 했다.[47]

경건휴머니즘이 약이다

17세기의 초반 30년 동안은 한 신앙 유파가 불안과 절망에 대한 싸움에 각별히 집착했다. 경건휴머니즘이라는 보기 드물게 낙관적인 이 신앙 유파는 실제로 예정설과 지옥을 설파하는 절망적인 교의가 자살 충동을 자극하지 않도록 막아 주는 역할을 했다. 경건휴머니스트들은 악마를 물리치는 효과가 있는 웃음을 회복시켰다. 그들은 "웃음은 인간만이 지닌 고유한 것이다"라는 라블레의 주장을 되풀이하며 웃음이 건전하고 좋은 것임을 강조했다. 1624년에 가라스 신부는 그리스도인들은 웃어야 한다는 글을 썼다. "이 세상에는 참으로 삐뚤어진 이들이 있으니 그들은 성직자가 웃기라도 하면 신앙을 잃은 사람 취급한다. …… 맙소사, 이 사람들은 도대체 우리에게 뭘 바라는 걸까? 우리가 항상 통곡이라도 하고 있길 바

---

46 Deprun, *La philosophie de l'inquiétude en France au XVIIIe siècle*.
47 Nicole, *Traité de l'orasion*, Paris, 1679.

라나?"[48] 피에르 드 베스도 웃음을 부끄러워하지 않았다. "나는 웃고, 야유하고, 실소하고, 모든 것을 놀려 먹어야 하는 사람이다."[49] 하지만 웃느라 죽을 수도 있을까? 기쁨을 주체 못해 죽기도 하나? 예수회 수사 앙투안 비네는 하느님의 사랑에 대한 얘기를 들을 때마다 너무 기뻐 심장마비가 올 뻔했다고 주장한다. "사랑, 천국, 우리 주 예수라는 말을 들을 때마다 내 심장은 비수에 찔리는 듯했다."[50] 그는 1620년에 『병자와 애통해하는 자들의 환희와 위안』에서 우울한 기분을 날려 보낼 재밌고 웃기는 신앙 일화들을 소개한다. 그의 책에서 성부 하느님은 우리의 등을 토닥이며 천국으로 인도하는 뚱보 익살꾼 할아버지다. "천국은 우리 골족 조상님들이 사시던 옛 프랑스 같으니, 그땐 결혼식을 올리는 신랑이 교회 문에서부터 주먹질과 요란한 북 소리에 못 이겨 제단 앞까지 끌려오곤 했다."

그 주먹질이 바로 인생의 시련이다. 그러니 인생의 시련도 정겹게 툭툭 치는 주먹질처럼 넓은 마음으로 받아들이라는 뜻이다. 심지어 원죄조차 '복된 죄'가 된다. 인간에게 원죄가 없었다면 대속의 기적 또한 없었을 테니까. 경건휴머니스트들의 못 말리는 낙관주의는 자연의 선의, 위대한 옛 지혜, 나아가 새로운 과학의 신기한 발견마저 좋게 보았다. 경건휴머니즘은 1580~1620년의 유럽의식 위기에 긍정적으로 작용했다. 인간 정신이 무한한 세계와 그 세계가 새롭게 열어 보인 전망들을 두려워하기보다는 기쁨으로 받아들이게 했기 때문이다.

신과학은 삶을 더욱 사랑하게 했다. 경건휴머니즘은 과학혁명의 개

---

48 P. Garasse, *Apologie*, 1624, p.45.
49 P. de Besse, *Le démocrite chrétien*, p.2.
50 A. Binet, *Les attraits tout-puissant de l'amour de Jésus-Christ*, 1631, p.677. 한편, 쉬랭 신부는 다음과 같은 영가를 쓰기도 했다. "내게는 삶도 죽음도 온전한 하나일 뿐이니, / 사랑이 내게 거하는 것으로 족하나이다."

가에 열광했고, 그러한 열광은 우울한 기분, 절망, 자살에 대한 생각을 막아 주었다. 자살을 억제하는 약으로는 금지나 단죄보다 훨씬 효과적이었을 것이다. 프란체스코회 수사 이브 드 파리는 우울하고 음침한 그리스도인들을 야유하고 즐거운 기분, 낙관주의, 웃음을 강조했다. 그는 메르센 사제와 마찬가지로 극심한 고행 대신 세상에 대한 연구를 통하여 신께 더 가까이 갈 수 있다고 주장했다. 1639년에 앙투안 비네는 그 구체적이고 정확한 예들을 성직자들에게 가르쳐 주는 일종의 백과사전으로『자연의 이적들과 가장 고귀한 기교들에 대하여』를 출간하였다. 그는 과학용어들의 "풍부한 설득력"에 감탄해 마지않는다. 카르멜회 수사 레옹 드 생 장은『과학 일반 관념을 지닌 보편적 지혜의 초상』이라는 책을 썼다.[51] 경건 휴머니스트들은 사람들을 안심시키는 신앙서들을 다수 출간했다. 기욤 가제의『양심적인 영혼들의 위로자』(1610), 이브 드 파리의『인간을 인도하는 신의 자비』(1645), 자크 도탱의『세기의 불안에 맞서는 올바른 구원에 대한 소망』(1649), 르 무안의『편안한 헌신』(1652)이 그 대표 저작이다.

예수회 수사 루이 리슈옴(1544~1625)은 경건한 영혼의 기쁨을 설파했다. 신앙은 기쁨이요, 웃음은 신의 선물이다. 우리는 삶과 우리 신체를 사랑해야 한다. 신체는 영혼의 아름다움을 반영하기에 아름다운 것이다. 연인처럼 꼭 붙어 있는 영혼과 신체를 갈라놓는 것이 죽음이다. 리슈옴은 죽음이라는 비극을『육신을 떠나는 경건한 영혼의 작별인사』라는 대화 형식의 우의시를 통해 감동적으로 그려 냈다.[52] 죽음이 있기에 내세의 행복이 있다지만 죽음은 가슴이 찢어지는 슬픔이다. 따라서 자살은 교만하

51 경건휴머니즘과 과학의 관계에 대해서는 G. Minois, *L'Église et la science: Histoire d'un malentendu*, vol.2, Paris, 1991, pp.48~52를 보라.
52 L. Richeome, *L'adieu de l'âme dévote laissant le corps*, Lyon, 1590, p.50.

고 분별없는 자가 저지르는 미친 짓이다. 카토는 "바로 그 교만 때문에 스스로 자결하고 죽어 갔다. 그는 늘 영혼을 파리 떼 같은 허영과 인기로 채우며 살았기에 견고한 평판이나 내실을 다지지 못했다. 그래서 카이사르의 손에 떨어지는 날에는 자기 체면이 실추될 거라 생각했고 절망과 원한 때문에 카이사르를 참고 볼 수도 없었다. 할복은 꽤나 용감한 행위처럼 보이지만 그래 봤자 그는 자신의 비겁함에 걸맞은 수단을 써서 영혼을 신체에서 분리했을 뿐이다".

경건휴머니즘의 대가 드 살은 개인적인 절망의 시기를 극복한 후에 모든 저작에서 굳건한 낙관주의를 보여 주었다. 『신의 사랑』과 『경건 생활 입문』은 불안과 슬픔을 여러 대목에 걸쳐 다룬다. 그에게 불안이란 "죄를 제외하면 영혼에 닥칠 수 있는 가장 큰 병"이다. "한 나라가 국내의 반란과 폭동으로 무력화되어 외세의 침략에 저항할 수 없게 되듯이 우리 마음도 속으로 동요하고 불안해하면 애써 획득한 덕을 유지하기가 어렵거니와 원수의 유혹에 저항하기도 힘들어진다. 우리의 원수는 그 동요하는 물에서 고기를 낚기 위해 갖은 노력을 아끼지 않는다."[53] 불안은 악에서 해방되거나 선을 실현하고픈 욕망이 충족되지 않기 때문에 발생한다. 사탄은 그 불안을 이용하여 인간을 절망으로 이끈다. 따라서 저마다 자기 양심의 지도자에게 불안을 고해야 한다.

슬픔은 좀더 애매하지만 역시 경계 대상이다. 하느님이 주시는 좋은 슬픔, 죄를 후회하고 회개하게 만드는 슬픔도 있긴 하다. "회개하는 자는 항상 슬퍼하나 그 슬픔 속에서 기뻐할 것입니다." 그러나 "세속적인 상심은 죽음을 가져올 뿐입니다."[54] 드 살은 복음서를 인용하여 "슬픔은 많은

---

53 F. de Sales, *Introduction à la vie dévote*, IV, 11.

이를 죽이니 아무 유익이 없다"고 말한다.

"지옥의 원수가 오만 가지 슬프고 우울하고 분한 생각을 불어넣어 사람의 판단을 흐리게 하고 의지를 떨어뜨리고 영혼 전체를 뒤흔든다. …… 이는 그 사람을 절망하고 실족하게 하려 함이라." "타고난 천성 때문에 우울한 기분이 우리를 지배하기도 한다. 그 기분 자체는 악하다고 할 수 없으나 우리의 원수는 이 기분을 이용하여 수많은 유혹들을 계획하고 우리 영혼 속에 밀어 넣는다." "인생의 다양한 사건들이 가져오는 슬픔들도 있다."[55] 경건한 자들은 슬픔을 무던히 넘기지만 세속인들에게서 슬픔은 절망으로 돌변한다. "악한 자는 슬픔과 우울을 좋아하니 자신이 슬프고 우울하며 앞으로도 영원히 그럴 것이기 때문이다. 또한 그는 남들도 자신 같기를 바란다."[56] 이때에 슬픔은 사탄의 도구가 되어 버린다.

드 살은 자살이 "진실의 영광"을 위한 행위일 때에만 용서의 여지가 있다고 보았다. 고대인들의 자살은 아무 가치도 없다. 그는 『신의 사랑』의 한 장을 이 문제에 할애하고 스토아주의자들을 비판한다. 삶이 견디기 힘들면 자살하라고 권고하는 자들이 어찌 덕 있다 말할 수 있겠는가? 세네카와 그 밖의 자살자들은 오만과 허영으로 똘똘 뭉친 자들이었다. 성 아우구스티누스가 지적했듯이 루크레티아도 뭘 몰라서 자결한 셈이다. 카토는 현자가 아니라 절망한 자다. 단, 그리스도교의 자발적 순교자들은 허영과 이기심으로 그런 행위를 한 것이 아니니 칭송받을 만하다. "테오팀, 카토에게도 단호한 용기가 있었고 그 용기 자체는 찬양할 만하다고 나 역시 생각하네. 그러나 그의 본보기를 따라 정의와 선을 실현하려는

54 『고린토후서』 7:10. — 옮긴이
55 de Sales, *Traité de l'amour de Dieu*, XI, 21.
56 de Sales, *Introduction à la vie dévote*, IV, 12.

자는 자살하기보다는 고통을 감내해야 하네. 헛된 영광 대신 진실의 영광을 추구하려면 진실한 덕의 요구를 따라야 하기 때문이지. 불굴의 용기를 지닌 우리의 순교자들이 불변의 가치를 지닌 이적들을 보여 주었듯이 말일세. 카토, 호라티우스, 세네카, 루크레티아, 아리아는 그들에게 비교조차 되지 않네."[57]

그렇지만 드 살도 신비주의 초탈의 병적 애매성에서 벗어나지 못한다. 그는 그러한 태도가 죽음으로 이어질 수 있다는 것을 인정하면서도 그 죽음은 자살이 아니라고 명쾌하게 설명하지 못한다. 그는 신비주의자들이 상심하느라 죽은 것이 아니라 상심 때문에 죽었다고 했는데 별로 설득력 있게 들리진 않는다. "거룩한 사랑의 실천자 가운데 하느님의 사랑을 행하고자 자신을 온전히 버린 자들이 있네. 거룩한 불이 삼켜 버린 자들이지. 때로는 상심 때문에 그들이 오랫동안 먹지도, 마시지도, 잠들지도 못하여 쇠잔해 죽곤 하네. 그러면 속인들은 그들이 상심하느라 죽었다 떠들지. 하지만 그건 사실이 아닐세. 그러한 쇠약은 상심에서 기인했으나 그들은 상심하느라 죽은 것이 아니야. 그들은 상심 때문에, 상심에 의하여 죽은 것일세. 친애하는 테오팀, 성스러운 사랑의 열정이 크면 마음을 다치는 일도 그만큼 많다네. 그 마음은 우수가 자주 깃들고 쉽사리 녹아내리며 황홀경과 법열에 빈번하게 사로잡히지. 그렇게 마음이 온통 주님께 가 있으니 제대로 먹고 소화하는 일을 챙기기가 어렵네. 그러다 동물적인 원기가 차츰 떨어져 가고 수명이 단축되어 죽음에 이르는 것이지. 테오팀, 그런 죽음이 얼마나 복된 것인지, 오, 주여!"[58]

---

57 de Sales, *Traité de l'amour de Dieu*, XI, 10.
58 *Ibid.*, LVII, 10.

이 또한 자살의 대체물 혹은 부산물이라 말하지 않을 수 없다. 훗날 말브랑슈 또한 신비주의자들의 애매한 행동방식에 대하여 "육체의 이익을 버리고, 육체를 멸시하여 희생시키고, 기어이 육체를 잃지 않고서는 하느님과 완벽한 일체를 이룰 수 없다"고 인정하면서 비슷한 난색을 표했다. 육체를 버리면서도 자살이라는 비난을 받지 않으려면 어떻게 해야하나? 말브랑슈는 답을 찾지 못했다. 육체를 버리지 않으면 주님과 하나가 될 수 없다. 그런데 우리에겐 육체를 버릴 권리가 없다. 그래서 말브랑슈는 이 문제를 확인만 하고 전혀 다른 문제로 넘어간다. "스스로 죽는 것도, 자기 건강을 해치는 것도 용납되지 않는다. 우리 몸은 우리 것이 아니기 때문이다. 그 몸은 주님의 것, 국가의 것, 우리 가족과 친구의 것이다. 우리는 우리 몸을 마땅한 수칙에 따라 튼튼하게 잘 지켜야 한다. 그러나신의 명령을 위반하면서까지, 남들에게 피해를 끼치면서까지 자기 몸을 지키는 데 급급해서는 안 된다. 나라를 위해서는 위험을 무릅쓸 줄 알아야 하고, 신의 명령을 따르기 위해서라면 자기 몸이 상하거나 약해지거나 죽음에 이르는 것도 두려워하지 않아야 한다."[59]

얀센파의 애매성

1580~1620년 위기에서 탄생한 신앙 유파 중에서도 얀센파만큼 자살에 대한 태도가 애매했던 유파는 없을 것이다. 얀센파는 공식적으로는 자살을 배격했지만 (죽음에 대한 요구라 해도 과언이 아닐 만큼) 절대적인 요구에 입각한 삶의 이상을 내세우기 때문이다. 장 라신의 비극들은 그러한

---

59 Malebranche, *Traité de morale*, Rotterdam, 1684.

양상을 매우 잘 보여 준다. 얀센주의는 이런 면에서 자살의 불만족스러운 대체물, 즉 자기살해 행위는 거부하되 항상 불안을 자아내는 죽음 욕망을 유지하는 대체물이라 할 수 있다.

이교도에게나 그리스도인에게나 자살은 분명히 금지된다. 이교도들은 칭송받을 자격 없는 교만덩어리들이다. 아르노는 본질적으로 그리스도를 믿지 않는 자들에게서 위대함이란 흔적조차 찾아볼 수 없다고 말한다. 그는 디오게네스의 죽음에 대하여 "이 이야기는 영광을 좇는 자가 끝까지 교만하다는 점밖에 보여 주지 않는다"라고 썼다.[60] 또한 아리스토텔레스는 분명히 자살했을 것으로 추정되는데 그 이유는 "무지와 맹목에 찌든 그 비참한 시대"에 자살이 유행이었기 때문이라고 말한다.[61] 그는 틀림없이 영벌을 받을 것이다. 니콜도 악착같이 카토를 물고 늘어진다. "일부 철학자들이 카토의 죽음을 부러워하며 거창한 찬사들을 바쳤으나 사실 카토는 약해 빠진 사람이라서 그러한 야만을 저질렀다. 그럼에도 뭇사람들은 그러한 야만을 대단한 용기처럼 드높인다." 니콜은 다소 유치하게 카토를 헐뜯으려고 한다. 카토는 겁쟁이라서 카이사르를 대면할 용기가 없었기 때문에 자살했다는 것이다. "로마의 여인과 어린아이도 능히 감당할 수 있는 일을, 딱하리만치 약해 빠진 그는 할 수 없었다. 그 공포가 너무 극심했기에 모든 죄 가운데 가장 무서운 죄를 저지르고 생에서 떠나갔던 것이다."[62]

얀센파는 예수회의 결의론에도 반대했다. 결의론이 지나치게 구분에 연연하고 일부 자살을 용납하기 때문에 도덕을 해이하게 한다는 비판에

60 Arnaud, "De la nécessité de la foi en Jésus-Christ", Œuvres, vol.10, p.360.
61 Ibid., p.149.
62 Nicole, Essais de morale, vol.1, chap.13.

그들도 동의했던 것이다. 『파리 사제들의 제3문』은 예수회 수사들에게 오직 이성만이 스스로 죽을 것이냐 말 것이냐를 결정할 수 있다는 생각을 은연중에 불어넣었다. 그렇다면 "자결한 이교도들, 특히 당시 일부 도시에서 그랬듯 행정관에게 허가를 받고 스스로 목숨을 끊은 자들도 모세의 계명을 어기지 않았다고 말할 수 있지 않을까? …… 우리는 이 원칙에서 파생될 수 있는 기묘한 결과들을 보면서 두려움에 떤다". 1672년에 시니키우스는 자살을 용납함으로써 "기강을 흐리는 견해"들을 비난했다.

사실, 얀센파는 구별을 둘 줄 모르는 집단이었다. 그들은 절대성을 추구했고 지상의 모든 저열한 요구들과 타협하기를 거부했다. 파스칼은 몽테뉴의 망설임에 얼마나 경악했던가? "몽테뉴는 크나큰 과오가 있으니 …… 자살, 죽음에 대한 생각이 그러하다. …… 죽음에 대한 그의 이교도적인 생각은 용납될 수 없다. 적어도 그리스도인답게 죽으려는 바람이 없다면 신앙을 완전히 포기한 셈이기 때문이다. 그런데 몽테뉴는 그의 책 전체에서 비겁하고 나약한 죽음만을 생각한다."[63] 파스칼은 『드 사시 씨와의 대화』에서 에픽테토스와 그의 "빼어난 악마성"을 공격한다. 에픽테토스가 "극심한 박해에 시달린 나머지 신이 우리를 부른다는 생각이 들 정도라면 자살할 수 있다"고 주장했기 때문이다. 자살에 대한 스토아주의의 가르침은 교만의 산물일 뿐이다.

파스칼은 어떤 이들이 행복을 추구하다가 자살에 이르기도 한다는 것을 잘 알고 있었다. "행복은 모든 사람의 모든 행동의 동기이니 심지어 스스로 목을 매는 자들에게조차 그렇다." 하지만 얀센파는 오류를 범할 수밖에 없는 유한한 인간에게 절대성을 요구한다면 결국 그 요구가 죽음

---

63 Pascal, *Pensées*, édition de la Pléiade, p.1104.

으로만 실현될 수 있다는 것을 알았을까? 정말로 천사가 되고 싶은 사람은 자신이 짐승 노릇을 했다는 것을 깨닫는 순간, 죽음을 택할 수밖에 없지 않나? 얀센파야말로 정말로 천사 노릇을 하려고 했던 인간들이니까. 얀센파는 지나치게 높은 조건을 충족시켜야 했기 때문에 끊임없이 실패를 맛보았다. 얀센파는 풀리지 않는 모순의 중심에 스스로 섰다. 자살은 거부하면서, 죽음으로만 충족시킬 수 있는 생의 요구들을 스스로 떠안았으니 말이다.

"세상에서 살되 세상에 속하지도 말고 세상의 기쁨을 취하지도 말 것." 이것이 신과 세상을 완전히 대립적으로 보는 얀센파의 모토였다. 그들은 세상에서 진정한 가치를 실현하는 것은 불가능하다고 보았다. 그렇다고 신께 귀의하기 위해 세상을 변화시켜서도 안 된다. 근본적으로 화해 불가능한 양극단이 얀센파의 삶에 끊임없이 긴장을 몰고 온다. 얀센파는 절대적인 것을 추구하기에 불완전한 인간적 가치, 선택을 포함하는 가치에 만족할 수 없다. 그래서 그는 이 깊은 고독, 인간적인 노력에 대한 거부를 저주처럼 안고 살아야 한다. 세상에서 물러나되 죽지도 못한다.

뤼시앵 골드만이 명쾌하게 보여 주었듯이 1620년대부터 얀센파가 특히 '법복 귀족'과 대귀족에게 호응을 얻은 이유도 여기에 있는 듯하다.[64] 하지만 그건 우리가 다루는 주제와 별 상관없는 얘기다. 우리에게 중요한 것은 얀센파가 이 세상은 악하다고 아예 못 박고 세상을 변화시키려는 희망을 폐기함으로써 죽음에 대한 유혹을 불어넣었다는 것이다. "세상에서 산다는 것은 인간의 본성을 모르고 사는 것이다. 그 본성을 안다면 세상과 속세의 삶을 거부해야만, 고독, 아니 궁극적으로는 죽음을 선택해야만

---

64 L. Goldmann, *Le dieu caché*, Paris, 1959.

진정한 가치를 구할 수 있다는 것도 깨닫는다."[65] 골드만은 파스칼의 태도와 파우스트의 태도가 근본적으로 유사하다는 것도 지적했다. 그들은 둘 다 보편적 앎을 추구하나 그 앎이 순전히 허망하다는 것을 자각한다. 그 깨달음 때문에 파스칼은 알 수 없는 신의 신비를 고통스럽게 받아들이는 데 천착하고, 파우스트는 스스로 죽기 원한다. 이 두 태도 사이의 경계는 아주 흐릿하다. 별것 아닌 일로도 균형은 쉽게 무너져 버릴 수 있다.

자살이라는 파우스트적 해법은 여러 면에서 가장 논리적이고 만족스럽게 보인다. 이를테면 라신의 비극 속 인물들은 세상과 자신의 절대적 열망은 접점이 없음을 깨닫고 대개 자살을 택한다. 앙드로마크, 쥐니, 베레니스, 페드르는 죽음으로 갈등을 타개한다. 세상은 구제 불능이요, 신은 늘 부재하니 이 여인들에게는 죽음 외의 다른 길이 없다. 이 여인들은 그리스도인들이 아니므로 죽음을 스스로 앞당긴다. 얀센파에게도 이것이 가장 자연스러운 길이건만 아우구스티누스의 자살 금지가 발목을 잡는다. "『페드르』는 항복, 선택, 타협 없이 살고자 하는 소망의 비극, 이 소망이 필연적으로 착각일 수밖에 없다는 깨달음의 비극이다. …… 이 작품은 세상에서의 삶과 그 필연적 실패의 이유들을 폭넓게 드러낸다는 점에서 『팡세』의 비전들과 비슷한 데가 있다."[66]

진정한 얀센주의는 이처럼 이중적이다. 인간 조건에 대한 성찰을 극단까지 밀고 나가면 얀센파는 딜레마에 빠진다. 세상은 악하고 어떤 행위로도 개선되지 않는다. 감히 파악할 수 없는 신은 선택받은 소수에게만 은총을 베푼다. 그 중간에서 인간은 절대성을 갈망하나 자신이 결코 그

---

65 *Ibid.*, p.241.
66 *Ibid.*, p.421.

갈망을 충족시키지 못한다는 것을 안다.[67] 얀센파가 창조한 실존적 맥락에서 출구는 죽음뿐이다. 그러나 생명의 절대 주인은 하느님이니 죽음을 거부하고 지상이라는 감옥에 갇혀 살아야 한다. 자살을 금하는 것은 신앙뿐인데, 얀센파의 하느님은 '부재'를 가장 큰 특징으로 하기 때문에 신앙은 흔들리기 쉽다. 파스칼의 표현을 따르자면 신은 이미 찾았다 해도 끊임없이 찾아야 하는 존재니까. 그래서 존재와 비존재의 경계는 흐릿하고 그 경계가 모호해지는 순간부터 철학적 자살의 방해물은 사라진다. 얀센파의 태도는 19세기 무신론 철학의 태도와 직접적으로 맞닿아 있다. 그러한 태도는 잠재적인 자살 요인이다.

1580~1620년에 제기된 자살의 정당성 문제는 17세기 내내 엘리트 계층의 논쟁거리로 남아 있었다. 실제 자살률이 높아지지는 않았지만 의식구조는 서서히 변해 갔다. 집권층은 전반적으로 부정적인 탄압책을 취했지만 이 문제를 자신의 것으로 느끼는 무리는 점점 늘었다.

위대한 세기는 르네상스와 달리 세상과 인간을 비관적으로 바라보고 저세상에 소망을 두었다. 여러 면에서 금지와 좌절의 시대였다. 문화적·정치적 장악은 엄격한 도덕과 냉정한 형식주의를 요구하는 양상으로 나타났다. 이 세상은 사악하니 오직 진정한 삶에 대한 기대를 내세에 두어

---

67 일부 저자들은 얀센파가 반드시 절망의 원인을 제공하지는 않는다고 말한다. 적어도 내세에서의 삶에 대해서는 그렇다고 할 수도 있다. 얀센파는 선택받은 자의 수가 극히 적다고 말하면서도 자기들은 그 소수에 속한다고 믿기 때문이다. "세상 만민은 …… 자신이 주님이 구원하실 소수의 선택받은 자에 속한다고 믿어야 한다"고 파스칼은 썼다. 1732년에 질 보주 사제는 신께 누를 끼칠지 모른다는 두려움이 예정의 표증이요, 소망을 품을 만한 이유라고 했다. "가장 의로운 자들과 가장 완벽한 성인들에게도 있었던 이 두려움이야말로 주님께서 예정대로 일을 이루시고자 즐겨 사용하시는 수단이다. 이 두려움 덕분에 우리는 선택받았다는 믿음이 약해지기는커녕 더욱 굳건해진다. 그것이야말로 우리 구원의 주요한 수단 중 하나요, 주님은 우리가 그러한 상태에 있기를 바라시기 때문이다."(G. Vauge, *Traité de l'espérance chretienne*, Paris, 1732, p.218).

야 한다. 세상에서의 삶은 잠시 잠깐이니, 죽음과 영생만 바라보고 이 삶은 완전히 초연하게 넘겨야 한다.

일상의 삶이라는 이 힘겨운 장애물 경주에서 죽음을 앞당기는 행위는 반칙이다. 하지만 영성생활은 영원한 행복을 열망하는 영혼들에게 '자기망각'(자기무화)과 은둔이라는 임시방편을 제공한다. 하지만 이 자살 대체물도 극소수에게만 허락되었다. 민중은 여전히 모든 것을 금지당했고 자주 단죄당했다. 인간은 국가와 사회에 자기 존재를 빚진 셈이요, 살 것을 명하는 신법과 자연법을 어김없이 지켜야 한다. 그래도 법학자들은 극단적인 불행과 광기에 의한 자살에 관용을 베풀려고 조금씩 노력했다. 성직자와 귀족 엘리트에게는 체면과 명예를 고려하여 거의 아무런 벌도 내리지 않았다. 이 때문에 이중적인 도덕 기준이 수립되었다.

이러한 상황을 전제로 1680~1720년의 유럽의식의 2차 위기는 다시금 자살 문제를 수면으로 부각시켰다. 비판정신과 합리론이 기존 교회와 정면충돌하면서 가장 강력한 금지(신앙의 금지)마저 힘을 잃기 시작했다. 비참한 생존 위기와 경제 난국은 자살을 더욱 부추겼다. 결정적 시기, '자살'이라는 단어가 본격적으로 탄생한 시기였다.

3부

계몽주의 시대

죄의식에서 벗어나 현실화된 문제

8장

'영국병'의 탄생(1680~1720)

토머스 크리치에서 조지 체인까지 : 영국병

햄릿으로부터 정확히 100년 후인 1700년, 옥스퍼드 학자이자 출판인이었던 토머스 크리치가 루크레티우스의 저작 번역을 마친 후 스스로 목을 매었다. 이 사건은 지식인층에게 엄청난 반향을 불러일으켜 거의 신화가 되었고 어떤 이에게는 찬탄을, 또 다른 이에게는 혐오를 불러일으켰다. 일부에서는 이 일을 철학적 자살의 전형으로 삼고자 했다. 소문에 따르면 크리치는 자살 직전에 『비아타나토스』를 읽었고 한 손에는 책을, 다른 손에는 밧줄을 들고 바로 일을 치렀다고 했다. 그가 루크레티우스 번역원고에 메모를 남겼다는 얘기도 있다. "N. B. 해설을 다 쓰고 나면 반드시 목을 매야겠다." 이에 볼테르는 냉소적으로 지적한다. "그는 저자와 같은 최후를 누리기 위해 자신과의 약속을 지켰다. 그가 만약 오비디우스 해설을 쓰고자 했더라면 훨씬 더 오래 살았을 텐데." 어떤 이는 적대감을 드러내며 크리치가 "진정한 무신론자로서 자기가 살아온 바로 그대로 죽었다"고 했다. 사실은 훨씬 단순하다. 크리치는 실연 때문에 자살했다. 여자 쪽

부모가 결혼을 극구 반대했던 것이다. 학계 동료와 경쟁자 들은 그가 오역을 했다는 절망 때문에 자살했다고 주장하기도 했다.[1]

그렇지만 철학적 자살 얘기가 괜히 나왔던 것은 아니다. 수년 전부터 그런 생각은 막연히 있었던 것 같다. 게다가 크리치가 루크레티우스의 작품을 번역하면서부터 전통적 도덕의 수호자들이 경계할 만한 하나의 흐름이 구체화되었다. 1680년경, 자살 논쟁이 다시 한번 영국을 휩쓸었다. 찬반론들이 풍부하게 발표되었고 유명한 실제 사건들이 토론에 활기를 불어넣었다. 1683년 7월 13일, 역모죄로 런던탑에 투옥된 에식스 백작이 스스로 목을 베었다. 1684년 10월, 유명한 침례교파 목사 존 차일드가 자살했다. 그는 스스로 개종을 하고 다른 침례교도들에게도 영국 국교도로 전향할 것을 호소한 바 있었다. 같은 해에 체셔에서는 토머스 로가 전속 사제 직위를 잃고 자살했다. 1685년에 몬머스 공 휘하의 로버트 롱 중위가 뉴게이트 감옥에서 자살했다. 1689년에 국무대신 존 템플이 런던브리지에서 템스 강으로 뛰어내렸다. 명망 높은 공직자 윌리엄 템플 경의 아들이었던 그는 아일랜드와의 협상에 실패했다는 굴욕감을 견디지 못했던 것이다. 그의 호주머니에서 "성공하지 못할 일을 어리석게 시도하여 국왕께 폐를 끼쳤으니 이렇게 하지 않고는 내 죄를 갚을 길이 없다. 폐하가 하시는 일이 다 번성하고 복되기를 바라노라"라는 쪽지가 나왔다.[2]

1700년에 크리치가 자살했고 얼마 지나지 않은 1701년에 대귀족 베스 백작이 자살했다. 백작의 두 아들마저 2주 후 아버지의 뒤를 따랐다. 1702년에는 대장총재 시드니 고돌핀의 사촌 프랜시스 고돌핀이 스스로

---

1 Voltaire, "De Caton, du suicide", *Dictionnaire philosophique*, 1764.
2 G. C. M. Smith ed., *The Early Essays and Romances of Sir William Temple*, Oxford, 1930, p.193.

목을 베었다. 부유하고 가정생활에도 문제가 없었던 그가 자살한 이유는 뚜렷이 밝혀지지 않았다. 1704년 1월 4일 에식스의 부르주아 조지 에드워즈가 두 자루의 권총이 동시에 발사되게 하는 정교한 장치를 이용하여 자살했다. 이 사건도 커다란 반향을 일으켰는데, 그 이유는 국교회 목사 존 스미스가 그해에 발행한 소책자에서 이 사건이 '무신론'의 비참한 결과를 상징적으로 보여 준다고 주장했기 때문이다. 사실 가엾은 에드워즈는 불관용의 희생양이었다. 그는 독실한 사람이었으나 철학책들을 탐독한 후 합리주의적인 종교관을 지향했을 뿐이다. 에드워즈는 성경의 진실성에 의심을 품고 신앙의 보편성이 신 존재를 증명해 주지는 않는다고 주장했고 흑인과 백인이 엄연히 구분되는데 어떻게 모든 인간이 아담의 후손일 수 있느냐고 반문했다. 결국 교구에서 따돌림을 당하고 아내에게까지 배척당한 40세의 에드워즈는 자살을 택했다. 스미스는 이것이 도처에 만연한 신(新)에피쿠로스주의의 결과라고 보았다.[3]

이 자살 사건들은 모두 언론에서 크게 다루어졌고 대중에게 강렬한 인상을 심어 주었다. 존 에블린은 1702년의 일기에 "한 나라에서만 불과 15~16년 사이에 이 많은 사람들이 자살했다고 생각하면 참으로 슬프다"고 썼다.[4] 이 지적은 당시 신문에 게재되던 '사망 내역'에서 자살 건수가 막 늘어나기 시작하던 바로 그 무렵에 나왔다. 따라서 유명인들의 자살은 전반적인 배경, 영국 특유의 뿌리 깊은 경향을 반영하고 있는 것처럼 보이기도 한다.

이리하여 '영국병'의 신화가 탄생했다. 1733년에 의사 조지 체인이 발

---

3 J. Smith, *The Judgement of God upon Atheism and Infidelity*, London, 1704.
4 E. S. de Beer ed., *The Diary of John Evelyn*, Oxford, 1955, p.505.

표한 『영국병, 혹은 모든 종류의 신경성 질환에 대하여』 덕분에 이 병은 공식화되었다.[5] 저자는 "최근 기이하고 범상치 않은 자살이 날로 늘어가는 현상"을 걱정하는 친구들의 권유로 이 책을 쓰게 됐다고 말한다. 체인은 영국인들이 다른 나라 사람들보다 자살을 많이 하는 이유들을 분석한다. 그는 아마 퐁트넬의 『금니』를 읽지 않았든가, 아니면 원인을 살피기전에 사실 여부를 확인해야 한다는 그 책의 교훈을 명심하지 않았던 모양이다. 사실, 엘리트 계층은 '영국은 자살의 나라'라는 생각을 자명한 것으로 받아들이고 있었으니까. 이 계몽주의 시대의 신화는 근대적 통계가 등장한 후에야 비로소 사라진다.

체인은 영국인이 자살을 많이 하는 경향이 무신론과 철학 정신의 발달에 부분적으로 관련되어 있으며 다른 한편으로는 지리와 기후의 특색때문에 우울한 기질이 섬나라 사람들에게서 더 나타나기 쉽다고 설명했다. 당시에는 기후 결정론이 유행이었다. 몽테스키외도 이 유행을 십분활용했고 기후가 무의식적으로 사람들의 정신 활동에 영향을 미친다는생각은 굳게 자리를 잡았다. 1727년에 세자르 드 소쉬르는 영국에 도착하자마자 날씨 때문에 우울해 죽겠다고, 자기가 영국에서 태어났으면 틀림없이 자살했을 거라고 했다.[6]

'자살'이라는 용어의 탄생

이 병이 이름을 얻은 곳도 영국이었다. '자살'이라는 말이 17세기에 처음

---

5 G. Cheyne, *The English Malady, or a Treatise of Nervous Diseases of all Kinds*, 1734, p.iii.
6 J. Sena, *The English Malady: The Idea of Melancholy from 1700 to 1760*, Princeton, 1967, p.44.

나왔다는 것 자체가 사고의 진전과 이 주제에 대한 논의가 빈번했음을 보여 준다. 우리는 지금까지 표현을 단순화하기 위해 시대를 무시하고 '자살'이라는 단어를 써서 논의를 전개했지만 사실 당시까지 프랑스어는 이 행위의 혐오성을 강조하기 위해 '자기를 죽이다'(s'occir soi-même), '자기 자신을 죽이다'(se tuer soi-même), '자신을 살해하다'(être homicide de soi-même), '자신의 살인자가 되다'(être meurtrier de soi-même), '자신을 없애다'(se défaire) 등으로 표현만 조금씩 바꾸어 썼을 뿐이다.

신조어의 등장은 이 행위를 타살과 구분하고자 하는 의지로 해석된다. 그리하여 토머스 브라운 경의 『렐리기오 메디시』(1636년 집필, 1642년 출간)에서 라틴어의 형태로 이 단어가 처음 등장했다. 저자는 그리스도인의 '자기살인'(self-killing)이라는 죄와 카토 같은 이교도의 '자살'(suicidium)을 구분하고자 했다. 이 단어는 '자기'(sui)와 '살해'(caedes)를 어근으로 삼는데 결의론자들의 저작에서도 독립적으로 발견되곤 한다. 후안 카라무엘의 『근본도덕신학』의 한 대목에는 '자살에 대하여'(De suicidio)라는 소제목이 붙어 있다. 1650년대에 이 신조어는 에피쿠로스의 책을 출간한 월터 찰턴과 사전학자 토머스 블라운트에 힘입어 영국에 널리 퍼졌다. 1658년에는 이 말이 거의 상용화되어 밀턴의 조카 에드워드 필립스가 『일반사전』에 수록할 수 있을 정도였다. 비록 그는 "자기 자신을 죽인다는 것은 인간의 짐승 같은 면에 해당하니 …… 'sui'(자기)라는 대명사보다는 'sus'(암돼지)에서 파생되었다면 좋았을 단어"라고 다분히 부정적 시각을 드러내는 어원 설명을 달았지만 말이다.[7]

프랑스어에서는 '자살'이라는 단어가 1734년에 첫 등장했다. 영국에

7 E. Philipps, *The New World of English Words or a General Dictionary*, London, 1658.

서 체류 중이던 프레보 사제가 『찬성과 반대』에 기고한 글에 이 단어가 나온다.[8] 프레보는 첼시에서 목을 매려던 성직자가 어느 귀족 신사의 도움으로 살았다든가 하는 이야기들을 전하면서 '영국병'의 신화를 굳히는 데에도 한몫했다. 문제의 성직자는 자살하려 한 이유를 묻자 "마음이 약해서 그랬다고 고백합니다. 자진하여 죽는 것보다 삶의 온갖 시련을 견디는 것이 더욱더 굳건한 영혼을 필요로 할 테지요. 그러나 삶을 견디려면 어쨌든 살아 있어야 합니다. 나에겐 생필품조차 없습니다. 난 사흘 안에 굶어 죽을 겁니다. 죽을 날을 조금 앞당긴다고 하늘의 뜻이 바뀌겠습니까"라고 말한다.[9] 귀족은 그 성직자를 자기 집에 거두어들였으나 결국 그가 투신자살하는 것까지 막지는 못한다. 프레보는 그 성직자가 존경할 만한 인물이었으나 경솔한 처사로 신세를 망쳤다고 말한다. 무엇보다, 그자는 틴들과 콜린스의 추종자였다. 프레보는 영국인들이 칭송해 마지않을 거라고 덧붙인다.

프레보 사제는 당시 출간된 지 얼마 안 된 조지 체인의 책도 다루었다. 그는 체인이 영국의 높은 자살률을 어떻게 설명했는지 전한다. 영국인들은 석탄으로 난방을 하고, 쇠고기를 덜 익혀 먹고, 매우 음탕하기 때문에 자살을 많이 한다. 하지만 프레보는 이 이유들이 설득력 있다고 보는 것 같지 않다.[10]

프랑스에서 '자살'이라는 단어는 18세기 중반에야 자리를 잡았고 '자

---

8 M. Prévost, *Le pour et le Contre: Ouvrage périodique d'un goût nouveau*, vol.4, 1734.

9 *Ibid.*, p.56.

10 *Ibid.*, p.64. "그는 영국인들이 석탄으로만 불을 때고, 쇠고기를 주식으로 하는데 항상 절반만 익혀 먹고, 감각적 쾌락을 자주 좇기 때문에 하느님께서 구원의 적대자가 그들의 이성을 흐리는 것을 내버려 두신다 말한다. 그 대안들을 입증하는 것이 이 두툼한 책의 주된 내용인데 덕분에 런던의 호사가들은 조롱거리를 찾은 셈이다."

살하다'(se suicider)라는 동사 표현은 항상 췌언을 구사하듯 쓰였다.[11] 이는 자살이 자기 자신에 대한 범죄라는 생각이 남아 있었기 때문으로 보인다. 문법적으로 올바른 표현 'je suicide'는 결코 사용되지 않았다. 영국에서는 이 단어의 동사형이 나오지 않았다. 그냥 '자살'이라는 명사에 '범하다, 저지르다'라는 동사를 합쳐서 'to commit suicide'로만 쓴다. 독일어를 비롯한 다른 언어들에는 두 가지, 혹은 그 이상의 동사 표현들이 있다(예: sich den Tod geben/sich töten). 18세기에는 이 영어 단어가 스페인어, 이탈리아어, 포르투갈어로 넘어간다.

통계와 언론

자살이 1680~1720년에 '영국병'으로 조명된 이유를 어떻게 설명할까? 한 세기 안에 전통적 가치관은 또다시 위기를 맞았고 그러한 분위기 속에서 통계학의 발전, 귀족의 사회문화적 변화, 과열된 종교 경쟁과 언론의 약진 등이 결합하여 이러한 결과를 낳은 것으로 보인다.

1680년부터 보고된 자살 건수가 급증했다고 영국 여론은 들끓었다. 주요한 출처, 즉 런던의 사망 내역에 따르면 실제로 1680~1690년에는 한 해 평균 18건에 불과했던 자살이 10년마다 연평균 20건, 25건, 30건, 42건, 그 후에는 50건을 넘어 60건에 조금 못 미치는 수준까지 증가했다. 이러한 상황이니 사람들이 우려를 표시한 것도 당연하다. 1698년에 벌써 윌리엄 콩그리브는 "매해 자살자들과 우울증 환자들이 유럽 전체보다 영국

---

11 'sui-'가 '자기'를 뜻하므로 원칙적으로 'se'를 따로 쓸 필요가 없는데도 항상 '자기'라는 의미를 중복해서 'se suicider'의 형태로만 사용하기 때문에 하는 말.—옮긴이

한 나라에서 더 많이 나오지 않는가?"라고 썼다.[12] 1705년에 존 에블린은 "빼어난 자와 그러지 않은 자를 막론하고, 최근 몇 년만큼 스스로 목숨을 끊은 이들이 많은 때는 없었다"고 다시 한번 개탄한다.[13]

통계의 효과는 언론의 약진으로 더욱 부풀려졌다. 언론은 17세기 말부터 점점 더 많은 대중에게 다가갔다. 주요 신문들은 발행 부수가 1만 5000부 정도였고 1704년부터는 주 2~3회 발행했다.[14] 신문은 사망 내역을 게재했을 뿐 아니라 흥미롭거나 기이한 자살 사건들을 조사하고 그 원인과 정황에 대한 기사도 실었다. 이리하여 대중은 지금까지 예외적인 것처럼 생각되었던 시사문제와 친숙해졌다. 단순 집계뿐만 아니라 사건에 대한 논평이나 기사도 항상 접할 수 있었기 때문에 대중은 상황을 더욱 심각하게 느꼈던 것이다.

다른 한편으로 언론은 자살을 종교색 없이 순전히 인간적인 시각으로 바라보게 하는 데에도 일조했다. 취재기사들은 대개 중립적이었고 독자는 자살을 사회적·심리적 상황의 결과로만 보는 데 차츰 익숙해졌다. 이렇게 여론에서 자살은 차츰 죄의식을 덜어 냈다. 자살은 일반적인 사회적 불행의 하나가 되었고 자살자도 죄인이라기보다는 희생자에 가까워졌다.

그러나 사망 내역이 제공하는 통계 수치를 간과해서는 안 된다. 물론 런던 인구가 급증했다는 점을 고려해야 한다(1750년 인구는 1650년 인구의 최소한 두 배는 되었다). 아마 집계도 정확하지 않을 것이다. 하지만 그

---

12 W. Congreve, *The Complete Works*, vol.3, ed. M. Summers, London, 1923, p.206.

13 de Beer ed., *The Diary of John Evelyn*, p.593.

14 J. R. Sutherland, *The Restauration Newspaper and its Development*, Oxford, 1986; J. M. Black, *The English Press in the Eighteenth Century*, London, 1987.

렁다고 해서 1680년에서 1730년 사이에 연평균 자살자가 3.5배나 늘어날 수 있나? 그렇다면 1730년 이후에도 런던 인구는 꾸준히 늘어났으니 자살률도 늘어야만 할 것이다. 그런데 이때부터 자살률은 안정되었고 심지어 약간 떨어지기까지 해서 1780년대에는 연평균 30명 수준에 이른다.

따라서 당대 사람들이 받은 느낌이 순전히 거짓은 아니었다. 1680년에서 1720~1730년 사이에 자살은 분명히 증가했다. 하지만 영국에서만 예외적으로 이러한 현상이 나타났다고 생각한다면 그건 착각이다.[15] 같은 시기에 유럽 대륙에서도 자살률 증가에 주목한 이들은 있었다. 팔라틴 공주는 1696년에 유배당한 영국 여왕(메리 2세)에게 들은 얘기를 그대로 전한다. "영국에서 자살은 매우 일반적이다. 우리의 영국 여왕께서 말씀하시기를 자기 나라에 있는 동안 누군가가 목을 매거나, 단검으로 자결하거나, 자기 머리에 권총을 쏘는 일이 없었던 날은 단 하루도 없었다고 했다."[16] 하지만 1699년에 팔라틴 공주는 프랑스에도 자살이 성행한다는 사실을 확인하고[17] 다른 여러 사람들과 마찬가지로 무신론의 발달에서 그 원인을 찾았다. "그 나라에는 신앙이 멸절되어 무신론자가 아니라는 젊은이를 단 한 명도 찾아볼 수 없을 지경이다. 그러나 참으로 우스꽝스럽게도, 파리에서 무신론자를 자처하는 그 젊은이가 궁정에서는 더없이 독실한 체한다. 얼마 전부터 자살이 급증했는데 모든 자살은 무신론에서 비롯된다 한다. …… 지난 월요일에도 파리의 한 변호사가 자기 침대에서 권총자살을 했다."[18]

---

15 R. Bartel, "Suicide in Eighteenth Century England: The Myth of a Reputation", *Huntington Library Quarterly* 32, 1960.
16 Mercure de France ed., *Marville la princesse Palatine(1672-1722)*, Paris, 1981, pp.129~130.
17 *Ibid.*, p.176.

이러한 지적들은 다소 애매하지만 1680~1690년 시기와 맞아떨어진다. 18세기 초부터 예사롭지 않던 동향이 1720년에 절정에 이르는데 당시에 공주는 이렇게 썼다. "지금 파리의 유행은 스스로 생을 버리는 것이다. 대부분 강물에 뛰어들고, 상당수는 창문에서 몸을 던져 목이 부러져 죽는다. 또 어떤 이들은 칼을 쓴다. 이 모든 것이 그놈의 저주받을 돈 때문이다."[19] 당시 로 체제[20]가 붕괴하면서 일시적으로 자살이 급증했던 것은 사실이다. 하지만 이미 17세기 말에도 라미 신부는 아티쿠스를 본떠서 자진하여 죽는 자들이 늘었다고 말한다. 그는 이를 두고 "에피쿠로스주의의 결과다"라고 썼다.[21]

새로운 이유, 오래된 이유

따라서 이 현상은 '전염'이니 '선풍'이니 할 정도는 아닐지언정 상당히 일반적이었던 것 같다. 다소 예외적인 자살률 증가가 있었다면 그 원인은 무분별하고 준비되지 않은 자본주의 세계를 강타한 최초의 재정위기들에서 찾을 수밖에 없다. 1720~1721년에는 프랑스가 로 체제 붕괴로 힘든 시기를 보냈고 영국에서는 남해포말사건(South Sea Bubble)이 있었다. 1720년에 런던에서 27건이었던 자살이 1721년에 52건으로 껑충 뛰었다. 1월의 단 한 주 동안 자살한 사람만 6명이었다. 신문도 이 비극들을 조명했다. 1721년 4월 22일자 『위클리 저널』은 귀족 가문의 한 여인이 남해회

18 *Ibid.*, p.175.
19 Brunet ed., *Correspondance de la duchesse d'Orléans, née princesse Palatine*, vol.2, Paris, 1886, p.269, Lettre du 21 septembre 1720.
20 루이 15세 치하에서 재정총감을 지낸 영국인 존 로가 수립한 재정체계를 가리킨다.—옮긴이
21 P. Lamy, *Démonstrations ou preuves évidentes de la vérité de la religion*, Paris, 1705, p.150.

사 도산으로 막대한 손실을 입고 창문에서 투신자살했다는 기사를 실었다. 5월 20일에는 재산을 다 잃고 우울증에 빠진 상인이 자살했다. 11월에는 런던의 상인 제임스 밀너가 하원의사당 앞에서 남해회사 경영자들을 격렬하게 성토한 후 권총자살했다. 영국은 투기가 발달했기 때문에 재정위기나 파산도 더 많이 일어났고 그로 인한 자살도 적지 않았다. 1720년 5월에 우스터에서 재무성 고위공무원이 막대한 손실을 입은 후 스스로 목을 맨 사건도 그 한 예다. 도산할지도 모른다는 생각은 자살 동기가 되기에 충분했다. 1721년 1월에는 재산이 6만 파운드로 추정되는 부자 상인조차 목을 매어 자살했으니까.[22]

자본주의의 발달이 이 시기에 자살률을 끌어올린 중요한 요인이었음은 분명하다. 개인주의, 위험도, 경쟁, 운이 작용하는 투기에 기초한 자본주의는 안정을 깨뜨리는 요인이었다. 길드 및 직능조합의 연대체계는 사라지고 개인은 홀로 파산에 대처해야 했다. 경제 기제의 통제가 아직 초보적이었고 시행착오가 많았으므로 파산은 얼마든지 일어날 수 있는 일이었다. 실패한 사업가는 동시대인들에게 아무런 동정도 받지 못했다. 영국은 '자유방임주의' 경제에 진입했다. 과감성의 시대, 모든 기회가 열려 있는 시대였다. 회사들은 우후죽순 늘어났지만 그만큼 도산하는 회사들도 많았다. 이러한 동향이 대륙에까지 미쳤다. 프랑스에서는 1715년부터 은행 및 금융업계가 투기의 가능성을 열어 놓았다. 여기에도 물론 잔인한 내일은 있었다. 이 18세기 초의 사업가들은 안정적인 구조나 보장에 기댈 수 없었기에 매우 취약했고 그러다 보니 전통적인 자살의 이유들에 새로운 이유를 보태기도 했다.

---

22 *Weekly Journal*, 14 janvier 1721.

전통적인 자살들 가운데 1680~1720년에는 특히 가난을 비관한 자살이 크게 늘었다. 생존 위기, 궁핍한 동절기, 이질, 전쟁이 유럽을 강타했다. 아우크스부르크 동맹전쟁과 스페인 계승전쟁이 연달아 일어나며 거의 20년을 끌었고 1693~1694년은 극심한 흉년이었다. 1697~1698년 재정위기, 1709~1710년의 대겨울(grand hiver), 1713~1714년의 위기, 1719년의 이질 창궐을 마르셀 라시베는 『불행의 시대』에서 기술한 바 있다.[23] 그리고 가난은 사람들을 굶어 죽게 할 뿐 아니라 자살로 내몰기도 한다. 영국 신문은 여러 사례를 다루었다. 그중에서는 1717년에 런던에서 수당 지급을 거부당한 후에 두 아이와 동반자살한 아낙네의 사례도 있었다.[24]

언론은 일반적인 인생사의 불행, 즉 실연, 부부 사이의 불화, 가정의 비극, 가까운 이의 죽음, 강간, 수치, 회한에서 기인한 자살들도 다루었다. 그러나 가족관계가 느슨해지기 시작하면서 이러한 사례가 늘어났을 가능성도 없지 않다. 근대 대가족의 붕괴는 이미 최초의 조짐이 보이기 시작했다. 전통적 연대는 서서히 와해되고 도시 확대는 이 현상을 더욱 가속화했다. 도시에 다수가 밀착되어 살아가면서도 개인은 한층 고립되었다. 특히 이러한 현상은 영국에서 일찍부터 나타나고 주목받았다. 신문이 다룬 예는 거의 전부 도시에 국한되었다. 1718년 4월 28일자 『위클리 저널』은 런던에서 한 여자가 남편과 부부싸움 후에 목을 매어 자살했다고 보도했다. 1717년 10월 5일자에는 양녀를 강간한 사우스워크의 낙농업자가 칼로 자해하고 목을 매어 자살한 사건이 실려 있다. 농촌에서의 자

---

23 M. Lachiver, *Les années de misère: La famine au temps du grand roi*, Paris, 1991.
24 *Weekly Journal*, 18 mai 1717.

살은 대개 갑자기 닥친 불행의 결과였다. 1718년 3월 1일자『위클리 저널』은 윌셔의 한 농부가 사고로 아들을 죽이고 만 사건을 다루었다. 농부의 아내는 이 비극에 18개월짜리 아기를 식탁에 내려놓은 채 뛰쳐나갔는데 아기가 떨어져 죽고 말았다. 이 일로 인해 농부는 자살했다. 1684년에 핀칠리에서는 한 남자가 파혼을 당한 후 약혼녀를 살해하려고 했다가 자살하는 비교적 진부한 사건이 있었다.[25]

영국 귀족과 자살

1680~1720년에는 귀족의 자살이 유난히 많아 일종의 유행이 되다시피 했다. 이 현상은 이 시대의 자살 논쟁을 활발하게 부추기는 데 한몫했다.

찰스 2세가 1660년에 복위하고 몇 년이 지나자 종교전쟁의 광풍도 차츰 가라앉기 시작했고 런던의 귀족 계급과 사교계는 자살을 훨씬 누그러진 태도로 대했다. 1672년에 윌리엄 램지는 품행론 혹은 신사의 지침서라고 할 수 있는『신사의 벗』을 통해 자살자들에 대한 동정심을 호소했다. 그는 "신의 선택을 받은 자들조차도 광기나 우울에 의해서, 혹은 모든 종류의 질병에 의해 이성과 판단이 흐려지면 자기 자신의 처형인이 될 수 있으므로" 우리가 자살자들을 비난해서는 안 된다고 했다.[26] 1690년에 법학자 로저 노스는 법이 자살자들에게 지나치게 가혹하다고 비난했다. 그는 1671년에 자살해 죽은 헨리 노스 경과 사촌지간이었다. 언론이 널리 확산시킨 유명인들의 자살 사건들은 명예와 관련된 (결투와 유사한) 자살

---

25 *Strange and Bloody News of a Most Horrible Murder*, London, 1684.
26 W. Ramesay, *The Gentlemans Companion, or a Character of True Nobility and Gentility*, London, 1672, p.240.

이 일대 '유행'이라는 생각을 더욱 굳혀 주었다. 명예를 지키기 위한 자살과 결투는 모두 권총 혹은 검을 사용한다. 반면 목매달기는 심히 경원시되었다. 찰스 무어는 1790년에 출간한 『자살 완전 연구』에서 수많은 자살 관련 일화들을 소개했다. 이 책에서 한 귀족은 목을 매달아 자살한 신사에 대해 "목을 매다는 수법을 선택하다니 참으로 천박하고 가련한지고! 권총을 머리에 쏘아 죽었다면 나도 용서할 수 있었을 텐데!"라고 말한다.[27]

영국에서는 1660년에서 1714년 사이에 귀족, 기사, 신사 들이 자살자의 10퍼센트를 차지했지만 권총자살만 따져 보면 70퍼센트를 차지했다. 다른 사회직업군에서는 65퍼센트나 되는 목매달기가 그들에게서는 20퍼센트밖에 나타나지 않았다. 특히 18세기 초에는 카토의 인기에 힘입어 단검이나 칼을 이용한 자살이 급증했다. 1709년에 조너선 스위프트는 『태틀러』에 카토가 다른 이교도들을 모두 합친 것보다 더 위대하다고 격찬하는 기고문을 썼다. 조지프 애디슨이 1713년에 발표한 비극 『카토』는 주인공의 자살을 영광의 정점으로 그려 내어 대성공을 거두었다. 1737년에 시인 유스타스 버젤은 "카토가 행하고 애디슨이 동의한 일이라면 악행일 리 없다"라는 메모를 남기고 템스 강에 몸을 던졌다. 이 메모는 『젠틀맨스 매거진』에 게재되어 널리 알려졌다.

1711년에 윌리엄 위더스는 '자살의 예술'을 반어법과 블랙유머로 다루어 신분 높은 사람들을 위한 일종의 자살지침서를 쓰려 했다.[28] 여기서 '영국병'의 단초를 재발견할 수 있다. "이웃나라들은 감히 비교가 안 될

---

27 C. Moore, *Full Inquiry into Suicide*, vol.1, London, 1790, p.357.
28 W. Withers, *Some Thoughts Concerning Suicide, or Self-Killing*, London, 1711, p.3.

만큼 영웅적인 죽음의 예가 많고도 유명한 우리나라에서 인간의 타고난 끈질김을 다스리는 데 도움이 되는 지침서가 없어 중대한 일을 그르칠지 모른다는 생각을 지금껏 아무도 하지 않았다." 기본 규칙은 적당하고 효과적인 방법을 택할 것, 미망인이 언제라도 읽을 수 있도록 유서를 남길 것 등이다.

귀족이 이처럼 자살을 관대히 바라보게 된 데에는 이전 시대의 과도한 종교적 열성과 자신들을 차별화하고 싶어 한 상류사회의 의지가 작용한 듯하다. 크롬웰의 사망과 청교도주의의 남용은 이미 20년 전의 일이었고 이 세대는 초자연적인 것의 개입은 어떤 형태든 회의적인 눈으로 바라보았다. 존 로크의 세대는 종교갈등, 온갖 종류의 과격파와 광신도에 지쳤고 그 반동으로 모든 종류의 과잉을 지양하는, 온건하다 못해 미적지근한 종교적 태도를 보였다. 바로 이 시대에 영국 국교회의 '고교회파'(High Church)가 처음 나타났다. 크리스토퍼 위렌이 1666년 런던 대화재 이후에 재구성한 런던의 새로운 교회들을 보면 그 점을 알 수 있다. 성소의 커다란 창, 쿠션, 벨벳과 금빛 장식으로 안락하고 우아하게 장식된 교회들은 향보다 밀랍 냄새가 더 많이 풍겼고 살롱과 비슷해 보인다. 좋은 집안에서 태어난 이들은 종교가 있을지언정 일상 대화에서 신과 초자연적인 것을 배제했다. 1680~1720년의 런던 사교계에서 자살이 악마의 소행이라고 신랄하게 비난하는 자들은 되레 경원시되었다. 그런 사람들은 광신의 시대의 '충격적인' 퇴물 취급을 받았다. 악마는 인간의 행동과 아무 상관도 없으며 자살도 특정 상황에서 예의범절을 따른다면 명예로운 선택이 될 수도 있다. 1790년에 찰스 무어는 자살에 대한 귀족들의 의식구조 변화를 '크롬웰 시대의 청교도의 완고함과 가식적 신앙'에 대한 반작용으로 해석했다.

실제로 자살 문제는 국교도와 청교도의 주요한 논쟁거리였다. 1684년에 국교도로 개종한 침례교도 존 차일드가 자살하자 그의 개종은 박해 때문이었고 그의 자살은 악마의 소행이라는 소책자가 나돌았다. 벤저민 데니스와 토머스 플랜트가 1688년에 출간한 50여 쪽 남짓한 작은 책이 바로 그것인데, 이 책은 1715년, 1718년, 1734년, 1770년에 재발간되었다.[29] 그들의 목표는 국교회의 탄압에 놓여 있던 청교도 공동체를 더욱 강화하고 배교는 악마가 사주한 것이니 자살은 당연한 귀결이라고 가르치려는 것이었다.

또 다른 사건들이 논쟁을 부채질하거나 정치적으로 이용되었다. 휘그당의 유력인사였던 에식스 백작의 자살(1683년)도 그 한 예다. 이러한 자살 사건들이 불러일으킨 논쟁들도 영국을 '자살의 나라'로 만드는 데 이바지했다. 관용을 호소하는 주장들이 늘어났다. 이신론자 찰스 블라운트는 1684년에 자살했는데 그는 일찍이 1680년에 『비아타나토스』를 찬양한 바 있었다. 그의 저서 『필로스트라투스』가 1700년에 재발간되었다는 것은 이런 유의 책들에 고정 독자층이 있었다는 증거다. 1685년에 몽테뉴가 새롭게 번역되었고 1697년에는 샤롱의 책들이 재번역되어 회의론자들에게 힘을 보태 주었다. 1695년에 자유사상가 찰스 길던이 고인이 된 친구 블라운트를 변호하여 자살 논쟁을 원칙론으로 확대했다. 그는 블라운트가 자연과 이성의 가르침에 걸맞게 철학자로서 죽었다고 했다. 블라운트는 이룰 수 없는 사랑에 괴로워했고 그 고통 속에 사느니 죽기를 바랐다. 자연과 이성은 결코 불행 속에서 자기만족을 구하라고 요구하지 않는다. 자연과 이성은 에피쿠로스의 원칙들이다. 우리더러 위치를 사수

---

29 B. Dennis and T. Plant, *The Mischief of Persecution Exemplified*, London, 1688.

하는 병사들처럼 삶을 지켜야만 한다는 주장은 부조리하다. 병사들은 그러한 상황을 스스로 선택했지만 우리는 태어나게 해달라고 요구한 적이 없기 때문이다. 자살이 반사회적 범죄라는 주장 또한 알맹이가 없다. 그렇게 치면 이민도 국력을 약화시킬 수 있다. 자살자가 이민자보다 나라에 해를 끼치는 것은 아니다.

이러한 추론은 전통적 도덕의 수호자들을 화나게 하기에 충분했다. 그들 역시 자살론을 우르르 쏟아 낸 덕분에 역설적으로 자살의 '영국병' 이미지는 더욱 강화되었다. 1674년에 토머스 필리포는 『비아타나토스』의 영향력을 비난하는 책을 출간했다.[30] 1699년에 찰스 레슬리는 길던과 블라운트를 공격하며 이신론자들이 "자살을 원칙으로 수립했다고" 비판했다.[31]

자살반대론

크리치가 자살한 1700년에 존 애덤스는 자살 논쟁의 역사에 한 획을 긋는 저서 『자기살해에 대한 에세이』를 발표한다. 이 책은 성 아우구스티누스 이래로 수없이 되풀이되었던 종교적·신학적 주장들을 버리고 순전히 철학적 관점에서만 자살을 비판했기에 독창적이라 할 수 있다. 또한 이 책은 영국 국교회로 하여금 자기 영역에 들어온 적을 친다는 전략을 수립케 했으나 실제로는 자살을 순전히 인간적 행위로만 보고자 했던 관용옹호론자들에게 도리어 도움이 되었다.

---

30 T. Philipot, *Self-Homicide-Murder*, London, 1674.
31 C. Leslie, *A Short and Easy Method with the Deists*, 1699.

이때부터 종교인들은 각별히 난처한 입장에 처했다. 신의 명령 뒤에 숨지 않으면 스스로 목숨을 끊어서는 안 된다는 금지를 순전히 인간적 관점에서 납득시키기가 어렵기 때문이다. 하지만 이것이 바로 존 애덤스의 의도였다. 그의 첫번째 목표는 자살이 신(이신론자들조차 인정하는 신)에 대한 인간의 의무를 저버리는 행위라는 것을 보여 주는 데 있었다. 그는 여기서 천만다행이면서도 위협적인 동맹 존 로크의 추론을 따른다. 인간은 그를 창조한 신의 소유다. 따라서 인간은 생명을 마음대로 할 권리, 절대소유권이 없다. 둘째, 자살은 자연법을 침해한다. 애덤스는 이 주장을 펼치기 위해 악마와 손을 잡았다. 무신론자로 의심받는 토머스 홉스의 권위에 기댄 것이다. 셋째, 자살은 공공선에 이바지하지 않기 때문에 사회의 권리를 침해한다. 애덤스는 여기서 1672년에 발표된 리처드 컴버랜드의 라틴어 논문에서의 추론[32]을 빌려 온다. 자살을 용납한다는 것은 인간의 모든 법을 파기하는 거나 마찬가지다. 법을 침해한 자에게 내릴 수 있는 가장 무거운 벌이 사형인데 자살을 용납하면 사형이 힘을 발휘할 수 없을 테니까. 게다가 이런 이유에서 결투와 자살에 대한 사후형벌은 유지되어야 한다고 1728년의 작자미상 논문은 주장한다.[33]

'영국병'의 만연을 우려한 영성철학자들도 전통도덕을 옹호하기 위해 펜을 들었다. 1706년에 새뮤얼 클라크는 여러 권위에 호소하여 길던의 추론이 "빈약하고 유치하다"고 공격하며 위치를 사수하는 병사의 비유를 다시금 빌려 온다.[34] 철학자이자 훗날 주교가 된 조지 버클리는 자살

---

32 R. Cumberland, *De legibus naturae*, London, 1672.
33 "Self-Murder and Duelling", 1728, pp.5~6.
34 S. Clarke, *A Discourse Concerning the Unchangeable Obligations of Natural Religion*, London, 1706.

에 대한 관용을 설파하면서 정작 자신은 자살할 용기가 없는 "조무래기 철학자들"에게 분노와 멸시를 드러냈다.[35] 좀더 온건한 성직자 존 프린스도 1709년에 던과 길던에 반박하는 글을 썼다.[36]

이러한 글들은 양식 있는 사교계에서는 그리 인기를 얻지 못했다. 1705년에 토머스 헌은 어느 옥스퍼드 대학 선생이 『비아타나토스』를 반박하는 책을 썼지만 출판업자를 찾지 못했고 동료들도 누가 요즘 그런 책을 읽겠느냐고 조롱했다고 전한다.[37] 새로운 생각들이 인기를 끌었고 카토, 에피쿠로스, 루크레티우스는 영웅으로 통했다. 성직자들에겐 안됐지만 자살을 너그러이 여기는 것이 바람직한 태도로 통했다. 1703년에 사망할 때까지 런던에서 매우 인기 있는 자유주의 사교모임을 이끌었던 생 에브르몽 역시 에피쿠로스적인 관용을 설파하고 확산시켰다.

그렇지만 자살반대론자들도 몇 가지 소소한 성공을 거두었다. 1705년, 찰스 길던이 자신의 주장을 철회한 것이 그 예다. 1699년에 찰스 레슬리는 길던이 자살을 변호한다고 공격했고 이 일로 길던의 입지는 매우 흔들렸다. 이는 불성실한 비판이었으나 자살반대론자들이 상대의 입을 막기 위해 곧잘 쓰는 수법이기도 했다. 전통도덕의 수호자들은 구분도 두지 않고 자살에 대한 관용을 지지하는 이들이 자살을 방조한다고 헐뜯었다. 상대에게 부당한 책임을 떠넘김으로써 후회하고 입을 다물게 만들었던 것이다. 이 전략은 자살 관련 주장들을 소극적이고 드물게 만드는 데에 부분적으로 일조했다. 또한 자살에 대한 관용을 주장한 저자들이 자신들이 져야 할 책임을 두려워하게 만들기도 했다. 그래서 립시우스처럼 원

35 G. Berkeley, "Alciphron", *The Works*, vol.3, London, 1950, p.92.
36 J. Prince, *Self-Murder Asserted to Be a Very Heinous Crime*, London, 1709.
37 T. Hearne, *Remarks and Collections*, vol.1, ed. C. E. Doble, Oxford, 1885, p.73.

고를 파기한 저자도 있었고 존 던이나 데이비드 흄처럼 출간을 포기하거나 사후출간에 만족해야 했던 저자도 있었다. 길던은 1705년에 "자살이 용납되어서는 안 된다는 점을 이제는 완벽히 납득한다"는 글을 씀으로써 자신의 주장을 공식 철회했다.[38]

관용의 확산 (영국과 프랑스)

법적인 면에서 1680~1720년은 어떤 진전도 보이지 않았다. 법은 여전히 엄격했고 민중과 종교의 의식구조에서 자살이 악마의 소행이라는 생각도 사라지지 않았다. 비국교주의자들은 이 생각을 가장 충실하게 유지했다. 1677년에 리처드 길핀은 『성(聖)귀신학 연구: 악마의 유혹에 대하여』에서 악마가 인간의 생각과 감정을 조종하여 자살로 내몬다는 주장을 재확인했다. 1709년에 존 프린스도 사탄은 참으로 자주 이 혐오스러운 자기살해의 죄를 꾸민다고(또는 주요한 요인으로 작용하든가) 썼다.[39] 1712년에 토머스 버릿지라는 도제가 자살을 기도했는데 그 마을사람들은 그에게 악마가 들렸다고 판단하고 기도회를 열어 악마를 쫓아냈다고 한다.[40] 같은 해에 제인 웨넘이라는 여자가 마녀로 고발당했다. 그녀가 초자연적인 술수를 써서 두 아가씨들을 투신자살하게 하려 했다는 것이 그 증거였다. 1726년에도 아이작 왓츠는 모든 자살의 근원에는 악마가 있다고 주장했다.[41] 1715년에 찰스 위틀리가 주장했듯 일부 저자들은 정신이상으

---

38 C. Gildon, *The Deists Manual*, London, 1705.
39 Prince, *Self-Murder Asserted to Be a Very Heinous Crime*, p.18.
40 T. Aldridge, *The Prevalence of Prayer*, London, 1717, pp.34~36.
41 Watts, *A Defense against the Temptation of Self-Murder*.

로 자살한 사람들도 용서하지 말고 시체모독형에 처해야 한다고 했다.[42]

하지만 이러한 태도는 '논 콤포스 멘티스', 다시 말해 자살 시점에 행위자가 제정신이 아니었음을 인정하는 관대한 판결에 대한 반작용으로 대두한 소수의견이었다. 확실히 그러한 판결 양상은 1680~1720년에 뚜렷하게 나타났다. 킹스 벤치 법정에서 광기가 참작되어 무죄판결을 받은 사례가 1675~1679년에는 10.5퍼센트에 불과했지만 1705~1709년에는 44.1퍼센트에 달했고 노리치 같은 일부 도시에서는 90퍼센트가 넘었다.[43]

이러한 변화에는 여러 가지 원인이 있었다. 앞에서 살펴보았듯이 영국에서 자살 조사를 맡는 검시관과 배심원단은 자살 판결을 내려 유족을 도탄에 빠뜨리고 싶어 하지 않았다. 그런데 1693년 법은 이들의 반감을 공고히 하고 관대한 판결을 내리게끔 몰아붙였다. 재산몰수형을 내려 봤자 검시관에게는 아무 이익도 없고 지방 영주들만 득을 보게 되어 있었기 때문이다. 그 결과는 이중적이었다. 일단 마을사람들은 왕권보다는 자기들의 삶과 밀착되어 있는 영주에 대한 반감이 더 컸고 농민들의 주머니를 털어 영주의 가산을 불려 줄 마음이 결코 없었다. 왕권은 이런 일에 개입해서 이익을 얻을 것이 없었으므로 판결의 공정성을 까다롭게 감시하지 않았다. 이리하여 검시관과 배심원단은 훨씬 자유롭게 자살에 무죄판결을 내려 줄 수 있었다.

1698년 컴버랜드의 서머셋 공작령에서 명백한 예를 볼 수 있다. 존 앳킨슨은 신에게 버림받았다고 선언한 후 칼로 자기 목을 그었다. 그는 사흘을 고통에 시달리다 사망했다. 그런데 조사 결과는 자연사로 나왔다.

---

42 C. Wheatly, *A Rational Illustration of the Book of Common Prayer*, London, 1715.
43 이 비율은 MacDonald and Murphy, *Sleepless Souls*, pp. 122, 124에 계산된 것을 가져왔다.

서머셋 공작은 화가 나서 재조사를 명했다. 시신을 무덤에서 도로 끌어내고 배심원단을 다시 모았다. 공작 측은 배심원단에게 앳킨슨은 자살이 분명하다고 암시하고 공작의 권리를 상기시켰다. '논 콤포스 멘티스' 판결은 가능성조차 언급되지 않았다. 그런데 이러한 조건에서도 배심원단은 원심을 확정 지었다.[44]

게다가 배심원단은 유죄판결을 내리더라도 유족을 생각해서 자살자의 재산을 실제보다 훨씬 낮게 평가하곤 했다. 1670~1674년에는 유죄판결을 받은 자의 30퍼센트 이상이 1파운드 이상의 재산을 소유한 반면, 1710~1714년에는 그 정도 재산을 소유한 죄인이 6.7퍼센트밖에 되지 않는다. 요컨대, 유죄판결을 받은 자살자들의 대다수는 극빈자였을 것이다. 1704년에 대니얼 디포는 여론이 자살자에 대한 재산몰수를 점점 더 적대적으로 보고 있다고 했다. "아버지가 자기 손으로 목숨을 끊었다고 아이들까지 굶어 죽게 해서는 안 된다."[45]

귀족들의 자살은 대개 광기나 사고의 결과로 여겨졌다. 그래서 1701년 배스 백작의 자살도 '권총이 제멋대로 작동하여' 일어난 사고로 치부되었다. 대세는 자살에 대한 관용으로 기울었다. 배심원단도 차츰 새로운 사상을 접하고 수용하면서 웬만해서 유죄판결을 내리지 않는 방향으로 나아갔다.

비슷한 변화를 유럽 대륙에서도 여러 차원에서 볼 수 있다. 프랑스에서 법학자들은 지속적으로 관용을 호소했다. 1715년에 브뤼노는 미치광이, 불행에 시달린 자의 자살은 용서하고 그저 살기 싫어 스스로 죽은 자

---

44 *Ibid.*, pp.113~114에서 연구한 사례.
45 A. W. Secord ed., *Defoe's Review*, New York, 1938, 30 septembre 1704.

들만을 벌해야 한다고 했다.[46] 1719년에 보르니에는 에로의 주장을 이어받아 시체모독형을 반대했다. 자살을 광기의 직접적 결과로 보는 설명이 눈에 띄게 늘었다.[47] 푸코는 바로 이 시대에 광기가 사회적 현상으로서 중요성을 띠게 되었고 그 결과 감금과 정신병동이 현저히 늘어났다고 말한다. "감금과 수용이 수립된 시대 전체, 즉 1680년에서 1720년까지의 시대를 고려해야만 한다. 이 시기에는 인구 증가 속도에 비해 수용시설의 증가 속도가 훨씬 빨랐다."[48] 살페트리에르 병원에 수용된 환자가 1690년에는 3059명이었지만 1790년에는 6704명이나 되었다. 비세트르 병원의 경우도 2000명에서 3874명으로 늘었다.

그와 동시에 광기와 우울증의 관계도 수립되었다. 특히 의사 토머스 윌리스의 전집이 1681년에 리옹에서 출간되었다. 윌리스는 멜랑콜리가 "열이나 혈기가 없으나 슬픔과 두려움을 동반하는 정신착란"이라고 했다. 동물 정기는 약한 자극을 받아 음울해지고 뇌의 심상을 "어둠과 그림자"로 가린다. 결국 환자는 시름에 젖다가 병적인 충동, 자살 충동을 느끼게 된다.[49]

문학은 여전히 허구의 명목으로 고대식 자살을 찬양했다. 캉피스트롱의 비극 『앙드로닉』(1685)과 『티리다트』(1691)에서 주인공들은 근친애를 느끼고 자살한다. 종교와 독립적인 도덕규범을 기획했던 피에르 베일은 루크레티아의 위대함을 찬양하여 자신의 사전에 "루크레티아의 행위는 연민과 찬탄의 감정만을 불러일으켜야 마땅하다"고 썼다. 그는 성 아

---

46 Bruneau, *Observations et maximes sur la matières criminelles*, Paris, 1715, p.223.
47 Bornier, *Conférences et ordonnances de Louis XIV avec les anciennes ordonnances du royaume*, vol.2, Paris, 1719, p.340.
48 Foucault, *Histoire de la folie à l'âge classique*, p.402.
49 Willis, *Opera omnia*, vol.2, p.238.

우구스티누스가 루크레티아가 알지도 못했던 그리스도교의 잣대를 들이대 그녀를 단죄한 것은 부당하다고 했다. 베일은 루크레티아가 에우메니데스 여신을 섬기는 이교 신앙 때문에 자살했다는 뒤 롱델의 1685년 해석조차 거부했다. 오직 이성만이 영웅적 행위를 정당화할 수 있다.

생 에브르몽은 페트로니우스의 자살이 단순하고 평온하며 자발적인 죽음이었다고 했다. "그의 죽음을 잘 살펴보고 나니 내가 잘못 생각했을 수도 있지만 그야말로 고대의 가장 아름다운 죽음인 듯했다. 카토의 죽음에는 슬픔, 나아가 분노가 있었다. 공화국에 대한 절망, 자유의 상실, 카이사르에 대한 증오가 그의 결단을 상당 부분 도왔다. 잔인한 천성이 거의 광기에 이르렀기에 자기 내장을 가를 수 있었을지도 모른다. 소크라테스는 참다운 현자로서 무심하게 죽었다. 그러나 그는 다른 삶에서 자신의 조건을 충족시키려 했으나 그리 하지 못했다. 그는 감옥에서 끊임없이 벗들과 추론을 전개하나 그 추론은 빈약하다. 솔직히 말해 죽음은 그에게 하나의 중요한 목표였다. 페트로니우스만이 유하면서도 흔들림 없는 태도로 죽음으로 나아갔다. …… 그는 자신의 일상 업무를 다 했을 뿐 아니라 노예들을 해방시켜 주고 벌을 주어야 할 사람에게는 벌을 주었다. 모든 일을 자신에게 흡족하게 하였고 그의 영혼은 급작스레 떨어져 나가는 그 순간에조차 철학자들의 온갖 감상보다 더욱 감동적인 시정(詩情)을 잃지 않았다. 페트로니우스의 죽음은 우리에게 삶의 이미지만을 남긴다. 죽어 가는 이의 당혹감을 드러내는 행위, 말, 정황은 아무것도 없다. 진정 그에게 죽음은 그저 삶을 그치는 일이었다."[50]

---

50 Bayet, *Le suicide et la morale*, p.575에서 재인용.

프랑스에서 귀족과 성직자의 자살이 다시 늘어나다

영국에서처럼 프랑스에서도 이 시기에는 귀족의 자살이 늘었다. 귀족 계급에서는 자살이 일반화되기라도 한 것처럼 회고록 저자들은 어떤 비난이나 질책 없이 이러한 사건들을 전한다. 자연사와 똑같이 담담한 어조로 기술될 뿐 아니라 재산몰수형, 시체모독형의 가능성은 고려조차 되지 않는다. 장례식도 일반적 죽음과 똑같이 교회 묘지에서 미사와 함께 엄숙하게 치러졌다. 자살금지법이나 교회의 금기가 있었는지 짐작케 하는 단서는 없다. 그 어느 때보다 이 시대에는 자살의 자유가 귀족들의 특권으로 통했다.

성품이 완고하고 얀센파에 호의적이었던 생 시몽 공작은 이런 관점에서 전형적인 인물이다. 그의 『회고록』에는 12건의 자살이 언급된다.[51] 여기서 가장 주요한 자살 원인은 과도한 부채다. 노름빚을 청산할 수 없다면 자살이 가장 명예로운 선택이다. 그래서 1699년 5월에 페르미약 영주 루이 드 벨카스텔이 머리에 권총을 쏘아 자살했을 때에 생 시몽 공작은 그를 칭찬하며 "모두가 그를 동정했고 나 또한 너무나 유감스럽다"고 썼다.[52] 이 딱한 영주는 "평생 게임에 심취한 탓에 그가 갖지도 않았고 가질 수도 없는 것을 잃었으므로" 자살했다. 또 다른 못 말리는 노름꾼 페쇼 드 생 타동이 자살했을 때에도 생 시몽 공작은 비슷하게 유감을 표한다. 당조에 따르면 이 사람은 브뤼셀에서 아편 과용으로 자살했다. "모두가 애석히 여겼으니 그는 말을 재미있게 하는 호인이요, 출신은 그저 그렇지

---

51 D. Van der Cruysse, *La mort dans les 'Mémoires' de Saint-Simon*, Paris, 1981.
52 Saint-Simon, *Mémoires*, vol.1, édition de la Pléiade, 1983, p.602.

만 품위가 있는 사람이었다."[53] 교회에서 죄악시하는 노름에 빠져 영벌을 받을 자살까지 저지른 사람들을 궁정에서는 이렇게 너그러이 보았으니 당시 귀족들의 의식과 성직자들의 담론 사이에는 커다란 격차가 있었음을 알 수 있다.

생 시몽은 1718년에 자살한 모나스테롤 백작에게는 그렇게까지 관대하지 않았다. 하지만 그는 자살 자체를 비난한 것이 아니라 백작이 공금을 착복하여 자신의 군주와 바비에르 유권자들을 속였기에 비난한 것이다. 누락된 금액을 채워 넣으라는 명을 받고 "궁지에 몰린 그는 어느 날 아침 자기 방에서 권총 한 발을 머리에 쏘아 벗어났다. 그는 어마어마한 빚만 남겼고 그 빚을 갚을 재산은 아무것도 없었다. 엉망진창이 된 재정은 그가 얼마나 공금을 남용하고 유권자의 신뢰를 저버렸는지 보여 준다. 그를 항상 아꼈던 왕자는 이 일을 조용히 덮기 원했기에 모나스테롤이 돌연사했다는 소문을 내게 했다".[54]

그악스러운 야심들이 난무하는 궁정에서는 출세가도가 막힌 자들의 자살도 종종 있었다. 실리 후작은 "그 무엇으로도 통제되지 않는 고삐 풀린 야심 때문에 극도로 위험한 자가 되었으나 그런 마음을 숨기기엔 너무 서툴렀으므로" 자살했다.[55] 그는 1727년에 자신의 바람이 좌절되자 성의 창문에서 몸을 던졌다. 재산몰수형은 문제가 되지 않았고, 그의 누이가 전 재산을 물려받았다. 1706년에 좋지 않은 평판 때문에 출세길에서 밀려난 몰레브리에 후작도 "그러한 의견이 그의 가장 두드러진 정념, 즉 야심을 망친다는 것을 깨닫고 분개하여 절망에 빠졌다. 아내와 각별한 벗

---

53 *Ibid.*, vol.2, p.703.
54 *Ibid.*, vol.6, p.641.
55 *Ibid.*, vol.2, p.485.

들과 하인들이 극도로 신경 써서 지켜보았지만 그는 올해 성금요일 아침 8시에 잠시 그들 모두에게서 빠져나와 자기 처소 뒤 통로로 가서 창문을 열고 마당으로 뛰어내렸으니 포석에 머리가 깨져 죽었다. 이것이 한 야심가에게 닥친 재앙이니 더없이 위험하고 정신 나간 정념이 그 절정에 이르러 그의 머리를 떨어뜨리고 생명을 앗아 가 자기 자신의 비극적인 희생양이 되게 했도다".[56]

생 시몽이 전해 주는 다른 자살 사건들도 광기에 책임이 전가된다. 1693년에 "11월 29일 일요일에 폐하가 저녁기도 후에 나오시다가 보베 남작에게 라 보귀용이 그날 아침 자기 침상에서 권총 두 발을 쏘아 자살했다는 소식을 들으셨다. 그는 사람들을 미사에 참석하라고 내보낸 후에 스스로 목에 총을 쏘았다고 한다".[57] 생 시몽은 그 후에 백작의 괴상한 행각을 전하며 늘 권총을 만지작거리며 하인들을 위협하더니 아마 머리가 어떻게 됐던 모양이라고 덧붙인다. 하지만 라 보귀용은 외교관, 그것도 스페인 대사였다. 1716년에 브랑카 사제가 "정신이 맑지 못하고" 극도로 "머리가 어지러운" 탓에 센 강에 뛰어들었다. 뱃사공들이 사제를 건져 냈으나 몇 시간 후에 그는 숨을 거두었다.[58] 1736년에는 펠르베 후작이 자벨 풍차에서 뛰어내려 자살했다.[59]

생 시몽은 1692년에 루부아의 의사 세롱의 자살도 언급하면서 그가 아마 자신의 주인을 독살했을 것이라고 추측한다.[60] 1714년에는 알랑송 대법관 대행이 소송에서 패한 후 대법관이 마차에 오르려 할 때에 보

---

56 Saint-Simon, *Mémoires*, vol.2, p.710.
57 *Ibid.*, vol.1, p.109.
58 *Ibid.*, vol.6, p.42.
59 *Ibid.*, vol.2, p.707.
60 *Ibid.*, vol.5, p.499.

란 듯이 자살했다. "그는 대법관에게 재심을 요구하고 변호위원회를 열어 줄 것을 청했다. 대법관은 친절하고 호의적인 자세로 판결을 무를 길은 법적으로 열려 있으나 재심을 할 수는 없다고 말하고 마차에 올랐다. 그 딱한 자는 대법관이 마차에 오르는 사이에 빨리 난처한 상황을 벗어날 길이 있다고 대꾸하고는 단검으로 자신을 두 번 찔렀다. 하인들이 비명을 지르자 대법관이 마차에서 내려와 그를 얼른 방으로 데려가고 외과의와 고해신부를 불러오라고 명했다. 그리하여 그는 평온하게 고해를 마치고 한 시간 후에 눈을 감았다."[61]

한편, 바르비에는 『일기』에서 파리고등법원 고문 무슈 드 라 구필리에르가 1721년 5월 11일에 34세의 나이로 자살한 일을 전한다. 그는 고등법원 검사와 크게 다투고 나서 권총을 입에 물고 방아쇠를 당겼다. "그는 머리가 약간 돌았는데 집안 내력이 그렇다고 한다. 모친은 노망이 나서 금치산자가 되었고 동생도 마찬가지라고 했다. …… 어떤 이들은 그의 정신이상이 나이 때문이라고 했다. 또 다른 이들은 그의 내연녀 탓을 했다. 그는 목수의 딸과 정분이 나서 아이들까지 낳고 결혼을 약속했다. 그러나 그가 더 이상 그 여자를 찾지 않자 여자가 죽이겠다고 협박을 했었다 한다."[62] 장례식은 5월 13일에 정상적으로 치러졌다. 1685년에 왕이 자신의 청원서에 답하지 않았다는 이유로 자살한 신사에 대해서도 루부아는 샤틀레에 사면장을 보내어 시체를 목매다는 일이 없도록 조처했다.[63]

1690년에 사망한 탈망 데 레오도 귀족 계급과 그랑 부르주아 계급에

61 *Ibid.*, vol.4, p.731.
62 E. Barbier, *Chronique de la régence et du règne de Louis XV (1718-1763): ou, Journal de Barbier*, Paris, 1885, pp.128~129.
63 Cosnac and Bertrand ed., *Mémoires du marquis de Sourches*, vol.1, Paris, 1882, p.215.

서의 자살을 여러 건 전하지만 그중 어느 누구도 벌을 받았다는 언급은 없다. 몽펠리에 회계법원장은 자신의 정부가 죽자 그 뒤를 따라 자살했다. 보스의 어느 귀족 집안 아가씨도 아버지가 결혼을 반대하자 강물에 뛰어들었다. 법정조사실장은 아내가 죽자 창에서 투신자살하려 했다. 아르구주의 한 신사는 아름다운 눈동자의 내연녀 때문에 강물에 몸을 던졌다.[64] 자살은 연심을 거부당한 자들의 협박 행위이기도 했다. 이러한 협박은 종종 아무 성과도 거두지 못했다.[65] 마티외 마레는 도트레에서 어떤 이가 섭정의 내연녀였던 도베른 부인을 사랑하여 그녀에게 자기 마음을 받아 주지 않으면 자살하겠다는 편지를 보냈다고 전한다. "그녀는 답장 대신 그자가 고해도 하지 않고 죽는 일이 없도록 수도사를 보냈다."[66]

종교계도 이 같은 자살의 일반화를 피해 갈 순 없었다. 벨가르드 사제처럼 찬탄을 숨기지 못하는 이들마저 있었다. 그는 루크레티아가 "부인네들이 항상 눈앞에 떠올려야 할 모범"이라고 했다. 또한 생 레알의 사제는 유명한 자살자 가운데 "위대함과 집요함을 제대로 보여 준 사람들"[67]이 있다고 평가했다. 어떤 사제들은 연심을 못 이겨 실제로 자살을 했다. 당시에는 사제의 연애가 그렇게 드문 일도 아니었다. 탈망은 토 사제가 만약 그의 연인이었던 랑크토 양이 나서지 않았으면 과다 출혈로 죽고 말았을 것이라고 말한다. 또한 칼비에르 사제도 구풀랑 양이 죽자 스스로 곡기를 끊고 죽었다.[68]

---

64 Tallemant des Réaux, *Œuvres*, vol.5, ed. Monmerqué, Paris, 1862, p.336; vol.3, p.305; vol.5, p.336; vol.6, p.164.

65 *Ibid.*, vol.2, p.113.

66 Mattieu Marais, *Journal et Mémoires de Mathieu Marais: Avocat au parlement de Paris, de 1715 à 1737*, vol.2, ed. de Lescure, Paris, 1864, p.431.

67 Bayet, *Le suicide et la morale*, pp.581에서 재인용.

68 Tallemant, *Œuvres*, vol.5, p.377; vol.3, p.305.

변호사 마레는 1723년 2월 1일에 라그네 사제가 면도칼로 제 목을 긋고 자살했다고 일기에 기록했다. 『크롬웰의 생애』를 저술한 이 성직자는 부유하고 학식이 높은 자로서 정신이 말짱했으나 삶에 대한 권태 때문에 자살했던 듯하다. 이는 당대 최초의 철학적 자살들 중 한 예다. 그런데 이 자살은 아무런 처벌도 받지 않았다. "그는 정신이 온전했고 연간 1만 리브르에서 1만 2000리브르 상당의 수입도 있어 안락하게 살았다. …… 돈과 책이 많고 다소 철학적인 면이 있어 서재에만 처박혀 지냈다. 저녁식사 후에 하인 둘을 보내고 문에 열쇠를 꽂아 놓은 채 잠옷과 수면용 모자 차림으로 그가 넌더리를 내는 기색이 역력했던 생을 마감했으니 이것이 정직한 자의 저열한 최후다. …… 매장은 최대한 빨리 이루어졌고 재산도 상속인들에게 속히 양도되었다."[69]

1707년에 있었던 신학생의 자살도 정신착란으로 인한 자살로 판결 났다.[70] 1719년에는 오를레앙 사제 플뢰리 신부가 가장 독실한 영혼도 절망을 피할 수는 없다는 것을 보여 주는 정황에서 자살을 택했다. 그는 교구에서 널리 존경받는 사제였으나 「우니게니투스 교서」에 반대했다는 이유로 1718년 4월 24일에서 25일 사이에 체포되어 바스티유에 감금되었다. 그는 무죄가 인정되었으나 당국은 좀체 그를 석방하지 않았다. 플뢰리 신부는 절망에 빠져 곡기를 끊고 1719년 4월 16일에 사망했다. 그는 이 죽음으로 비난받기는커녕 더욱 큰 명성을 얻었다. "그는 죽어 가며 꽃을 피우고 사망으로 승리했도다"라는 사행시가 세간에 나돌았다. 일대 시위가 일어날까 봐 시신을 오를레앙으로 가져오지 못할 정도였다.[71]

---

69 Marais, *Journal et Mémoires de Mathieu Marais*, vol.2, pp.430~431.
70 F. Lebrun, *Les hommes et la mort en Anjou aux XVIIe et XVIIIe siècle*, Paris, 1975, p.302.
71 J. Imbert, *Quelques Procès criminels des XVIIe et XVIIIe siècle*, Paris, 1964, pp.129~138.

자살에 대한 생각의 일반화

이 사건은 자살에 대한 의식의 변화를 다시 한번 보여 준다. 자살은 원칙적으로 엄격하게 금지되고 단죄받았지만 현실에서는 모든 것이 정황, 사회적 출신, 동기에 따라 달라졌다. 상대주의가 자리 잡기 시작했고 여러 가지 지표들로 보건대 엘리트와 지식인 계급은 자살이라는 개념을 더 이상 유난스럽게 받아들이지 않았던 듯하다.

자살은 농담거리도 될 수 있었다. 라신도 부알로, 몰리에르, 샤펠이 센 강에 몸을 던지러 신나게 나갔노라 농담한 적도 있었다.[72] 게다가 라신은 임신했다는 억울한 소문에 음독자살한 어느 아가씨를 두고 그저 혈기를 다스리지 못해 그런 일을 벌였다는 정도로 치부한다. 그는 도저히 이성적으로 이해가 안 간다고 결론 내린다. "이 나라 사람들은 기질이 이 모양이라서 정념을 한껏 밀어붙인다."[73] 기 파탱은 편지에서 다섯 건의 자살을 언급하나 결코 심각하게 여기지 않는다. 그는 음독자살한 여인에 대해서 "그녀가 궁정에서의 유행에 걸맞게 안티몬을 썼더라면 금방 죽을 수 있었을 텐데"라고 말한다.[74] 1699년에 팔라틴 공주는 베리 공작 앞에서 자기 변덕을 받아 주지 않는다고 돌덩이를 머리로 들이받아 죽으려 했던 버릇없는 사내에게 감탄한다. 팔라틴 공주는 자살 그 자체에 대해서 몹시 가혹한 입장을 보인 사람인데도 말이다.

동일한 모순이 세비녜 부인에게서도 나타난다. 그녀는 바텔의 자살을 전혀 나무라지 않았고 로쟁의 자살기도를 두고는 농담까지 했다. "그

---

72 J. Racine, *Mémoires*, vol.1, ed. Mesnard, p.261.
73 *Ibid.*, vol.6, p.473.
74 Lettre du 15 janvier 1699.

사람이 벽에 머리를 들이받고 죽을 것 같지 않나요?" 세비녜 부인 자신도 노년의 초입에서 망설임을 보였다. 1689년, 63세의 그녀는 그리냥 부인에게 편지를 쓴다. "자주 생각하고 예측해 보건대 삶의 조건이 너무 가혹한 것 같습니다. 본의 아니게 노년이 괴로운 지경까지 너무 오래 살았나 봅니다. 이제 나는 노년이 무엇인지 압니다. 내가 늙어 버렸으니까요. 적어도 더 끌고 가고 싶진 않습니다. 거동이 불편하고, 고통스럽고, 기억이 가물가물하고, 흉측하게 변해 갈 날만 남았는데 그 지경까진 가고 싶지 않습니다. 내게 이렇게 말하는 목소리가 있습니다. '원치 않아도 가야만 해. 그게 싫다면 죽어야 해.' 죽음은 자연이 혐오하는 또 다른 극단입니다. 그러나 어느 시기까지 이미 와 버린 사람의 운명이기도 하지요. 그래도 신의 뜻으로, 우리가 따라야만 하는 보편적인 법으로 돌아오면 이성은 제자리를 찾고 인내심을 이끌어 냅니다."[75] 7년 후인 1696년에 늙고 지친 후작부인은 죽음을 바라기에 이른다. "내가 보기에 나는 더 이상 쓸모가 없습니다. 난 이미 내 역할을 다했고 내 취향은 결코 이렇게 오래 살기를 바라지 않았습니다. 끝과 찌꺼기가 수치스럽지 않은 경우는 매우 드물지요. 하지만 세상만사가 그렇듯 이 또한 신의 뜻이니 기뻐하십시다. 모든 것이 우리 손안에서보다 그분의 손안에서 더욱 좋습니다."[76]

쓸쓸한 체념. 후작부인은 힘겹게 "끝과 찌꺼기"를, 노년의 치욕을 받아들인다. 그래도 복종하고 고난의 술잔을 끝까지 마신다. 이 시대에 벌써 어떤 이들은 세네카의 말을 떠올리고 있었다. "술을 마시고 찌꺼기까지 마시면 고주망태가 되고 만다." 탈망이 전하는 리오트레의 경우가 바

---

75 Madame de Sévigné, *Correspondance*, vol.3, p.767.
76 *Ibid.*, p.1135.

로 그랬다. "나이가 들어 삶이 부담이 되기 시작하자 그는 어떻게 죽을 것인가를 여섯 달 동안 대놓고 고민했다. 어느 화창한 아침, 그는 세네카를 읽다가 면도칼을 들어 자기 목을 그었다."[77] 도덕론과 실태가 얼마나 동떨어져 있었는지, 사람들의 의식이 얼마나 변했는지 잘 보여 주는 예라 하겠다. 리오트레는 여섯 달 동안 공공연하게 자살 방법을 논했는데도 아무런 반발을 사지 않았다.

탈망은 자진해서 죽은 자들을 좀더 언급한다. 테민 원수의 부인을 사랑했던 수공업자, 애인에게 수녀가 되겠다는 통보를 들은 남자, 약혼자에게 버림받고 연못가에서 단식자살한 아가씨, 친누이를 사랑한 나머지 그녀를 죽이고 자신도 자살하여 사산아들과 함께 묻힌 토마라는 사내 등등. 1672년에 『메르퀴르 갈랑』는 바람피운 남편을 죽이고 자살한 어느 아낙네의 사연을 전하며 동정을 표한다. 마레도 섭정기, 특히 1722년에 일어난 자살 사건들을 전한다. 그는 4월 14일 일기에 "시대의 불행이 모두에게 고개를 돌린다. …… 한때 오페라 거리에 살았던 아리따운 아가씨요, 도성[부동산]에서 연 3000리브르의 수입을 누리던 라 마제가 체제[로 체제] 붕괴로 파산하여 백주대낮에 그루누이예르 강에 몸을 던졌다. 그녀는 연지를 바르고 미인점을 찍고 살색 스타킹을 차려 입은 모습이 마치 결혼식의 신부와 같았다"고 썼다.[78] 5월 7일의 일기를 보자. "직업노름꾼 기스카르 백작이 강물에 몸을 던져 죽었다. 또 다른 사내는 목을 매달았다. 그가 남긴 간략한 유서에는 '내게 주식이 셋 있으니 섭정에게 주고 내 영혼은 악마에게 주노라'라고 씌어 있었다." 몽마르트르 거리의 카바레 주인

---

77 Tallemant, *Œuvres*, vol.1, p.370.
78 Marais, *Journal et Mémoires de Mathieu Marais*, vol.2, p.275.

은 내연녀의 배신을 알고 칼로 자기 배를 세 번 찔러 자결했다. 그는 지혈대를 대어 주자 자기 손으로 떼어 내고 "나는 죽지 않기 위해서 나 자신을 죽인 거요"라고 말했다.[79]

감옥에서의 자살과 정부의 우려

의식과 사고방식은 흔들렸다. 특히 감옥이라는 절망의 영역에서 언제 풀려날지 모른 채 갇혀 지내고 때때로 끔찍한 고문까지 당해야 했던 수감자들은 차라리 자살을 원했다. 우리는 이미 플뢰리 사제의 경우를 살펴보았다. 그 경우는 예외적이지 않았다. 생 시몽은 1714년에 바스티유 감옥 벽에 머리를 들이받고 자살한 위조범을 언급한다.[80] 1717년에는 본뇌이 사제를 암살한 군인이 체포당하자마자 단검으로 자결했다.[81]

1690년대부터 루이 14세 정부는 이러한 죄수들의 자살에 경각심을 품었다. 죄수들의 자살은 감옥에서의 사정에 대한 흉흉한 소문을 퍼뜨리는 데 일조했다. '투옥을 명하는 봉인장'(lettre de cachet)과 형벌제도는 이미 원성을 사고 있었고 어떻게든 더 이상 악평이 퍼지지 않게 해야 했다. 1702년에 왕의 고해신부인 라 셰즈 사제는 한 예수회 수도사에게 바스티유 죄수들에 대한 처우를 조사하게 했다. 이 수도사는 비록 감옥에 직접 들어갈 수는 없었지만 일곱 달간 수완을 발휘하여 정보를 모아 회고록을 작성했고 이 기록은 왕과 퐁샤르트랭 대법관의 손에까지 들어갔다. 대법관은 바스티유 교도소장 생 마르스에게 해명을 요구했다. 생 마르스

---

79 *Ibid.*, p.289.
80 Saint-Simon, *Mémoires*, vol.3, p.970.
81 *Ibid.*, vol.6, p.507.

는 대법관을 안심시키기 위하여 바스티유는 최선을 다하고 있고 죄수들의 불만도 산 적이 없노라 주장했다. 그래도 퐁샤르트랭은 죄수들을 위해서라기보다는 기밀이 요새 밖으로 새어 나갈 일이 두려워 걱정을 거두지 못했다. 간수들이 경솔하게 굴진 않았을까? 대법관은 누가 회고록을 썼는지 알아보기로 했다. 그래서 라 셰즈 사제에게 편지를 보낸다. "예수회 수사가 바스티유에 들어가지 못했는데 어떻게 일곱 달간 그 회고록에 나타난 대로 그곳의 가장 긴밀한 일까지 완벽하게 알아낼 수 있었을까요? 폐하께서 저에게 그런 일들을 누가 말하고 다녔는지 물어보라 하셨습니다. 그런 자들이 수도사보다 경솔하고 정보를 악용할 수 있는 자들에게까지 말을 하고 다닐 수 있으니 그냥 넘어갈 일은 아닙니다."[82]

불안한 소식이 새어 나가지 않도록 모든 조처가 동원되었다. 1691년에 어느 죄수가 단검으로 자결을 시도하자 바스티유 당국은 "그를 올바른 길로 돌려놓기 위해" 개입했다.[83] 1696년에 마르세유의 부르주아가 인두세 지불을 거부한 탓에 체포되었는데 자결하고 말았다. 정부는 크게 당황했다. 이 자살을 광기의 소산으로 봐야 할까? 세금을 내지 않겠다는 사람은 미친 사람인가? 관리는 추문을 피하고자 총감독관에게 편지를 보냈다. "검사장과 판사에게 편지를 써서 이 흉흉한 사고에 반드시 필요한 절차를 밟아야만 하는지 물어보았습니다. 그들은 우려하는 추문이 터지지 않도록 보좌판사들과 시기와 방법을 논의해야 할 것입니다." 총감독관은 "미친 사람이 자살했으니 그럴 것 없다"는 답변을 보냈다. 그자는 은밀히 매장되었다.[84] 1702년에 자살한 어느 가발제조업자의 도제는 죄사함을

---

82 G. Minois, *Le confesseur du roi: Les directeurs de conscience de la monarchie française*, Paris, 1988, p.436에서 재인용.
83 *Correspondance administrative sous Louis XIV*, vol.2, p.616.

받지 못했고 그의 시신은 밭에 눕혀 질질 끌려다녔다. 퐁샤르트랭 대법관은 이를 못마땅하게 여겨 검사에게 편지를 보냈다. "업자들에게 그 불쌍한 사람이 사면을 거부당했다는 얘기를 하지 못하도록 입단속시킨 것은 잘하였소. 부디 시신을 끌고 다니게 하는 결정을 내리기 전에 누구누구와 상의하였는지 나에게 알려 주기 바라오."[85]

1704년에 바스티유의 죄수 비나슈가 스스로 목을 베었다. 경찰총감 다르장송 후작이 즉시 개입했다. 그는 대중에게 이 일이 알려지지 않도록 "바스티유에 이 같은 불행이 일어날 때면 언제나 그랬듯" 소송을 피하고 이 일을 비밀에 부치고자 총검사장에게 편지를 쓴다. "나는 늘 이런 유의 죽음은 입막음을 하는 편이 좋다고 생각합니다. 섣불리 이런 사고를 과장되게 부풀리고 잘 알지도 못하면서 짐작만으로 정부의 야만이 어쩌고저쩌고 떠드는 사람들에게 알려져서는 안 되니까요."[86] 이 글은 감옥에서의 자살이 드물지 않았음을 보여 준다.

정부는 감옥에서 일어나는 '사고'를 감추기에 급급했지만 일반 자살에 대한 처벌은 유지되기를 바랐다. 1712년 왕령은 사실상 "이러한 죽음이 야기하는 죄는 법관들에게 마땅한 경고가 주어지지 않거나 법관들이 알면서도 경고를 무시하고 죄를 숨겨 주기에 급급해서 전혀 처벌받지 않고 넘어가는 경우가 많다. 사망 원인과 정황을 숨기려고 하는 자들은 성직자들에게 사실과 다른 얘기를 고하여 시신을 재빨리, 혹은 비밀리에 매장케 한다"고 확인해 준다.[87] 따라서 자살로 의심되는 죽음에 대해서 판

---

84 *Correspondance des contrôleurs généraux des Finances avec les intendants des provinces*, vol.1, no.1517.

85 *Correspondance administrative sous Louis XIV*, vol.2, p.720.

86 *Correspondance des contrôleurs généraux des Finances avec les intendants des provinces*, vol.2, no.551.

사는 반드시 매번 조서를 작성하고 시신의 이마에 인을 찍은 후 외과의에게 보이고 증인들을 소집해야 한다.

조금 과장해서 '자살 강박'이라고 할 만한 것에 대한 정치권의 우려가 점점 깊어졌음을 이 왕령은 1670년 법령 이상으로 잘 보여 준다. 프랑스에는 회고록 저자들이 접한 소문이나 인상을 확인해 줄 만한 통계자료가 남아 있지 않다. 그러나 영국에서 확인되는 바와 1680~1720년 사이의 수많은 언급들을 종합해 보면 결코 예사롭지가 않다. 국가가 감옥에서 발생하는 자살을 감추고 성직자와 귀족의 자살을 눈감아 준 것도 결국은 서민층에서의 자살을 억제하기 위해서였다. 백성들의 자살은 국력과 국가 사기를 떨어뜨린다. 그리고 그 억제 수단은 죄인을 가혹하게 처벌하여 마음을 돌려놓는 것밖에 없었다. 법조계가 자살에 대해 점차 관대한 태도를 취한 것도 자살률 증가에 한몫했을 것이다. 성직자와 귀족은 명예와 체면을 빙자하여 일반도덕을 벗어나 있었으니 백성들에게는 자살은 곧 재산몰수형, 시체모독형, 지옥에서의 영벌을 뜻한다는 것을 똑똑히 알려주어야 했다.

게다가 수많은 예외에도 불구하고 평민들이 ——특히 지방에서 ——자살의 대가를 가혹하게 치렀음을 보여 주는 자료들은 얼마든지 찾아볼 수 있다. 1684년 4월에 앙제의 구두수선공은 "절망을 못 이겨 자기 집에서" 자살한 죄로 시신이 발이 묶여 끌려다니는 벌을 받았다. 1718년에 샤토공티에에서 마리 자글랭이라는 가난한 아가씨가 임신 6개월의 몸으로 수치를 면하고자 자살했다. 이 가엾은 여인은 오직 귀족만이 자살을 해도

---

87 F. -A. Isambert, *Recueil général des anciennes lois francaises depuis l'an 1420 jusqu'à la révolution de 1789*, vol.20, 1821~1833, p.575.

벌을 받지 않는다는 것을 몰랐다. 사람들은 무덤을 파헤쳐 그녀의 시신을 끌어내 심판하고 얼굴을 땅으로 향하게 한 채 발에 얹어 끌고 다녔다. 광장에서 형리는 시신의 썩은 배를 가르고 죽은 태아를 꺼내어 세례받지 못하고 죽은 자들이 묻히는 묘지 구역에 묻었다. 마리의 시신은 거꾸로 매달렸다. 찢기고 상한 마리의 유해는 혐오스럽게 전시되었다가 화장해서 바람에 날려 보냈다.[88]

결의론자들이 강경한 태도를 취하다

그동안 교회는 자살 단죄를 엄격하게 밀고 나갔다. 결의론자들은 계속 가능한 상황들을 탐색하며 모든 출구를 봉쇄하려 했다. 인간은 자발적 결정으로 샛길을 통해 생애를 떠날 수 없다. 탈출은 금지, 표현이 좀 그렇지만 '영국식으로 도망가기'(filer à l'anglaise)란 있을 수도 없는 일이었다. 결의론자들은 모든 경우를 규명하겠다는 의지가 너무 강했기에 때로는 터무니없이 예외적인 상황을 우스꽝스러울 정도로 따지고 들었다. 전반적으로 강경한 태도와 보편적인 비난은 오히려 점점 더 부상하는 위협에 맞서려는 절박함을 보여 준다.

그래서 이노상 르 마송은 『테올로지아 모랄리스 프락티카』(1680)에서 무고한 고발로 괴로워하다가 자살한 사람도 죄인이라고 주장했다. 1687년에 프랑수아 드 코코는 『맹세와 정의에 대하여』에서 이전 시대 결의론자들이 허용했던 행위(불타는 탑에서 뛰어내리기, 가망 없는 상황에서 배를 폭파시키기, 물에 빠져 죽어 가는 아이에게 세례를 주기 위해 함께 물에

---

88 Lebrun, *Les hommes et la mort en Anjou aux XVIIe et XVIIIe siècle*, p.305.

뛰어들기 등)조차 금지했다. 1690년에 뒤 하멜의 『테올로지아 스페쿨라트릭스 에 프락티카』는 모든 자살을 단죄했다. 1694년에 나탈리스 알렉산데르는 『테올로지아 도그마티카 에 모랄리스』에 "자기 자신을 해하는 자들은 누구든 영벌을 면치 못한다"고 썼다. 그는 가망 없는 배의 예를 다시 들어 그러한 상황에서도 배를 폭파시키거나 스스로 물에 뛰어들어서는 안 된다고 했다. 아사형을 선고받은 죄수도 몰래 가져다주는 음식을 거절하면 자살죄를 저지르는 셈이 되고 방탕한 생활로 자기 수명을 단축시키는 자도 마찬가지다. 1695년에 그르노블 주교는 『테올로지아 모랄리스』를 간행케 했는데 이 책은 모든 종류의 자살을 살인 중에서도 "최악의 죄"로 보아 금지했다. 자살은 사실 "각 사람의 인격을 침해함으로써" 인류와 인간 본성을 거스르는 죄라는 것이다. 게다가 "자기 자신에 대한 살인은 그 어떤 살인보다 자비에 위배된다. 제대로 된 자비는 항상 자기 자신에 대해서부터 시작하기 때문이다." 레만의 1703년 작 『테올로지아 모랄리스』도, 주네의 1706년 동명 저작도 자살을 단죄한다. 1706년, 에노의 『트락타투스 모랄리스』는 세례받지 못한 채 물에 빠져 죽어 가는 아이의 예를 다시 들고 나온다. 그 아이에게 세례를 주기 위해서라 해도 자신이 살아 나올 가망이 없다면 결코 물에 뛰어들어선 안 된다. 또 다른 예로, 치명적인 전염병에 걸린 환자가 배에 탔다고 치자. 이 환자가 다른 사람들을 위한답시고 스스로 물에 몸을 던진다면 자살죄를 짓는 셈이다.

당대의 가장 유명한 결의론자는 장 퐁타스였다. 1638년에 노르망디에서 태어난 그는 교회법과 민법 박사였고 수많은 저서를 썼으며 파리 노트르담 성당의 부(副)사면주교대리를 지냈다. 그의 『양심의 문제 사전』 (1715)은 1724, 1726, 1730년에 재발간되고 1731, 1732년에는 제네바에서, 1733년에는 아우구스부르크에서, 1738년에는 베네치아에서 라틴어로 번역되는 등 오랫동안 권위를 떨쳤다. 1847년에도 미뉴 사제는 콜레의 주석을 달아 이 책을 재발간했다. 퐁타스는 자살의 가능성을 철저하게 봉쇄했다. 그는 오만 가지 예외적인 경우들을 들어 보이며 어떤 구실로도 자살은 용납될 수 없다고 말한다. 권세 높은 관리가 사형선고를 받아 마땅한 죄를 지었다 해도 그는 자살하면 안 된다. 전쟁터에서 치명상을 입은 군인이 고통을 빨리 끝내기 위해 자신의 숨을 끊어 달라고 청해서도 안 된다.[89]

극단적인 완고함은 교회법, 교구 규약, 종교회의 교령 등에서도 확인된다. 예를 들어 플뢰리 사제는 "산 자들에게 두려움을 불러일으키기 위해" 자살자의 매장을 거부할 필요가 있다고 썼다. 산 자들의 자살을 막으려면 공포감을 조성해야 한다. 사회 지도층이 사람들의 명줄을 붙잡아 놓는 데에는 이만한 방법이 없다! 이러한 태도가 강화되었다는 것은 뿌리 깊은 실패를 드러낸다. 지상에서의 삶을 점점 더 많은 사람들이 견딜 수 없게 됐다면 그러한 삶을 조직하는 자들이 무능하다는 얘기 아닌가. 그러나 지도층은 지상의 삶의 조건을 개선하기보다는 여기서 빠져나가면 더 뜨거운 맛을 보게 될 것이라고 위협하려 했다. 모두가 해방의 명이 떨어질 때까지 참고 기다려야만 한다고 말이다.

이 세상에서 잘살아 보라는 얘기가 아니었다. 죽음은 여전히 바람직한 것으로 통했다. 이러한 애매성은 계속 유지되었다. 신앙인은 이 세상은 악하다고 굳게 믿으며 죽음을 소망해야만 한다(따라서 이 세상이 너무 살기 좋은 곳이어서는 안 된다). 다른 한편으로, 그는 스스로 죽음을 택해서는 안 된다. 수 세기를 이어 온 이 균형 잡기는 점점 더 힘겨워졌다. 근대

---

89 J. Fontas, *Dictionnaire des cas de conscience*, 2 vols., ed. Migne, Paris, 1847.

정신의 도래를 나타내는 두 번의 의식 위기는 전통적인 태도를 크게 흔들었다. 1580~1620년에는 사느냐 죽느냐라는 문제가 대두하기 시작했고 한 세기의 성찰이 지나간 후 1680~1720년에는 점점 더 많은 이들이 자신의 선택으로 이 문제에 답했다. 어떤 이들은 빨리 저세상으로 가기를 선택하고, 또 어떤 이들은 이 세상의 삶을 좀더 개선할 것을 선택했다. 이러한 두 경향은 모두 교회를 불안하게 했다. 교회는 이 세상에 거하되 저세상을 갈구하는 긴장 상태를 더 단단히 유지할 필요가 있었다.

영적 대체물과 실제적 관용

어떤 신앙 유파들은 자살 대체물이라고 볼 만한 타협안을 찾았다. 죽음과 가까이 거하되 결코 결정적 선을 넘지는 않는 자기무화의 자세도 여전히 존재했다. 이러한 자세는 죽음 욕망을 잠재우거나 잠시 그 욕망에 만족의 표시를 주어 달랬다. 예수회 사제 클로드 프랑수아 밀리의 삶은 그 전형이었다. 그는 1688년에서 1720년까지, 요컨대 유럽의식 위기를 고스란히 살다가 마르세유에서 페스트 환자들을 돌보느라 죽었다. 그는 1709년에 "더 이상 살 때가 아니다. 모든 자연의 죽음을 우리도 나누어야 하리라"라고 썼다. "우리는 지상과 천국 사이에 유예된 채 결코 자기 자신을 바라보지 않아야 한다." 장 드프룅이 썼듯이 우리는 아무것도 아니다. 그 즉자적 무는 대자적 무가 되기 때문이다.[90] 밀리가 주장하듯 우리는 아무것도 아니라고 생각해야 한다. 우리 자신을 무화시켜야만 한다. "지극히 작은 무가 존재 앞에서 자신을 무화하는 것 말고 달리 무엇을 하겠는가? 그것

---

90 Deprun, *La philosophie de l'inquiétude en France au XVIIIe siècle*.

이 자연스럽고 정당한 명령 아닌가? 아무것도 아닌 것은 스스로 아무것도 아니라고 생각해야지, 자신이 무엇이라도 되는 것처럼 생각해서는 안 된다."[91]

이 말을 메슬리에의 유서 마지막 문장과 비교해 보면 그 애매한 의미에 심란해진다. 메슬리에는 사제였으나 무신론자였고 아마도 1729년에 단식자살한 것으로 추정되는 인물이다. "나는 죽음과 늘 함께 있어 언제 죽더라도 당황스럽지 않으며 더는 염려하는 것이 없다. 따라서 나는 무에 의해 죽을 것이요, 나 또한 무와 다르지 않으며 이제 곧 무가 되리라." 아무것도 아니기. 독실한 밀리 사제가 삶을 지키며 추구한 것도, 유물론자 메슬리에 사제가 스스로 죽어 가며 추구한 것도 바로 이 목표였다. 두 사람이 하는 말은 거의 동일하다. 자기무화의 영성은 그 어느 때보다 자살 대체물처럼 보였다.

1680~1720년에 정점에 이르렀던 정적주의도 애매성을 떨치지 못했다. 순수 사랑의 기원에도 자기무화, 온전한 헐벗음은 불가피하다. 이러한 태도가 불안과 절망을 동반하지 않을 수는 없다. "자기 자신에 대하여 죽는 가장 힘든 방법은 자신에게 가장 친밀한 모든 것에 대하여 죽는 것이다. …… 스스로 죽었다 느껴야만 지적이고 도덕적인 삶만이 남는다."[92] 멘 드 비랑은 이렇게 썼다. 페늘롱도 자기무화에 강렬하게 끌렸다. 이 섬세한 영혼의 소유자는 자기혐오에서 출발하여 자기무화를 갈구한다. 폴 아자르는 이렇게 설명한다. "죄 많은 영혼, 우울과 권태에 사로잡힌 마음을 지닌 그는 고통스럽게 정신적 존재의 '설명할 수 없는 바닥'을 바라보

91 J. Bremond, *Le courant mystique au au XVIIIe siècle: L'abandon dans les lettres du P. Milley*, Paris, 1943.
92 Maine de Biran, *Journal*, ed. La Valette-Monbrun, p.122.

았다. 그는 그때 혐오감을 느꼈다."[93] 그래서 귀용 부인이 완전한 방임, 온전한 헐벗음, 모든 것에 대한 무관심을 제안했을 때 페늘롱은 그토록 매료되었던 것이다.

그렇지만 명민한 보쉬에가 『성인들의 격언에 대하여』에서 지적했듯이 정적주의에는 좀더 경계할 만한 일면이 있다. 페늘롱 본인은 헐벗음을 지양하고 온전한 버림으로 나아간다고 하지만 그런 모습이 순전히 절망으로만 보일 수도 있다. 그는 심각한 위기를 거쳐 평정을 찾은 성 프랑수아 드 살의 예를 들어 죄인이 자신은 저주받았고 결코 구원받지 못하리라 생각하도록 내버려 두는 것도 도움이 될 수 있다고 주장했다. 보쉬에는 이 주장이 위험하다고 본다. 자칫 그렇게 믿는다면 신이 모든 이를 구원하지 않는다고 말하는 이단에 빠질 수 있기 때문이다. 또한 이 교의는 "영혼이 절망의 유혹에 굴복하게 할" 위험이 있다. "절망의 유혹은 영혼으로 하여금 자신이 구원받지 못한다고 굳게 믿게 한다. …… 영혼은 그렇게 믿어 의심치 않으니 이것이 절망의 극치다."[94] 페늘롱은 영벌을 확신하고 받아들임으로써 자기희생의 정점에서 평온을 얻는다고 보았지만 보쉬에는 이것이 "진정한 절망의 행위이자 불신의 극치"라고 본다. 그래서 절망, 자기무화, 죽음 욕망과 영합하는 신앙 유파들의 애매성을 특히 우려했다.

보쉬에는 그리스도인의 삶을 떠받치는 균형을 유지하는 데 주력했다. 우리는 눈물의 골짜기에서 저세상의 영원한 행복을 갈구하고 이 시련에 감사해야 한다. 물론 삶은 죽음에 대한 준비일 뿐이다. 그는 "그리스도인은 결코 지상에서 살아서는 안 된다. 지상에서는 항상 고행을 겪어야

---

93 P. Hazard, *La crise de la conscience européenne*, Paris, 1961, p.400.
94 Bossuet, "Troisième Écrit sur les maximes des saints", *Œuvres complètes de Bossuet*, vol.10, ed. Outhenin-Chalandre fils, Besançon, 1836, p.286.

하고 고행은 일종의 시험, 배움, 죽음의 시초이기 때문이다"라고 『마리 테레즈 도트리슈 추도연설』에서 말한다. 우리는 이 죽음을 갈구하되 결코 손에 넣어서는 안 된다. 하지만 긴장을 유지하기 위해 구원의 소망을 간직해야 한다.

그러나 보쉬에와 페늘롱은 삼손의 경우와 같은 성경 속의 특정 자살 사례들을 용인한다는 점에서 일치한다. 그들은 심지어 그 이상까지 나아간다. 보쉬에는 명예를 지키기 위한 자살도 한때 용인했던 것처럼 보인다. "나는 선한 사람이 자기 목숨보다 명예를 더 중시할 수 있으며 몇몇 상황에서는 그래야만 한다는 것을 의심치 않는다."[95] 한편 페늘롱은 자발적인 순교자들을 찬양했고 『죽은 자들의 대화』에서 카토에게 본인의 자살을 정당화하는 매우 유려한 연설을 할애한다.

17세기 말부터 신학교들의 네트워크가 공고해지기 시작했고 교계는 가톨릭 개혁의 그리스도인 이상——세상에 거하되 세상에 속해 살지는 않는다는 이상——에 부합하는 성직자를 양성하기 원했다. 사제는 고난을 겪고, 수치를 감내하고, 자존심을 죽이고 죽음을 바람으로써 스스로에게 죽은 자가 되어야만 했다. 생 쉴피스 신학교 원장 트롱송은 학생들에게 다음과 같은 의식 훈련을 권한다. "우리가 진심으로 회개하는 이가 그리하듯 우리 자신을, 우리 육신을 미워하는지 살핍시다. 자꾸 하느님께 해를 끼치게 만드는 흉측한 악의가 우리 안에 있음을 보았으니 우리 자신을 언제라도 반항하고 반란을 일으킬 태세인 노예 다루듯 다루었습니까? 제대로 먹지 못하고, 입지 못하고, 천한 일에 종사하고, 여러 가지 불편에 처하고, 모든 자질을 박탈당하고, 그저 경멸당해 마땅할지라도 마음이 편

---

95 Bossuet, *Pensées chrétiennes et morales sur divers sujets*, XXIX.

안했습니까? 어떤 상태에서든 받을 만한 대접을 받는다 여기고, 모든 피조물의 증오를 사더라도 죄인에게는 그럴 만하다 확신하였습니까? 우리 육신을 불구대천의 원수처럼 미워하고, 불신하며, 일거수일투족에 경계하며, 끊임없이 박해하되 평화나 휴전을 구하지 않았습니까? 사도의 열심을 품고 육신이 마땅히 받을 만한 벌을 주며 육신과 결별하기를 간절히 바랐습니까?"[96]

신참 사제들은 교구에서 자살 사례를 접하게 될 터였다. 따라서 그들을 준비시켜야 했다. 1701년에 마티외 뵈블레는 리옹에서 『신학교에서 성사 집행을 준비하는 이들에게 도움이 될 지침에 대하여』를 출간했다. 이 책은 오랫동안 권위를 인정받았다. 결의론자들과 도덕신학론의 강경한 태도를 감안하면 이 책이 현실에서의 관용을 권고한다는 점은 다소 놀랍다. (광기가 아니라) 절망과 분노를 못 이겨 스스로 죽은 자들에게는 그들이 죽기 전에 참회의 표시를 보이지 않은 한 교회의 매장을 거부해야 한다. 하지만 그 표시에 대해서는 단 한 명의 증언만으로 충분하며 그 증언을 의심할 필요도 없다. 이 대목은 작정하고 자비로운 태도를 취할 것, 회개의 증거가 조금만 있더라도 교회 묘지에 묻어 줄 것을 권고한다고 볼 수 있다. 뵈블레는 이 한 줄로 수많은 결의론과 추상적인 도덕론 저작들을 쓸모없는 것으로 만들어 버렸다. 어떤 상황에서의 자살이든 광기 혹은 회개를 이유로 용서받을 수 있기 때문이다. 이러한 가능성은 자살자의 유족들이 쉽사리 장례를 치르고 아무 벌도 받지 않았던 이유를 설명해 준다. 물론 앞에서 살펴보았듯이 처벌은 존재했다. 그러나 처벌은 극단적이

---

96 Tronson, *Examens particuliers sur divers sujets propres aux ecclésiastiques et à toutes les personnes qui veulent s'avancer dans la perfection*, Paris, 1823. 동일한 권고가 작자미상의 다음 책에도 실려 있다. *De l'éducation des ecclésiastiques dans les séminaires*, Paris, 1699.

고 특별히 절망적인 경우에 국한되었다. 모든 문건은 그것을 어떻게 적용하느냐에 달렸다. 이론적 엄격성은 평민들의 자살 의욕을 꺾기 위해 종종 불가피했으나 실제 적용은 그만큼 깐깐하지 않았다.

분명한 딜레마

1680~1720년의 유럽의식의 2차 위기는 자발적 죽음과 관련하여 하나의 전환점이 되었다. 1580~1620년은 '사느냐, 죽느냐?'라는 문제를 제기했다. 이 문제를 부정하려는 집권층의 노력에도 불구하고 17세기는 그 의문을 성찰했다. 1680~1720년에 나타난 그 첫번째 대답들은 집권층을 불안하게 만들었고 18세기를 거치며 더욱 큰 반향을 일으켰다.

지식인들의 대다수는 살기를 선택했다. 또한 그 삶은 굳이 살 만한 가치가 있어야 했다. 그런데 수많은 인간들에게 삶은 그렇지 못했다. 베일과 퐁트넬에 뒤이어 이 세계가 좀더 다수에게 살 만한 곳으로 재편되어야 한다고 요구하는 최초의 목소리들이 터져 나왔다. 세상을 더 나은 곳으로 바꿀 수 있다고 생각한 이들에게 특권, 불의, 제도의 반박이 떨어졌다. 지상에서의 행복 개념이 등장하면서 사상가들을 유혹했다. 영국에서 셰프츠베리 백작이 기술한 바와 같이 일단 종교는 좀더 즐거운 것이 되어야 했다. 경건휴머니즘도 부분적으로 이러한 발상에서 비롯되었다. 유쾌할 것, 유머감각을 지닐 것, "요컨대 내 생각에는 우리가 종교를 대하는 방식이 우울하기 짝이 없기 때문에 종교가 그토록 비극적이 되고 불길한 재앙들을 불러오는 거요. 우리가 종교를 다루는 방식은 좀더 기분 좋고 올바른 것이 되어야 하오".

이제 곧 제도들에 대해서도 기분 좋은 태도가 가능할 것이다. 몽테스키외의 1721년 작『페르시아인의 편지』는 볼테르, 디드로, 돌바크 등의 출현을 예고하는 전채(前菜)였을 뿐이다. 우리는 존재하고 싶어 한다. 단, 이 세계를 재편하여 눈물의 골짜기가 아니라 감미로운 삶의 터전으로 만든다는 조건에서. 이것이 철학자들의 메시지가 될 것이다.

소수의 지식인들은 다른 대안을, 요컨대 살지 않기를 택했다. 그들은 당장, 혹은 삶을 더 이상 견딜 수 없을 때 떠나고 싶어 했고 완전한 자유를 행사하기 원했다. 일부는 선택의 자유, '사느냐, 죽느냐?'라는 근본적인 물음에 스스로 대답할 자유를 부르짖기 시작했다. 이 선택의 자유가 18세기의 중심을 차지할 것이다.

집권층, 특히 교계 지도자들은 이 자유가 존재해선 안 된다고 보았다. 그러나 그들은 비존재의 지지자들이 요구하는 것뿐만 아니라 존재의 지지자들이 요구하는 것 또한 거부했기 때문에 몹시 위태로운 입장에 있었다. 지상에서의 삶을 너무 행복하게 만들면 아무도 내세에서의 복을 바라지 않을 것이요, 도덕의 원동력이 사라지기 때문이다. 인간이 생명을 마음대로 처분할 수 있게 한다면 신의 계획은 좌절되고 천국에 가기 위한 시련들도 쓸모없어질 것이다. 따라서 대안은 없고 천국에서의 행복을 바라며 불행하게 살아야 할 의무만 있었다. 지상에서 인간이 할 수 있는 최선은 이 잠시 잠깐의 불행을 잘 견디는 것뿐이다. 시대는 이 의무를 점점 더 받아들이기 힘들어했고 그들의 열망은 햄릿의 고민을 자기 나름의 버전으로 ―행복해질 것이냐, 죽을 것이냐― 드러냈다.

9장
계몽주의 시대의 자살 논쟁 : 도덕에서 의학으로

"사느냐, 죽느냐?" 17세기 지식인들의 모임과 살롱은 르네상스가 퇴락하며 제기한 이 물음을 성찰하고 숙고했다. 18세기에 이 물음은 공개토론의 주제가 되었다. 라틴어 논문과 조심스러운 토론에서 등장하던 주제가 이제 정부의 탄압에도 불구하고 백주대낮에 거론되었다. 지금까지 이렇게 자살에 대한 말과 글이 쏟아져 나온 때는 없었다. 입장들도 다양해졌다. 찬성 혹은 반대 입장에 지면을 고스란히 할애하는 논문들도 나왔다. 이 문제는 사회적 현실이 되었고 '자살'이라는 독자적 명칭을 얻었다. 심지어 어떤 이들은 자살 문제를 영국에서 유래한 일종의 유행처럼 받아들였다. 1780년대 영국에서는 자살에 대한 공개토론회가 여러 차례 열렸다. 1786년 2월 27일자 『타임스』는 '자살은 용기 있는 행위인가?'라는 토론 주제를 예고하고 있다. 이 토론회 입장료는 6펜스였다. 1789년에도 『타임스』는 자살이 "이제는 모든 사회직업군에서 일반적인 주제가 되었다"고 말한다. 그리니치 공원에서 어느 프랑스인이 자살하는 사건이 일어난 후 또 다른 토론회가 마련되었다. 사람이 엄청나게 몰려 혼잡스러워진 탓에 예정보다 시간을 연장해야만 했다.

종교, 법, 풍속의 교차로에 서 있던 자살 문제에 철학자들이 무관심할 리 없었다. 철학자라면 누구나 어느 시점에서는 이 문제를 다루게 마련이었고 그들의 글은 자살 관련 토론의 활기를 더해 주었다. 그래서 어떤 철학자들은 자살률 증가의 책임을 뒤집어쓰기도 했다. '이신론'과 '자유사상', '무신론', '철학정신'의 발전은 자살이라는 위협에 위기감을 느끼던 엄격한 전통도덕의 수호자들이 써먹기 좋은 희생양이었다.

자살반대론의 증가 : 우려의 표현

18세기 중반부터 자살반대론이 부쩍 많이 나왔다는 사실이 이러한 불안을 시사한다.[1] 1751년 고티에 사제가 발표한 『불신에 경도된 페르시아인의 편지』가 그 첫 발짝을 떼었다. 이 책은 자살이 신, 사회, 법을 거스르는 죄악이라는 낡은 논증을 반복한다. 같은 해에 익명의 저자가 『인간들』에

---

1 다음 문헌들을 언급해 둔다. Gaultier, *Les lettres persanes convaincues d'impiété*, Paris, 1751; *Les hommes*, Paris, 1751; Chevalier de C., *L'bonneur considéré en lui-même et relativement au duel*, Paris, 1755; Gauchat, *Lettres critiques ou Analyse et réfutation de divers écrits modernes contre la religion*, Paris, 1756; Dupin, *Observations sur un livre intitulé De l'esprit des lois*, Paris, 1757~1758; *La religion vengée*, Paris, 1757; Caraccioli, *La grandeur d'âme*, Frankfurt, 1761; Lefranc de Pompignam, *Instruction pastorale sur la prétendue philosophie des incrédules modernes*, Le Puy, 1763; Formey, *Principes de morale*, Paris, 1765; Lacroix, *Traité de morale ou Devoirs de l'homme envers Dieu, envers la société et envers lui-même*, Paris, 1767; Flexier, *Catéchisme philosophique ou Recueil d'observations propres à défendre la religion chrétienne contre ses ennemis*, 2nd ed., Paris, 1777; Simon de la Boissière, *Les contradictions du livre intitulé: De la philosophie de la nature*, Paris; abbé Barruel, *Les helviennes*, 6th ed., Paris, 1823; *La petite Encyclopédie ou Dictionnaire des philosophes*, Anvers, 1771; Camuset, *Principes contre l'incrédulité à l'occasion du Système de la nature*, Paris, 1771; Castillon, *Observations sur le livre intitulé: Système de la nature*, Paris, 1771; d'Audierne, *Instructions militaires*, Rennes, 1772; Dumas, *Traité du suicide ou Du meurtre volontaire de soi-même*, Amsterdam, 1773; Richard, *Défense de la religion*, Paris, 1775; *Exposition de la doctrine des philosophes modernes*, Lille, 1785; *Dictionnaire de Trévoux*, 1771.

서 자살을 옹호하는 인간들과 "조금이나마 공통점이 있다는" 것이 수치스럽다고 선언한다. 1755년에 슈발리에 드 C.는 『그 자체로 고려된 명예』에서 자살자들을 멸시당해 마땅한 거짓 용기의 소유자, 절망한 자, 끔찍한 심기증 환자라는 세 부류로 구분했다. 또한 신은 우리가 생명을 보전할 수 있도록 삶에 대한 사랑을 '비밀 명령'으로 내려 주었다고 주장했다. 1756년에 고샤는 『종교에 반하는 다양한 근대 문헌에 대한 분석과 반박 혹은 비판서한』에서 자살을 용인하면 모든 살인을 용인하게 된다고 했다. 자살은 가족과 조국을 파괴하며 결코 용기 있는 행위가 아니다. 자기를 죽이기는 "매우 쉽다". 따라서 엄격한 법, 특히 시체모독형은 반드시 유지되어야 한다. 1757년에 뒤팽이 『법의 정신에 대한 관찰』에서 "엄격한 법"을 강조했던 것도 같은 생각에서였다.

1757년에는 『보복당하는 종교』라는 상당히 도발적인 제목의 종합적인 저작도 나왔다. 자살에 대한 변호를 반박하는 데 많은 부분을 할애한 이 책은 2부로 나뉘어 있고 각 부에 열 개 사항을 제시한다. 우선 자발적 죽음에 반대하는 열 개 논증부터 보자.

1. 자살은 인간의 본성을 훼손한다.

2. 나를 힘들게 하는 사람을 죽일 권리가 없듯이 우리가 힘들다고 해서 우리 자신을 죽일 권리도 없다.

3. 자살은 영벌을 낳기에 행복하고자 하는 우리의 욕망에 역행한다.

4. 우리는 우리 생명의 주인이 아니다.

5. 우리는 신과 자연이 우리에게 정해 준 자리를 떠날 수 없다.

6. 자살이 너무 큰 괴로움을 겪는 자에게 허락된다면 모든 자살이 용인될 수 있을 것이다. 참을 수 없는 괴로움이라는 관념은 매우 상대적이며 사람에 따

라 달라지기 때문이다.

7. 군주는 우리 생명에 대한 권리가 있다.

8. 자살은 사회에 해를 끼친다.

9. 자살은 모든 계몽된 국가들에서 금지되고 있다.

10. 자연은 우리에게 삶을 사랑하라고 요구한다.

그다음에는 자살옹호론자들이 제기할 수 있는 열 개 논증과 그에 대한 답변이 나온다.

1. 언제나 예외가 있기 때문에 법이 자살을 금한다고 볼 수는 없다(답변: 그러한 예외야말로 삶을 보호하기 위해 정해 둔 것이다).

2. 행복에 대한 추구가 삶에 대한 사랑보다 우선한다(답변: 자살은 영원한 불행을 불러온다).

3. 우리의 육신은 멸시해야 할 대상이다(답변: 육신을 지키고 있어야만 육신의 고통을 통해 덕에 더 가까이 나아갈 기회도 있다).

4. 영혼은 불멸이니 자살을 해도 영혼에 잘못을 저지르는 것은 아니다(답변: 자살은 영혼에게서 덕의 기쁨을 빼앗는다).

5. 삶은 좋은 것이지만 대가가 너무 크다면 좋은 것을 포기할 수도 있다(답변: 영원한 행복은 결코 그 대가가 너무 크다고 말할 수 없다).

6. 자살이 죄를 피하게 할 수도 있다(답변: 병을 피하고자 독약을 마실 수는 없는 노릇이다).

7. 어느 나라에서나 자살은 있다(답변: 그러나 계몽된 나라들은 모두 자살을 단죄한다).

8. 불행에서 도망치고자 하는 성향은 자연스러운 것이다(답변: 신이 우리를

당신 곁으로 부르고자 한다면 알아서 우리 목숨을 가져가실 것이다).

9. 자살은 용기 있는 행위다(답변: 자살은 오히려 격정을 누르지 못한 유약한 행위다).

10. 신은 육신이라는 집의 주인인데 그러한 신이 우리 건강을 상하게 하고 그 집을 망가뜨린다면 우리가 빨리 집을 떠나야 한다는 신호로 받아들일 수 있다(답변: 우리는 단순히 육신이라는 집을 빌려 사는 사람이 아니라 그 집을 지키고 관리해야 할 사람이다).

저자는 이 고르지 못한 나열을 통해 자살은 언제나, 심지어 유명한 이 교도들의 자살조차도 범죄라는 결론을 내린다. 또한 자살자에 대한 처벌이 효과가 있다고 본다. "입법자들의 의도는 공포를 불러일으키는 것이었는데 어느 정도는 그들의 바람에 걸맞은 성과가 있었다."

1761년에 카라치올리는 『영혼의 위대함』에서 우리를 지옥으로 직행시키는 자살에서 위대함을 찾는 것은 "진정으로 어리석은" 일이라 말한다. 자살하면 지옥에 간다는 확신이 없을지라도 위험을 무릅쓰는 것은 바보짓이다. 르프랑 드 퐁피냥은 1763년 작 『근대 불신자들의 이른바 철학에 대한 목자의 가르침』에서 고대 자살에 대한 철학자들의 찬탄을 비판한다. 1765년에 프로테스탄트교도 포르메는 『도덕의 원칙들』에서 자연법의 이름으로 모든 자살을 규탄한다. 가톨릭은 위치를 사수해야 하는 병사의 비유와 제5계명을 내세워 자살을 금지하지만 포르메는 이 금지가 별로 효과가 없다고 본다. 어떤 경우에는 이 이유들이 오히려 자살을 정당화할 수도 있기 때문이다. 그는 "인내심이 고갈되거나 질병 혹은 체형으로 절망에 빠진 자들"의 자살만이 경우에 따라 용서받을 수 있다고 했다. 1767년에 라크루아는 『도덕론 혹은 신, 사회, 그 자신에 대한 인간의 의무』에서 카토와 브루투스의 태도를 '교만'으로 규정하고 자살은 약한 자들이 저지르는 행동이라고 했다.

1771년에 플렉시에는 모든 자살을 용납하려 하는 '쾌락의 아이들'을 공격한다. 시몽 드 라 부아시에르는 『『자연철학에 대하여』라는 책의 모순』에서 좋은 자살과 나쁜 자살의 구분을 비판한다. 그러한 구분은 "그 같은 자기위해가 불러일으켜야 할 공포심을 무디게 하는" 효과밖에 없다. 바뤼엘 사제와 『라 프티트 앙시클로페디』는 요즘 사람들이 자살에 영합한다고 비난한다. 1771년에 카뮈세는 『자연 체계를 빙자한 불신을 반박하는 원칙들』에서, 카스티용은 『『자연 체계』라는 책에 대한 소견』에서 돌바크를 공격하고 자살은 신과 사회를 공격하는 행위라고 다시 한번 주장했다.

1772년에 오디에른 신부는 『군사적 지침들』에서 직접적이든 간접적이든 모든 형태의 자살을 규탄했다. 적의 손아귀에 떨어지지 않기 위한 자폭 행위조차도 신, 조국, 자연, 민법, 교회법에 역행한다. 우리는 다른 사람의 목숨을 구하기 위해서라도 자신의 목숨을 걸어선 안 된다. 가난이나 유혹을 피하기 위해서나 명예를 지키기 위한 자살은 더욱더 안 될 노릇이다.

1773년에 프로테스탄트교도 뒤마는 암스테르담에서 『자살 혹은 자진한 죽음에 대하여』를 출간한다. 이 책은 모든 형태의 자발적 죽음을 비난하는 내용이다. 뒤마는 모든 철학적 논증을 반박하는 데 집착하며 자살을 처벌하지 말자고 주장하는 법학자 베카리아를 공격한다. 뒤마에게나 같은 프로테스탄트 포르메에게나 자살은 처벌받아야 할 범죄이고 그 처벌은 잘못된 생각의 전염을 막기 위해 사람들에게 확실한 인상을 심어 주어야 한다. 1775년에 리샤르는 『종교의 수호』에서 고대의 자살, 특히 피타고라스의 자살을 비난했다. 1785년에 『근대 철학자들의 교의 제시』는 자살, 부모 살해, 시역(弒逆)을 동일시한다.

사전과 백과전서들은 '자살'이라는 항목에 매우 적대적인 견해들을 보인다. 『트레부 사전』의 판단은 간단명료하다. "자살은 스스로 고통을 참지도 못하고 불명예를 감내할 용기도 없는 비겁자들의 체계로서, 카토는 자살을 함으로써 로마인들의 첫째라기보다는 기괴한 자들 가운데 첫째가 되었다." 이 사전은 이어서 영벌이 두려워 자살한 그리스도인은 성질을 못 이긴 자요, 철학 때문에 자살한 자는 미친놈이라고 말한다. 또한 문학계와 연극계의 탁월한 인재들이 나쁜 예를 제시한다고 비난한다.

『방법론적 백과전서』도 이보다 더 호의적이지는 않았다. 좀더 정확히 말해 백과전서는 서로 다른 두 견해를 망라하고 있지만 그 점이 오히려 균일하지 않은 것들을 철학적 선전이라는 한덩어리로 뭉뚱그리고 있다는 인상을 준다. 그래서 '자살' 항목은 두 번 등장하고 그 항목들은 두 명의 저자가 작성한 서로 다른 두 견해를 싣고 있다. 「판례」 편은 자살 사례에 적용된 형벌들을 소개하고 그중 지나치거나 부조리한 경우를 지적한다.[2] 언뜻 보면 중립적인 듯하지만 그 이면에는 비판이 있다. "오늘날 자기를 해친 자들의 시체는 발에 엎어서 질질 끌고 다니다가 거꾸로 매다는 벌을 받는다. 또한 이 시체들은 매장을 거부당한다." 가능하다면 심판은 신속하게 하여 "인상적인 처벌의 본보기"를 세워야 한다. "시체에서 이미 썩은 내가 나기 시작하여" 그럴 수 없다면 고인의 기념에 대하여 재판을 진행한다. 그러나 이 모든 심판은 "이성에 의하여, 자신이 받을 고통을 두려워하여 냉정하게 스스로 목숨을 저버린" 자들에게만 적용된다. "정신

---

2 *Encyclopédie méthodique, Jurisprudence VII.*

착란"이나 "잠시 제정신이 아니었던 사람들"은 광기의 희생양이니 이런 벌을 걱정할 필요가 없다. '자살' 항목은 고대 로마에서 삶을 혐오하여 감행하는 자살이 "영웅주의와 철학의 흔적"으로 여겨졌고 자살자가 이미 죄를 짓고 심판을 받은 자일 때에만 재산을 몰수당했다고 상기시킨다. 이러한 언급은 당시의 실태를 암묵적으로 비판하는 듯하다.

교계의 반대

반면, 노트르담 참사위원이자 무슈(Monsieur)[3]의 고해신부였던 베르지에 사제가 작성한 「신학」편에서는 '자살' 항목이 완전히 다른 어조로 기술된다.[4] 베르지에는 이미 여러 권을 발표한 저자로서 『유물론 연구 혹은 자연 체계에 대한 재반박』(1771)에서 자살자들에게 더없이 엄격한 처벌을 내릴 것을 주장하며 자살을 대대적으로 비난한 바 있었다.

베르지에는 초반부터 태도를 분명히 한다. 자살은 사실 "자신이 참을 용기가 없는 불행에서 해방되기 위해 자기 자신을 죽이는 행위"다. 이 행위는 오늘날 점점 더 많이 일어나고 있다. "공공서류는 우리 세기에 일어난 수많은 자살들을 전해 준다. 직접적으로든 간접적으로든 무신앙에서 파생되지 않은 자살은 단 한 건도 찾을 수 없다." 최소한 로마인들은 그럴 만한 동기를 품고 자살을 했다. 그런데 "우리는 돈을 잃었다고 해서, 혹은 그럴 만한 가치도 없는 어떤 대상에 대한 정신 나간 정념이 지나쳐" 자살을 한다. 이러한 골칫거리가 늘어난 데에는 철학 정신이 한몫을 했다. "오

---

3 왕의 형제(대군)를 가리키는 호칭.—옮긴이
4 *Encyclopédie méthodique, Théologie III*, Paris, 1790.

늘날 철학이 남용되다 보니 이러한 죄를 옹호하려는 지경에 이르렀다." "수많은 불신자들"이 자살은 자연법으로나 신법으로나 금지되지 않았다고 주장하고 그 근거랍시고 교부들도 인정한 순교자들의 태도를 들먹거린다.

베르지에 사제는 바로 이 점을 반박하고자 했다. 신은 우리에게 생명을 주었고 그것은 "우울한 추론가들이 뭐라고 떠들든 간에" 좋은 일이며 오직 신만이 그 생명을 마음대로 할 수 있다. 우리는 사회에 봉사하기 위해 생명을 받았고 각자에게는 쓰임새가 있다. "인내의 본을 보이는 것 외에는 아무 쓸모가 없게 되더라도 그 자체로 좋은 일이니 그 무엇으로도 인내를 면케 해서는 안 된다." 자살하는 사람은 고통을 감내할 줄 모르기 때문에 덕이 없는 사람이다. 게다가 자기를 죽이는 사람은 남들을 죽일 수도 있는 잠재적 범죄자다. 우리의 불행은 늘 감내할 만한 가치가 있다. 그 불행에서 빠져나올 권리가 우리에겐 없다.

베르지에 사제는 이어서 반박들을 상대한다. 자살은 사회구성원을 앗아 간다. 성직자의 독신생활이 사회구성원을 제공하지 않는 것보다 이러한 (이미 존재하는 구성원의) 박탈이 훨씬 더 심각하다. 그렇다면 예수는? 예수도 자살했다고 할 수 있지 않나? 교부들의 시대에 이미 제기됐던 낡은 물음이지만 일부 철학자들은 교회를 당혹스럽게 하려고 다시금 이 물음을 던지곤 했다. 돌바크도 『자연 체계』에 이렇게 썼다. "그리스도교와 그리스도교인들의 민법은 자살을 매우 일관성 없이 비난하고 있다. 그리스도인들이 말하는 메시아 혹은 신의 아들은 자진하여 죽었으니 명실상부한 자살자다. 또한 자진하여 처형을 받은 수많은 순교자들과 조금씩 자신을 망가뜨리는 일을 미덕으로 여겼던 고해자들도 마찬가지라고 할 수 있다."[5] 바베이락, 달랑베르, 드릴 드 살, 로슈포르, 메리앙도 이 문제를 걸고 넘어졌다. 베르지에 사제는 예수가 만민을 구하고자 목숨을 바쳤으며 이는 자살이 아니라 희생이라고 설명한다. 더욱이 예수는 자신이 부활할 것을 미리 알고 있었다. 베르지에의 『유물론 연구』는 적절하지 않은 해명을 덧붙인다. "소크라테스도 같은 죄를 저질렀다고 보지 않는 한" 예수는 자살한 게 아니라고 말이다. 하지만 전통도덕의 수호자들은 소크라테스가 자살했다고 숱하게 비난하지 않았던가.

순교자들도 자살했다고 볼 수는 없다. 그들의 의도는 자기파괴가 아니라 박해자들에게 그들의 박해가 쓸모없음을 보여 주는 것이었다. 순교는 "영웅적 자비"에서 우러난 행위로서 박해를 종식시키는 데 공헌했다. 성 펠라기아처럼 능욕을 피하기 위해 자결한 여인들도 그러기를 잘했다. 강간을 당하는 입장에서는 항상 "죄에 동의하고 자연의 연약함에 굴복할 위험"이 있기 때문이다. 육신의 쾌감을 느낄지도 모르니 그럴 바에는 죽는 편이 낫다는 얘기다.

그렇다면 성경에 등장하는 자살들은? 여기서 상황에 따른 구분이 나타난다. 아비멜렉, 사울, 아히도벨, 지므리의 자살은 지탄받는다. 라지스는 순교자들과 같은 경우로 봐야 한다. 삼손과 엘레아잘은 자기 나라를 위해 목숨을 바쳤으니 진짜 자살이라고 볼 수 없다. 아주 특수한 경우들을 제외하면 "살인하지 말라"는 제5계명은 절대적이다. 전쟁이나 사형처럼 사회의 결정으로 살인이 요구되는 경우가 아니면 말이다.

결의론자들은 이전 시대와 마찬가지로 철저하게 자살에 반대했다. 그럼에도 성 알폰소 리구오리는 매우 일상적이지 않은 상황들과 관련하여 예외를 두긴 했다. 『고해자들을 위한 실용 지침』은 "직접적 자살은 누

---

5 D'Holbach, *Système de la nature*, XVI.

구에게도 용납되지 않으며 신의 영감이나 권위에 기대어 순교한 자가 아니면 죄 없이 임의로 자결할 수 없다. 그래서 목숨을 위태롭게 하며 줄타기를 하는 곡예사, 독약을 마신 자, 독사에게 물린 자는 대죄를 짓는 셈이다"라고 일깨운다.[6]

그는 이어서 16, 17세기의 결의론자들을 인용하며 덧붙인다. "많은 박사들이 공통적으로 가르치는 바를 따르자면, 올바른 명분이 있어 위험을 무릅쓰는 것이 용인될 때가 더러 있기는 하다. 그래서 군인은 죽을지 모르는 상황에서도 제자리를 떠날 수 없다고 하며, 이러한 견해는 일반적이다. 절망에 빠진 벗에게 먹을 것을 양보하는 행위, 다른 난파자에게 뗏목을 내어 주는 행위는…… 훨씬 그럴듯하다. 그 이유는 자신을 죽이는 것과 자기 생명에 대한 보호를 중지하는 것은 크게 다르기 때문이다. 정당한 대의가 있다면 후자는 적법하다. …… 화재가 났을 때 임박한 죽음을 혹시 피할까 해서 창문에서 뛰어내리는 것도 용인된다." 마찬가지 맥락에서 "장군이 적의 손에 넘어갈 수 없다고 했을 때 자기 목숨이 위태롭더라도 배에 불을 지르는 행동은 적법하다. …… 처녀가 자살을 해서는 안 될지라도 강간을 당하지 않기 위해 위험을 무릅쓰는 행동은 할 수 있는 것이다. 순결을 지키기 위해서든, 이런 일로 비롯될 수 있는 죄의 위험을 피하기 위해서든, 이는 다분히 있을 법한 일이다. 죄인이 도망칠 수 있는데 도망치지 않는 것도, 사형선고를 받을 가능성이 있는데 법정에 서는 것도 어디까지나 마땅한 일이다".

성 알폰소는 고행에 대해서는 이렇게 썼다. "덕을 사랑하여 단식하고

---

6 Alphonse Marie de Liguori, *Œuvres complètes du bienheureux Alphonse Marie de Liguori*, vol.23, Paris, 1837, pp.426~427.

회개하는 것은 비록 그러한 고행으로 수명을 몇 년 단축시키는 한이 있더라도 마땅히 용인된다(그렇다 해도 그러한 회개가 무모해서는 안 된다). 적극적으로 자기 생을 단축시키는 것과 덕을 사랑하여 생의 단축을 감수하는 것은 크게 다르기 때문이다." 이로써 그는 철학자들, 특히 돌바크에게 비판의 여지를 남긴 셈이다. 돌바크는 지체 없이 자살과 고행의 유사성을 지적하고 나선다. 결국 성 알폰소는 "우리는 (일반의 선에 필요하지 않다면) 한쪽 다리를 절단한다든가, 담석을 제거한다든가, 그 밖의 고통스럽고 평범하지 않은 방법까지 동원하여 목숨을 부지하는 데 집착하지 않는다"고 인정한다.

신학자와 도덕주의자 들은 신체 절단을 자살과 연루 지어 생각하는 습관이 있었다. 당시 대성당 성가대를 유지하기 위해 흔히 이루어지던 남성의 거세에 대해서 그들의 의견은 근본적으로 어긋났다. 교황좌 성당에는 카스트라토(거세한 남성 소프라노)가 아주 많았고 이러한 습속은 19세기 말에야 비로소 사라지게 된다. 그래서 성 알폰소는 마뜩잖게나마 "극도로 가난한 이들에게는 목소리를 유지하는 것이 그들의 운명을 바꿀 수도 있을 만큼 중요한 문제이기 때문에 아이가 동의하고 생명에 지장이 없다는 조건에서" 거세를 용인한다. "거세당한 사내도 그들의 노래로 신도들을 교회에 붙잡아 두는 데 공헌함으로써 일반적인 선에 유용할 수 있기 때문이다. 한마디로, 이러한 시술은 관행이 되었고 여러 고위성직자들에게 용인받은 바 되었기 때문이다."

영국에서의 자살반대론

베르지에 사제처럼 완강하게든 성 알폰소처럼 유하게든, 가톨릭은 자살

에 호의적인 사상들이 발전하는 양상을 우려하는 입장이었다. 프로테스
탄트계에서도 똑같은 반응이 보였다. 영국에서 비국교도들은 청교도들
의 뒤를 이어 이신론이 사회의 풍기를 문란하게 만든다고 비난했다. 리처
드 스틸과 토머스 비티는 상류사회의 카토 숭배에 크게 분개했다.[7] 1730
년에 헨리는 『저주받은 카토』를 썼고[8] 버클리는 자살률의 증가를 "조무
래기 철학"의 책임으로 여겼다. 『알키프론』에도 "조무래기 철학이 우세
하는 한, 우리는 일상적으로 더 많은 자살을 보게 될 것이다"라는 문장이
있다.[9] 『영국병』의 저자 조지 체인 역시 고대 철학을 퍼뜨리는 자들에게
자살률 증가의 책임이 있다고 보았다. 감리교의 창시자인 존 웨슬리는 자
살자에 대한 처벌을 강화하고 시신은 썩을 때까지 교수대에 매달아야 한
다고 주장했다. 또 어떤 이들은 자살자들의 시신을 해부에 쓰자고 했다.
일부 성직자들은 광기로 인한 자살조차 매장을 거부했다.[10] 아직도 사탄
의 개입 때문에 점점 더 많은 사람이 자살한다고 생각하는 이들은 얼마
든지 있었다. 아이작 왓츠는 1726년에 『자기살해의 유혹에 대한 방어』에
서 그렇게 주장했고[11] 1754년에 출간된 작자 미상의 『자기살해에 대한 담
론』 역시 금식과 기도로 그러한 유혹에 맞설 것을 권고한다. 프랜시스 애
시코프의 1755년 작 『자기살해에 맞서서』도 사탄을 이 죄의 원흉으로 지
목한다.[12]

불길한 사건들이 이러한 믿음을 더욱 굳혀 주었다. 1760년 9월 11일

---

7 R. Steele, *Tracts and Pamphlets*, ed. R. Blancard, New York, 1967.

8 Henley, *Cato Condemned, or the Case and History of Self-Murder*, London, 1730.

9 T. E. Jessop ed., *The Works of George Berkeley, Bishop of Cloyne*, vol.3, London, 1950, p.92.

10 E. Umfreville, *Lex coronatoria*, London, 1760.

11 I. Watts, *A Defense against the Temtation of Self-Murder*, London, 1726.

12 F. Ayscough, *A Discourse against Self-Murder*, London, 1955.

자 『런던 이브닝 포스트』는 유명한 살인범 프랜시스 데이비드 스턴이 벽에 이런 글을 남기고 자살했다고 보도했다. "오, 루시퍼! 아침의 아들이시여! 당신은 지옥으로, 이 구렁 옆으로 속히 달려가나이다!" 1765년에는 어떤 마부가 경고 비슷한 유서를 남기고 자살했다. "악마가 그대에게 손을 뻗도록 결코 내버려 두지 마시오." 1783년에는 어떤 여자가 악마와 싸웠다는 글을 남기고 강물에 투신하여 자살했다. 1792년에 존 애벗은 한밤중에 일어나 음독자살했는데 그는 독을 마시기 전에 이렇게 말했다고 한다. "오! 악마가 나를 사로잡고 말았구나! 나를 위해 기도해 주오! 나를 위해 기도해 주시오!" 그리고 자살자들이 지옥에서 괴로워하며 울부짖는 환영을 보았다는 사람들도 있었다.[13]

감리교도들은 특히 사탄의 개입을 확신했다. 존 웨슬리는 『아르미니안 매거진』에서 여러 사례를 언급했다. 1763년에 리처드 로다는 "악마는 나 자신을 파괴하라 부추기기도 했다. 하루는 손에 면도날을 들고 있는데 악마가 그것이야말로 안성맞춤의 도구라고 속삭이면서 내가 그렇게만 한다면 영원한 행복을 누릴 것이라고 했다. 하지만 내 안의 그 무엇이 살인자 안에는 영생이 있을 수 없다고 반박하였다. …… 결국 나는 면도날을 땅바닥에 내동댕이치고 무릎을 꿇었다. 신께서 내 목소리를 들으시고 파괴자를 몰아내 주신 것이다"라고 고백했다.[14]

『아르미니안 매거진』에는 이런 유의 이야기들이 넘쳐 난다. 감리교 설교자들은 자서전에도 악마가 개입한 일화를 끼워 넣곤 했다. 존 밸턴은 프랑스 이민자의 아들로서 한때 가톨릭이었으나 감리교도가 된 인물이

---

13 MacDonald and Murphy, *Sleepless Souls*, p.212에서 소개된 사례들이다.
14 *Arminian Magazine* 4, 1789, p.356.

다. 그는 사탄에게 스스로 목을 매달라는 부추김을 여러 번 받았다고 말한다. 시인이자 고양된 정신의 복음주의자 윌리엄 카우퍼도 마찬가지다.

하지만 한편으로 감리교도들은 지옥의 공포를 확산시켜 되레 자살을 선동한다는 비판을 국교도들에게 받기도 했다. 1743년 8월에 『노리치 가제트』는 볼스가 한 여인의 죽음에 책임이 있다고 주장했다. 영국 국교도 존 존스는 감리교 설교자 존 베릿지가 청중을 절망에 몰아넣어 8명을 자살에 이르게 했다고 비난했다. 『타임스』에도 비슷한 고발이 등장한다. 1788년 5월 3일자 신문에서 감리교도들의 설교가 "런던과 그 일대에서 일어난 여러 건의 자살의 원인"으로 지목된 것이다. 같은 해 4월 4일자에도 데이버힐의 어느 설교자의 편지가 실려 있다. 이 설교자는 자신의 모든 가르침을 이행하지 않으면 모두 지옥에 갈 거라고 교구에서 설교를 했더니 한 여자가 자살을 했는데 그 책임이 자기에게 떠넘겨졌다고 억울함을 호소한다. 하지만 수많은 정신질환 전문가들이 이 사실을 확인해 주었다. 알렉산더 크리크턴과 윌리엄 파지터는 감리교가 지옥과 영원한 행복을 강박적으로 강조함으로써 자살을 부추기는 우울증을 낳기 십상이라고 주장했다.[15]

복잡한 영국 종교계 상황은 자살 논쟁에 활기와 혼란을 동시에 불러일으켰다. '영국병' 신화는 단단히 뿌리를 내렸고 이러한 현상의 책임을 묻고자 하는 비판이 숱하게 쏟아져 나왔다. 그리고 바로 그 비판들이 신화를 유지시켰다. 영국에서 자살 논쟁이 활발하다는 그 사실 자체가 영국이 다른 나라보다 자살이 많이 일어난다는 증거가 되어 버린 것이다. 실

---

15 A. Crichton, *An Inquiry into the Nature and Origin of Mental Derangement*, London, 1798; W. Pargeter, *Observations on Maniacal Disorders*, Reading, 1792.

제로 유럽 대륙에서는 이 문제가 도덕론이나 일반적인 사회비판의 한 부분으로 다루어진 반면, 영국에서는 전적으로 자살만 다룬 논문이 유독 많이 나왔다. 유럽 대륙에서는 '자발적 죽음'이 광범위한 전체 안의 특수한 한 면으로 여겨졌으므로 '자살'이나 '자기살해'라는 용어가 제목에 들어가는 경우도 드물었다. 하지만 영국에서는 이 문제가 독자적인 관심 대상이 되었다.

게다가 영국에서의 비판은 이중적이고 모순적이었다. 자살률 증가는 흔히 도덕을 해이하게 하는 일부 귀족들의 자유사상, 철학정신, 무신론의 결과로 여겨졌으나 다른 한편으로는 종말론을 내세우는 비국교도들과 일부 종파의 종교적 열광, 흥분, 광신 탓으로도 여겨졌다. 영국 국교회는 그 둘 사이에서 균형 잡힌 본보기, 지나침을 경계하고 심리적·사회적 조화를 추구하여 자살을 확실히 방지하는 이성적인 국가종교를 자처했다.

철학자들은 자살에 호의적이었나?

유럽 대륙, 특히 프랑스에서의 상황은 좀더 단순하게 이원화되었던 것처럼 보인다. 가톨릭 교회와 절대주의 국가가 결탁한 전통도덕 진영, 그리고 '철학정신'의 소유자들이 종교보다는 인간적 가치들을 중시하고 합리적이고 유연하며 비판적인 도덕을 옹호하는 진영과 서로 대립했다. 전자는 후자가 도덕의 신성한 근간을 무너뜨려 도덕적 해이와 풍기문란을 조장하고 사회 해체의 원인이 되는 자유로운 자살을 옹호한다고 비난했다.

왜곡된 시각은 철저한 고찰 앞에 무너지게 마련이다. 사실 소위 계몽철학자들이라는 사람들은 자살옹호론과는 거리가 멀었다. 이 문제에 대한 그들의 입장은 유동적이었고 체계화되지 않았다. 게다가 그들 자신도 자발적 죽음의 방조자로 여겨지기를 원치 않았다. 그들의 말마따나, 사람들은 철학적 추론 때문에 자살하는 게 아니라 신체적으로나 정신적으로 고통스럽기 때문에 자살하는 것이다. "격언 때문에 그토록 과격한 결정을 내리게 되지는 않는다. 이는 고뇌에 예민해진 기질의 문제다. 담즙질과 우울질의 작용, 구성의 문제, 기계의 고장, 필연 때문이지 합리적인 사색 때문이 아니다. 이성이 남아 있는 한, 혹은 모든 불행의 명약이라 할 수 있는 소망이 아직 있는 한, 그 무엇도 이러한 행보를 권하지 않는다."[16] 자살에 가장 관대한 철학자 중 한 사람이었던 돌바크는 이렇게 썼다.

이 '사유의 스승들'의 개인적 행동방식을 살펴보는 것만으로도 그들이 결코 자살옹호론자가 아니었음은 입증된다. 자살한 철학자들이 몇 명이나 되나? 유명한 계몽철학자 중에서는 한 명도 없다. 1794년에 이르러 샹포르가 자살하긴 했지만 그의 자살 동기는 그리 철학적이지 않았다. 그 외에도 피당사 드 메로베르처럼 그리 잘 알려지지 않은 철학자들이 몇 명 자살하긴 했다. 스웨덴인 요한 로베크의 자살은 상당한 파문을 일으켰지만 이것은 독특한 경우다. 게다가 로베크는 유명 철학자가 아니었다. 루터교도였다가 가톨릭으로 개종하여 한때 예수회에 들어가고자 했던 그는 상당히 연약한 정신의 소유자였던 듯하다. 그는 1735년에 자살을 정당화하는 라틴어 논문 『철학적이고 자발적인 죽음과 좋은 삶에 대하여』를 썼는데, 이 책의 집필을 끝내자마자 가장 좋은 옷을 입고 브레멘에서 작은 배를 빌려 노를 젓고 바다로 나아가 영영 돌아오지 않았다. 며칠 후, 바닷가에 그의 시신이 떠밀려 왔고 책은 이듬해에 발간되었다.

이 사례는 눈길을 끌지만 과연 철학적 태도의 본보기라 할 수 있을

---

16 D'Holbach, *Système de la nature*, I, 262~263.

까? 계몽주의 철학자들은 그런 절망의 행위를 따르기에는 삶을 너무나 사랑했다. 사회의 비참한 모습을 자주 다루었던 루소조차도 자살의 유혹은 느끼지 않았다. 대체로 철학자들은 햄릿의 물음에 맞닥뜨렸을 때에 그들 자신은 '삶'을 택했다. 그들은 이념을 위해 죽을 생각이 없었다. 순교와 삶의 희생은 오히려 그들이 경원시하는 광신의 표식들이었다. 몽테스키외는 "나는 진리를 고백하는 자가 되고 싶은 것이지, 순교자가 되고 싶진 않다"고 썼다. 볼테르는 이념을 위해 스스로 죽는 열광적인 이들을 냉소했다. 그에 따르면 코르네유의 작중인물 폴리왹트는 무신앙의 광신도들("정신병원에 처넣어야 할 미친놈들")과 똑같은 '머저리'다. 고대의 유명한 자살들도 볼테르에겐 감탄을 자아내지 못한다. 『캉디드』에서 루크레티아의 이야기는 퀴네공드가 절대로 본받아서는 안 될 우화 취급을 당한다. 레냐르 같은 이들은 루크레티아를 음탕한 농담의 소재로 삼기도 했다.

소크라테스조차도 비난을 피할 수 없다. 1763년에 어떤 비극을 관람하던 이들은 크리톤이 소크라테스에게 도망치라고 권유하는 장면에서 박수갈채를 보냈다.[17] 18세기에 소크라테스를 본받으려는 사람은 거의 없었던 것이다. 철학자 크리스티안 볼프는 무신앙을 가르친다는 추문에 휩싸여 프러시아 왕에게 할레 대학을 떠나지 않으면 교수형에 처하겠다는 위협을 당했다. 그는 지체 없이 그곳을 떴다. 이탈리아 출신으로 영국으로 이주한 라디카티는 이렇게 썼다. "이 계몽된 시대에 널리 받아들여지는 금언이 있으니, 현명한 자는 결코 속인들을 가르치거나 사회의 지배적인 견해가 해로울지라도 그것을 반박하느라 위험을 무릅쓰지 않아야

---

17 M. Tourneux ed., *Correspondance littéraire, philosophiqueet critique par Grimm, Diderot, Raynal, etc.*, 16 vols., Paris, 1877~1881, vol.5, p.286.

한다. 고대 영웅들이 자랑스럽게 여겼던 애국이 이제 우스꽝스럽고 덧없는 것으로 여겨지나니 그 유명한 그리스인과 로마인 들은 …… 이제 사람들에게 나쁜 본을 보였기 때문에 살아갈 가치도 없는 미친놈들로 통하게 되었다."[18]

요컨대 철학자들은 비록 이유는 다를지언정 교회와 마찬가지로 실용적인 태도를 설파했다. 요컨대, 살아야 한다는 얘기다. 철학자들은 성직자들과 마찬가지로 결투라는 자살 대체물을 규탄하고 이러한 귀족들의 악행을 가혹하게 비난했다. 돌바크는 결투를 인간희생에 비유했고 다르장은 결투가 식인과 흡사하다고 했다. 디드로는 "명예를 목적으로 하는 피비린내 나는 법"과는 종교의 편견들을 이용해서라도 싸워야 한다고 했다. 볼테르, 루소, 베르나르댕 드 생 피에르, 스텐은 거세게 결투에 반대했고 오히려 성직자들이 지나치게 관대하다고 비난했다. 그들은 사람들이 차츰 겁을 내고 이러한 살인 의식을 삼가자 반색했고 결투를 좀더 엄격한 조치로 다스려야 한다고 주장했다. 파리의 판사 고르그로는 1791년에 그러한 조치를 체계화하는 논문을 발표했다.[19]

여전히 서로 다른 이유에서 철학자들과 교회는 또 다른 접점을 갖고 있었다. 죽음을 추구해서는 안 되지만 죽음을 두려워해서도 안 된다. 철학자들은 교회가 죽음에 대한 두려움을 조장한다고 비판했다. 목회자들은 죽음 이후의 심판, 그리고 지옥에 대한 두려움을 자극하지 않을 수 없었기 때문이다. 철학자들은 죽음의 이미지들과 싸우는 데에도 공을 들였다. 글레나는 『죽음에 대한 두려움에 반하여』(1757)에서 "죽음은 아무것

---

18 Radicati, *Recueil de pièces curieuses sur les matières les plus intéressantes*, Rotterdam, 1736, I, 15.
19 이 주제에 대해서는 R. Favre, *La mort au siècle des Lumières*, Lyon, 1978, pp.298~300.

도 아니다"라고 썼다. 돌바크는『죽음의 두려움에 대한 성찰』과『자연 체계』에서 죽음을 탈신비화하고자 애썼다. 볼테르도『소프로님과 아델로스』(1766)에서 마찬가지의 노력을 보여 주었다. 돌바크는 죽음의 '이미지'를 죽음의 '관념'으로, 무시무시하고 불분명한 시각을 지적 개념으로 대체하고자 했다. 그리스도교의 죽음은 무섭고 비인간적이다. "그[그리스도인]는 죽음의 침상에서 다가올 궁극의 심판에 죄인처럼 몸을 떤다. 갚으시는 하느님, 복수하는 하느님에 대한 생각 때문에 그는 자연스러운 마지막 토로조차 할 수 없다. 그는 궁극의 심판정에 서기 위하여 가족과 벗을 냉담하게 돌려보낸다."[20] 실뱅 마레샬의 글이다.

하지만 성직자와 철학자 들은 모두 죽음이 우리를 삶의 불행에서 해방시켜 준다는 데 동의했다. 돌바크는『죽음의 두려움에 대한 성찰』에서 "삶에 대한 애착을 누그러뜨리기에 적합한 몇 가지 원칙들을 세우는 것이 좋다. 그로써 우리는 죽음을 좀더 초연하게 바라볼 수 있다"고 말한다. 죽음은 노년과 그 비참을 피할 길이 된다. 이 삶은 불행의 합이 행복의 합보다 크다. 부유하고 명예롭게 사는 자들조차 시기와 정념에 시달리기 때문에 별 수 없다. 행복한 사람은 "만 명 중에 한 명" 있을까 말까다. 그러므로 죽음은 "종종 이로운 격변"으로 작용할 수밖에 없다.

내세에 대한 철학자들의 생각은 각기 다르나 모두들 안심되는 견해를 선호했다. 신을 믿는 자들은 신의 호의를 확신한다 했다. 몽테스키외는 "나는 불멸을 구하나니 그 불멸은 내 안에 있도다. 내 영혼아, 드넓어지라! 광대한 지경에 뛰어들라! 위대한 존재로 돌아갈지어다"라고 썼다. 한편, 이신론자들의 신은 복수하는 신이 아니기 때문에 영원한 지옥은 상

---

20 P. -S. Maréchal, *Dictionnaire des athées anciens et modernes*, Paris, 1800, p.xx.

정되지 않는다. 따라서 우리는 루소가 제안하는 대로 자신 있게 죽음으로 넘어가도 된다. 유물론자들도 자신 있게 말한다. 라 메트리는 "죽음은 만물의 끝이다. 다시 한번 말하지만 죽음 그 후는 심연, 영원한 무일 뿐이다. 모든 말은 나왔고 다 이루었다. 좋은 것들의 합과 나쁜 것들의 합은 똑같다. 더는 공들일 것도 없고, 감당할 역할도 없다. 연극은 끝났다"고 썼다.[21] 죽음은 무의 입구요, 그 본질상 인간이 상상할 수 없는 것이다. 하지만 죽음을 잠에 비유하면 안심이 된다. 햄릿이 걱정했던 것 같은 악몽의 위험조차 없는 잠.

이러한 조건에서 더 망설일 이유가 어디 있겠는가? 결국 철학자들의 입장은 애매한 편이었다. 그들은 자살은 마뜩잖게 여기지만 죽음을 두려워할 필요는 없다고 했다. 돌바크를 예로 들어 살펴보았듯이 그들은 삶의 긍정적 면모를 드러내야만 살고자 하는 욕망을 정당화할 수 있었다. 그런데 실제로는 다들 일관된 입장을 견지하기가 어려웠다. 햄릿의 딜레마는 표면적인 자신감, 다소 부자연스러운 낙관주의, 냉소와 초연함 이면에 여전히 존재하고 있었으니까.

문학에서의 자살 : 세련된 에피쿠로스주의인가, 살풀이인가?

언뜻 유쾌해 보이는 이 세기에 지식인들이 죽음에 매혹되었다는 것은 상당히 의미심장하다. 로베르 파브르는 『계몽주의 세기의 죽음』에서 이 특징을 강조한 바 있다. 죽음은 당대 문학의 도처에 있었으나 그중에서도 특히 자살은 무시무시하게 연출되곤 했다. 그런데 미신 따위에 얽매이지

---

21 La Mettrie, "Système d'Épicure", *Œuvres philosophiques*, Berlin, 1774, p.257.

않는다고 주장하는 이 작가들은 끊임없이 자살에 대해 말하면서도 결코 스스로 목숨을 끊는 법은 없었다. 이 끌림-반감의 변증법을 일부 작가들의 자살 충동 해소방법으로 보아야 할까? 혹은 죽음을 두려워하고 삶의 쾌락을 더욱 즐기게 하려는, 고도로 세련된 에피쿠로스주의로 보아야 할까? 파브르는 그렇게 볼 수도 있다고 말한다.

첫번째로 확인할 사항은 이것이다. 18세기 문학에서 자살은 수도 없이 많지만 저자가 이를 비난하는 기색은 보이지 않는다. 여기서 바스티드, 베르나르댕 드 생 피에르, 샤르팡티에, 샤리에르 부인, 디드로, 뒤부아 퐁타넬, 플로리앙, 라 디스메리, 라 에, 레오나르, 레스티프 드 라 브르통, 리코보니 부인, 탕생 부인, 빌디외 부인, 볼테르의 소설에 등장하는 수많은 자살들을 짚고 넘어갈 순 없다. 알베르 바예는 이 죽음들을 이타적 자살, 명예를 지키기 위한 자살, 회한이나 속죄의 바람에서 비롯된 자살, 사랑으로 인한 자살 등 동기에 따라 일목요연하게 분류했다.[22] 바예는 희곡 작품들에 대해서도 동일한 분류 작업을 실시하고 결론을 내린다. "이렇듯 비극은 쇠퇴해 가면서도 처음 일어날 때와 동일한 도덕적 입장을 설파했다. 데 퐁텐 사제가 비극이 '자살의 끔찍함'을 축소시킨다고 비난한 것은 지당했다. 우리가 지금까지 살펴본 희곡 작품들은 자살을 공포의 대상으로 만들지 않았을 뿐 아니라 일부 경우에 한해서는 정상적이고 우아하며 마땅히 따라야 할 해법처럼 제시했다."[23]

17세기에 그랬듯이 18세기에도 비극은 자살 행위의 아름다움을 빼어난 문장들로 그려 냈다.

---

22 Bayet, *Le suicide et la morale*, pp.636~640.
23 *Ibid.*, p.644.

전부를 잃었을 때, 희망이 더는 없을 때,

삶은 수치가 되고 죽음은 의무가 된다.[24]

무기를 잃어버린 영웅들의 마지막 선택.[25]

…… 죽음은 순간일 뿐이니

원대한 마음은 도전하고 비겁한 마음은 기다린다.[26]

위험은 압도하고 기댈 곳은 없을 때

타인에게서 오기를 기다리기보다는 죽음을 얻을 만하다.[27]

백성이 내 운명을 정하게 하지 말자.

그보다는 그리스도를 믿는 여인으로서 스스로 죽게 하라.[28]

죄인들은 부들부들 떨며 형장으로 끌려가나

도량이 큰 자들은 운명을 스스로 결정하네.

어째서 주인의 손에서 죽음이 오기를 기다릴꼬?

인간은 그렇게나 의존적으로 태어났던가?[29]

---

24 Voltaire, *Mérope*, act 2, scene 7.
25 Marivaux, *Annibal*, act 5, scene 9.
26 Crébillon, *Catilina*, act 5, scene 6.
27 Decaux, *Marius*, act 5, scene 4.
28 Lanoue, *Mahomet*, act 2, scenes 4, 7.
29 Voltaire, *L'Orphelin de la Chine*, act 5, scene 1.

볼테르는 계몽주의 시대 비극에서 풍기는 일반 정서를 알지르의 대사로 절묘하게 요약한다.

무어라, 내가 섬기는 하느님이 나를 도움 없이 저버리다니!
그는 내 손으로 내 생애를 위협하는 것을 금하셨다!
아! 질투하는 신 앞에서 그가 우리 모두에게 마련한
그 순간을 앞당기는 것이 무슨 죄란 말인가?
무어라, 끈덕진 불행의 쓰라린 술잔을
참을 수 없는 찌끼까지 오래오래 마셔야 한다고?
죽을 수밖에 없는 천한 육신이 무에 그리 신성하여
영혼이 맘대로 떠날 수 없단 말인가?[30]

명랑하다는 평판의 저자들조차 이따금 절망적인 생각에 잠긴다. 마리보의 『프랑스 관객』이 그 한 예다.[31] 『페르시아인의 편지』의 재미있는 이야기들조차 학살이나 병적인 대목들로 점철되어 있다. 파브르는 그런 이야기들의 주제를 "피와 체형의 광란"으로 말한 바 있다.[32] 실존인물들의 잔혹한 죽음을 추측하는 이야기들이 나돌았다. 루소의 자살, 프레보가 부검 중에 죽었다는 소문, 질베르의 광기, 볼테르가 겪었다는 단말마의 고통 등.

작가들이 스스로 공포를 조장하고 싶어 하기라도 한 듯 문학은 죽음 환상을 곧잘 활용했다. "그것들은 가짜 자살, 꾸며 낸 위험, 실패한 암살,

---

30 Voltaire, *Alzire*, act 5, scene 3.
31 Favre, *La mort au siècle des Lumières*, p.439.
32 *Ibid.*, p.430.

성급하게 치렀다가 기적적으로 바로잡은 매장, 절호의 혼수상태, 중단된 체형, 개연성 없이 주어진 구원, 거짓 망령들에 지나지 않는다."[33] 일부 작가와 예술가 들은 거짓 자살을 문학에 국한시키지 않고 몸소 실험했다. 위베르 로베르는 콜리제의 폐허를 쏘다니거나 카타콤에서 헤매고 다니면서 으스스한 공포를 체험하기 좋아했다. 어떤 이들은 목을 매거나 목 조르는 흉내를 냈는데 의사 비샤와 카바니스가 지적했듯이 이러한 행위에는 성욕을 자극하는 효과가 있었다.[34] 사드 후작도 『라 누벨 쥐스틴』에서 이 수법을 써먹는다. "살아 있다는 기분, 그 기분에 결부된 희열을 느끼기 위해서 죽음을 살짝 맛보는 것이야말로 문학이 모두에게 제공하는 경험이다. …… 죽음의 나라로 여행을 갔다가 돌아오는 것이야말로 진정 참으로 오랜 욕망 아닌가?"[35] 파브르는 이렇게 반문한다.

모든 것이 죽음을 떠올리게 하기에는 적합하다. 폐허, 무덤, 영국식 공원을 장식하는 기념비 따위는 도망치는 시간과 삶의 허무를 쾌락주의적으로 명상하기에 안성맞춤이다. 알프스 산맥에서 세낭쿠르가 그랬듯이 외지고 한적한 자연 속에서 몽상에 잠기면 가을이 불러일으킨 "해소되기 위해 형성되는 무서운 필요"를 공감하고 인간 조건을 어둡게 하는 모든 불행들을 생각하게 된다. 쾨셔 다르테즈는 그러한 불행들이 "죽음을 덜 가증스럽게 한다"고 했다. '죽음 욕망'은 18세기 지식인 계층이 가장 널리 표현한 정서의 하나다. 일찍이 1763년에 바르텔레미 신부는 이렇게 썼다. "고백하건대 나는 삶에 지쳤으니 죽는 데 아무 유감도 없을 것이다." 그

---

33 *Ibid.*, p.426.

34 M. -F. -X. Bichat, *Recherches physiologiques sur la vie et la mort*, Paris, 1800; P. -J. -G. Cabanis, *Rapports du physique et du moral de l'homme*, 2 vols., Paris, 1802.

35 Favre, *La mort au siècle des Lumières*, pp.428~429.

리고 루소는 1770년에 "지금 당장 내가 되고픈 바를 선택할 수 있게 해준다면 나는 죽고 싶다고 대답할 것이다"라고 했다.

이에 보완적으로, 이 불행한 세상에 태어난 것을 한탄하는 태도 또한 바람직하게 여겨졌다. 질베르는 다른 여러 저자들과 마찬가지로 욥의 한탄에 부응하여 이렇게 말한다. "나를 낳은 자들에게 화 있을진저." 따라서 생명을 전달하는 존재가 되기를 거부하는 것도 별일 아니다. 스탈 부인은 "어째서 당신을 닮을 자에게 생명을 준단 말입니까?"라고 묻고 디드로의 작중인물 도르발은 사제가 되어 한 존재를 "편견, 부조리, 악, 불행의 카오스에" 집어넣을 생각에 유감스러워한다. 디드로는 자살에 반대하는 입장이었지만 소피 볼랑에게 보낸 편지에서 삶을 다음과 같이 정의했다. 아마 당시 사람들이 폭넓게 공감할 만한 정의라고 할 수 있을 것이다. "고통과 비명 속에 어리석음으로 말미암아 태어나고, 무지와 과오와 욕구와 질병과 악의와 정념의 노리개가 되고, 한 걸음 한 걸음 어리석음으로 돌아가는 것. 더듬거리다가 똑같은 소리를 되풀이하게 되는 것. 오만 종류의 사기꾼과 협잡꾼 틈에서 살다가, 누구는 맥박을 짚어 보고 누구는 머리를 성가시게 하는 가운데 죽어 가는 것. 어디서 왔는지, 왜 왔는지, 어디로 가는지 모르는 것. 우리 부모와 자연의 소위 가장 소중한 선물이라는 삶이 이런 거다."

이 놀라운 자세는 계몽주의 시대의 기존 이미지를 무너뜨린다. 파브르가 알려 주는 18세기는 비관적이다. 이 시대는 낭만주의를 준비하며 죽음의 관념을 가볍게 희롱했으니 자살은 가장 선호하는 주제의 하나일 수밖에 없었다. 영국에서 유래한 혁신을 모방하고 싶었던 멋쟁이들에게 자살은 종종 모호한 문학적 유희가 되었다. 공식적으로 자살을 단죄한 작가들조차도 이런 분위기에 전염되지 않을 수 없었다.

프레보 사제의 경우가 그 좋은 예다. 메슬리에나 시에스 같은 18세기 사제들이 종종 그랬듯이 프레보 역시 '사제'로서는 얄궂게도 그리 종교적인 삶을 살지 않았다. 프레보는 예수회 학교에 다녔고 군대에 몸담았다가 예수회에 입회했다. 그러나 연애 때문에 예수회를 탈퇴하고 군대로 돌아갔고 꽤나 방탕한 시기를 보낸 후에 베네딕트회에 들어갔다. 한동안 목회자이자 신학 교수 노릇도 했지만 왕의 투옥 명령을 피해 수도원을 탈출하여 영국으로 도망쳤다. 영국에서 가정교사가 되었으나 여자 문제로 다시 쫓겨나고 네덜란드로 떠났다. 그 후 영국으로 돌아와 아름다운 여성 모험가와 함께 살았다. 그는 콩티 공의 보호 덕분에 프랑스로 돌아왔지만 어마어마한 빚과 바스티유 투옥이라는 위협에 시달리다가 브뤼셀을 거쳐 프랑크푸르트로 도피했다. 문학적 성공을 거두고 파리로 금의환향한 후에는 다시 잠시 성직자 생활을 하다가 1763년에 샹티이 숲에서 뇌졸중으로 사망했다.

죽음을 두려워하면서도 죽음에 매혹되었던 이 모호한 인물이 쓴 소설과 콩트는 피와 죽음으로 점철되어 있으며 동시대인들에게 깊은 인상을 남겼다. 그의 작품에서 살인과 자살은 끔찍하면서도 감미롭게 묘사된다. 그는 도덕론적인 저서들에서 자살을 엄격하게 규탄했지만 그의 소설 속에서 자살은 불가피한 일이라도 되는 것처럼 수없이 발생한다. 그의 일기 『찬성과 반대』는 비극적인 이야기들을 늘어놓은 후 지극히 전통적인 교훈으로 매듭짓는다. 『마농 레스코』의 저자가 이런 글을 썼다고 생각하면 놀랍기만 하다.

1734년에 어느 영국 성직자의 자살을 계기로 그는 "자살에 대한 성찰"을 피력하게 되었다. 그는 이 글에서 자발적 죽음은 경우를 막론하고 중죄라고 했다. 그리스도인이 자살했다면 영벌을 두려워 마땅하니 자살은 미친 짓이다. "자살하는 그리스도인은 격분한 자다." 스스로 목숨을 끊는 철학자는 바보다. 자살하면서 도대체 무엇을 바랄 수 있단 말인가? "이 욕망은 단순히 그 자체로 보면 이성에 전혀 부합하지 않는 부조리일 뿐이다." 자살이 쾌락을 더해 준다면? 우연이라도 그런 것을 바란다면 성공을 보기 힘들 것이요, 그런 사람은 불확실한 것을 위해 확실한 것을 버리는 바보다. 행여 신께서 그러한 쾌락을 허락하기 바란다면 꿈 깨는 편이 좋다. 자살은 창조주의 손길에 압력을 행사하는 짓이기 때문이다. 자살로 죄에서 해방된다? 그건 완전한 착각이다. 죽으면 다 끝이라는 생각은 "아마도 모든 몽상 가운데 가장 그럴싸하지 않은 몽상"이기 때문이다. 오히려 죄가 가중되어 받을 벌도 그만큼 커진다고 보아야 한다. "이러한 성찰을 거친 이는 자살자들을 찬양하는 것은 바보와 미친놈을 높이 사는 것과 마찬가지라고 결론 내린다."[36]

일관성이라곤 없는 것 같은 이 기이한 인물에게 죽음으로 모든 것이 끝나지 않는다면 내세에는 뭐가 있느냐고 묻고 싶어진다. 그의 『찬성과 반대』는 자살을 규탄하지만 그의 소설들에는 자살이 넘쳐 난다. 허구의 자살이 현실의 자살을 살풀이하는 역할이라도 하는 걸까? 우리는 프레보의 애매한 태도를 받아들여야 한다. 그의 시대가 그랬듯, 그 역시 삶과 죽음, 세련미와 투박함, 신앙과 무신론 사이에서 주저했던 것이다.

몽테스키외의 설명

모든 철학자들이 자살에 관심을 기울였다. 어떤 이는 자살을 딱 잘라 비

---

36 Prévost, *Le pour et le Contre*, vol.4, p.64.

난했고 어떤 이는 상당한 파문을 일으키면서까지 자기 생명을 마음대로 할 자유를 부르짖었다. 그러나 대다수의 철학자, 또한 가장 유명한 철학자들은 스스로 반문하고, 망설이고, 자가당착에 빠지고, 이런저런 구분을 마련했다.

몽테스키외는 그러한 태도를 잘 보여 준다. 그는 자살 문제를 서로 다른 각도에서 세 번 다루었다. 1721년에 페르시아인의 76번째 편지를 쓰면서 몽테스키외는 자살에 대한 법적 탄압을 신랄하게 비판한다. "유럽의 법은 스스로 목숨을 끊는 자들에게 가혹하지. 말하자면 그들을 두 번 죽이는 셈일세. 그들은 부당하게 거리로 질질 끌려다니고 악명을 뒤집어쓰며 재산을 압수당한다네. 이벤, 내가 보기에는 이런 법이 참으로 부당한 것 같으이. 내가 고통과 멸시에 시달리다 스스로 끝을 내겠다는데 왜 그걸 막는단 말인가? 왜 내 손에 쥔 약을 잔인하게 빼앗는단 말인가?"

몽테스키외는 자살이 사회나 신에 대한 과오가 아니라는 것을 보여주려 애썼다. 그는 사회가 상호 이익에 바탕을 둔다고 본다. 따라서 내가 이 계약에서 더는 이익을 얻지 못한다면 얼마든지 계약을 철회할 수 있다. 생명은 나에게 좋은 것으로 주어졌다. 내가 더 이상 생명을 좋게 느끼지 못한다면 돌려줄 수도 있는 것이다. '신이 합쳐 놓은 영혼과 신체를 분리함으로써 자연의 질서와 신을 거스르는 것 아니냐?'라는 두번째 반박이 있을 수 있다. 답변은 이렇다. "내 영혼이 신체와 분리되면 우주의 질서와 배치가 다소 흐트러지기라도 하는가? 자네는 그 새로운 조합이 덜 완전하다거나 일반법칙에 덜 부합할 거라 생각하는가? 세상이 뭐라도 잃을 줄 아는가? 신의 작품이 덜 위대해지거나 덜 광대하게 되기라도 하는가? 내 육신이 밀 이삭, 벌레, 잔디가 되면 자연의 위업이 그 진가를 잃기라도 한다고 생각하는가? 내 영혼이 지상의 모든 것에서 벗어나면 고결함을 다소 잃기라도 한단 말인가?"[37] 우리의 죽음으로 자연의 질서가 대단히 바뀌기라도 할 것처럼 생각한다면 교만이다.

그의 편지는 자살의 동기에 대해서는 말하지 않고 그저 자살이 죄가 아니라고 말하는 데서 그친다. 그렇지만 1754년 판본에서 몽테스키외는 조심스럽게 77번째 편지를 덧붙인다. 이벤이 우스벡에게 보내는 이 간략하고 형식적인 답장에는 우리의 불행이 우리의 죄를 갚는 데 쓰일 수도 있으니 우리 몸과 영혼을 하나로 두시기 원하는 창조주에게 순명해야만 한다는 주장이 나타나 있다.

1734년에 몽테스키외는 『로마인의 위대함과 그 쇠락의 원인에 관한 고찰』에서 자살 문제를 다시 다룬다.[38] 그는 로마인들의 자살을 고찰하지만 고대 숭배자들처럼 열광하지는 않는 듯하다. 적어도 그는 다양한 사례들을 구분한다. "브루투스와 카시우스의 성급함은 용서받을 여지가 없다. 그들의 생애에서 이 대목을 읽다 보면 공화국이 그렇게 버림받았다는 데 연민마저 든다. 카토는 비극의 대단원에서 자살했다. 하지만 그들은 어떤 면에서 스스로 죽음으로써 비극의 물꼬를 텄다." 어째서 그토록 많은 로마인들이 자살을 했을까? 스토아주의의 영향이다. 또한 개선식의 풍습과 노예제도 때문에 장수들은 패배를 견디지 못했고 심판과 재산몰수를 피하고 싶어 했다. 또한 "일종의 체면 문제", "영웅심에 부합하는 기회"라는 점도 무시할 수 없었다. 게다가 일부 로마인들은 감정이 앞서 죽는다는 생각을 진지하게 해보지도 않고 자살을 했다. 몽테스키외는 아무런 가치판단도 하지 않는다. 그는 이 대목을 자살하는 이의 태도에 대한

---

37 Montesquieu, *Les lettres persanes*, lettre 76.
38 Montesquieu, *Considérations sur les causes de la grandeur des Romains et de leur décadence*, 1734, chap.12.

심리 분석으로 마무리한다. 그는 자살이 죽음에 대한 추구가 아니라 자기애의 극치를 나타내는 행동이라고 설명한다. "자기애, 자기보전에 대한 사랑이 여러 가지 방식으로 변하고 모순적인 원칙에 따라 작용함으로써 우리 존재에 대한 사랑 때문에 우리 존재를 희생시키는 일도 발생한다. 우리의 삶 그 자체보다 우리 자신을 더 사랑하게 하는 자연스러우면서도 알 수 없는 본능이 우리로 하여금 삶을 그치게 하는 것이다."

14년 후에 몽테스키외는 이번에는 『법의 정신』에서 '영국병'을 고찰하면서 의학적 진단을 덧붙인다. 그는 영국병을 현실로서 수용한 채 영국의 기후가 생리학적으로 미치는 영향만을 설명한다.

"역사를 살펴보건대 로마인들은 명분 없이 자살하는 경우가 결코 없었다. 그러나 영국인들의 자살은 무슨 이유로 그런 결정을 내렸는지 알 수 없는 경우가 허다하다. 그들은 심지어 행복한 상태에서도 자살을 한다. 로마인들에게 자살은 교육의 결과였으며 그들의 사고방식이나 풍습과 관련이 있었다. 영국인들에게 자살은 질병의 결과다. 그들의 자살은 기계의 물리적 상태와 관련이 있을 뿐, 그 밖의 원인과는 무관하다. 이는 아마도 신경액 여과의 문제일 성싶다. 기계는 원동력이 수시로 사라지면 제풀에 지치고 만다. 영혼은 고통스럽지는 않으나 삶을 어렵게 느끼게 된다. 고통은 어서 빨리 끝나기를 바라게 만드는 국소적 병이다. 삶의 무게는 어느 특정 부위에 국한된 병이 아니며 삶 그 자체를 끝내고 싶어 하게 만든다."[39]

몽테스키외는 이러한 분석을 통하여 사회비판을 제시하고 "어떤 나라의 시민법들은 자살을 억제할 만하나 영국의 경우에는 광기의 결과를

---

39 Montesquieu, *De l'esprit des lois*, 1748, book 14, chap.12.

벌하지 않는 한 자살도 벌할 수 없다"고 지적한다. 하지만 우리가 살펴보았듯이 몽테스키외의 지적은 부당하다. 몽테스키외는 자발적 죽음을 옹호했다기보다는 일부 문명에서 개인이 자살로 내몰리는 이유들을 분석하고 그에 대한 탄압을 폐지할 것을 요청했을 뿐이다.

볼테르 : "자살은 상냥한 사람들이 할 짓이 아니다"

루크레티아를 조롱한 바 있는 볼테르가 자살에 호의적일 리 없다. 그는 자살자의 시체를 모독하고 유족들에게 손실을 입히는 교회와 세속의 처벌을 비웃었을 뿐이다. 자살 그 자체는 볼테르의 관심을 끌었으나 연민보다는 호기심을 자극했다고 봐야 한다. 그는 자살을 자주 거론했고 자살 사건에 대한 자료를 수집하거나 자신이 그토록 좋아하는 이 삶을 자의로 떠나게 하는 이유들을 알아보기도 했다. 사실 볼테르의 기질은 자살과 어울리지 않았다. 그가 인간의 어리석음을 목도하고 크게 실의에 빠졌던 기간을 제외한다면 말이다. 1753년에 그는 "나는 죽음을 바란다"라고 썼다. 당대 사회와 역사에 들끓던 참상을 곱씹다 보니 그토록 부조리하고 "아무 의미 없는 소음과 난리가 가득한" 삶이 역겨워졌던 것이다. 볼테르는 종종 참을 수 없지만 벗어나기는 힘든 존재의 함정을 고발하고자 셰익스피어와 비슷한 어조를 취하곤 했다. 인류는 "시체들밖에 없는" 우스꽝스러운 작은 행성에 사는 "불우한 범죄자들의 소름끼치는 집단"일 뿐이다. 지구는 개미굴, 여기서는 전체의 생존만이 중요하다. "우리는 끊임없이 짓밟히지만 다시 번성하는 개미들이다. 이 개미들이 집을 다시 짓고 경찰이나 도덕 비슷한 것을 만들어 내기까지 얼마나 오랜 야만의 세월을 거쳐야 하나!"[40]

볼테르는 인류를 이처럼 냉철하게 파악하면서도 허무주의의 유혹에 빠지지 않기에 특별하다. 그는 이따금 자기 자신에게 놀라는 듯하다. 1764년에 라퐁텐을 인용하여 쓴 편지를 보자.

죽는 것보다는 고통스러워하는 편이 나으리.
이것이 인간의 신조로다.

이 신조가 부조리의 극치일 수도 있다. 왜 보기 싫은 연극을 끝까지 보거나 몸소 연기해야 한단 말인가? 볼테르는 철학적 자살을 할 만한 이유가 충분히 있었지만 결코 그런 식의 탈출을 고려하지 않았다(20세기의 실존주의 철학자들도 그리할 것이다). 원래 자살하는 사람들은 이 세상의 돌이킬 수 없는 부조리를 기술하는 사람들이 아니라 이 세상의 가치에 가장 연연하던 사람들이다. 일찍감치 부조리를 명철하게 깨달은 사람들은 환멸을 느낄 이유도, 새삼 절망할 이유도 없다. 프레데리크 2세의 증언대로라면 볼테르도 한번은 자살기도를 했지만 이 일은 금세 묻혔다. 페르네의 철학자는 "끈질긴 탓인지, 비겁함 때문인지, 철학 덕분인지" 84세까지 살았다. 그에게 가장 잘 듣는 흥분제는 반어, 냉소, 세계사라는 가증스러운 촌극을 고발하고자 하는 의지였다. 그는 "인간이 본연의 모습으로 돌아가 자신들이 죽음의 희생자일 뿐이니 서로 위로하며 살아야 한다는 깨달음을 얻기" 원했다.[41] 인류를 조롱하는 것은 인류의 부조리에 가담하지 않는 최선의 방법이다. "나는 항상 잠자리에 들 때마다 깨어나면서 인류

---

40 Voltaire, *Lois de Minos*, marginal note.
41 Voltaire, *Précis du siècle de Louis XIV*.

를 조롱할 수 있었으면 좋겠다는 소망을 품었다. 그런 재주가 장차 사라지거든 내가 정말 떠날 때가 됐다는 표시일 것이다."[42] 디드로가 인정했듯이 이 비법은 절망에 아주 잘 들었다. 디드로는 『풍속에 대한 에세이』를 마무리하면서 '분개'를 가르쳐 준 볼테르에게 고맙다고 말한다.

볼테르는 『철학사전』에서 「카토에 대하여, 자살에 대하여」라는 글을 통해 자발적 죽음의 문제를 가장 길게 다루었다. 그는 구체적 예에서 출발하여 어떤 이들을 자살로 내모는 이유들을 분석한다. 혹시 유전적 영향은 없을까? 그는 1769년 10월 17일에 "진중하고 성숙하며 정념에 휘둘리지 않고 궁핍하지도 않은 사내의 자살"을 거의 목격하다시피 했다고 말한다. 그는 자살을 옹호하는 유서를 남겼으나 뭇사람들은 자살이 유행이 될까 봐 그 유서를 발표하지 않았다. 그런데 그의 부친과 형도 바로 그 나이에 자살한 바 있다. "자연이 한 종족의 기관을 얼마나 지배했기에 가족 모두가 어느 연령에 이르면 자살을 하고 싶어 한단 말인가. 이는 가장 주의 깊은 해부학자들의 통찰력으로도 풀지 못한 문제다. 효과는 순전히 신체적이지만 오컬트 신체의학에 속한다. 글쎄, 비밀스러운 원리로서 오컬트 아닌 것이 뭐가 있나?" 이때 '오컬트'는 당시로서는 알 수 없었던 유전자 코드쯤 될 것이다.

또 다른 예로 피터버러 백작의 사촌이자 27세의 잘생기고 부유하며 사랑받는 청년 필립 모르도가 있었다. 행복와 모든 조건을 갖춘 이 청년은 "영혼이 육신에 지쳐" 자기 머리에 권총을 쏘아 자살했다. 서민이었던 리처드와 브리짓 스미스 부부는 자신들이 믿는 하느님이 용서하실 거라 확신한다는 유서를 남기고 함께 목매달아 죽었다. 스카버러 경은 결

---

42 Besterman ed., *Voltaire's Correspondances*, 103 vols., Genève, 1953~1965, no.14519.

혼할 수 없는 내연녀와 결혼을 약속한 약혼녀 사이에서 갈등하다 자살했다. 삶에 대한 혐오, 가난, 이룰 수 없는 연심은 가장 흔한 자살 이유들이었다. 이 예들은 모두 영국에서 발생했다. 하지만 몽테스키외보다 명철했던 볼테르는 '기후'로 풀어낸 설명이나 '영국병' 신화를 조금도 믿지 않았다. 그는 영국 신문들이 자유롭게 자살 사건을 보도하는 반면, 프랑스 신문들은 이 주제를 다루지 못하도록 검열을 당하기 때문에 이러한 착각이 빚어진 것이라고 본다. 만약 프랑스에서도 자살 사건들을 모두 보도한다면 "우리는 그러한 불행에 있어서 영국인들에 결코 뒤지지 않을 것이다".

하지만 겁을 낼 필요는 없다. 자살이라는 전염병을 두려워할 이유도 없다. "자연은 이에 너무 잘 대비해 두었다. 자연이 스스로 죽고자 하는 불행한 자의 손길을 저지하고자 사용하는 강력한 동기들은 희망과 두려움이다." 인간은 자기를 없애기보다는 고통을 참고 견디는 편을 선호하게끔 생겨 먹었다. "자살의 사도들은 우리에게 집이 지겨워졌다면 떠나도 된다고 말한다. 그 말은 맞다. 그러나 대부분의 사람은 아름다운 별 아래 야외취침을 하느니 허름한 집에서라도 자는 편이 낫다고 생각한다." 『캉디드』의 노파도 이렇게 말한다. "나는 골백번 죽고 싶었지만 여전히 삶이 좋았지요. 이 어리석은 나약함이 아마도 우리 인간이 가진 가장 치명적인 약점이 아닐까요? 등에 진 무거운 짐을 땅에 내동댕이치고 싶어하면서도 여전히 그대로 지고 있으려는 사람보다 더 어리석은 사람이 있을까요?"

생존본능은 참으로 강력하기에 자살을 하려면 대단한 강단이 있어야 한다. 그래서 볼테르는 자살하는 사람이 사실 겁쟁이라는 비난을 수용하지 않는다. "자연의 가장 강력한 본능을 극복하려면 영혼이 강인하지 않으면 안 된다. 때로는 그 힘이 광분해 날뛰는 자의 힘일 수도 있다. 하지만 광분한 자는 결코 약하지 않다." 또한 볼테르는 로마의 유명한 자살 사례들이 위대한 영혼에서 비롯됐음을 인정한다. 하지만 상상하기 어려운 그 위대함이야말로 역사적 진위를 의심케 한다. "아무도 코드루스의 헌신이 아름답지 않다고 말할 수 없을 것이다. 그 헌신이 사실이기만 하다면 말이다." 그는 카토는 "로마의 영원한 자랑"이지만 루크레티아 이야기는 우화에 지나지 않는다고 보았다. 또한 철학자 루크레티우스에 대해서는 메미우스의 입을 빌려 이렇게 말한다. "그는 괴로워했겠지만 더 이상은 괴롭지 않다. 그는 자기 집이 붕괴하려 하자 집에서 나갈 권리를 행사했다. 마땅한 소망이 있는 동안은 살고, 그 소망을 잃어버리면 죽을 것. 이것이 그의 규칙이었고 나의 규칙이기도 하다." 아리아의 행동은 "숭고하다". 또한 볼테르는 리옹에서 동반자살한 연인들의 소식을 듣고 "아리아와 파에투스보다 더욱 강인하도다"라고 썼다. 그리고 뒤부아 추기경은 이렇게 혼잣말을 할 거라고 했다. "죽어라! 비겁자, 넌 그러지도 못할 거다."

하지만 볼테르는 자살을 전혀 다른 각도에서 볼 줄도 알았다. 특히 "사랑 때문에 투신자살하거나 스스로 목을 매다는" 여자들에 대해서는 "사랑에 있어서나 다른 일에 있어서나 변화는 자주 있게 마련이니 희망의 목소리를 듣는 편이 좋았을 것"이라고 말한다. 1754년에 데팡 부인에게 보낸 편지는 "예수회 수사들에게 홀딱 반해 그들을 떨쳐 내고자 저세상으로 가버린" 소녀에 대해 언급한다. "최소한 당장은 그렇게 하지 않겠습니다. 나야 두 군주에게 종신연금을 받아 살고 있고 나의 죽음으로 두 명의 왕이 더욱 부유해진다면 더없이 유감스러울 테니까요." 볼테르는 루소의 『누벨 엘로이즈』에 등장하는 자살에 대한 편지도 농담조로 가볍게 다룬다. "그의 교훈은 감탄할 만하다. 그는 우리에게 일단 자살을 제안한다. 성 아우구스티누스가 자살은 결코 좋지 않다고 생각한 최초의 인물이었다고 주장하면서 말이다. 그의 말대로라면 우리는 권태가 오면 바로 죽어야 한다. 하지만 장 자크 선생, 우리가 다른 사람을 괴롭게 하는 것이 더 나쁘잖소! 그럴 땐 어쩌란 말이오? 내게 답해 보시오. 당신 말대로라면 파리의 서민은 모두 이 세상에 작별을 고해야 할 거요."[43]

볼테르는 자살의 상당수는 광기 때문이고 그 밖에는 대수롭지 않은 이유로도 자살을 하게 하는 '질병'이 작용한다고 보았다. 자살 성향을 발전시키기 좋은 요인 중 하나는 게으름이다. 게으름은 "죽고 싶다는 바람에 거의 확실히 굴복하게 만드는 수단이니 사람은 항상 뭔가 할 일이 있어야 한다". 도시에서 자살이 더 많이 일어나는 이유도 이 때문이다. "농부는 우울해할 시간도 없다. 자살은 게으른 자들이나 한다. …… 약간의 운동, 음악, 사냥, 연극, 사랑스러운 여인이 좋은 약이 될 것이다." 어쨌든 자살을 하기로 결심했다면 행동에 옮기기까지 여드레의 말미를 두라. 그 말미가 끝나갈 즈음에 생존본능이 거세게 되살아나지 않는다면 놀랄 일이다.

자살기도를 했던 친구들에게 볼테르는 여러 차례 권고한다. 영국인 크로퍼드에게 보낸 편지를 보라. "자살은 상냥한 사람들이 할 짓이 아니네. 카토나 브루투스처럼 사교성 없는 작자들이나 하는 일이지. …… 품위 있는 사람들은 살아야만 하네."[44] 그는 곧잘 우울해하는 경향이 있었던 데팡 부인을 몇 번이나 다독였다. 지인 중 한 명이 자살했다는 소식을 들으면 한탄했다. 친구 장 로베르 트롱생이 죽었다는 소식을 들었을 때에도 볼테르는 실의에 빠졌으나 친구를 이해하려고 노력한다. "대체로 나는

43 Voltaire, "Lettres à Monsieur de Voltaire sur la Nouvelle Héloïse", *Mélanges*, édition de la Pléiade, Paris, 1961, p.404.
44 Besterman ed., *Voltaire's Correspondances*, no.15692.

그 누구도 비난하지 않습니다."[45] 그러나 과거 자신을 가르쳤던 예수회 선생 중 한 명에 대해서는 노골적인 비난을 삼가면서도 다소 악의가 묻어나는 말을 남긴다. "나는 옛 스승이자 예수회 수사인 베나세스 신부의 의도를 꼬치꼬치 조사하고 싶은 마음이 없다. 그는 밤에 우리에게 작별을 고하고 다음날 아침 편지 몇 통을 숨긴 후 3층에서 몸을 던졌다. 저마다 자기 행동의 이유는 있는 법이다."[46]

어느 분야나 그렇지만 여기서도 지혜의 정점에는 자유가 있다. "하루는 어느 영국인에게 회람장을 받았다. 기회에 따라서는 자살이 최선이라는 것을 가장 잘 증명한 사람에게는 상을 내린다는 내용이었다. 나는 답장을 쓰지 않았다. 증명할 일이 아니었기 때문이다. 자신이 삶보다 죽음을 더 좋아하는지 잘 생각해 보기만 하면 될 일 아닌가."[47]

자살은 개인의 자유 문제일 뿐이다. 따라서 신, 자연, 사회에는 아무 해도 가지 않는다. 절망한 위롱은 묻는다. "세상 그 어느 사람에게 내가 스스로 삶을 끝내지 못하도록 방해할 권리가 있다는 겁니까?" 고르동은 끔찍한 불행 속에서도 스스로 목숨을 끊어서는 안 된다는 것을 증명하는 진부한 논증들을 늘어놓지 않으려 애쓴다. 더 이상 살 수 없게 된 집이라도 마음대로 떠날 순 없다, 지상에서 사는 인간은 자기 위치를 사수해야 하는 병사와 같다, 질료의 어떤 부분의 조합이 어느 곳에 있는가가 존재들의 존재에 중요하다 등등. 그러나 이러한 이유들은 이미 숙고된 결연한 절망이 귀 기울이기에는 너무 빈약하다. 카토는 이 따위 이유들에 칼부림으로 응수했을 뿐이다.[48]

---

45 Besterman ed., *Voltaire's Correspondances*, no.18473.
46 Voltaire, "De Caton, du suicide", *Dictionnaire philosophique*.
47 *Ibid.*.

자살은 사회에 아무런 해도 끼치지 않는다. "자살이 사회에 대한 죄라면 나는 법적으로 용인되는 전쟁에서의 자발적 살인 또한 인류에 대한 죄가 아닌지 따지고 싶다." 어쨌든 "국가는 내가 태어나기 전에도 그랬듯 내가 사라져도 아무렇지 않을 것이다".[49] 볼테르는 몽테뉴와 파스칼의 자살반대론을 살펴보면서 이렇게 쐐기를 박는다. "철학적으로 말하자면 더 이상 사회에 소용없는 인간이 떠나기로서니 사회에 무슨 해가 된단 말인가? 결석증으로 심하게 고통스러워하는 노인이 '절단을 하지 않으면 죽습니다. 절단을 하면 계속 헛소리하고, 침을 질질 흘리고, 발을 질질 끌고 다니느라 자기 자신과 가족들에게 짐이 되겠지만 1년쯤 더 살 수 있습니다'라는 말을 듣는다. 나는 이 노인이 누구에게도 짐이 되지 않는 편을 택하리라 생각한다. 몽테뉴가 다룬 경우는 대략 이런 것이었다."[50]

그리스도교의 문헌 원전이나 로마법은 자살을 금지하지 않는다. 볼테르는 체사레 베카리아의 『범죄와 형벌』(1764)을 다룬 『『범죄와 형벌』에 대한 논평』에서 그 점을 지적한다. 그는 자신의 목적을 위하여 사회 지도층이 필요를 느낄 때마다 살인 금지는 수많은 예외들을 둔다는 뒤베르지에 드 오란의 논지를 활용한다. 국가, 조국, 군주를 구하기 위해서라면 자기희생도 용인된다. 그런데 어째서 개인적 이유에서의 자살은 금지되는가? "나는 여기서 법이 단죄하는 행위를 옹호하려는 마음은 전혀 없다. 하지만 구약성경도, 신약성경도 삶을 더 이상 견딜 수 없는 사람에게 삶을 버리지 못하게 금하지는 않았다. 어떤 로마법도 자기살해를 단죄한 적 없었다."[51]

---

48 Voltaire, *L'Ingénu*, 1767, chap.20.
49 Voltaire, *Olympe*, act 5, note.
50 Voltaire, "Sur les pensées de Monsieur Pascal", *Lettres philosophique*.

따라서 자살자의 시신과 유족이 당해야 하는 벌은 가증스럽다. "우리는 아직도 자진하여 죽은 자의 시신을 발에 늪혀 끌고 다니고 그 몸뚱이에 말뚝을 박는다. 고인의 기억을 더럽히고 우리가 할 수 있는 한 고인의 유족에게 욕을 보인다. 아비 잃은 아들을, 남편 잃은 과부를 벌하는 것이다. 심지어 죽은 자의 재산까지 빼앗는다. 이는 사실상 산 자들의 재산을 갈취하는 것이다. 이러한 풍습들은 다른 여러 풍습들과 마찬가지로 자살자의 매장을 금하는 교회법에서 유래했다. 우리는 여기서 천국에서 받을 것이 없는 자는 이 땅에서도 재산을 물려주지 못한다는 것을 알 수 있다. 교회법은 '참회에 대하여'(De poenitentia)라는 명목으로 유다를 주 예수 그리스도를 팔아넘긴 죄보다 스스로 목 졸라 죽은 죄가 더 큰 자로 만들었다."[52]

볼테르는 앙시앵레짐의 형법의 부조리와 불공정성을 기세 좋게 고발한다. 그는『정의와 인간다움의 대가』에서도 자살자들은 이미 죽었기 때문에 "영국법이 그들의 시체에 말뚝을 박아 거리로 끌고 다니게 하든, 그 밖의 나라에서 죄인을 심판하는 판사들이 그들의 시신을 거꾸로 매달고 재산을 몰수하라고 명하든 개의치 않는다. 하지만 그들의 상속인들은 한을 품을 것이다. 아이가 고아가 됐는데 아버지의 재산을 물려받지 못한다는 것은 가혹하고 부당하지 않나?"[53]

동일한 정신을 보여 주는 대목들은 많다.[54] 그러나 볼테르는 결코 자

---

51 Voltaire, "Du suicide", *Commentaire sur Des Délits et des Peines*, 1766, XIX.
52 *Ibid.*.
53 Voltaire, "Du suicide", *Prix de la justice et de l'humanité*, 1778, V.
54 일례로 볼테르가 1769년 9월 27일에 세르방에게 보낸 편지를 보자. "삶에 권태를 느낀 한 외국인이 거창한 이유에서 영혼과 신체를 분리하고자 했다네. 사람들은 그의 아들을 위로하기 위하여 오페라의 프리마돈나가 애인을 앞세워 왕께 청원을 넣게 했고, 그 결과로 재산의 거의 절반을 돌려받았다네. 나머지 절반은 국세를 담당하는 나라들이 꿀꺽했고 말이야."

살옹호론자가 아니었다. 그는 자살하는 친구들을 이해하면서도 그들에게 늘 자살을 만류했다.

철학자들의 망설임

디드로는 자살에 단연 적대적이었다. 물론 그는 『백과전서』에서 성경에는 자살의 긍정적 예화들이 있으며 성 펠라기아와 성 아폴로니아 같은 이들의 순교는 "명실상부한 자살"이라고 했다. 그리스도가 자진하여 죽었고, 고행이 수명을 단축시키며, 존 던이 이 행위를 정당화할 수단을 찾았다는 얘기도 빼놓지 않았다. 고대 로마인들의 위대한 자살도 인정했고 세네카에 화답하여 "카토의 칼을 빼앗는 것은 그의 불멸을 시기함이라"라고 말하기도 했다.

『백과전서』에 고전적 논증들을 망라하는 글을 쓴 사람도 디드로일 것으로 추정된다. 신은 우리에게 생명을 주고 생존본능을 주었다. 자기파괴는 곧 신의 작품을 파괴하는 행위다. 사회에서 쓸모없는 사람은 아무도 없으며 삶이 죽음보다 더 큰 불행일 수 있는지는 확실치 않다. 이 글은 결의론자들과 같은 방식으로 모든 경우에서의 자살을 규탄한다. 심지어 무지에 의해 자살한 자들도 정념을 지배하지 못해 그리한 것이라고 비난받는다.

이 글의 작성자는 확실히 밝혀지지 않았지만 여기에 드러난 시각은 디드로의 다른 두 작품에서 찾아볼 수 있다. 『클레 후작부인과 생 탈방』은 철학적 자살의 유혹을 가차 없이 내친다. "삶에 대한 혐오는 가짜다. 그런 것은 혼란스럽든가 잘못 짜인 두뇌에나 존재하며 아주 일시적일 뿐이다." 게다가 각 사람은 가족과 친구에게 의무를 다해야 한다. 이 주장은

『클로디우스와 네로의 통치에 대한 에세이』에서 되풀이된다. "사람이 오직 자기 자신에게만 해를 끼치는 경우는 드물다." 디드로는 자살을 호의적으로 바라보는 철학자들에게 따를 비난에 민감했기에 철학자들에게 책임 있는 태도를 요구했다. 그는 카토와 세네카가 철학의 대의를 섬기지 못했다고 본다. 그래서 자신을 불안하게 했던 젊은 데브로스라든가, 그밖의 죽고 싶다는 사람들에게 가급적 그런 생각을 버리라고 권했다. 그의 소설 속 자살은 몹시 불쾌하고 절망적인 상황에서 이루어지기에 자살에 대한 반감을 불러일으키기에 적합했다.

자살률을 낮추기 위해서는 낙관주의, 신뢰, 삶의 낙, 희망을 자극하는 사회적·정치적·문화적 조건들이 수립되어야 한다. 가난, 불의, 독재, 무지, 미신, 죽음과 내세에 대한 찬양을 타파해야 한다. "이런 것들이 자살의 주요한 원인이다. 정부의 국정이 많은 백성을 급격한 가난으로 몰아넣는다면 자살이 증가할 것으로 봐도 좋다. 그 외에도 쾌락을 남용하여 권태에 빠질 때, 음산한 미신과 우울한 기후가 결합하여 울적한 기분이 계속될 때, 철학과 신학을 뭉뚱그린 견해들이 죽음을 멸시하게 만들 때 많은 이들이 자기 자신에게서 목숨을 빼앗는다."[55]

달랑베르 역시 이처럼 이해심과 단죄하는 태도를 동시에 보여 준다. 그는 "순전히 인간적인" 도덕의 이름으로 추론을 전개하면서 자살의 반사회성을 부각시킨다. 하지만 "불운에 시달려 가난하고 고통스러운 삶이 짐처럼 느껴지는데 그러니까 살아야 한다는 말이 설득력이 있겠는가? 우리는 이런 경우에는 다른 이유들, 좀더 강력한 이유들이 덧붙여져야만 할

---

55 Diderot, "Essai sur les règnes de Claude et de Néron", *Œuvres complètes*, vol.3, ed. Assézat et Tourneux, 1875~1877, p.244.

것이라고 본다".[56]

어쨌거나 "자연이 우리에게 경계시키는 것으로 충분한 행위를 처벌하는 것은" 헛되고 불공정하다. 게다가 죄인은 이미 죽었으므로 그런 벌을 받을 수 있는 상태도 아니다. 자살은 그 자체로 비난받을 만하나 처벌 가능하지 않다. 자살을 "어떤 때는 행위자가 사회에 더는 쓸모가 없는 상태에 있기에 순수한 착란 혹은 벌을 내리는 것을 부당한 질병처럼 여겨야 하고 또 어떤 때는 용기 있는 행위, 즉 인간적으로 보기 드문 결연한 영혼의 행위로 여겨야 하기 때문이다".[57] 자살이 비겁행위라고 하는 것은 도망을 수치로 여기고 적과 당당히 맞서 싸운 사람을 비겁자라고 하는 것만큼 말이 안 된다. 따라서 달랑베르의 메시지는 애매하다. 그는 자살을 용서하지만 좋게 보지는 않는다.

라 메트리는 더욱더 갈피를 잡을 수 없다. 그의 『안티 세네카』는 스토아주의에 동조하는 듯하다. "고통스러운 삶을 유지하는 것은 자연에 대한 침해다. …… 삶에 아무런 좋은 면이 없고 끔찍한 불행들만 안겨 주는데 치욕스러운 죽음을 기다려야 하나?"[58] 하지만 『에피쿠로스 체계』에서는 자살로 모든 관계들을 깨뜨리는 '괴물'을 비난한다. "아니, 나는 삶에 대한 우리의 천성적 선호를 망치는 사람은 되지 않겠다. …… 위대한 자들이 삶의 불행이라 부른 것을 잘 참아 내는 사람에게 종교가 약속하는 상을 나는 순박한 이들에게 보여 주고 싶다. …… 종교를 그저 우화로 여기는 사람들, 관계가 깨져 버렸기에 붙잡아 둘 수 없는 사람들은 관대한

---

56 D'Alembert, "Eléments de philosophie", Œuvres, vol.1, Paris, 1821, p.227.
57 *Ibid.*.
58 La Mettrie, "Anti-Sènéque ou Discours sur le bonheur", Œuvres philosophiques, vol.2, Berlin, 1796, p.186.

마음으로 사로잡고자 애쓸 것이다. 나는 아내를, 눈물을 흘리는 애인을, 슬퍼하는 아이들을 보여 줄 것이다. …… 도대체 어떤 괴물이 가족, 친구, 조국과 헤어지는 순간의 아픔을 무릅쓰고서라도 가장 신성한 의무에서 벗어날 생각만 할까?"[59]

다르장 후작은 좀더 일관성 있게 나온다. 그는 "자기를 죽인 자들의 죄는 용서받을 수 없으니 어떤 식으로든 눈여겨보아야 한다"고 했다. 자살은 사회를 위험에 몰아넣는다. "모든 악에 문을 열어 주는 죄"를 끔찍하게 여겨 "자살자들에 대한 기억을 치욕과 불명예로 뒤덮는" 것은 마땅하다.[60]

메리앙도 태도가 분명하다. 그는 베를린 아카데미에서 발표한 한 연구에서 모든 자살은 정신질환의 결과라고 주장했다. 철학적 자살 따위는 없다. 자살은 절망의 결과일 뿐이요, 절망은 자발적 순교와 마찬가지로 '착란'의 한 형태다. 따라서 어떤 경우에도 종교는 자살을 막아 줄 수 없다. 지옥에 갈까 봐 두려워 자살하지도 못하는 "우울한 바보들"은 사형선고를 받기 위해 범죄를 저지른다. 최선의 방법은 자살자들에 대한 현재의 처벌제도다. 이 제도가 자살에는 "뛰어난 예방책"이다. 물론 그런 처벌로 무고한 유족들이 피해를 입기는 한다. 하지만 "사회가 달려 있을 때에는 어느 개인, 어느 한 가족은 문제가 아니다". 철학자가 한 말 치고는 좀 당혹스럽다.[61]

드릴 드 살의 입장은 전혀 다르다. 그는 자살자와 그 유족을 벌하는

59 La Mettrie, "Système d'Épicure", Œuvres philosophiques.
60 D'Argens, Lettres juives, vol.4, La Haye, 1738, lettre 145.
61 Mérian, Sur la crainte de la mort, sur le mépris de la mort, sur le suicide, Histoire de l'Academie royale des sciences et belles-lettres, Berlin, 1770 [1763].

방식이 몹시 가증스럽다고 보았다. 그의 『자살 죄로 처벌받은 어느 시민의 과부가 입법자들에게 올리는 비망록』은 자살을 막지도 못하면서 무고한 사람들을 거리로 내몰리고 사회의 손가락질을 받게 하는 법을 규탄한다. "자살을 벌하기보다는 자살을 예방하는 정책을 만든다면! 최소한 이 죄에 내리는 처벌이 무고한 이들에게 떨어지지 않게 한다면!" 드릴 드 살은 자살이라는 행위 그 자체에 대해서는 "이런 행위를 범죄로 분류하거나 덕행으로 분류해서는 안 된다"고 본다. 고대의 자살은 일반적으로 그에 합당한 동기가 있었다. "이 유명한 애국자들의 자취는 자살에 동의하지 않는 철학자조차 존중할 만하다." 또한 "조국애라는 광신"이라는 표현에서도 드릴 드 살의 신중하고 유보적인 자세를 엿볼 수 있다.[62]

'좋은' 자살의 기준은 무엇인가? "일반적으로 공공 이익을 생각하거나 그러한 이익으로 정당화라도 될 수 있는 자살"이다. 이 원칙은 상황을 명쾌하게 밝혀 주기는커녕 드릴 드 살을 애매모호한 결의론으로 이끈다. 그렇다면 데모스테네스와 카토는 "위대한 시민들"이었지만 과오를 범한 셈이다. 인구에 회자되고 싶어서 스스로 목숨을 끊은 과부도 과오를 범한 셈이다. 하지만 그 과부의 행위가 사랑이나 슬픔에서 우러난 것이라면 다르다. "나는 그러한 자살을 정당화하지 않지만 그러한 사랑의 화신을 로베크나 영국광들에게 비교한다면 내 예민한 마음이 분개할 것이다."[63]

엘베시우스와 다르장송은 비슷한 당혹감을 표한다. 그들은 동기에 따라 모든 것이 달라진다고 본다. "두 사람이 바다에 몸을 던졌으니 곧 사포와 쿠르티우스라. 그러나 전자는 불행한 사랑에서 벗어나고자 그리하

---

62 D. de Sales, *Philosophie de la nature*, 3rd ed., London, 1777, pp.117~120.
63 *Ibid.*.

였고 후자는 로마를 구하고자 그리하였다. 사포는 미친 여자지만 쿠르티우스는 영웅이다. …… 대중은 결코 자기들을 위하여 목숨을 버린 자를 미친 사람 취급하지 않는다."[64] 삶의 권태 때문에 자살한 자들은 "용기 있는 자, 지혜로운 자라는 이름을 얻을 만도 하다". 다르장송은 고대인들은 스토아철학의 원칙을 따라 자결했으므로 존경받을 만하지만 요즘 사람들은 "거의 항상" 잘못된 이유들에서 목숨을 끊는다고 했다.[65]

보브나르그는 죽음을 멸시하고 "절망은 우리의 가장 큰 과오"이며 "소망보다 기만적"이라고 본다. 모페르튀는 대체로 자살에 반대하는 입장이었고 그리스도인이라면 누구나 자살을 죄악시한다고 했다. 하지만 그리스도교의 테두리를 벗어나면 사정이 좀 달라진다. 스토아주의자들은 자살을 불운에 대한 처방으로 여겼다. 같은 인간들에게 피해당하는 모든 이들은 자살에 기댈 수 있다. "기니아에서 돌아오는 배에는 자유를 빼앗기고 사느니 차라리 죽기를 바라는 카토 같은 인간들이 가득했다." "한순간의 고통으로 끝낼 수 있는 불행에 사로잡혀 살아갈 이유도 없고 그런 삶은 명예롭지도 않으니" 어쩌면 자살이 가장 합리적인 해법일지 모른다. 삶에 대한 애착은 아주 강한 것이므로 자살 행위는 결코 비겁함의 표시가 되지 않는다. 자살하면 영벌을 면치 못한다고 굳게 믿는 그리스도인이라면 그냥 사는 수밖에 없다. 그 반대의 경우라면 그 사람은 제정신이 아닐 것이다.[66]

1757년 3월에 『르 콩세르바퇴르』는 「노년에 대하여」라는 장문의 사설을 게재했다. 이 사설 역시 그리스도인의 태도와 "오직 인간의 이성만

---

64 Helvétius, "De l'esprit", *Œuvres complètes*, vol.1, 1781, dis.2, chap.11.
65 D'Argenson, *Essai dans le goût de ceux de Montaigne*, Amsterdam, 1785, p.48.
66 Maupertuis, *Essai de philosophie morale*, 1751, chap.5.

을" 따르는 사람들의 태도를 구분한다. 저자는 그리스도교를 존중하는 듯한 어조를 취하면서도 종교 담론의 비이성적 성격을 야유한다. 전통도덕의 수호자들을 열받게 하는 철학자들의 흔한 수법이랄까. 이 글은 파문을 일으켰을 것이다. 저자는 말한다. 노년의 해결되지 않는 불행을 참고 견디는 것보다는 자살하는 것이 더없이 합리적이지 않은가? 국가도 정말로 국민의 행복을 원한다면 삶을 강요하지 않아야 할 텐데? "우리가 서른 살의 결연함으로 80년을 살 수 있다면 그런 결단을 내리는 사람이 별로 없을 것이다. 나는 지고의 존재자께서 거두어들이실 때까지 제자리를 지켜야 한다는 신법 얘기를 하는 게 아니다. 그런 건 굉장히 특정한 이유인데 나 같은 사람들의 담론은 가급적 일반 이유들만을 고려하고자 한다. …… 정치는 우리에게 행복과 평화의 상태를 늘 보장할 수 있어야 한다. 따라서 우리의 불행을 종식시킬 방법이 하나뿐인데도 우리의 마음이 약해 실행하지 못한다면 정치가 우리의 등을 떠밀어야 하지 않을까?"

어쨌거나 신은 다른 결정을 내렸다. 그분의 뜻이 이루어지기를. "그의 긍휼이 우리를 이 세상에 보내어 자기 마음에 드는 한 살게 하신다. 노년을 삶의 가장 큰 고난의 하나로, 우리 죄를 갚을 복된 기회로 생각하고 기다리며 잠깐의 충동으로 영벌에 떨어지는 일은 없도록 하자."

뒤부아 퐁트넬은 자살을 좀더 일반적인 방식으로 검토하고 자살률을 실제로 낮출 수 있는 방법들을 고민했다. 현재의 엄격하고 야만적인 법은 아무 효과가 없으며 오히려 자살을 선전하고 공공의 사기를 떨어뜨린다. "아마도 사람들을 침통하게 하는 이런 사건들은 과거도 미래도 고쳐 주지 못하면서 산 자들만 괴롭히는 절차들로 요란하게 광고하기보다는 조용히 덮는 편이 나을 것이다." 자살을 덮고, 은폐하고, 눈감고, 침묵의 벽을 쌓으란 말이다. 이러한 태도는 이미 왕정이 취하고 있었지만 19, 20세기에 더욱 확장될 것이다. 자살을 망각에 빠뜨려야 했다. 다시 말해, 근대 사회에서 터부시되는 몇 안 되는 주제 중 하나로 만들어야만 했다. 패기 없는 방법, 나아가 별 효과도 없는 방법이지만 실용적이긴 하다. 하지만 달리 무슨 방법이 있을 수 있는지 퐁트넬은 묻는다. 도덕적 교훈, 이성적 추론은 "다소 이상한 종류의 정신착란 조짐을 보이는" 사람들에게 통하지 않는다. 진정한 대책은 "사람들을 행복하게" 하는 것이리라. 하지만 이건 대책이 없다고 인정하는 셈 아닌가? 그런데도 도덕주의자들은 형식적으로 대책을 처방한다. "자살이 요구하는 중대한 대책은 정부의 손에 달렸다. 정부가 풍속을 살피고, 지나친 사치를 금하고, 개인의 재앙을 더욱 힘들게 하는 공공의 재앙을 종식시켜야 하는 것이다."[67]

그 밖에도 많은 철학자와 도덕주의자가 자살 전투의 찬성 진영 혹은 반대 진영에 투신했다. 심지어 양쪽 진영 모두에 서서 싸우는 경우도 꽤 많았다. 마르몽텔은 카토의 자살을 찬양하지만 몽테스키외의 "엉큼한 궤변"이 "맹목적 광분의 덧없는 임시방편"에 지나지 않는다고 비난한다.[68] 르 노블은 "세속의 도덕"과 "인간적 도덕"을 구분한다. 전자에 기준을 두면 카토의 자살은 비겁행위지만 후자의 기준에서는 자살이 미덕이 될 수 있다.[69] 로비네는 타인을 위해 자기 목숨을 희생할 수는 있지만 자살은 신, 자연, 사회에 반하는 행위라고 했다.[70] 드넬은 자살을 정당화하는 이들이 "살인자들과 달리 취급되어서는 안 되고", "끈으로 장난치거나 약을 마시는" 연인들은 바보이며, 카토, 브루투스, 오토, 포르시아는 죄를 지

---

67 Dubois-Fontenelle, *Théâtre et Œuvres philosophiques*, vol.2, London, 1785, p.125.
68 Marmontel, "Morale", *Œuvres complètes*, vol.17, Paris, 1818, p.268; *Des moeurs*, p.379.
69 Le Noble, *L'École du monde*, vol.6, p.141.
70 Robinet, "suicide", *Dictionnaire universel des sciences, morale, économique, etc.*, London, 1783.

었지만 그중 오토 왕은 로마인들의 내전을 막기 위해 자신을 희생했으니 영웅이라고 말한다.[71] 다르테즈는 "자살은 용기의 비겁한 단면"에 지나지 않지만 "우리의 고차원적인 발달의 이익, 고도화된 자유"라서 말하며 카토와 아리아를 찬양한다(비록 그들은 자살하기 전에 지나친 모색을 거쳤지만 말이다).[72] 투생은 미덕을 동기로 삼는 자살을 인정한다. 바르베이락은 자살이 행위 자체는 용감하지만 연약한 정신에서 비롯된 것이라고 본다. 카뮈세는 카토를 지혜의 "피그미"라고 불렀고 레베크는 신경액에 활기가 부족하면 자살을 하기 쉽다고 생리학적으로 설명했다. 반면, 셰비냐르는 자살이 광기에서 비롯된 행위일 뿐이라고 했다. "자기 자신을 죽이는 행위는 광기의 극치다. 이런 일에 무슨 동기가 있을 수 있나? 절망 혹은 비겁함으로밖에 볼 수 없다."

자살과 광기

많은 철학자들이 자살은 광기나 생리학적 기능 이상에서 비롯된다고 보았다. 그렇다면 자살은 종교나 법보다는 의학이 다루어야 할 문제다. 당대의 과학 저술은 자살에서 죄의식을 조금씩 덜어 내는 데 이바지했다.

기후학적 설명도 이러한 방향에 부합했다. 그러한 설명을 내세운 사람은 몽테스키외만이 아니었다. 조지 체인은 습하고 서늘하며 불안정한 대양성 기후에서는 신체 조직이 수분을 많이 머금게 되어 느슨해지고 자살 성향을 낳기 쉽다고 했다. 달의 영향도 이런 유의 설명에 잘 맞았다.

---

71 Denesle, *Les préjugés du public sur l'honneur*, vol.3, Paris, 1766, p.423.
72 D'Artaise, *Prisme moral ou Quelques Pensées sur divers sujets*, Paris, 1809.

16, 17세기에 통용되었으나 18세기에 와서 쇠퇴했던 몽유병 관련 담론[73]이 1780년에 기상학과 결합하여 새로운 형태로 등장했다. 토알도의 논문과 다캥의 논문은 달이 대기에 미치는 영향에 따라 어떤 이들은 정신적 문제를 겪기도 한다고 주장한다.[74]

생리학적 원인을 제외하면 과다한 정념, 신체 활동, 정신 활동이 뇌를 교란시키고 우울증과 광증을 낳는 것으로 여겨졌다. 『백과전서』조차도 '광증' 항목에서 "영혼의 정념, 정신의 긴장, 강요된 공부, 심오한 성찰, 분노, 슬픔, 두려움, 장기간의 고뇌, 무시당한 연심"을 원인으로 지목하고 있다. 장 프랑수아 뒤푸르의 『인간 오성의 작용에 대한 에세이』(1770)를 읽다 보면 생리학적 기능 하나하나가 심기증, 우울증, 광증, 히스테리, 광기의 원인을 제공할 수 있는데 어떻게 균형 잡힌 인간이 존재할 수 있는지 의아할 정도다.

"우울증의 명백한 원인은 정신을 고착시키고 지치게 하며 어지럽히는 모든 것이다. 이를테면 급작스럽고 극심한 충격, 즐거움이나 격정이 일으키는 영혼의 과격한 동요, 동일한 대상에 대한 장기간의 깊은 성찰, 격렬한 사랑, 불면, 밤에 몰두하는 정신적 작업 등이 그렇다. 고독, 두려움, 히스테리적인 정서 등은 형성과 회복과 순환과 다양한 내분비, 외분비를 교란시키며 특히 비장, 췌장, 간막, 위장, 장간막, 창자, 유방, 간, 자궁, 항문 주위의 혈관에 나쁘다. 따라서 심기증, 치료하기 어려운 질병, 특히 발광과 고열이 나타나 약물치료나 과도한 배설(혹은 배설의 어려움)로 이어진다. 그래서 땀, 젖, 생리혈, 산욕 분비물, 다량의 타액, 진물 따위가

73 R. Mead, *A Treatise Concerning the Influence of the Sun and the Moon*, London, 1748.
74 Toaldo, *Essai métérologique*, trans. Daquin, 1784; Daquin, *Philosophie de la folie*, Paris, 1792.

비친다. 또한 정자의 수가 적으면 대개 에로틱한 환상을 보거나 색정광 성향을 나타내게 된다. 찬 음식, 흙에서 캔 음식, 질기고 딱딱한 음식, 곽곽한 음식, 지나치게 금욕적인 음식, 톡 쏘는 음식 혹은 음료, 생과일, 발효되지 않은 밀가루를 많이 쓴 음식, 피를 덥게 하는 장기간의 심한 열기, 우울하고 습한 공기 등도 원인이 된다."

지나친 공부, 지나친 헌신, 지나친 성찰조차 인체의 체액 분비에 관여하여 우울증을 심화시키는 원인들이다. 제임스의 『의학일반사전』 6권은 1746년에서 1748년 사이에 프랑스어로 번역되었다. 이 사전은 뇌가 모든 지적 사고 능력의 본체로서 혈액과 체액 순환이 조금만 고르지 못해도 이상을 일으킨다고 말한다. 같은 이론을 1765년에 출간된 로레의 『멜랑콜리아와 관련 질병들』에서도 볼 수 있다. 이러한 상황이 넋을 빼고 아무것도 하지 않는 수동적 자살들을 낳았을 수도 있다. 1763년 3월 17일자 『가제트 살뤼테르』는 전한다. "한 병사가 열렬히 사랑하는 여자의 부모에게 퇴짜를 맞고 우울증에 빠졌다. 그는 몽상에 자주 빠졌고 머리가 계속 띵하다면서 극심한 두통을 호소했다. 눈에 띄게 살이 빠졌으며 낯빛도 해쓱해졌다. 기력이 너무 없어서 자기 의지로 똥오줌도 잘 가리지 못했다. …… 환자는 적극적인 대답을 하지 못했고 정신이 완전히 딴 데 가 있는 듯했으나 정신착란의 기미는 없었다. 그는 먹을 것이나 마실 것을 청하는 법이 결코 없었다."

우울증 환자는 신체 조직이 느슨해지거나 지나친 긴장으로 굳어져 외부 세계와 전혀 호응하지 못한다는 주장도 있었다. 뷔퐁은 또 다른 이론에서 자살자를 생리학의 희생자로 보았다. 그는 『호모 두플렉스』에서 우리의 기분을 서로 모순되는 두 원리의 작용으로 설명한다. "첫째 원리는 침착함과 평정이 동반하는 순수한 빛이다. 이 빛은 과학, 이성, 지혜를 도출하는 기원이다. 둘째 원리는 폭풍과 어둠을 통해서만 빛나는 가짜 빛이다. 가차 없이 몰아치는 이 급류는 정념과 과오를 몰고 온다." 둘째 원리가 지배적일 때에는 이른바 '증기'라는 것이 발산된다. 두 원리가 대등한 힘으로 부딪힐 때 개인은 자살의 유혹에 사로잡힌다. "바로 여기에 가장 깊은 권태, 죽고 싶다는 생각밖에 안 들고 광기 어린 무기를 스스로에게 돌려 자기파괴적 행동을 하게 만드는 그 끔찍한 자기혐오가 있다." 이런 상황에서 의지는 무력하고 인간은 "모든 존재 가운데 가장 불행한 자"가 되어 자살로 내몰리고 만다. 앙드리도 1785년에 파리에서 출간된『멜랑콜리 연구』를 통하여 우울한 상태를 셋으로 구분하고 그중 두 상태(광적 망상, 심기증)는 자살로 이어진다고 했다.

18세기에 자살 성향을 설명할 때에는 심기증 진단이 매우 중요시되었다. 특히 1725년에 리처드 블랙모어의『우울과 증기론 혹은 심기적이고 히스테리컬한 정서』가 심기증과 히스테리를 "병의 원인이 되는 정기들의 구성"으로 정의한 후로 더욱 그러했다. 18세기 중반에 로버트 화이트는 심기증의 증상을 "실의, 낙담, 우울증, 심하게는 광기"로 규정했다.[75] 1755년에 알베르티는 할레에서『심기증이라는 사고의 병에 대하여』를 발표하고 심기증이 죽음 욕망과 관계있다고 주장했다.

자살 성향이 심리적·생리적 문제에서 유래한다면 볼테르가 이미 암시한 대로 치료를 받을 수도 있을 것이다. 화이트는 "약한 마음, 실의, 좌절"에 키니네가 아주 잘 듣는다고 추천한다. 주석도 막혀 있는 순환계를 뚫어 주는 효과가 있다고 한다. "내가 관찰한 바로는 주석용액은 좋지 않은 체액에서 비롯된 광증과 우울증에 매우 잘 듣는다."[76] 무젤도 주석을

75 R. Whytt, *Traité des maladies nerveuses*, vol.2, Paris, 1777, p.132.

'광기와 우울증'에 처방하고 롤랭은 굴뚝의 그을음, 쥐며느리, 가재의 집 게발이나 베조아르[77]를 빻은 분도 혈액 순환에 도움이 된다고 주장한다.[78] 두블레는 뜨거운 물 샤워가 효험이 있다고 떠벌린다.[79] 고정관념을 버리고 기분전환을 하기에 좋은 여행, 시골에서의 체류, 음악도 효험이 있다. 공연이나 소설을 즐기는 것은 이론의 여지는 있지만 대체로 부정적인 효과를 낳는다. 연극은 상상력을 지나치게 자극한다. 특히 여성들은 이러한 가상의 열정에 부풀어 오르기 십상이다. 그런데 우리가 앞에서 보았듯이 문학은 자살을 기리고 대개 고결하고 영웅적인 행위로 그려 냈다. 그리스도교 도덕주의자들은 오래전부터 이 허구적 스토리의 해로운 영향을 비난해 왔다. 그런데 드디어 18세기 말에 이르러 의사와 심리학자 들이 그들의 손을 들어 준 것이다. 세상에도 끔찍한 일들이 많고 많은데 굳이 정념을 묘사한다는 핑계로 그런 얘기들을 지어낼 필요가 있을까? 연극과 소설은 풍속을 타락시킨다. 보셴이 『영혼의 정동이 여성의 신경질환에 미치는 영향』(1783)에서 전개한 논지가 바로 이런 것이었다.

과중한 정신적 작업도 뇌를 굳게 하고 유해한 영향을 미칠 수 있다. 1778년에 티소는 『문인들의 건강에 대한 소견』을 통하여 동료 문인들에게 위험을 경고했다. 의사들은 종교도 차츰 곱지 않은 눈으로 보았다. 물론 의사들끼리도 의견은 분분했다. 예를 들어 독일 의학자 뫼젠은 1781년에 전통 종교가 신도들을 감싸고 고해와 참회를 통한 속죄를 보장하며

---

76 *Ibid.*, p.364.
77 소나 양의 위에 생기는 결석으로 당시 유럽에서는 이 결석을 빻아 해독제로 많이 사용했다.—옮긴이
78 J. Raulin, *Traité des affections vaporeuses*, Paris, 1758, p.340.
79 F. Doublet and J. Colombier, "Instructions sur la manière de gouverner et de traiter les insensés", *Journal de médecine*, août 1785.

삶의 중요한 순간들에 함께함으로써 치유적인 성격을 지닌다고 보았다.[80] 하지만 이런 생각은 계몽사상가들에게 더 이상 받아들여지지 않았다. 그들은 목회자들이 마음 약한 사람들에게 공포를 조장한다고 비난했다. 『백과전서』의 '멜랑콜리' 항목을 보자. "지나치게 과격한 일부 목회자들이 강렬한 인상을 심어 줌으로써 연약한 영혼들이 교회의 법을 어긴 사람이 받게 될 벌을 지나치게 두려워하게 된 나머지 놀라운 변화를 겪는다. 몽텔리마르 병원에는 그 도시에서 있었던 전도회 이후에 광증과 우울증을 앓게 된 여자들이 여럿 있다. 이 여자들은 조심성 없이 제시된 무시무시한 이미지들에 쉴 새 없이 시달렸다. 그녀들은 절망, 복수, 형벌 얘기밖에 하지 않았다. 그중 한 여자는 자기가 이미 지옥에 있다고 생각해서 약조차 복용하지 않으려 했다. 그녀가 자신을 태운다고 말하는 그 불을 끌 방도는 아무것도 없었다."

피넬은 종교가 사람들을 절망, 광기, 자살로 내몰 수 있다고 했다. 그 증거로 "비세트르 정신병동을 살펴본 결과, 사제와 수도사, 그리고 미래에 대한 두려움 때문에 정신줄을 놓은 시골 사람을 다수 만날 수 있었다."[81] 철학자들의 비난은 어느 정도 걸러 들어야 할 것이다. 사실 18세기 후반에는 신도들도 지옥을 그렇게까지 두려워하며 살아가지 않았기 때문이다.[82] 이 주제는 왕정복고에 이르러 다시 힘을 얻는다.

하지만 원인이 무엇이든 간에 18세기 사람들은 분명히 미치광이가 늘었다는 느낌을 받았다. 푸코는 이 점을 폭넓게 증명해 보였다. 프랑스에서는 18세기 중반에 정신병자 수용을 위한 일련의 시설들이 문을 열었

---

80 Möhsen, *Geschichte der Wissenschften in der Mark Brandenburg*, Berlin & Leipzig, 1781.
81 R. Pinel, *Traité médico-philosophique sur l'aliénation mentale ou la manie*, Paris, p.458.
82 Minois, *Histoires des enfers*, pp.294~299.

다. 수용 인원의 수도 1770년대까지 계속 증가하다가 그 후에는 차츰 안정되었다. 독일 제국에서도——1728년에는 프랑크푸르트에서, 1764년에는 브레멘 인근에서, 1784년에는 슐레스비히의 브리크에서, 1791년에는 바이로이트에서——비슷한 시설들이 개장하거나 재개장했다. 1743년에는 오스트리아 뷔르츠부르크에서 정신병원이 문을 열었다. 영국에서는 "1700년 이후나 그 즈음에 정신병원과 정신병을 다루는 의사들이 늘어나기 시작했다. 자살 여부를 조사하는 과정에서도 고인이 정신병동에 갇혀 있었다든가 정신질환 전문가에게 치료를 받았다는 증언이 나오고 증거로 채택되기 시작했다. 이러한 증언만으로도 고인은 자살 유죄판결을 면할 수 있었으나 다른 증거들이 어떤 것이든 간에 정반대의 판결이 떨어질 가능성도 있었다".[83] 리버풀, 맨체스터, 요크에는 1777년에 정신병원이 들어섰다. 런던의 세인트 루크 병원은 1782년에 재건축되었는데 220명가량의 정신병자를 수용할 수 있었다. 하지만 18세기 말에 이미 이 정도 규모로는 부족했다. 정신병원에 수용된 환자들은 정기적으로 검사와 치료를 받았다. 이로써 의학계와 여론은 광기와 자살의 연관성을 더욱 확고히 믿게 되었다. 윌리엄 블랙은 베들램 정신병원에 수용된 환자의 15퍼센트가 한 번 이상 자살기도를 했었다고 보았다.[84] 대다수 지식인들은 자살이 대부분 정도의 차이는 있지만 광기와 관련 있다고 생각했다. 대표적으로 월폴이 그랬다.

이러한 확인은 자살을 처벌하지 말자는 의견에 힘을 실어 줄 수밖에 없었다. 기본적으로 자발적 죽음을 옹호하는 주장이라면 뭐든지 배격했

---

83 MacDonald and Murphy, *Sleepless Souls*, p.233.
84 W. Black, *A Dissertation on Insanity*, London, 1811, pp.13~14.

던 애덤 스미스조차 이렇게 말할 정도였다. "실제로 거스를 수 없는 자기파괴욕이라고 부를 만한 것을 수반하는 …… 일종의 우울은 존재한다. …… 이토록 딱한 방식으로 죽은 자들은 검열이 아니라 동정을 받아야 한다. 이미 인간의 벌을 받을 수 있는 상태가 아닌 이들을 벌하려는 것은 부조리할 뿐 아니라 부당한 처사다."[85] 1788년에 윌리엄 롤리는 쓴다. "자살하는 자는 의심할 바 없이 '온전한 정신이 아닌 상태'(non compos mentis)이므로 모든 자살은 광기에서 비롯된 행위로 봐야 한다."[86]

이러한 호소는 받아들여지지 않았다. 이러한 호소가 나왔다는 것이 중요하다. 우리는 18세기 말에 민중 배심원단과 철학자들에게서 동시에 이처럼 결정적 변화가 나타났음을 볼 수 있다. 철학자들의 토론은 살롱, 언론, 책을 통해 널리 확산되었다. 자살 논쟁은 계몽주의 시대의 엘리트 계층 전체와 맞닿아 있었으나 의견은 분분했다. 철학자들은 어떤 경우에도 자살 그 자체를 옹호하진 않았다. 거의 모든 이들이 망설임과 난색을 표했다. 그들은 세상과 사회를 비관적으로 보긴 했지만 인간이 도망치기보다는 변화시킬 것을 호소했다. "철학자들은 삶에 대한 비관을 표현했을 뿐, 삶의 불행에 대한 숙고를 낙담과 절망까지 끌고 가지는 않았다"라고 파브르는 평가한다.[87]

그렇지만 철학자들의 토론은 자발적 죽음의 관념을 일반화하고 죄의식을 희석하는 데 크게 이바지했다. 첫째, 그들은 자살이 주로 광기에서 비롯된다고 보았기 때문이다. 둘째, 자살에 대한 처벌에 반대했기 때문이

---

85 A. Smith, *The Theory of Moral Sentiments*, Oxford, 1976, p.287.
86 W. Rowley, *A Treatise on Female, Nervous, Hysterical, Hypochondriacal, Bilious, Convulsive Diseases, Apoplexy and Palsy with Thoughts on Madness, Suicide, etc.*, London, 1788, p.343.
87 Favre, *La mort au siècle des Lumières*, p.469.

다. 모두가 시체를 모독하고 진짜 벌은 죄 없는 유족이 감당하게 되는 이 처사가 가증스럽고 야만적이며 부조리하다는 데 동의했다. 이러한 움직임은 자살을 범죄에서 분리하는 방향으로 나아갔다. 다른 한편으로, 이신론의 주장은 간접적으로나마 지옥 공포를 누그러뜨리는 효과가 있었다. 그리스도인들에게는 그러한 공포가 자살을 막는 강력한 방어벽이었다. 여기에는 이중적 의미가 있다. 지옥에 갈 거라는 확신 또한 자살의 요인이 될 수 있기 때문이다. 마지막으로, 대부분의 철학자는 고대의 자살과 그리스도인의 자살을 구분하여 전자는 조국과 자유를 위한 영웅적 행위로 칭송했다. 따라서 자살은 탈그리스도교적 맥락에서 고결한 행위가 될 수 있다는 생각을 심어 주었다. 철학자들은 이런 식으로 혁명기의 정치적 자살 광풍에 직접적 영향을 주었다.

물론 철학자들이 정말 순교에 취미가 있지는 않았다. 하지만 그 이유는 순교가 당시에는 광신이나 종교적 미신과 동일시되었기 때문이다. 거대한 인문주의적 원칙을 지키기 위해서라면 철학자들도 희생에 무감각하지 않았을 것이다. 디드로는 소피 볼랑에게 보낸 편지에서 이 용감하면서도 신중한 행위에 대해 말한다. "스스로 자기 학설을 고백할 용기가 없다 느끼면 입을 다무는 수밖에 없소. 나는 죽음을 추구하기를 원치 않소. 그러나 죽음에서 도망치고 싶지도 않소." 1770년대부터 미덕이라는 주제가 다시 우세했고 전(前)낭만주의 맥락에서 힘차게 돌아온 고대 문화가 이에 결합한다. 「호라티우스 형제의 맹세」가 1785년 작품이다. 이제 카토, 루크레티아, 브루투스, 아리아의 한 세대가 등장할 것이다. 정치적 격동기를 배경으로 조국과 자유라는 주제도 합세한다. 이제 롤랑, 샤를로트 코르데, 뤼실 데물랭, 보르페르, 뢱스, 롬, 바뵈프의 죽음이 임박할 것이다.

10장

엘리트: 철학적 자살에서 낭만적 자살로

18세기에는 자발적 죽음을 교의, 특히 에피쿠로스주의에 의거하여 정당화하려는 철학적 운동과 결탁하여 새로운 자살 동기들이 교양 있는 엘리트 계층에 퍼졌다. 죽음을 일관된 행보의 결과물로 제시하는 것이 중요했다. 삶이 우리에게 만족보다 불행을 더 많이 가져다주는 순간부터 삶에 대한 거부는 일관성 있는 선택이 된다. 이러한 태도는 귀족적이고 영국적인 것이었다. 영국 숭배도 한몫을 한 덕분에 철학적으로 정당화된 자살은 세련된 행위로 통한다. 1770년의 채터턴과 1774년의 베르테르에 힘입어 절망적 사랑, 고독, 수심, 삶의 어려움, 도망치는 시간에 대한 거부도 자살의 동기가 되었다.

그러나 유명한 사례들은 나왔을지언정 자살은 여전히 행동보다 말의 문제였다. 자살 얘기는 엄청나게 나왔지만 실제로 자살은 그리 많이 일어나지 않았다. 또한 살롱에서 오가는 대화들로 미루어 짐작할 수 있는 정신적 이유에서의 자살은 사실 드물었다. 실제 자살은 여전히 오막살이와 점포 사이에서, 고통이라는 단순한 이유에서 일어났다.

스미스 부부의 자살(1732)

자살에 대한 철학적 담론들은 무해하지 않았으나 그러한 담론들을 내세우는 자들은 대개 재력, 교양, 균형 잡힌 삶을 누리고 있었다. 그러나 그 담론들을 수용하는 자들까지 늘 그렇지는 못했다. 1732년에 런던에 유배된 피에몬테 귀족 라디카티는 에피쿠로스주의에 입각하여 『죽음에 대한 철학적 논고』를 발표했다. 그는 물질과 운동의 법칙만이 세상을 지배하며 죽음은 존재 형태가 다른 형태로 변하는 것일 뿐이라고 했다. 자연이 마련한 세상은 우리의 행복을 위한 것이다. 따라서 더는 행복에 다다를 수 없다면 "삶이 짐이 되는 순간 얼마든지 떠날 수 있는 전적인 자유"를 누림이 마땅하다.

몇 주 후인 4월, 런던의 제본공 리처드 스미스와 그의 아내 브리짓이 두 살배기 딸아이를 살해하고 함께 방에서 목을 매어 자살했다. 부부는 세 통의 편지를 남겼는데 그중 사촌 브린들리에게 보내는 한 통에는 자살 동기가 나타나 있었다.

"우리가 죽음을 바라게 된 이유는 가난이 지긋지긋해 견딜 수 없기 때문입니다. 일련의 사고들이 있었고 우리는 불행을 피할 수 없었지요. 우리를 알던 사람들은 다 알겠지만 우리는 게으르거나 사치스럽지 않았고 우리의 이웃 그 누구보다 생계를 위해 땀을 흘렸습니다. 하지만 우리의 수고는 합당한 결실을 거두지 못했지요. …… 우리는 세상에 제1원인, 다시 말해 전능자가 없을 수는 없다고 결론 내렸습니다. 그러나 전능하신 하느님을 인정한다면 그분이 어떻게 이처럼 무정할 수 있는지, 피조물들의 불행을 기뻐할 수 있는지 도저히 모르겠습니다. 그래서 우리는 끔찍한 두려움에 사로잡히지 않고 우리 영혼을 그분 손에 맡깁니다. 우리는 그분의 선의에 합당한 대로, 우리가 죽는 순간 그분이 명하시는 바를 기꺼이 따를 겁니다. …… 마지막으로, 우리는 인간의 법이 공포를 조장하기 위해 만들어졌다는 것을 모르지 않습니다. 그러나 우리는 죽은 후에 우리 시신이 어떻게 되든 상관없으니 판사들의 지혜에 모든 것을 맡깁니다. …… 자연학자들이 말하기를 우리 육신을 구성하는 물질이 흩어지기도 하고 쇄신되기도 한다고 합니다. 그렇다면 많은 이들이 옷을 갈아입듯 육신을 바꿔 가며 사는 셈이지요. 신학자들은 그 다양한 육신들 가운데 어떤 것으로 우리가 다시 부활하는지 말해 주지 않았습니다. 영원히 침묵의 재에 지나지 않을 것은 우리가 죽을 때의 육신일 수도 있고 다른 육신일 수도 있는 겁니다."[1]

우연의 일치일까, 아니면 라디카티의 책이 직접적으로 영향을 미쳤을까? 스미스의 에피쿠로스적인 자연론은 심란하리만치 『죽음에 대한 철학적 논고』와 흡사하다. 이 사건은 언론에 힘입어 온 유럽을 떠들썩하게 했다. 볼테르는 『철학사전』에서, 디드로는 『백과전서』에서 각기 이 사건을 언급할 정도다. 보수 계층은 긴장했다. 일개 제본공이 이토록 독창적인 생각을 스스로 했을 리는 없다. 그만큼 서민들도 철학, 이신론, 에피쿠로스주의에서 유독 부정적인 측면들을 많이 접하고 있다는 뜻이었다. 18세기에는 라디카티 외에도 많은 저자들이 고대의 자살을 칭송하는 저서를 발표했다. 『온당한 자살』(1733), 알렉산더 포프의 비가(悲歌)들, 로마인들의 자살을 찬양한 역사학자 에드워드 기번의 『로마제국 쇠망사』가 특히 그랬다. 1726년에 조너선 스위프트는 『걸리버 여행기』에서 인간

---

1 이 편지는 Rapin de Thoyras, *Histoire d'Angleterre*, vol.14, La Haye, 1749, pp.386~388에 전문 인용되어 있다.

조건에 대한 혐오를 드러냈다. 걸리버가 여행 중에 만나는 '스트럴드브럭스'(Struldbruggs)는 그러잖아도 부조리하고 가증스러운 인류가 끔찍하고 추잡한 불멸의 존재가 된 모습을 보여 주는 듯하다.

데이비드 흄의 논문

철학적 문헌 중에서 자살에 가장 호의적인 반향을 불러일으킨 것은 데이비드 흄의 논문이다. 그의 『자살과 영혼불멸에 대한 이론』은 프랑스에서 1770년에, 영국에서는 다른 저작과 한데 묶여 1777년에 발표되었다. 프랑스에서는 비교적 최근에 1783년 판의 복각판이 재출간되기도 했다.[2] 이 텍스트가 거친 역사는 이 주제가 불러일으킨 열광을 보여 준다.

22쪽에 불과한 이 소논문은 자살의 사회적 측면을 다루었다는 점을 제외하면 그렇게 독창적이지 않다. 전체 3부로 구성된 텍스트는 자살이 신, 우리의 이웃, 우리 자신에 대한 의무를 저버리지 않는다는 주장을 펼친다.

1) 자살은 신에 대한 죄가 아니다. 인간은 "자신의 안위, 행복, 자기보존을 위하여 타고난 능력들을 마음대로 쓸 수 있기 때문이다. 삶에 지치고 고통과 가난에 시달린 인간이 천성적인 죽음 공포를 극복하고 이 가혹한 현장에서 도망치기를 결정했다면 이 원칙이 어떤 의미이겠는가? 그자는 거룩한 신의 사업을 침해하고 우주의 질서를 교란시켰으니 창조주의 분노를 샀을까?"[3] 만약 그렇다면 부조리한 일이다. 모든 피조물은 자신의

---

2 D. Hume, *Essays on Suicide and the Immortality of the Soul*, ed. J. V. Price, Bristol, 1992.
3 *Ibid.*, p.9.

안위를 위해 자연의 흐름을 자기 능력이 되는 한 바꿀 수 있다. 우리의 행동 하나하나도 자연의 흐름을 바꾼다. 자살이 여타의 자발적 행위보다 자연의 흐름에 더 큰 영향을 주진 않는다. "내 머리에 떨어지는 돌을 다른데로 쳐냈다면 나는 자연의 흐름을 바꾼 것이다." 따라서 "사람 목숨을 좌우할 능력이 전능자의 특수한 영역으로 한정되어 있다면 그 능력을 발휘하는 것이 신권에 대한 침해요, 생명을 파괴하는 행위 못지않게 생명을 보존하려는 행위도 죄가 될 것이다".[4]

신의 섭리에는 복종해야 하니까 그렇게 하라. 하지만 "내가 내 칼 위로 넘어질 때에는 나의 죽음을 사자에게 물려 죽거나, 벼랑에서 떨어져 죽거나, 열병으로 죽을 때와 똑같이 받아들인다. 의도치 않은 재앙을 만났을 때 신의 섭리에 복종하라고 하지만 인간의 기술과 재주, 인간적 수단으로 재앙을 피하지 말라는 말은 아니다. 왜 어떤 대책이든 동원해선 안 된단 말인가?"[5]

프랑스의 미신은 예방접종조차 불경하다고 본다. 인위적으로 면역력을 기르는 것조차 신에 대한 월권행위라는 것이다. "유럽의 미신은 우리자신의 삶에 기한을 정하는 것도 창조주를 거스르는 불경한 짓이라 한다. 그렇다면 집을 짓거나, 땅을 일구거나, 대양을 항해하고 다니는 것은 어째서 불경한 일이 아닌가? 이런 행위들도 모두 우리의 정신적·육체적 힘을 사용하여 자연의 흐름을 다소나마 바꾸어 놓지 않는가?"[6]

위치를 사수해야만 하는 병사의 비유 또한 우스꽝스럽기 짝이 없다. 우리 몸의 다양한 구성요소들은 다른 전체에 병합되어 계속 제 역할을 할

---

4 Hume, *Essays on Suicide and the Immortality of the Soul*, p.11.
5 *Ibid.*, p.13.
6 *Ibid.*, p.15.

것이다. "피조물이 세계의 질서를 어지럽히거나 신의 영역을 침해할 수 있다는 생각 자체가 신성모독이다."

2) 자살은 사회에 해롭지 않다. "삶에서 물러난 사람이 사회에 해가 되지는 않는다. 그는 다만 도움이 되지 않을 뿐이다. 설령 해가 된다 해도 지극히 사소한 수준이다. 사회에 대한 우리의 모든 의무는 상호성을 함축한다. 나는 사회로부터 혜택을 받고 사회의 이익을 도모해야 하는 것이다. …… 내가 스스로 큰 불행을 무릅쓰면서까지 사회의 소소한 이익을 챙길 필요는 없다. 내가 공공에 사소한 이익을 끼칠 수 있다는 이유로 불행한 삶을 굳이 연장해야만 할 이유가 어디 있단 말인가?"[7] 게다가 "내가 사회에 짐이 된다고 생각해 보라. 내 삶이 사회에 유익이 되기보다는 어떤 이들에게 해를 끼친다고 생각해 보라. 이런 경우에 내가 삶을 거부하는 것은 죄가 되기는커녕 칭송받을 일이다".

3) 자살은 자기 자신에 대한 죄가 아니다. "나는 삶이 지킬 만한 가치가 있는데 거부하는 사람은 아무도 없다고 본다." 자살은 궁극의 치유책이다. "그것이 우리가 본을 보임으로써 사회에 유익을 끼칠 수 있는 유일한 방법이다. 그러한 본을 따름으로써 각 사람은 행복의 기회를 간직하되 불행의 위험에서 해방될 수 있을 것이다."[8]

흄은 주석에서 성경이 자살에 대해 아무런 지침도 내리지 않고 그저 불가피한 불행에 순종하라고 할 뿐이라고 말한다. '살인하지 말라'는 타인들의 목숨에 적용될 뿐, 우리 자신의 목숨에는 적용되지 않는다. 게다가 모세의 율법은 이미 폐기되었다.

---

7 *Ibid.*, pp.18~19.
8 *Ibid.*, pp.21~22.

흄이 1755년경에 작성한 자살에 대한 소논문의 내용은 대략 이러하다. 그는 이 논문을 영혼불멸에 대한 논문과 묶어서 내려 했다. 하지만 흄은 출간을 목전에 두고 원고를 회수했다. 립시우스와 존 던이 150여 년 전에 그랬듯이 그도 사본을 폐기했다. 평론가들은 흄이 최후의 순간에 마음을 바꾼 이유를 궁금해했다.[9] 외부 압력 때문이었을 가능성은 낮다. 그보다는 흄이 자신의 논증 대부분이 빈약하고 진부하다고 평가했을 확률이 높다. 책임감도 작용했을 것이다. 또한 보편적이고 끈질긴 반박이 거의 자연법의 위상에 도달하여 논파하기가 쉽지 않았다는 사실도 감안해야 한다. 집단의식 속에서 자살은 근친상간만큼이나 금기시되었다. 이러한 금지와 전면으로 싸우려면 집권층과 사회의 다수에게 배척당할 각오가 필요했다. 딱히 명성을 안겨 줄 만한 저작도 아닌데 그런 위험을 감수할 가치가 있을까? 흄은 돈키호테가 아니었다. 그는 집단의식의 편견이라는 풍차에 달려들지 않기로 했다.

하지만 사본 몇 부는 폐기되지 않았다. 흄의 친구가 그중 한 부를 빌려 가서 읽고는 흄을 칭찬하고 권총을 머리에 쏘아 자살했다는 이야기도 있다. 이 이야기는 순전히 사실무근이지만 자살 문제가 얼마나 열광을 불러일으켰는가를 보여 준다. 프랑스에 흘러들어 온 사본을 1770년에 돌바크가 저자 이름을 밝히지 않고 번역해서 출간했다. 흄은 1776년에 사망했고 1777년에 두 편의 에세이는 비로소 한데 묶여 출간됐지만 이때에도 저자 이름은 밝히지 않았다. 흄의 이름은 1783년 판본에 비로소 등장한다. 이 판본은 루소의 『누벨 엘로이즈』에서 자살을 다루는 두 편의 편지

---

9 이 문제를 연구한 논문으로는 T. L. Beauchamp, "An Analysis on Hume's Essay 'On Suicide'", *Review of Metaphysics* 30, 1976이 있다.

를 발췌해 함께 실었다.

문단은 이 책에 격렬한 적대감을 드러냈다. 1783년의 『더 크리티컬 리뷰』는 이 책이 사회와 종교를 와해시키는 "우리의 숭고한 희망과 시각"을 파괴하는 "작은 불신의 지침서"라고 했다. 1783년 판본의 편집자가 신중하게도 흄의 주장을 반박하는 주석들까지 달았는데도 『먼슬리 리뷰』는 비난을 퍼부었다. 1784년 『젠틀맨스 매거진』은 공격의 배턴을 이어받아 편집자의 반박이 해악을 선전하는 꼴밖에 안 된다고 했다. 같은 해에 조지 혼 주교는 『불신에 대한 편지』에서 흄의 글을 비난했다.

편집자의 지적은 설득력은 없지만 꽤 흥미롭다. 그는 여기서 드러난 진실은 그저 사람의 마음을 다독일 뿐이라고 주장한다. 세상 모두가 흄의 생각을 따른다면 머지않아 인류는 씨가 마를 것이다. 칸트의 전조라고나 할까. 게다가 "어느 주어진 순간, 삶의 어느 단계에서, 혹은 자신이 사회에 미칠 수 있는 유익과 결과를 고려해서 그런 결단을 내리기란 불가능하다. 예지력이 없으니 미래의 수많은 수수께끼의 변화 속에서 어떠한 목적에 봉사하게 될지 안다는 것은 더욱더 불가능하다".[10] 마지막으로 중요한 논증이 있다. 각 사람이 자기 삶의 주인이라면 자기 삶에 대한 권력을 타자에게 위임할 수도 있을 것이고 이때의 결과는 예측할 수 없다.

자살을 정당화하거나 비난하는 이론적 저술을 남기는 것과 실제로 자살을 직면하는 것은 전혀 다르다. 부플레 백작부인이 불행을 한탄하며 자살하겠다고 말하자 흄은 1764년 7월 14일자 편지에서 그녀의 용기 있는 결단을 칭찬하기는커녕 자신의 '공포'를 드러낸다. "당신의 행복에 장애물이 있다면 그 장애물이 당신이 가끔 언급하는 그 대책 외의 다른 수

---

10 Hume, *Essays on Suicide and the Immortality of the Soul*, p.48.

단으로 치료되고 제거될 수 있는 성질의 것이기를 바랍니다. 나는 그런 대책을 생각하면서 공포를 금할 길이 없습니다."[11]

1746년에 흄은 알렉산더 포브스 소령 자살 사건의 증인이 되었다. 소령은 스스로 동맥을 끊었다. 동생에게 보낸 10월 4일자 편지에 따르면 흄이 발견했을 때에 그는 "자기 피에 흠뻑 젖은 채" 아직 숨이 끊어지지 않은 상태였다. 흄은 황급히 외과의를 불러 상처를 싸매게 했다. 그 후 24시간 동안 흄은 소령과 대화를 나누었다. "자신의 퇴장에 걸맞게 그처럼 삶에 대한 단호한 혐오와 결연한 철학적 원칙을 피력하는 자는 달리 보지 못했다. 그는 내게 우정의 마지막 표시로 붕대를 풀어 속히 죽게 해달라고 청했다. 하지만 어이할거나! 지금은 그리스인들과 로마인들의 시대가 아닌 것을!"[12]

흄은 결국 자신의 원칙이 그 시대에는 통하지 않는다고 인정한 셈이다. 흄 본인도 영벌에 대한 두려움에 시달렸다고 하니 그가 막바지에 자살론 출간을 포기한 것도 이해가 간다. 엄밀히 말해 자살은 개인적이고 실존적인 문제다.

로베크를 제외하면 자살론을 집필한 저자 중에서 실제로 자살한 사람은 없다는 것을 기억하자. 하지만 그들의 저작이 자살옹호론이었던 것도 아니다. 그들은 삶이 정신적으로나 육체적으로 너무 버거워지면 자살도 정당하다는 것을 보여 주고 싶었을 뿐이다.

---

11 D. Hume, *The Letters of David Hume*, vol.1, ed. J. Y. T. Greig, Oxford, 1932, p.452.
12 *Ibid.*, pp.97~98.

돌바크와 샹포르 : "죽음은 절망의 유일한 약이다"

이것이 흄과 같은 시대를 살았던 돌바크 남작의 강력한 주장이었다. 그는 유물론자를 자처한 인물이었으므로 종교에서 유래한 반박들에 전혀 구애되지 않았다. 『자연 체계』에서 「자살에 대하여」라는 장에 그는 이렇게 썼다. "자살이 내세에서 벌을 받으려면 자살자가 죽음 이후에도 살아가야 하고 그 미래의 거처에도 자신의 신체기관, 감각, 기억, 생각, 지금의 존재방식과 사고방식을 그대로 끌고 가야 할 것이다."

『자연 체계』는 돌바크가 흄의 책을 번역하여 프랑스에서 출간한 바로 그 1770년에 나왔다. 이 책에도 흄의 영향은 뚜렷이 드러난다. 돌바크는 우리가 사회에 "계약당사자들 간의 상호 이익을 전제하는" 계약으로 묶여 있으므로 자살은 전혀 사회에 해를 끼치지 않는다고 말한다. 시민은 행복의 유대로 사회, 조국, 다른 구성원들과 이어져 있고 이 유대가 끊어지면 전적으로 자유롭다. 어쨌거나 "절망에 빠진 불행한 자, 슬픔에 젖어 인간혐오에 빠진 자, 후회에 찌든 자에게 사회가 무슨 이익이나 도움을 약속할 수 있겠는가? 그런 자들은 더 이상 남들에게 유익한 존재가 되고픈 마음이 없고 자기 자신조차 포기했는데 살아 봤자 뭐가 좋겠는가?"

자살이 자연에 반하는 행위라는 주장도 통하지 않는다. 자연이 우리에게 삶에 대한 사랑을 심어 주었다고들 한다. 그런데 우리의 자연[천성]이 어떤 이유에서든 삶을 혐오하게 한다면? "지능을 갖춘 모든 인간이 삶을 소중히 여기게 하는 바로 그 힘이 어떤 이의 너무나 가혹하고 고통스러운 삶을 가증스럽고 끔찍하게 하여 그 사람이 자기 종에서 벗어나게 한다. 그에게 질서는 이미 파괴되었다. 그는 스스로 목숨을 버림으로써 그가 더 이상 존재하지 않길 바라는 자연의 명령을 완수한다. 그러한 자연은 수천 년에 걸쳐 땅속 깊은 곳에서 제명을 단축시킬 쇠를 만들어 냈다."

자살은 비겁행위도 아니다. 인간은 "세상 그 무엇도 즐겁지 않고 무슨 수로도 고통에서 벗어날 수 없을 때에나" 그런 결단을 내린다. "그의 불행이 무엇이든 그 자신에겐 현실이다." 이러한 불행에서 인간은 죽음 공포를 극복할 힘을 얻는다. 게다가 자살은 불행 혹은 과잉이 불러오는 일종의 질병으로 봐야 한다. "강하다고 할 것도, 약하다고 할 것도 없다. 용기나 비겁함은 상관없다. 고통스럽거나 고질적인 병이 있을 뿐이다." 그렇기 때문에 합리적 추론은 자살을 불러오지도 못하지만 자살을 막지도 못한다. "격언 때문에 그토록 과격한 결정을 내리게 되지는 않는다. 이는 고뇌에 예민해진 기질의 문제다. 담즙질과 우울질의 작용, 구성의 문제, 기계의 고장, 필연 때문이지 합리적인 사색 때문이 아니다."

철학적 자살 따위는 없다. 자살을 정당화하기 위해 거창한 원칙들을 내세우는 이들은 의식적으로 혹은 무의식적으로 자신의 정신적·신체적 고통을 감추는 것뿐이다. 따라서 돌바크는 자신이 자살을 부추긴다는 비난을 일축한다. 수많은 자살옹호론들이 죽을 이유가 없는 사람에게 자살을 부추길 수는 없다. 반면, 인류가 죽음을 두려워할 필요가 없다고 깨닫는 것은 좋은 일이다. 모든 독재와 불의한 상황 들은 이러한 감정을 이용해 먹기 때문이다. 죽음을 두려워하지 않는 자만이 자유롭다.

햄릿은 악몽을 두려워했지만 그런 염려를 벗어 버리면 죽음이 안식처가 된다. "죽음은 잠, 그 이상이 아니다." 불행한 자가 손만 뻗으면 평화를 얻을 수 있다. "신의 없는 친구들이 등을 돌리는가? 부덕한 아내가 마음을 아프게 하나? 배은망덕하고 반항적인 아이들이 늙은 부모를 힘들게 하나? 결코 얻을 수 없는 어떤 것에 자신의 행복을 걸었는가? 어떤 이유에서든 번민, 후회, 우울, 절망이 세상을 달리 보이게 하는가? 불행을 참을 수 없다면 이제 무서운 사막에 지나지 않는 세상을 떠나라. 더 이상 자기 백성으로 쳐주지도 않는 비정한 모국에서 영원히 멀어지라. 머리 위로 무너져 내릴 것 같은 집에서 도망쳐 나오라. 더 이상 사회의 행복에 도움이 안 되거든 사회를 포기할지니 오직 자신의 행복만이 중요해질 것이다. …… 죽음은 절망의 유일한 약이다. 이때에는 검이 불행한 이의 곁을 지키는 유일한 위로자, 유일한 벗이다. …… 어떤 것도 자기 존재에 대한 사랑을 느끼게 하지 못할 때 삶은 가장 큰 불행이요, 죽음은 그 불행에서 벗어나고자 하는 자의 의무다."

돌바크 남작은 이러한 동기들과 무관하게 상당히 행복하게 살았다고 믿을 만하다. 그는 1789년에 66세를 일기로 자연사했기 때문이다. 반면에 샹포르는 철학적 염세론을 끝까지 밀고 나갔다. 그는 삶이 함정이라고 생각했다. 우리는 눈물의 골짜기에 내던져졌다. "물리적 재앙과 인간 본성의 골칫거리가 사회의 필요성을 낳았다. 사회는 자연의 불행에 가세했다. 사회의 불편들은 정부의 필요성을 낳고, 정부는 다시 사회의 불행에 가세했다. 이것이 인간 본성의 역사다."[13]

삶은 기나긴 불행의 조직이다. "삶은 병이다. …… 죽음은 약이다." 그러나 삶이 사악한 함정이 되는 이유는 "우리를 수많은 불행으로 쓰러뜨리면서도 삶에 대한 불굴의 애착을 품게 하는 자연이 문간에 보초를 세워놓고 집에 불을 지르는 방화범처럼 굴기 때문이다. 화재의 위험이 아주 심각해야만 우리는 어쩔 수 없이 창문으로 뛰어내리게 된다". 요컨대 우리의 해방, 곧 죽음을 두렵게 하는 생존본능이 우리 자신을 가두고 있다. 집권층은 이 본능이라는 확실한 간수로도 모자라 자살 금지를 추가했다.

---

13 Chamfort, *Maximes et Pensées, Œuvres complètes*, vol.1, 1824, p.354.

"왕과 사제 들은 자살을 금지하여 우리를 확실히 속박하고자 했다. 그들은 우리를 출구 없는 감옥에 붙잡아 놓기 원했다."[14] 이처럼 사회적 편견과 생존본능으로 삶을 유지해 왔으니 어지간한 용기가 아니면, 또한 상황이 받쳐 주지 않으면 감히 우리 자신을 해방시킬 수 없다. 샹포르는 1794년 4월 13일에 그러한 용기를 냈다. 그러나 총알이 빗나가 한쪽 눈을 잃었을 뿐, 삶은 그를 악착같이 물고 늘어졌다. 그는 결국 다시 스스로 목을 베었고 몇 주 후에 눈을 감았다.

철학적 자살의 세월

샹포르는 극단적인 경우였다. 다시 한번 말하지만 진짜 철학적 자살, 다시 말해 삶의 권태, 부조리, 산다는 것의 불행에 기인한 자살은 드물었고 진위가 의심스러웠다. 장 메슬리에 사제는 유서에서 '자기무화'의 욕망을 드러냈으니 철학적 자살이라 할 수 있겠다. "그 후에는 뭐라고 생각하고 말하고 판단하든, 이 세상에서 무엇을 하고 싶어 하든, 나는 상관없으리라. 지혜롭든 어리석든, 선하든 못됐든, 내가 죽은 후에 뭐라고 떠들고 날 어떻게 하든 나는 별로 개의치 않는다. 난 이미 이 세상사에 거의 속하지 않는다."

진위 여부가 확실히 밝혀지지는 않았으나 메슬리에는 실제로 자살했을 가능성이 농후하며 이 글에서 나타나는 정신 상태로 보아도 그렇다. 동료 오브리 사제와 그 외 여러 사람이 증언하기를 메슬리에는 1729년에 65세의 나이로 단식자살을 했다고 한다. "메슬리에는 신부들의 종교에

---

14 Chamfort, *Maximes et Pensées*, p.484.

화가 나 있었고 시력까지 잃은 터라 질질 끌수록 지겹기만 한 이력을 끝낼 생각밖에 없었다. 그는 대외적으로 성직자 생활을 하느라 스스로에게 제약과 폭력을 가해야 했기에 삶에 염증을 느꼈고, 양심의 외침과 죽기 전에 알려져 벌을 받지 않을까라는 두려움에 시달렸다. 그는 다시는 돌아오지 않기로 결연하게 다짐하고 잠자리에 들었다. 며칠간 무기력 상태에 빠졌으나 삶을 연장할 만한 조치를 끈질기게 거부하고 결국 죽었다."[15]

회고록 저자, 문학비평가, 작가, 신문발행인 들은 1760~1770년대에 철학적 자살이 발생하기만을 기다렸다. 루이 프티 드 바쇼몽이 1762년부터 1787년까지 문단과 사교계의 모든 사건들을 기록한 것으로 추정되는 『비밀 비망록』도 절망, 고통, 삶의 권태에서 비롯된 여러 건의 자살을 언급하며 이를 영국 유행과 결부시킨다.[16] 이 분야에서 일련의 회고록 저자들이 드러낸 호기심은 그 자체로 의미심장하다. 형식적인 비난 이면에는 찬탄 어린 관심이 있다. 이 저자들은 분명히 자살에 흥미를 느꼈다.

『비밀 비망록』의 1762년 5월 21일자 기록에는 몇 년 전부터 많은 이들이 '소모'(consumption)로, 다시 말해 절망에 의한 자살로 죽었다고 되어 있다. "집안의 불행을 숨기고 싶어 하는 자들이 이런 일을 사고로 위장했다. 두 달 사이에 열 명도 넘는 사람이 이 같은 광란의 희생양이 되었다. '삶의 권태'(taedium vitae)는 소위 근대 철학의 결과인데 진짜 철학자가 되기엔 너무 연약한 정신의 소유자들을 수없이 망쳐 놓았다."[17]

---

15 J. Meslier, *Œuvres complètes*, vol.3, Paris, 1972, p.397.

16 L. P. de Bachaumont, *Mémoires secrets pour servir à l'histoire de république des lettres en France depuis 1762 jusqu'à nos jours*. 바쇼몽(1690~1771)의 비망록으로서 1762년에서 1771년까지의 흥미로운 일화집은 피당사 드 메로베르가 이어서 기록한 것이다. 게다가 메로베르가 자살한 후에는 무플 당제빌이 1787년까지 이어서 썼다. 바쇼몽은 원래 전통적인 수서 신문(Nouvelle à la main, 인쇄 기술 보급 전에 손으로 써서 만든 신문으로 비밀 폭로적인 성격이 강하다)과 같은 기록을 남기려 했다.

1769년 5월 5일에는 연극계에서 성공적으로 데뷔하지 못한 것을 비관하여 목을 매단 청년의 사연을 언급하고 다시 한번 경종을 울린다. "영국의 습속이 이렇게까지 시민들에게 파고들었을 줄이야 생각도 못했을 것이다. 얼마 전부터 이런 사건들이 너무 많이 일어난다. 대중에게 알려지지 않은 사건들은 포함하지 않아도 그렇다. 유족을 위해서, 혹은 정치와 이성과 진정한 영웅심에 위배되는 이른바 철학정신의 불길한 확산을 막기 위해서 여러 건이 조용히 묻혔다."[18]

1770년 9월 26일에 『비밀 비망록』은 안할트 연대 소속의 독일인 장교가 자신의 애견을 권총으로 고통 없이 죽이고 스스로는 "그에게 좀더 걸맞은 죽음의 도구로" 검을 써서 자결했다고 전한다. 이 장교 또한 철학정신의 희생양이었다. "이 도시에 팽배한 삶에 대한 혐오가 자살의 원인이었던 것 같다. …… 이렇게 보건대 장교의 괴상한 언동도 계획적이었을 것이다. 그렇지 않고는 그렇게까지 침착할 수는 없었을 것이다. 다시 한번 이러한 중죄를 용인하고 예민하게 선동하는 오늘날의 철학을 고발하는 바이다."[19]

1770년 10월 5일에 왕실 제1바이올리니스트 기유맹 씨가 빚 때문에 "극도의 절망 속에서" 칼로 자결했다.[20] 1772년 2월 26일에 『비밀 비망록』은 순전히 철학적 동기에서 권총자살한 어느 시골 사내의 사연을 다룬다. 그는 "누구와 상의를 거쳐 세상에 태어나지 않았으니 스스로 목숨을 박탈함에 있어서도 누구의 의견을 물을 필요가 없다고 생각한다"는 유서를

17 Bachaumont, *Mémoires secrets pour servir à l'histoire de république des lettres en France depuis 1762 jusqu'à nos jours*, vol.16, p.153.
18 *Ibid.*, vol.4, p.234.
19 *Ibid.*, vol.5, p.171.
20 *Ibid.*, vol.5, p.173.

남겼다![21] 1774년 7월 12일에는 좀더 전형적인 사례를 다룬다. 스위스 근위대의 젊은 장교 살리스 씨가 아내가 젊은 나이에 세상을 떠나자 절망에 빠져 제 목을 졸라 자살했다.[22] 1775년 6월 16일에는 "두 명의 영국인이 우리나라에서 자살했다. 그들은 프랑스인들이 영국에서 들여온 광증을 한층 더 강화하러 왔는지 오늘 그 본보기를 보여 주었다".[23] 하지만 이 당시에 자발적 죽음의 나라에 순례라도 가듯 영국에 건너가 자살한 유럽 대륙의 귀족들도 여러 명 있었으니 피장파장이라 하겠다. 영국 언론은 프랑스 귀족이 그리니치에서 자살한 사건, 1789년에 독일 장군이 하이드 파크에서 자살한 사건, 1797년에 '코르스 왕'의 아들이 웨스트민스터 애비에서 권총자살한 사건을 보도했다. 그 이듬해에는 소렌티노 공작이 어느 카페에서 권총자살을 했다. 1789년에 모포 재상의 막내아들이 거액을 들고 영국으로 건너가 브라이튼에서 권총자살한 사건은 상당한 파문을 일으켰다. 그는 "나는 죄 없이 죽는다. 하늘에서 입증하겠다"라는 뜻 모를 짧은 유서를 남겼다.[24]

프랑스로 돌아오자. 1775년 6월 16일, 위에서 말한 두 영국인이 자살한 그날에 화류계의 유명인사 제르망세 양이 연인에게 버림받고 아편으로 자살을 기도했다. 치사량에 미치지 않아 제르망세 양은 죽지 않았다. 그녀는 기운을 차리고 나자 이 일을 자랑스럽게 떠벌리고 다녔다. "마뜩 잖은 것은 그녀가 자기 동무들에게 죽음이 아무것도 아니라고 말하고 다닌다는 점이다. 또한 자신은 기분 좋게 죽는 방법을 택해서 스르르 잠드

21 *Ibid.*, vol.6, p.101.
22 *Ibid.*, vol.7, p.189.
23 *Ibid.*, vol.8, p.79.
24 *The Times*, 19 september~6 october 1789.

는 순간이 더없이 감미로웠노라 말한다. 이런 생각이 화류계 여자들과 파리의 방탕한 멋쟁이 청년들 사이에 퍼져 있으니 비슷한 사건이 무수히 일어나는 것이다."[25]

1781년 2월 2일에도 『비밀 비망록』의 저자는 부유하고 아무 문제 없어 보이는 성직자 공증인의 자살에 관심을 기울인다. "공증인 브로노 씨가 자신의 목을 베어 자살한 사건을 두고 말들이 많다. 정신이상이 원인이었다는 데에는 의심의 여지가 없다. 그가 유산, 행실, 중요한 사업 들을 통해 최고로 부유한 공증인이 되었다는 점을 생각하면 참으로 놀라운 일이다."[26]

1773년 크리스마스 : "우리는 보편적인 광경이 역겹다"

당대에 가장 큰 반향을 불러일으킨 철학적 자살은 1773년 크리스마스에 일어났다. 젊은 병사 두 사람이 생 드니 여인숙에서 자살했다. 물론 『비밀 비망록』도 이 사건에 상당한 지면을 할애했지만 당시 사교계는 몇 주간 이 얘기로 시끄러웠다. 그래서 그림이나 볼테르 같은 문인들의 편지에서도 이 사건에 대한 언급을 찾아볼 수 있다.

일단 사실만 살펴자. 1773년 12월 24일, 위맹(Humain, '인간'이라는 뜻)이라는 상징적 이름을 지닌 24세의 연대장과 부르도라는 20세의 용기병이 생 드니 대성당 인근의 '왕검' 여인숙을 찾았다. 그들은 파리에서 역마차를 타고 왔는데 왜 그곳으로 왔는지는 밝혀지지 않았다. 그들은 분명

25 Bachaumont, *Mémoires secrets pour servir à l'histoire de république des lettres en France depuis 1762 jusqu'à nos jours*, vol.8, p.79.
26 *Ibid.*, vol.17, p.56.

히 동성애 관계였을 것이다. 신문들의 보도에 따르면 "두 사람은 그리 명예롭지 못한 품행과 행실로 경찰 명부에 올라와 있었다". 주도자는 어린 쪽인 부르도였다. 그는 예수회 학교에 다녔었고 나이가 어린데도 여러 직업을 거친 바 있었다. 소속은 벨장스 연대였다.

그들은 식사와 객실을 주문했다. 그들은 성탄자정미사에 가지 않았다고 한다. 25일 아침에는 산책을 나갔고 정오에는 브리오슈, 술 한 병, 종이 몇 장을 객실로 가져다 달라고 했다. 부르도는 자신들의 행위를 설명하는 장문의 편지 두 통을 썼다. 그 후 각자 탁자에 앉아 권총을 뽑아 입에 물고 방아쇠를 당겼다. 탁자에는 '유언'과 부르도가 소속된 벨장스 연대 중위 클레락 씨에게 보내는 편지가 놓여 있었다. 우선 이 편지부터 보자.

저의 현재 상태에 불만이 많다는 말씀은 여러 차례 드린 줄 압니다. …… 그 후 진지하게 저 자신을 살피고 깨달았습니다. 저는 이제 매사에 염증을 느끼게 되었으며 가능한 모든 상태, 사람, 온 세상, 저 자신에게 질렸습니다. 이 깨달음의 결과를 끌어내야만 했습니다.

모든 것에 지쳤다면 모든 것을 포기해야지요. 이 계산은 오래 걸리지 않았습니다. 기하학을 동원하지 않고도 알 수 있었지요. 저는 드디어 20년쯤 누렸으나 그중 15년은 버겁기만 했던 짧은 생을 걷어치우려 합니다. ……

이 고단한 삶 이후에도 다른 삶이 있어 허락 없이 떠나는 것이 위험하다면 중위님께 그 사실을 알리러 1분만이라도 찾아오렵니다. 만약 죽음 후의 내세가 없다면 모든 불행한 자, 다시 말해 모든 인간에게 저의 모범을 따를 것을 추천합니다. ……

누구에게도 용서를 구하지 않습니다. 저는 탈영했으니 죄를 지었습니다. 그러니 법이 요구하는 대로 벌을 받겠습니다. …… 안녕히 계십시오, 친애하는 중위님. …… 늘 이 꽃 저 꽃을 누비고 다니며 모든 지식과 모든 쾌락의 정수를 취하시기 바랍니다. ……

중위님이 이 편지를 받으실 때에는 제가 진심으로 존경하는 마음을 품고 이 세상을 떠난 지 기껏해야 24시간이 지나 있을 겁니다.

— 중위님의 가장 진실한 부하 부르도, 한때 현학자들의 제자였고 궤변을 조장하는 자였으며 수도사였다가 용기병이었다가 아무것도 아니게 된 자.

'유언'은 부르도와 위맹의 서명이 나란히 있었으며 좀더 일반적인 자살의 이유를 설명하고 있었다.

우리의 이력을 중단하게끔 압박하는 이유 따위는 없다. 그러나 영원히 죽기 위해 잠시 잠깐 살아야 한다는 슬픔이 운명을 휘두르는 이 행위를 우리가 함께 공모케 했다. …… 우리는 모든 희열을, 심지어 동료들을 지휘하는 희열까지도 맛보았다. 우리는 여전히 그런 희열을 누릴 수 있지만 모든 기쁨에는 끝이 있고 그 끝은 기쁨의 독이다. 우리는 보편적인 광경이 역겹다. 우리의 막은 이미 내렸으니 우리 역할은 아직도 잠시 더 연기를 하고자 하는 연약한 이들에게 넘기겠다. 삶에 대한 혐오가 우리가 삶을 떠나는 유일한 이유이다.

…… 우리의 오만한 동족들이 모든 존재의 왕이라 부르는 이 움직이는 살덩어리의 주요 장치를 박살내는 데에는 약간의 화약으로 충분하다.

법관 나리들, 우리 시신은 당신들의 처분에 맡깁니다. 우리는 육신을 경멸하기에 그 육신이 어찌 될까 걱정하지 않습니다. ……

이 여인숙 하녀에게 우리 목에 두른 손수건과 주머니에 꽂힌 손수건, 내가 착용한 스타킹과 그 밖의 옷가지를 주시오. 그 외 나머지 소지품으로도 쓸모없는 조사 작업과 조서 작성에 필요한 비용을 대기엔 충분할 겁니다. 탁자에 남긴 3리브르 금화는 우리가 여기서 마신 술값입니다.

— 1773년 크리스마스에, 생 드니에서,

　부르도-위맹.

이 사건의 파장은 컸다. 하지만 반응은 비난보다 충격에 가까웠다. 『비밀 비망록』은 부르도에 대해 "그는 다섯 살 때부터 줄곧 삶에 염증을 느꼈다. 철학적인 생각을 담아 유려한 문체로 작성한 글에서 그의 교육 수준을 알 수 있다"고 했다.[27] 한편 데팡 부인은 절친 볼테르에게 편지를 보냈다. "두 병사가 생 드니에서 벌인 일에 대해 뭐라고 할 건가요? 2절판 책 몇 권은 나올 소재잖아요. 오직 자연만이 대답을 줄 수 있을 거예요." 그림은 편지와 유언 전문을 인용하고 나서 "지나치게 무모한 철학이 분별없는 이들에게 미칠 수 있는 폐해의 또 다른 예"라고 평가하지만 흥미를 감추지 못한다. 아무도 두 병사의 동성애 관계를 언급하지 않는다는 점이 묘하다. 그러한 관계가 아마도 자살의 중요한 이유였을 것이다. '남색'은 고백할 수 없는 죄, 극단적으로는 현행범으로 잡혀 들어가 사형까지 받을 수 있는 중죄였으므로 그들의 사랑은 사회에 용인될 수 없었다. 두 병사의 시신은 거리로 끌고 다니고, 말뚝을 박고, 매달고, 불에 태운 후 남은 재를 쓰레기장에 버렸다.

알베르 바예는 박사논문 『자살과 도덕』에서 이 사건을 다룰 때에 놀라우리만치 어조를 달리한다. 자살의 역사를 최초로 개괄하여 이 분야의 확고한 참고도서가 된 이 저작은 방대한 정보와 폭넓은 시각을 보여 주

---

27 Bachaumont, *Mémoires secrets pour servir à l'histoire de république des lettres en France depuis 1762 jusqu'à nos jours*, vol.7, p.100.

며 소위 "구분을 둘 줄 아는 도덕"과 그 역사적 변천에 대해 공감하면서도 중립적 자세를 잘 지키고 있다. 그런데 이 책이 유독 생 드니 사건에 대해서만은 자제하는 기색도 없이 분통을 터뜨리는 것이다. 바예는 이 일에 여러 쪽을 할애하면서도 주목할 만한 가치는 없는 사건이라고 말한다. 그는 로베크의 자살을 다룬 후 "그렇게 흥미롭지는 않은 일"이라고 운을 떼며 두 병사의 죽음으로 넘어간다. "이 진부한 기삿거리"에 그는 분통을 터뜨린다. 부르도의 편지를 발췌 인용한 후에도 "결말만 그렇지 않았어도 우스웠을 것"이라고 쏘아붙인다. 유언과 편지는 "치기 어린 허세", "보잘것없는 글줄", "어린애 같은 추론"으로 폄하하며 두 사람의 죽음은 "당대의 철학"과 전혀 무관하니 그림의 견해조차 "참으로 관대하다"고 평가한다. 개인적 논평 없이 수백 건의 자살을 다룬 800쪽짜리 책이 이 사건에 대해서만은 전혀 다른 언어를 구사하는 것이다. 이 서글픈 1773년 크리스마스 이야기 속에서 위맹과 부르도는 감히 그들의 생각과 행위를 공모함으로써 문제의 핵심을 찌른 것이 아닐까. 그들은 "보편적인 광경이 역겨웠기에", 세상의 모습이 부조리하다 여겼기에 더없이 논리적으로, 단순하게 그 세상을 떠났다.

1761년 마르크 앙투안 칼라스의 죽음도 같은 맥락에서 볼 수 있겠다. 하지만 이 일을 둘러싸고 그 유명한 '사건'이 일어난 탓에 그의 죽음 자체는 의미를 잃었다. 칼라스 가에서는 아들 마르크 앙투안이 목을 매어 자살한 것을 알고 사망 원인을 숨기려 했다. 그의 동생 피에르의 증언에 따르면 부친이 "최소한 가엾은 가족의 명예라도 지켜야겠으니 형이 스스로 목숨을 끊었다는 소문이 나지 않도록 해다오"라고 그에게 부탁했다고 한다.[28] 이러한 반응에서 당시 서민들은 자살을 여전히 치욕스럽게 생각했다는 것을 알 수 있다. 그 결과, 우리가 알다시피 칼라스 부부는 아들이 가톨릭으로 개종하는 것을 막기 위해 살해했다는 누명을 쓰게 되었다.

우리의 관심사에서 중요한 것은 누이 도나 칼라스의 증언이다. 그녀
는 마르크 앙투안이 우울증이 있었고 사회생활에 실패했으며 플루타르
코스, 세네카, 몽테뉴, 셰익스피어를 탐독했었다고 자살의 이유를 밝힌
다. 그는 햄릿의 독백을 줄줄 외울 정도였다고 하니 그 의미도 깊이 생각
해 보았을 것이다. "우리의 모든 불행의 원흉인 큰오빠 마르크 앙투안 칼
라스는 음침하고 우울한 성격이었습니다. 재주는 다소 있었지만 법학사
학위를 따려면 가톨릭에 맞는 행동을 해야 하고 증명서 따위를 돈 주고
사야 했기 때문에 뜻을 이루지 못했고 장사는 적성에 맞지 않아 못 했어
요. 이렇게 진로가 다 막혀 버리자 오빠는 매우 상심했습니다. 오빠가 플
루타르코스, 세네카, 몽테뉴 같은 작가들이 자살에 대해서 쓴 글을 읽는
모습을 자주 봤어요. 영국에서 유명한 햄릿의 독백은 프랑스어 번역으로
다 외울 수 있었고, 『시드니』라는 프랑스 희비극도 몇몇 대목을 외우고
있었습니다."[29]

이 경우에도 '철학적 요소'가 자살의 유일한 원인은 아니었음은 분명
하다. 그저 고대인들을 따라 하고 싶어서, 혹은 『햄릿』을 외운다는 이유로
자살하지는 않는다. 햄릿 본인도 사는 편이 낫겠다고 생각하지 않았던가.

영국 귀족층의 자살 : 철학인가, 유희인가?

영국에서 평론가와 풍자작가 들은 귀족들의 자살이 내세우는 소위 철학

28 Voltaire, "L'affaire Calas: Pièces originales", *Mélanges*, p.547.
29 *Ibid.*, p.539.

적 이유는 진짜 이유를 감추려는 구실일 뿐이라고 꼬집었다. 찰스 무어는 『자살 완전 연구』에서 도박, 자살, 결투는 바보 같은 체면 문제에 목숨을 거는 상류층 청년들의 태만한 삶의 결과물이라고 했다. 일례로 1741년에 너스라는 사람이 런던 카지노에서 윈저 공과 시비가 붙어 결투를 신청했다. 윈저 공이 계급이 다르다는 이유로 결투를 거절하자 너스는 칼로 제목을 그었다. 1755년에 래스트 기니아 클럽에서 재산을 다 날린 신사들이 자살하겠다고 맹세하고 실제로 그 맹세를 지켰다.[30] 1757년에 존 브라운이 쓴 글을 보자. "로마인은 전쟁에서 지면 목숨을 끊었으나 영국인은 휘스트 게임에 지고 자살한다. 옛 사람은 조국을 수치스럽게 하고도 영웅이 되지만 요즘 사람은 도박장을 감히 찾지 않으면 영웅이 된다." 『코누아쇠르』는 귀족들이 자살하는 진짜 이유가 "고의적인 사치와 방탕"에서 비롯된 절망이라고 했다.[31] 1774년에 존 헤리스는 "사치와 시간 낭비가 극도에 달하였으니 지옥의 아들이자 죄의식, 후회, 절망의 무서운 결과인 자살이 그 어느 때보다 많은 신도들에게 불길한 영향력을 미치기 시작한다"고 썼다.[32] 칼렙 플레밍도 『자기살해라는 자연에 반하는 죄에 대한 논고』에서 자살을 도박, 방탕, 사치의 결과로 보았다.[33]

1756년 9월 16일자 『월드』지에서 에드워드 무어는 자살자들에게 한정된 '자살집합소'라는 건물을 만들어 가장 세련되고 우아한 자살 방법들을 제공하자고 냉소적으로 말한다. 맑은 샘물을 채워 놓은 대리석 욕조를, 배우들을 위해서는 단검과 독약을, 장교들에게는 바닥에 고정시켜 놓

---

30 Colman and Thornton ed., *The Connoisseur*, pp.295~296.
31 J. Brown, *An Estimate of the Manners and Principles of the Times*, London, 1757, p.95.
32 J. Herries, *An Address on suicide*, London, 1774, p.6
33 C. Flemming, *A Dissertation upon the Unnatural Crime of Self-Murder*, London, 1773.

은 긴 칼을, 노름꾼에게는 주사위 모양의 총알을 장전한 총을, 중인들에게는 밧줄을 제공하자는 것이었다.[34]

　18세기 후반 영국에서 자살한 귀족들은 정말 많다. 1798년에 버킹엄셔 백작이 집계를 낸 결과, 1750년대 이후로 자살한 그 지방 유지들은 모두 35명이었는데 그중 16명은 권총을, 2명은 칼을, 8명은 면도칼이나 단검을 택했다. 그들은 아무런 질책도 받지 않았다. 1731년에 도박판의 유명인사 파니 브래독이 배스에서 자살했다. 1740년에 스카버러 백작이, 1755년에는 먼포트 경이 권총자살했다. 영국 의회 의원이기도 한 먼포트 경은 노름으로 재산을 크게 잃었다. 1765년에는 볼턴 공작이, 1766년에는 밀턴 경의 아들 존 데이머가 자살했다. 데이머는 어마어마한 재산을 탕진하고 코벤트가든에서 방을 빌려 마지막으로 방탕한 파티를 즐긴 후 권총을 머리에 쏘아 죽었다. 1767년에 토머스 데이버스가 더 이상 신사답게 살 방도가 없다고 한탄하는 사행시를 남기고 권총자살했다. 1771년에는 노름으로 한 재산을 모아 의회에까지 입성한 제니슨 셰프토가 모든 것을 일거에 잃고 자살했다. 1783년에 또 다른 의원이자 거물 노름꾼 윌리엄 스크라인이 선술집에서 권총자살했다. 『애뉴얼 리지스터』는 1784년에 재산을 탕진한 청년이 "더없이 침착하게" 자살했다는 기사를 실었다. 1785년에 제임스 베터스비 대위가 결투 중에 체포되자 단검으로 자결했다. 1788년에 웨일스 왕자의 벗이자 노름친구였던 조지 해스가 카지노에서 거금을 잃고 자살했다. 같은 해에 세이 경과 실이, 이듬해에는 캐스니스 백작이, 1797년에는 마운트모레스 자작이 자살했다.

　물론 검시관은 이 모든 자살의 원인을 정신이상으로 보았다. 철학은

34　*World*, 16 september 1756, pp.1161~1162.

이성과 지성의 원칙에 근거한 학문인데 '철학적'이라고 떠드는 자살이 정신이상의 결과라니 참 역설적이다! 아무도 이런 판결을 믿지 않았다. 1759년 에드워드 윌싱엄 판례처럼 뇌물을 먹였든, 1783년 존 파월 판례처럼 거짓 증인들을 내세웠든, 이런 판결도 의학적 조사에 바탕을 두었다. 유력한 가문에서 의사를 자기편으로 끌어들이기란 식은 죽 먹기였다. 1765년에 어떤 의사는 볼턴 공이 생전에 "분별의 은총을 잃어버릴 수도 있는" 열병을 앓았노라 증언하기도 했다.[35]

특히 영국 정치계는 자살 사건이 잦았다. 18세기에 자살한 영국 의회 의원들만 21명인데 우리가 이미 보았듯 그중 다수는 정치 외적인 이유로 목숨을 버렸다. 가장 유명한 인물은 인도의 첫 총독을 지낸 로버트 클라이브 경이다. 그는 동인도회사 경영 문제로 비난을 받다가 1774년에 자살했다.

철학적 자살은 그 실체와 상관없이 곧잘 계몽주의 사상, 혹은 삶이 짐이 된다면 버릴 수도 있다는 합리적 인간의 지고한 자유와 연관되었다. 계몽된 전제군주의 본보기요, 철학자들의 친구였던 프로이센의 프리드리히 2세는 항상 리본으로 동여맨 작은 금합을 소지하고 다녔는데 그 안에는 아편 18환이 있었다. "저 음울한 강변으로 건너가 다시는 돌아오지 않기에 넉넉한 양"이라고 그는 썼다. 그는 또한 군사적 문제가 뜻대로 풀리지 않을 때마다 죽고 싶다는 말을 자주 했다. 쿠너스도르프 전투의 참사 후에 프리드리히 2세는 이틀간 실의에서 벗어나지 못했다. "굳이 태어났어야 했나? …… 내가 아직 살아 있는 게 바보짓이다. …… 오, 죽은 자들이 산 자들보다 얼마나 행복한지!" 막센 패전 이후에 그가 다르장스에

---

35 MacDonald and Murphy, *Sleepless Souls*, p.128에서 재인용.

게 보낸 편지를 보자. "내게 닥친 재앙과 역경이 지긋지긋하여 골백번 죽음을 바라고 하루가 다르게 고통받을 수밖에 없는 쇠잔한 육신에 거하기가 넌더리난다오." 누이에게 보낸 편지에서도 이렇게 말한다. "어떻게 왕자로 태어나 국가, 자기 나라의 명예, 자기 자신의 명성이 다한 후에도 살아남을 수 있겠습니까? …… 아니, 안 될 말입니다. 친애하는 누이는 내게 비겁한 조언을 하기에는 너무 고상한 생각만 하는 사람이지요. 자유, 그 고귀한 특권이 18세기 군주들에게는 로마의 세습귀족들에게 그랬던 것보다 덜 소중할까요? 브루투스와 카토가 왕과 왕자들보다 더 큰 고결함을 보였다고 누가 그럽니까? …… 삶은 그렇게나 애착을 품을 가치가 없습니다." [36]

프리드리히 2세는 우울증을 여러 차례 앓았고 그런 와중에 한번은 이렇게 선언했다. "내 생에서 가장 아름다운 날은 생을 떠나는 그날이다." 하지만 그의 활기찬 기분은 금세 또 돌아오곤 했다. 그는 각고의 노력을 기울여 우울증을 극복했다. "진지한 열심만큼 마음을 편하게 하는 것은 없다." 또한 그는 플뢰리의 『교회사』 36권, 드 투의 『세계사』 16권을 탐독할 정도로 열정적인 독서가였다. 아직도 이런 일을 해낼 만한 기력이 있는 사람은 좀체 자살하지 않는 법이다.

낭만적 자살 : 리옹의 연인들과 루소

철학적 자살에서 낭만적 자살까지의 거리는 보기보다 짧다. 이론적으로 따지자면 전자의 동기는 지적 성찰이고 후자의 동기는 감정이다. 그러나

---

36 P. Gaxotte, *Frédéric II*, Paris, 1972, p.361에서 재인용.

현실적으로 순전히 추론만으로 자살에 도달하는 경우는 없다. 계산에 의해 자폭할 수 있는 것은 기계뿐이다. 생 드니의 병사들도 인간 조건의 부조리함을 깨달았다지만 삶의 힘겨움이 거기에 가세했기 때문에 자살했다. 1770년에 리옹의 연인들도 격정적인 마음과 불행한 미래에 대한 확신이 결합했기 때문에 이 시대의 가장 유명한 낭만적 자살로 치달았던 것이다.

1770년에 검술선생 팔도니는 의사에게 살 날이 얼마 남지 않았다는 통보를 받았다. 그와 서로 사랑하는 사이였던 아가씨는 그가 죽으면 자기도 살 수 없다고 선언했다. 두 사람은 낭만적인 무대를 배경으로 동반자살하기로 결심했다. 어느 예배당에서 두 사람은 총부리가 가슴을 향하게 권총을 놓은 후 왼팔을 한데 묶고 그 끈을 방아쇠에 연결하여 둘이 조금만 움직여도 바로 총이 발사되게 했다. 여론은 비판적이라기보다는 측은히 여기는 편이었다. 언론과 문단 전체가 이 사건을 언급했고 1771년에는 작자미상의 책 『테레즈와 팔도니의 비극적인 사랑 이야기』가 나왔다. 이 책은 다시 니콜라 제르맹 레오나르와 파스칼 드 라구트의 소설 창작에 영감을 주었다. 드릴 드 살은 감탄을 표했다. 루소는 이 사건에 대해 이렇게 썼다.

단순한 신심은 죄밖에 보지 못하나
감정은 찬탄하고 이성은 입을 다문다.

낭만적 자살은 일단 사랑을 이유로 하는 자살이지만 다양하게 변형될 수 있었다. 이 주제는 루소가 『누벨 엘로이즈』(1761)에 자살에 대한 두 통의 편지를 삽입하게 되는 계기가 되었다. 저자는 작중인물들의 논증만을 내세우기 때문에 루소의 개인적인 감정을 파악하기는 어렵다. 생 프뢰는 에두아르 경에게 쓴 편지에서 자살에 찬성하는 입장을 보인다. 반면, 에두아르의 답장은 반론에 해당한다.

첫번째 편지에서 생 프뢰는 자신이 삶에 지쳤고 아무런 기대도 없다고, 모든 인간은 자기 생이 불행이 되고 남들에게 짐이 되는 순간부터 스스로 생을 마감할 자유가 있다고 주장한다. 인간은 자기 몸 전체를 구하기 위해 팔 하나를 절단할 수 있고 자기 행복을 위해 육신을 희생시킬 수도 있다. 신이 이성을 주었으니 그 이성에 힘입어 생을 떠나야 할 때를 분별할 수도 있는 것이다. 게다가 생이란 과오, 고통, 악덕의 더미 아닌가. 종교도 가장 지혜로운 삶은 세상에서 벗어나 감각에 죽은 듯 사는 것이라 가르치지 않는가? 루소는 자기무화의 영성이 지닌 애매성을 모르지 않았다. 게다가 삶의 고통이 죽음에 대한 두려움보다 크다면 그게 떠날 때가 되었다는 신호 아닌가? 이어서 생 프뢰는 전통도덕의 수호자들이 자가당착에 빠져 있다고 주장한다. 그들은 삶이 좋은 것이라고 하면서도 죽는 것보다 사는 것이 더 큰 용기를 필요로 한다고 말하기 때문이다. 피할 수 있는 불행을 자발적으로 견디는 사람은 미친 사람이다. 아무에게도 도움이 되지 않고 모두를 힘들게 하는 불평 많은 고독한 인간은 죽는 것이 옳지 않나? 성경은 자살을 금지한 적 없다. 교회의 자살 금지는 성경보다 이교도들의 철학에 더 기대고 있다. 살인 금지는 수많은 예외들을 둔다. 자살이 그 예외의 하나가 되지 말란 법이 어디 있나? 자기 생명에 관한 살인이니 논리적으로 가장 타당한 예외가 아닌가? 늙고 병들어 운신도 하지 못 하게 되어서야, 인간다움을 잃고 추하게 쇠락해서야 죽기를 기다려야만 하나? 그보다는 죽음이 바랄 만한 것일 때에 인간답게 떠나는 편이 낫지 않나?

에두아르의 답장은 이러하다. 나는 영국인이니 내게 자살에 대해 가르칠 필요는 없다. 어떻게 신앙인으로서 신이 우발적으로 자신을 이 땅에 보냈다고 생각할 수 있는가? 신은 인간이 아무 목적이나 도덕적 의도 없이 살고, 괴로워하고, 죽으라고 세상에 보낸 게 아니란 말이다. 일단 태어난 사람은 이루어야 할 과업이 있다. 사실 선과 악은 긴밀하게 뒤얽혀 있는데 삶에서 악만을 보고 있지는 않은가? 비록 지금은 불행하지만 위안의 때가 올 것이다. 우리는 불행이 결코 끝나지 않을 것처럼 생각하나 절대 그렇지 않다. 육신의 불행과 정신의 불행은 구분해야 한다. 전자는 걷잡을 수 없이 지나치면 우리의 능력을 교란시키고 이성을 어지럽혀 사람답게 살 수 없게 된다. 이 경우에는 자살도 용인할 만하다. 그러나 정신의 불행에는 반드시 약이 있다. 시간이 제일 좋은 약이다. 그리고 시간은 금방 간다. 그 후에는 우리의 선행만 남는다. 우리는 조물주에게 반항할 권리도, 우리의 본성을 바꿀 권리도, 우리가 만들어진 목적을 실추시킬 권리도 없다. 우리가 사는 것은 사회와 국가 덕택이다.

이상이 편지의 내용이다. 주석가들은 대개 전자의 편지에 비중을 두어 루소가 자살의 자유를 지지했다고 본다. 하지만 실제로는 꼭 그렇지만은 않았을 것이다. 우선 소설 그 자체는 에두아르 경의 손을 들어주기 때문이다. 생 프뢰는 자살하지 않고 오히려 좋은 조언을 해준 친구에게 고마워한다. 루소 본인도 1761년, 1763년, 1767년에 자살의 유혹을 강하게 느꼈지만 실행에 옮기지 않았다. 루소가 자살했다는 얘기는 풍문일 뿐이다. 그가 유일하게 용인하는 듯 보였던 자살은 생 프뢰가 언급했던 경우, 즉 참을 수 없는 구제불능의 고통으로 인간다움을 잃은 경우다. 따라서 루소를 낭만적 자살의 아버지로 볼 수는 없다.

괴테, 낭만적 자살(베르테르)과 철학적 자살(파우스트)의 거장

괴테는 낭만적 자살의 아버지라는 칭호를 훨씬 더 많은 이유에서 누릴 만하고 그 때문에 골칫거리도 없지 않았다. 1774년에 『젊은 베르테르의 슬픔』을 발표했을 때 그는 25세였다. 그는 자신과 잘 알던 사이였던 브룬스빅 공사관 비서 카를 빌헬름 예루살렘의 자살에 큰 충격을 받았다. 이 친구는 자신이 흠모하던 유부녀에게 거절당하자 상심을 이기지 못해 자살했다. 당시 괴테 또한 로테라는 유부녀를 열렬히 흠모하고 있었다. 이러한 개인적 비극이 『햄릿』과 리처드슨의 『파멜라』와 『누벨 엘로이즈』의 영향하에 『젊은 베르테르의 슬픔』의 토대가 되었다.

이 소설이 일으킨 반향은 그 시대의 감성을 잘 보여 준다. 베르테르가 유행을 만든 게 아니다. 그는 이미 존재하는 분위기를 표현하고 구체화했을 뿐이다. 반세기 전부터 자살 논쟁은 교양 있는 식자층의 감성을 폭넓게 자극했다. 1761년에 생 프뢰의 편지가 나왔고, 1770년에는 채터턴의 자살, 리옹의 연인 동반자살, 흄의 논문 프랑스어 번역이 한꺼번에 터졌으며, 1773년에는 생 드니의 병사들이 동반자살했다. 베르테르는 자발적 죽음의 정당성에 대한 의문이 정점에 달했을 때 등장했다. 청년과 순수한 유부녀 사이의 이루어질 수 없는 사랑 이야기는 감동적인 자살로 끝을 맺는다. 사랑, 죽음, 존재들의 어쩔 수 없는 소통 불가능, 그 모든 근원적 정념의 혼란과 동요가 이 소설 속에 있다. 앙시앵레짐 말기의 감성을 자극할 만한 모든 것이 베르테르로 귀결되어 우울하지만 시적인 표현을 찾았다. 유럽의 청춘은 햄릿의 독백을 외웠던 것처럼 베르테르의 말을 줄줄 외우기에 이르렀다. "죽음이라! 그게 무슨 뜻일까요? 당신은 아십니까? 우리는 죽음을 이야기하면서 꿈을 꿉니다. 나는 이미 여러 사람의 죽음을 보았습니다. 하지만 인간은 옹색한 정신의 소유자인지라 자기 존재의 시작과 끝을 모릅니다. 내 존재는 나의 것, 아니 당신 것입니다! 오, 사랑하는 이여, 정녕 당신의 것입니다! 한순간에 갈라지고 이별하게 되다니…… 어쩌면 영원히 말입니까? 아닙니다, 샤를로테, 안 돼요…… 내가 어떻게 사라질 수 있겠습니까? 당신이 어떻게 사라질 수 있겠습니까? 우리는 존재합니다, 그래요…… 사라지다니요! 그게 무슨 뜻일까요? 한낱 말일 뿐, 내 마음은 이해하지 못하는 공허한 소리일 뿐입니다. 로테, 죽음은! 차갑고 좁고 어두운 땅 구석에 묻히는 것입니다!"[37]

이 책의 프랑스어판은 1775년에 처음 나왔고 그 후 10년 동안 무려 15개 판본이 나왔다.[38] 소설을 각색한 작품들도 많이 나왔다. 1779년에서 1799년 사이에 4개 영어본이 나왔고 1810년 전에 3개 영어본이 더 나왔다. 즉시 베르테르를 모방한 자살이 속출했다. 1777년에 카르스텐스라는 스웨덴 청년이 『젊은 베르테르의 슬픔』을 옆에 펼쳐 놓고 권총자살했다. 이듬해에는 크리스티안 폰 라스베르크가 연인에게 버림받았다고 생각하여 강물에 뛰어들었는데 그녀의 옷 주머니에 이 책이 들어 있었다. 제화공 도제가 조끼 속에 이 책을 품고 창문에서 뛰어내리는가 하면, 1784년에는 영국 아가씨가 『젊은 베르테르의 슬픔』을 베개 밑에 넣고 침상에서 자살했고 1835년에 카를 폰 호헨하우저도 같은 방식으로 자살했다. "『젊은 베르테르의 슬픔』은 세상에서 가장 아름다운 여인보다 더 많은 자살을 낳았다." 스탈 부인의 글이다.

---

37 Goethe, *Die Leiden des jungen Werthers*, 1774; *Les souffrances du jeune Werther*, trans. B. Groethuysen, Paris, 1973, pp.162~163 [괴테, 『젊은 베르테르의 슬픔』, 안장혁 옮김, 문학동네, 2010, 179쪽].
38 M. Baldensperger, *Goethe en France*, Paris, 1902, p.18.

'베르테르 마니아'는 불안한 분위기를 풍겼다. 이 책은 일부 지역에서 금서가 되었고 비난이 쏟아졌다. 1775년 한 해에 나온 비판만 보더라도 고에제 목사는 "파렴치한 행위"를 영웅적인 행위로 미화했다고 질책했고, 슐레트바인 교수는 괴테를 "대중의 독"이라 했으며, 딜타이 목사도 그를 비난했다. 1804년에 『메르퀴르 드 프랑스』는 "괴테는 용서받을 여지가 없으며 이 작품의 의도는 명백히 부도덕하다"고 했다.

이러한 비난은 우스꽝스럽다. 괴테는 자살옹호론이 아니라 소설을 썼다. 이 모든 젊은이들의 자살을 괴테의 책임으로 보는 것은 문학 전체를 고발하는 셈이다. 수백 년 전부터 숱하게 많은 소설이 자살을 다루었지만 도덕주의자들의 벼락을 맞지는 않았다. 『젊은 베르테르의 슬픔』이 유독 몰매를 맞은 이유는 당시 사람들이 자살이 하나의 '사회 현상', 가볍게 볼 수 없는 위험한 골칫거리가 되었다는 느낌을 받았기 때문이다.

괴테는 이 소설이 미칠 수 있는 영향을 걱정하여 1775년부터 제2권 서두에 다음과 같이 끝나는 사행시를 삽입했다. "사람이 되시오, 내 본을 따르지 마시오." 1777년에 괴테는 세기병을 앓고 있다고 편지를 보낸 청년을 직접 방문하여 대화를 나누었다. 1779년에 그는 "하느님이 보우하사 다시는 『젊은 베르테르의 슬픔』 같은 작품을 쓰게 되지 않기를"이라고 말했다. 그는 작업을 통해 이런 암시를 몇 번이나 남김으로써 자신이 빚어 낸 첫인상을 바로잡고자 애썼다. 말년에 이르러 좀더 균형 잡힌 시각을 갖게 되었고 이때에는 더비 주교 브리스톨 경이 "부도덕하고 천벌을 받을" 책이라고 비난하자 정치가들도 수많은 이들이 명철한 정신으로 죽음을 택하게 한다고 응수했다.[39]

괴테는 철학적 자살에 대해서도 고찰했고 파우스트라는 소재를 취함으로써 이러한 자살에 귀족적 성격과 보편적 차원을 부여했다. 그는 이리하여 18세기 자살의 2대 경향을 구현했다. 파우스트 박사는 보편적 지식에 도달하여 신과 겨룰 수 없음에 절망하여 학문과 해박한 지식이 다 헛되다 생각한다. 스스로 창조주가 되려는 헛된 꿈을 꾸는 새로운 아담, 그것이 바로 계몽주의 시대의 인간 아닌가? 인간은 더 이상 신의 보호를 받아들이지 않고 지식을 자랑스러워하며 운명조차 마음대로 할 수 있다고 생각하게 되지 않았는가? 그 인간은 문득 자신의 실패, 약점, 한계를 깨닫는다. 그러한 깨달음은 절망과 자기파괴욕을 낳는다. 파우스트는 신이 되고 싶었다. 그게 안 된다면 아무것도 아니고 싶었다. 가슴을 찌르는 그의 독백은 자신의 무상함을 깨달은 인간의 탄식이다.

아아! 나는 이제 철학도,

법학도, 의학도,

유감스럽게 신학까지도,

온갖 노력을 들여 속속들이 연구하였다.

그러나 지금 여기 서 있는 나는 가련한 바보에 지나지 않으며,

옛날보다 더 나아진 것 하나도 없도다!

석사님, 박사님 소리를 들으며

벌써 십여 년이란 세월 동안

위로 아래로, 이리저리로

내 학생들의 코를 잡아끌고 다녔을 뿐,

우리는 아무것도 알 수 없다는 것만 알게 되었구나!

---

39 O. W. Long, "English Translations of Goethe's Werther", *Journal of English and Germanic Philology* 14, 1915.

이런 생각을 하니 정말 내 가슴이 타 버릴 것 같구나.

하긴 나는 박사다, 석사다, 문필가다, 목사다 하는

온갖 멍청이들보다야 더 영리할 것이며,

나는 어떤 불안이나 의혹 따위로 괴로워하지 않고

지옥이나 악마도 두려워하지 않으니

그 대신 내게선 모든 즐거움이 사라져 버렸고

무언가 올바른 것을 알고 있다는 자부심도 없으며

인간을 개신하고 개종시키기 위해

무엇인가를 가르칠 수 있다는 생각도 들지 않는다.

내게는 재산도 없고 돈도 없고

이 세상에서 누릴 명예나 영화도 없으니

개라도 더는 이렇게 살고 싶지 않으리라!

……

슬프도다! 나 아직 이 감옥에 갇혀 있는가?

이 저주받을 답답한 벽 속 구멍이여,

이곳엔 저 사랑스런 하늘의 빛까지도

채색된 창유리를 통해 침울하게 비쳐드는구나!

벌레들이 갉아먹고 먼지가 뒤덮인

책더미로 비좁아진 이곳에는,

높고 둥근 천장에 이르기까지

연기에 그을린 서류들이 가득 꽂혀 있구나.

갖가지 유리기구와 상자들이 사방에 둘려 있고,

여러 가지 실험기구들이 가득 차 있으며

그 사이에 선조 대대로 물려 오는 가재도구들이 가득하니 이것이 너의 세계라니! 이것도 하나의 세계인가!

아직도 너는 묻고 있느냐? 어찌하여

네 가슴 속의 심장이 불안하게 두근거리는가를?

어찌하여 까닭 모를 괴로움이

모든 삶의 충동을 억제하는가를?

신은 인간을 자연 속에 만들어 넣어 주었는데,

그 생동하는 자연 대신에

연기와 곰팡이 속에 너를 에워싸고 있는 것은

동물의 뼈다귀와 죽은 자의 해골뿐이로다.

......

이 무슨 장관인가? 그러나 아아! 하나의 구경거리일 뿐이로다!

나 너를 어디서 잡을 수 있겠느냐, 무한한 자연이여!

너희 유방들이여, 어디에서? 너희는 모든 생명의 근원.

......

우리 마음 깊은 곳에 불안이 자리 잡아

비밀스러운 고통을 낳고

끊임없이 요동치며 기쁨과 휴식을 파괴하누나.

그 불안은 언제나 새로운 가면을 쓰니

때로는 어떤 집, 어떤 마당,

때로는 어떤 여인, 어떤 아이,

불과 물, 비수와 독약의 모습이 되기도 한다.

그리하여 그대는 온갖 상관없는 일 때문에 떨게 되고

잃지도 않은 것 때문에 항상 눈물을 지어야 하는 것이다.

......

이 높은 벽을 수백 칸으로 갈라놓으며

내 주위를 비좁게 하는 이것들이 쓰레기가 아닌가?

이 벌레 먹은 세계에서 수천 가지 쓸데없는 것으로

나를 짓누르는 저 잡동사니들도 쓰레기가 아닌가?

이 속에서 나 내게 없는 것을 찾아야 하는가?

세상 어디서나 인간들이 고통을 당했었고,

어쩌다 행복한 자가 한 사람쯤 있었다는 것,

그걸 이 수많은 책들 속에서 읽어 내야 한단 말인가?

텅 빈 해골바가지야, 어찌하여 나를 보고 징글맞게 웃는가?

너의 두뇌도 옛날에는 나와 같이 방황하여

밝은 날을 찾고, 어스름 속에 답답해하며,

진리를 찾고자 비참하게 헤매었겠지?[40]

파우스트는 2세기가 지난 후에야 햄릿에게 대답한다. 파우스트 역시 "텅 빈 해골바가지"에게 말을 걸며 그 물음을 던진다. 사느냐, 죽느냐? 전부일 수 없고, 전부를 알 수 없고, 전부 다 할 수도 없는 존재란 도대체 무엇인가? 아무것도 아니다. 이제 파우스트는 인간이 보편적 앎을, 진리를 지배할 수 없다는 것을 안다. 그러니 선택은 끝났다. 죽는 쪽으로. 그는 햄릿의 두려움을 물리치고 지옥 혹은 무에 떨어질지라도 자신을 파괴하기로 결심한다.

벌레 같은 네가 받을 자격이 있겠는가?

---

40 Goethe, *Faust*, part 1 [괴테, 『파우스트』, 이인웅 옮김, 문학동네, 2009, 33~50쪽].

그래, 다정스러운 지상의 태양에 대해서

결단코 너의 등을 돌리기만 하라!

누구나 살금살금 그 곁을 피해 지나가고자 하는

저 문을 과감하게 박차고 나가려무나.

때가 되었노라, 사나이의 위엄이란

신들의 권위도 피하지 않는다는 점을 행동으로 입증하고,

공상이 스스로의 고통을 만들며 저주하고 있는,

저 캄캄한 동굴 앞에서도 떨지 않으며,

그 좁은 입구에 온갖 지옥의 불길이 타오르고 있는

저 통로를 향해 용감하게 나아갈 때가 되었다.

비록 허무 속으로 흘러들어 갈 위험이 있다 해도,

명랑하게 이 발길을 옮기도록 결심할 때가 왔노라.[41]

채터턴, 그리고 베르테르와 파우스트의 모방자들

1770년대와 1780년대에 자살한 청년들은 파우스트보다 베르테르의 본보기를 따랐다. 1770년부터 문학 아닌 현실의 본보기가 주어졌다. 그해에 17세의 젊은 시인 토머스 채터턴이 런던 홀본 거리의 자기 집에서 음독자살했기 때문이다. 그는 신동 소리를 들으며 10세부터 시를 썼고 중세풍의 글을 써서 대단한 칭찬을 받았다. 하지만 영광은 속히 찾아오지 않았고 소년은 극단적인 가난에 시달리다가 결국 자살했다. 그는 즉시 시대를 잘못 만나 이해받지 못한 천재의 상징이 되었다.

---

41 Goethe, *Faust* [『파우스트』, 53쪽].

채터턴이 죽고 나자 찬양 일색의 글들이 쏟아져 나왔다. 그중 1780년에 허버트 크로프트가 발표한 『사랑과 광기』는 채터턴을 신화로 만들었다. 예술가들이 그의 죽음을 기렸다. 1775년에 존 플랙스먼은 「절망의 잔을 마시는 채터턴」이라는 소묘를 남겼고 그의 기념비를 세우려는 계획도 구상했다. 1782년에는 다락방에서 글을 쓰는 채터턴의 모습을 담은 기념용 손수건이 나왔다. 여기에는 "자신이 살았던 시대를 드높이고자 태어났으나 오만과 가난의 희생양이 되고 만"[42] 시인에 대한 장문의 찬사도 새겨져 있었다. '질풍과 노도'(Sturm und Drang) 세대의 젊은이들이 주체할 수 없는 눈물을 훔칠 만한 손수건이었다. 키츠, 콜리지, 워즈워스, 비니가 이 신화를 다음 세기까지 끌고 갈 터였다. 필립 시크니스는 자신의 정원에 채터턴 조각상을 세우기까지 했다. 1856년에도 화가 윌리스가 「채터턴의 죽음」이라는 차가운 신고전주의 구성 작품을 내놓았다.

채터턴은 베르테르가 그랬듯 추앙받았고 모방당했다. 1789년에 『타임스』는 젊고 아름다운 엘리너 존슨의 비극적 사연을 보도했다. 그녀는 채터턴과 같은 17세였고 베르테르처럼 이룰 수 없는 사랑에 절망했다. 그녀가 좋아했던 남자 토머스 카토는 흑인이었다(이 상황에서 '카토'라는 이름은 의미심장하다). 실연당했다 생각한 엘리너는 베르테르 식의 낭만적인 장문의 유서를 남긴 채 자살했다. 재판정은 '논 콤포스 멘티스' 판결을 내렸고 현대판 오델로와 데스데모나를 측은히 여기던 『타임스』 측은 이 무죄판결을 기뻐했다.[43] 이 사건 이후 런던에서는 자살과 실연에 대한 공개토론회가 두 차례 열렸다.

---

42 E. H. W. Meyerstein, *A Life of Thomas Chatterton*, London, 1930.
43 *The Times*, 28 september~12 november 1789.

프랑스에서도 비슷한 사례들이 있었다. 일례로 한 청년이 여자 쪽 부모에게 거부당하자 강물에 뛰어들었다. 여제자를 사랑하게 된 사제가 자살을 결심하고 아벨라르와 쥘리 데탕주의 본을 받아 이런 글을 썼다. "사랑스러운 소녀에 대한 사랑은 도저히 뿌리칠 수 없을 만큼 격렬하니, 그녀에게 누를 끼칠까 두려워 죄와 죽음 중에서 하나를 택하자면 모든 것이 나로 하여금 죽음을 택하게 한다."[44] 그림도 1784, 1785년의 서한에서 여러 사례를 언급한다.[45]

독일에서는 '질풍과 노도' 문학운동의 영향으로 자살이 청년들에게 인기 있는 주제가 되었다. 여기서는 파우스트도 베르테르만큼 칭송받는 본보기였다. 소멸보다는 해방으로 간주되는 자발적 죽음을 통하여 "이 몽상가들은 인식의 문제에 해답을 찾기 원했고 감각으로 지각되는 외부 세계 이면에 존재하는 것을 발견하기 원했다."[46] 브룬슈빅은 18세기 말 프러시아에 대한 연구에서 이렇게 평했다. 1792년 2월, 세상에서의 삶을 편안하게 느끼지 못했던 프리드리히 슐레겔은 동생에게 이런 편지를 쓴다. "왜 살아야 할까? 너는 너의 동정심 말고 다른 이유들도 찾아서 나를 설득하고 싶겠지만 나에게 대답을 줄 수도, 그래도 살라고 조언할 수도 없을 거야. 3년 전부터 자살은 나의 일상적인 상념이 되었어. 괴팅겐에서 걸었던 길을 계속 걸었더라면 분명히 자살하고 말았을 거야."[47]

당시 프러시아에서 자살은 늘어나는 추세였으나 정말로 낭만적 자살이라고 부를 만한 사례는 극히 적었다. 모든 젊은이가 자살을 논했으나

44 Bayet, *Le suicide et la morale*, p.683에서 재인용.
45 Grimm, *Correspondance*, vol.13, ed. Tourneux, p.529; *Ibid.*, vol.14, p.197.
46 H. Brunschwig, *La crise de L'État prussien à la fin du XVIIIe siècle et la genèse de la mentalité romantique*, Paris, 1947, p.267.
47 *Ibid.*에서 재인용.

자살하는 젊은이는 소수였다. 카롤리네 폰 귄더로데와 하인리히 폰 클라이스트처럼 자살을 실행에 옮기는 이들은 대개 고립되었거나, 좌절을 맛보았거나, 실연을 당한 사람들이었다. 특히 클라이스트는 작가이자 극작가로서 파란만장한 삶을 살았다. 장교의 아들로 태어났고 그 자신도 프랑스 군대에 자원입대했지만 탈영한 후에는 독일 국가주의의 기수 노릇을 했고 1801년에는 베르테르의 죽음을 조소했다. 그런 그가 1811년 34세의 나이로 불치병에 걸린 젊은 여자와 동반자살을 한 것이다.

그러나 임마누엘 칸트도 『도덕 형이상학 정초』에서 몇 대목을 할애했을 만큼 프러시아에서 자살은 상당히 심각한 문제였다. 칸트는 자살의 자유가 어떤 경우에도 하나의 원리가 되어서는 안 된다고 보았다. 그러한 자유는 의무의 보편적 명령("네 의지의 준칙이 항상 보편적인 입법 원리로 통용될 수 있도록 행동하라")이 요구하는 바와 부합하지 않기 때문이다. 칸트는 자살의 동기가 자기애적인 감정이라고 보았다. 그런데 삶에 이로워야 할 감정 때문에 삶을 파괴하는 것은 모순이다. 칸트의 추론은 탄탄하지만 자살이라는 결정은 논리적 모순율을 초월하는 것이기에 그 추론의 효력은 의심스럽다.

"불행의 연속으로 절망에 빠진 사람은 생에 염증을 느낄지라도 자살이 자기에 대한 의무에 반하는 것은 아닌가 자문할 수 있는 한, 아직 이성이 있는 것이다. 그래서 그는 자신의 행위 준칙이 보편적 자연법칙이 될 수 있는가를 고찰한다. 그의 준칙은 이러하다. 삶을 연장할지라도 그러한 삶이 안락을 약속하기보다는 오히려 불행으로 위협한다면 나는 자기애에서 출발하여 생명을 단축하는 것을 원리로 삼는다. 그다음에는 자기애에 근거한 이 원리가 보편적 자연법칙이 될 수 있는가라는 문제가 남는다. 그런데 이 문제는 대번에 알 수 있다. 감정의 본분은 생명의 개선을 촉진하는 것인데 그러한 감정에 의해 생명 자체를 파괴하는 것을 법칙으로 하는 자연 체계란 자기모순이며 자연으로서 존립하지 못한다. 따라서 앞에서 논한 준칙은 보편적 자연법칙으로 존립할 수 없고 결과적으로 모든 의무의 최고원리와도 완전히 모순된다."

자살에 대한 낭만적 몽상 가운데 청춘을 훔쳐 가고 두려운 노년으로 인간을 이끄는 '흐르는 시간'이라는 주제는 매우 중요한 역할을 했다. 이 주제에 있어서도 셰익스피어는 맥베스의 독백을 통하여 시간의 흐름과 삶의 부조리를 한데 연결함으로써 선구자가 되었다.

> 내일, 내일, 또 내일은
> 이 옹졸한 발걸음으로 기록된 시간의
> 마지막 순간까지 매일매일 기어가고
> 우리의 모든 어제는 어리석은 자들이
> 먼지로 돌아가는 죽음의 길을 비추어 왔다.
> 꺼져라, 꺼져라, 짧은 촛불아!
> 인생은 그저 걸어 다니는 그림자일 뿐,
> 무대에 머무는 동안에는 우쭐대고 툴툴거리지만
> 바보천치가 지껄이는 이야기일 뿐,
> 소음과 분노로 가득 차 있지만
> 아무 의미도 없도다.[48]

노년에 대한 거부는 전(前) 낭만주의 시대에 특히 두드러졌고 결국

---

48 Shakespeare, *Macbeth*, act 5, scene 5.

'원수 같은 노년'을 피할 유일한 방법으로 자살이 대두될 수밖에 없었다. "결국 죽을 목숨인데 자살해도 마찬가지 아닌가? 이제 어떤 기쁨도 느낄 수 없고 모든 것이 고역이니 삶이 짐스럽기만 하다. 같은 시대를 사는 이들, 앞으로 살아갈 이들의 생활방식과 나의 생활방식은 햇빛과 달빛만큼이나 다르니 삶이 짐스럽기만 하다."[49] 나폴레옹 보나파르트는 고작 25세에 이런 글을 썼다. 같은 시기에 시인 앙투안 레오나르 토마(1732~1785)는 라마르틴에 앞서 노년을 피하게 해달라고 죽음에 호소한다.

> 내 마음이 나의 감각 때문에 물렁해진다면
>
> 오, 시간이여! 그대에게 말하겠소, 내 마지막 때를 마련해 달라고,
>
> 나를 빨리 죽게 해달라고.
>
> 비천하게 사느니 죽는 게 낫소. ……
>
> 시간이여, 그대의 비행을 멈춰 주오, 내 젊음을 존중해 주오.[50]

1806년에 피히테는 『두번째 파우스트』에 대한 논평에서 미리 늙어버린 낭만주의 시대의 동포들을 언급한다. "그들은 서른을 넘기면 그들 자신의 행복과 세상을 위해서 스스로 죽기를 바랐다. 그 나이부터는 그들 자신과 주변을 끊임없이 타락시키기 위해서만 살아가기 때문이다."[51] 이탈리아에도 그 나라만의 베르테르가 있었다. 1799년에 우고 포스콜로가 만들어 낸 인물 야코포 오르티스는 사랑과 국가주의에 대한 환멸 때문에 자살한다.[52]

---

49 J. Godechot, *L'Europe et l'Amérique à l'époque napoléonienne*, Paris, 1967, p.68.

50 A.-L. Thomas, *Ode sur le temps*, lines 93~96, 103.

51 J.-P. Bois, *Les Vieux*, Paris, 1989, p.271에서 재인용.

스탈 부인과 자살 연구

전 낭만주의 시대에 자발적 죽음을 종합하고 평가한 여성이 있었으니 그
녀가 바로 스탈 부인이다. 그녀는 1766년에 자크 네커의 딸로 태어났고
일찌감치 천재적 자질을 보였다. 『젊은 베르테르의 슬픔』이 나왔을 때 그
녀는 여덟 살이었고 파리의 살롱에서 지식인 엘리트에게 둘러싸여 자랐
다. 스탈 부인은 특히 사랑을 위한 자살에 매혹되었고 『정념이 개인과 국
가의 행복에 미치는 영향에 대하여』(1796)에서 그러한 자살을 호의적으
로 논하기도 했다.

　민감하고도 체계적인 정신의 소유자였던 그녀는 자발적 죽음을 크게
세 가지로 구분했다. 사랑 때문에 빚어진 자살은 가장 쉽게 이해받는다.
이 죽음은 "가장 두려워할 필요 없는 죽음"이다. 어떻게 사랑하는 대상을
잃고 더 살기를 바랄까? 철학적 자살은 좀더 드물지만 심사숙고를, "깊은
생각, 반복적인 자기성찰"을 전제한다. 차분히 인생을 분석할 수 있는 엘
리트들만이 삶에 대한 진짜 혐오에 이를 수 있다. 파우스트가 되고 싶다
해서 모두 그렇게 될 수는 없다. 게다가 파우스트도 결국 자살은 하지 않
았다. 세번째는 죄를 짓고 자살하는 경우다. 자살은 그에게 속죄의 시작
이다. 완전히 악한 자는 이 "숭고한 방법"을 동원하지 않기 때문이다. "속
죄하는 마음으로 목숨을 끊는 사람에게 뭔가 이타적인 면이 있을 거라 생
각하지 않을 수 없다." 스탈 부인은 이 세 가지 유형의 자살——절망적인
사랑에서 비롯된 자살, 염세적 철학에서 비롯된 자살, 회개하는 죄인의
자살——을 생각하며 이렇게 쓴다. "자살이라는 행위에는 타락한 존재와

---

52 U. Foscolo, *Le ultime lettere d'Jacopo Ortis*, 1799.

는 전혀 생소한 철학적이고 감성적인 면이 있다."

립시우스, 던, 흄, 괴테가 그랬듯이 스탈 부인도 훗날 자신의 주장을 후회하고 이 영역에 있어서는 각자가 개인적인 견해에만 머물러야 한다고 깨닫는다. 그녀는 자신이 자살옹호론자로 비칠 수도 있다는 것을 깨닫고 후회한 나머지, 17년 후인 1813년에 『자살에 대한 성찰』을 발표한다. 이 책은 변론이 아니라 자살 문제를 중립적으로, 가급적 세밀하게 고찰하는 '학술적' 에세이다. 이 작은 책은 18세기 자살찬반론과 19세기의 심리학, 사회학 저술 사이의 징검다리가 되었다.

첫째, 자살하는 이들을 판단하지 말자. 그들은 동정받아야 할 불쌍한 사람들이지 증오, 찬사, 경멸의 대상이 되어선 안 된다. "지나친 불행은 자살을 생각하게 만든다. …… 삶을 혐오할 만큼 불행한 사람들을 미워해서는 안 된다. 커다란 짐 앞에 굴복한 이들을 찬양해서도 안 된다. 그 짐을 계속 지고 걷는 편이 더 큰 도덕적 능력을 필요로 하기 때문이다."

심리학적으로, 자살에는 항상 극도의 정념을 수반하는 비이성적 측면이 있다. "그럼에도 불구하고 자살이 비겁행위라는 말은 옳지 않다. 그런 강요된 주장은 아무도 설득하지 못한다. 하지만 용기와 단호한 마음은 구분해야 한다. 자기를 죽이는 자가 죽음을 두려워할 수는 없다. 하지만 단호한 마음가짐이 있어야만 고통을 견뎌 낼 수 있다. 종교적 감정이 희생을 요구하는 것이 아닌 이상, 자기 안의 생존본능을 극복하려면 일종의 분노가 필요하다. 목숨을 끊고자 했으나 실패한 사람들은 다시 자살을 기도하지 않는다. 무모한 의지에서 비롯된 행동들이 다 그렇듯 자살에는 목표에 아주 가까이 가면 수그러드는 광기가 내재해 있기 때문이다."[53]

자살은 대개 파산이나 불명예를 계기로 고통이 인간 영혼에 미치는 효과에서 기인한다. 결정은 언제나 성급히 떨어진다. 불명예는 영원하지 않고, 후회도 우리의 과오를 정정하게 한다는 장점이 있으며, 진정한 사랑은 결코 사랑하는 이가 원하는 바가 아니므로 자살로 귀착되지 않기 때문이다. 신체적 고통이 자살의 동기가 되는 경우는 드물다. 그러한 고통은 반항심을 자극하지 않기 때문이다. 따라서 가장 빈번한 자살 동기는 자기애다.

스탈 부인은 이 책의 2부에서 자살과 종교적 삶의 관계를 고찰한다. "신앙을 통해서 얻을 수 있는 체념은 일종의 정신적 자살이다. 이로써 종교는 진짜 자살과 아주 상반된 것이 된다. 왜냐하면 자기 체념은 다른 사람들을 위해 자신을 내어 주지만 삶의 권태에서 비롯된 자살은 개인적 행복에 바치는 피의 애도일 뿐이기 때문이다."[54]

결의론자들의 가정은 개연성이 없기 때문에 헛되다. 그러나 햄릿의 케케묵은 망설임은 항상 필수적이다. 죽음이 정말로 모든 고통을 끝내 줄까? 신중해야 한다. 철학적 자살에는 두 가지 경우가 있다. 카토처럼 인간의 자유를 입증할 의무를 다하고자 자살하는 사람들은 칭송할 만하다. 반면, 정념에 매여 자살한 사람은 비난받아 마땅하다.

스탈 부인의 자살론은 국민성에 따른 자살의 사회학 비슷하게 마무리된다. 영국인은 보기와 달리 혈기가 넘치고 여론에 민감하기 때문에 자살을 많이 하는 경향이 있다. 영국의 기후는 별 상관이 없다. 독일인은 "형이상학적 열광" 때문에 자살을 한다. 그들은 뛰어난 능력을 지녔으나 지금 당장(1813년)은 조국 해방에 더 고민해야 할 때다. "더 이상 병적인 감성, 문학적 자살은 없어야 할 것이다." 스탈 부인은 독일인들이 어떤 남

---

53 Madame de Staël, "Réflexions sur le suicide", *Œuvres complètes*, vol.3, ed. Firmin-Didot, Paris, 1861, p.179.
54 *Ibid.*, p.185.

녀가 포츠담 여인숙에서 식사를 마치고 성가를 부른 후 자살한 사건에 열
광한 일을 두고 "탈선"이라고 비난한다. 한편, 프랑스인들의 자살은 낭만
적이지도, 철학적이지도 않다. 이념이나 우울증과 무관한, 집념에 의한
자살일 뿐이다. 지중해 쪽 사람들은 "참으로 아름다운 자연의 기쁨"을 누
리기 때문에 자살하는 일이 드물다.

『자살에 대한 성찰』은 도덕론에서 사회학으로 넘어가는 분수령이다.
통계학이 부재했으니 너무 일렀던 전환이랄까. 스탈 부인은 낭만주의자
였고 귀족들의 자살만을 고려했다. 서민들의 자살 실태는 훨씬 안정적이
었고 그리 영광스럽지 않았다. 수백 년 동안 서민들은 긴 말이 필요 없는
기본적인 고통 때문에 자살을 해왔다. 그러한 자살은 열광을 불러일으키
지 않았다. 서민들의 자살은 거대한 이념을 동기로 삼지 않았고 영웅주의
에 부합하지도 않았으며 밧줄에 목을 매는 저열한 수법으로 이루어졌기
때문이다. 드넬은 1766년에 "밧줄은 불명예가 확실시되는 죽음의 수단이
기 때문에 절망에 빠진 이가 서민이 아닌 이상 점잖은 사람들에게 조롱거
리가 되지 않을 수 없다. 독, 검, 불이어야 한다. 물에 빠져 죽는 것도 평민
의 절망에나 걸맞다"[55]라고 썼다.

철학적 자살은 무에 떨어지고, 낭만적 자살은 천국을 향하며, 서민의
자살은 지옥행이었다. 그러나 교계는 여전히 완강했고 법관들의 망설임
은 점점 더해 갔다. 비천한 이들의 자살은 세바스티앵 메르시에의 등장과
함께 조심스레 사회학의 영역으로 넘어갔다.

55 Denesle, *Les préjugés du public sur l'honneur*, p.459.

11장

서민 : 지속된 일상적 자살

서민들의 자살은 살롱, 삶의 의미에 대한 사색, 낭만의 고취 따위와는 거리가 멀었다. 18세기 브르타뉴 농촌 지역은 분명히 그랬다.[1] 렌 상급재판소 문서보관소의 1715년에서 1788년에 걸친 20건의 자살 소송을 살펴보면 농민의 자살이 17건이었고 도시민의 자살은 3건에 불과하다. 이 무미건조한 표본이 서민들의 신체적·정신적 절망을 의미심장하게 드러낸다.

브르타뉴 농촌 지역의 자살 연표

1715.7.13 스페제의 브리지트 에방이 아들이 제비뽑기로 의용군에 들어간 것을 비관하여 목을 매다.

1720.2.13 35세의 마르케가 시장 상인 장사가 잘 안 되어 칼로 여러 번 자해를 하고 낭트에서 루아르 강에 투신하다.

---

1 다음 정보는 G. Barreau, *Les suicides en Bretagne au XVIIIe siècle*, mémoire de maîtrise, Université de Rennes, 1971에서 발췌한 것이다.

1721.봄	쥘리앵 데슈가 샤토지롱 남작령 솔니에르에서 열린 전도회에서 사순절 설교를 듣고 지옥에 대한 공포로 이성을 잃다. "그는 설교가 야기한 공포 때문에 정신착란 상태에 빠졌다"고 심의 청구인은 말했다. 데슈는 자살했다.
1725.4.3	루비녜 드 베 인근 페레에 사는 자클린 위에가 장기간 교회를 멀리하다가 자살하다.
1728.1.23	상인이었으나 좀도둑질로 살아가던 40세의 앙드레 트뤼모가 샤토부르 근처에서 목을 매다.
1728.9.30	농민 조제프 카스티유가 도마녜 근처에서 사과나무에 목을 매다. 술 때문에 정신이 온전치 못했음이 분명하다. 증인들은 이구동성으로 그가 "쉴 새 없이 술을 마셨다", "제정신이 아니었다", 심지어 헛것을 보거나, 셔츠만 입고 춤을 추거나, 새들에게 말을 걸거나, 성수로 몸을 씻거나, 미친 듯이 샘을 내곤 했다고 했다. 그는 보름째 술에서 깨지 못하다 자살했다. 하지만 유죄판결이 떨어졌고 시체모독형을 받았다.
1732.2.2	또 다른 술꾼이자 전직 도축업자 르네 살리고가 앙트렝에서 목을 매어 자살하다. 그는 술만 마시면 성질을 부렸고 처자식도 버렸다. 역시 유죄판결을 받았다.
1736.10.21	농가에서 잡일을 하는 프랑수아 르게가 뱅에서 목을 매다. 그는 자기 소유도 아닌 양들을 팔아 치우고 그 돈으로 흥청망청했다. 르게 역시 술꾼이었고 유죄판결을 받았다.
1742.2.20	한 농부가 풀다비드 인근 케르비넥에서 목매어 자살하다. 그는 큰 빚을 지고 바로 전날 전 재산을 빼앗겨 빈털터리가 되었다. 역시 유죄판결을 받았다.

1743.3.1	장 보브라가 푸주레에서 자살했는데 이유는 밝혀지지 않았다.
1769.11.29	15세의 소녀 프랑수아즈 루아예가 푸제르에서 강물에 뛰어들어 자살하다. 소녀는 오랫동안 어머니에게 학대를 당했다. 어머니는 그녀에게 구걸을 시키고, 먹을 것도 주지 않았으며, 창녀라고 욕하며 한밤중에 거리로 쫓아내고, 막대기로 두들겨 패곤 했다. 어머니는 딸이 죽었는데도 전혀 슬퍼하지 않았다. "악마가 개 목을 부러뜨린 거예요. 하지만 개도 일곱 살이 넘었으니 내가 돌볼 필요는 없잖아요. …… 그 악마 같은 아이가 골치 아픈 일을 바라더니 결국 그렇게 됐네요. …… 불행한 애였죠. 자기 입으로도 그렇게 말했고요. 사악한 영이 개를 괴롭혔던 거예요."
1773.2.1	류머티즘과 신경통으로 몹시 고생하던 미셸 탈루아르가 게랑드 인근에서 스스로 목을 매다.
1773.5.9	농민 크리스토프 코가 악성 열병을 앓다가 베르주알에서 스스로 목을 매다. 판결은 유죄로 떨어지다.
1778.10월 말	생 크리스토프 드 발랭의 검사 서기인 21세의 장 프랑수아 바테가 숲속에서 목매어 자살하다. 그 또한 부모에게 학대를 당했다. 부모는 그가 혼인잔치에 가서 너무 오래 미적대다 왔다고 경찰에 신고하여 감옥에 보내기까지 했다. 그는 감옥에서 나온 후에 부끄러움을 무릅쓰고 구걸을 하고 다녔지만 가족은 전혀 도와주지 않았다. 그는 친구에게 자신을 죽여 달라고 부탁하기도 했다.
1784.3.11	라니옹 인근에 사는 농민 프랑수아 그레구아르가 다락방에서 목을 매다. 자살 이유가 알려지지 않아 유죄판결이 떨어지다.

1785.11.4	생 말로의 문지기 기욤 르 메녀가 침대에서 권총자살하다. 그는 술꾼이었고 나름대로 유지였기 때문에 사고사의 가능성을 보아 무죄판결이 내려졌다.
1786	마리 잔 로벨이 알 수 없는 이유로 음독자살하다.
1787.3.7	여러 차례 자살기도 전적이 있는 30세의 술꾼 이브 바르귈이 캥페를레 인근에서 목을 매어 죽다. 그는 오래전부터 죽을 거라고 떠들고 다녔고 그의 어머니처럼 정신병자 취급을 당했다. 술 때문에 상태가 더 나빠져서 아내가 밧줄을 숨기고 헛간을 잠가 둘 정도였다.
1787.9월 초	두통으로 고생하며 이따금 제정신이 아니었던 40세의 기욤 뷔프가 생 쉴피스에서 목을 매다.
1788.1.22	19세의 농가 일꾼 뱅상 카딕이 부모와의 이별을 견디지 못하고 퐁크루아 근처에서 목을 매다.

중세 이후로 변한 것은 없었다. 가난, 신체와 정신의 쇠락은 여전히 시골 평민들이 자살을 택하는 주된 이유였다. '알코올 문제'라는 새로운 요인이 하나 더 추가됐다. 술은 정신적으로 약한 사람들을 더 악화시켰다. 자살 수단도 변하지 않았다. 남자들은 스스로 목을 맸고 여자들은 독을 마시거나 물에 뛰어들었다. 여성의 자살은 남성의 자살의 5분의 1 수준이었다. 자살이 많이 일어나는 요일은 화요일, 시각은 오전 8시~10시 사이, 달은 2월과 9월 순이었다.

마을사람들은 자살 사건이 일어날 때마다 충격을 받았고 한데 뭉쳤다. 르네 살리고의 시신을 둘러싸고 '군중'이 모였다. 유족은 반사적으로 공포를 느꼈고 증인들이 협조를 잘 하지 않거나 법적 기관을 지나치게 두려워하는 바람에 조사가 시작되기에 힘든 점이 많았다.

자살을 바라보는 가장 큰 감정은 연민이었다. 증인들은 철저하게 고인이 제정신이 아니었다고 주장했고 달의 영향 때문이라는 해명도 자주 나왔다. 어떤 사람은 "보름달과 초승달에는 어김없이" 실성했고 또 어떤 이는 "달의 변화를 따라 정신이 오락가락했으며" 더러 "새로운 달"이 뜰 때마다 제정신이 아니라는 사람도 있었다. 이브 바르퀼 건에서는 증인이 "보름달에 그가 평소보다 더 상태가 나빠진다는 것을 모르는 사람은 없었다. 몰골은 똑바로 바라보는 것조차 힘들 정도였고 어쩌다 그를 본 사람은 모두 공포에 떨 정도였다"라고 했다. 난리, 노출증, 기행 등 광기의 표시가 될 수 있는 것들은 모두 세세하게 보고되었다.

유족과 측근은 자살을 위장하거나 무죄판결을 받기 위해서라면 뭐든지 할 수 있었다. 뱅상 카딕 건에서는 이 19세의 청년이 정말 자살을 하려고 했다면 더 높은 가지를 선택했을 거라는 이유로 그네놀이를 하려다 사고로 죽었다는 무죄판결이 떨어졌다. "시신이 취한 자세를 보건대 뱅상 카딕이 장난이나 서툰 조작 때문에 올가미가 제 목에 걸린 것을 깨닫지 못하여 죽었을 가능성이 물리적으로 전혀 없지 않다. 그가 결연하게 자기를 파괴하기로 작정했다면 얼마든지 더 높은 가지를 선택할 수 있었다." 하지만 크리스토프 코 건은 마찬가지로 정상참작을 요구했으나 거부당했다.

자살을 위장하기 위해 거짓 증인과 공범까지 끌어들여 현장을 재구성하는 경우도 있었다. 장 프랑수아 바테가 죽은 후 사제, 삼촌과 공모하여 아들을 집에서 쫓아냈던 부모는 책임을 통감했다. 부모는 생 쉴피스 드 발렝 교구사제를 설득하여 살인이나 사고사로 판정나면 아들을 교회 묘지에 매장해 달라고 했다. 조사 결과, 이 부모는 집에서 아들의 시신을 발견한 후 자살이 아니라 살인처럼 보이게 하려고 시신을 지렛대와 막대기로 마구 후려친 다음에 숲으로 끌고 가 다시 목매달았다고 한다.

한 번 설립된 절차는 앙시앵레짐 말기까지 전혀 변하지 않았다. 1773년 5월 9일 일요일 오후 4시에 레제스퀴르 마을 자택에서 목을 맨 채 발견된 55세의 농부 크리스토프 코의 사례를 보자. 당국은 사제를 통하여 속히 보고를 받고 5월 11일에 외과의가 지방판사, 세무대소인, 장교 들이 지켜보는 가운데 시신을 살펴보고 부검하여 조서를 작성했다. 같은 날, 시신은 두 명의 경찰관 입회하에 비트레 감옥으로 옮겨졌다. 감옥에서 시신의 이마에 인을 찍었다. 5월 12일에는 판결이 날 때까지 시신을 보존하기 위해 방부처리가 있었다. 5월 11일, 13일, 21일에 증인들에 대한 조사가 있었다. 고인의 심의청구인 자크 선생이 조사에 동석했다. 시신도 그 자리에 있었으나 "이미 부패에 들어간 탓에" 증인들은 알아보지도 못했다. 코가 죽은 날에서 2년 하고도 넉 달이 지난 1775년 9월 2일, 드디어 사건이 종결됐다. "법정심의청구인 루이 엘루아 자크 선생"의 마지막 심문이 있었다. 최종 선고는 다음과 같았다.

"법정은 왕실 사람들의 결론을 들어 고 크리스토프 코가 자신을 망치고 스스로를 살해했다고 보았음을 선언한다. 그는 모슬린 넥타이를 자기 목에 매고 자기 집 창고에 있던 사다리를 발판으로 이용하여 자살했다. 이 죄를 갚고 공익을 도모하기 위해 그에 대한 기억이 영원히 소멸되도록 시신을 발에 매어 거리와 교차로로 끌고 다니다가 광장에 교수대를 세우고 거꾸로 매달아 세 시간 동안 방치할 것을 명한다. 그 후 시신은 쓰레기장에 버리고 그에게 속한 동산은 모두 압수하여 그것을 가질 권리가 있는 자에게 주고 거기에서 소송비용도 제한다. 그의 나머지 재산을 취하는 자는 왕실에 3리브르를 바치고 소송에 필요한 비용도 낸다."

며칠 후, 렌의 거리에서 시체모독형이 이루어졌다. 당시는 계몽주의 운동이 한창이었던 루이 16세 시대, 『백과전서』의 첫 권이 나온 지 24년 후, 『누벨 엘로이즈』 출간에서 14년 후, 베카리아의 논문이 나온 지 11년 후, 흄의 자살론이 나온 지 5년 후, 『젊은 베르테르의 슬픔』 출간 이듬해였다. 이러한 예는 여기서 끝나지 않았다. 이때로부터 10년 후에도 라니옹 근처에서 자살한 가엾은 농민은 시체모독형을 당해야 했으니까. 그의 기억은 '지워졌고' 그의 재산은 몰수당했다.

유죄판결의 감소

따라서 이 야만적인 풍습이 앙시랭레짐 말기에는 적용되지 않았다고 주장하는 역사가나 동시대인 들의 주장을 곧이곧대로 들으면 안 된다. 시골에서는 꼭 그렇지만도 않았다. 1777년에 볼테르는 구습이 "오늘날에는 무시되고 있다"고 썼고, 뒤부아 퐁트넬은 "감정 없는 시체에 내리는 벌은 쓸모가 없으므로 행정당국이 눈을 감아 준다"고 했다. 메르시에는 1782년에 "사후에도 부조리한 법령에 따라 시체가 거리로 질질 끌려다니는 일이 이제는 일어나지 않는다"고 했다. 하지만 이들은 모두 파리에서의 실태를 말하고 있을 뿐이다. 메르시에는 이렇게 덧붙인다. "게다가 끔찍하고 혐오스러운 이 조처는 임신부들이 많은 도시에서 위험한 문제를 일으킬 수 있다."

알베르 바예는 주장한다. "18세기 초반에 이미 자살 재판은 극소수였다. 프랑스대혁명 직전에는 사실상 아예 없었다."[2] 그는 이 주장을 뒷받침

---

2 Bayet, *Le suicide et la morale*, p.667.

하기 위해 타른에서 엔, 마옌에서 손 에 루아르까지 범죄문서보관소들을 두루 살폈다. 시체에 대한 재판은 1700~1760년에 15건, 1760~1789년에 3건이 있었으니 극소수였다고 할 만하다.[3] 이 18건 중에서 5건은 그가 주로 연구한 지역에서 가장 서쪽, 즉 라발과 크라옹 재판소 관할이었다. 이로써 프랑스 왕국에서 엄격한 전통은 서부 지역에서 좀더 강세를 띠었다고 볼 만하다. 바예가 연구한 30개 지방판사 관할구역보다 브르타뉴 한 곳의 시체 재판이 더 많았다. 전자에서 일어난 재판이 18건인데 브르타뉴 한 곳이 20건이고, 그중 절반은 시체모독형이 집행되었다. 프랑스대혁명 초기에도 캥페르에서는 5~6년째 소금에 절여진 시체가 집행을 기다리고 있었고 생 말로에서 재판을 기다리는 시체는 20여 구에 달했다.[4]

재판을 피해 간 자살도 많았다. 베르망두아에서의 네 사례를 통하여 관용의 변화를 짐작할 수 있다. 1725년에는 자살한 사람이 축성되지 않은 땅에 매장되었다. 1729년에는 종을 치거나 성가를 부르는 법 없이 한밤중에 조용히 묘지에 묻혔다. 1766년에도 마찬가지였다. 1782년에는 판사에게 미리 통보만 하면 자살자도 당연히 묘지에 묻힐 수 있었다.[5] 리옹의 법학자 프로스트 드 루아예는 1760년에 세 여자가 실연의 아픔 때문에 음독자살을 했는데 상부에 보고를 하고 매장허가를 내주었다고 말한다. "나는 법적 절차의 무용성과 위험에 대한 내 생각을 과감하게 드러냈다."[6] 상부에서도 그를 막지 않았다. 리옹의 연인들에 대해서도 마찬가지였다. 브르타뉴에서조차 1785년에 기욤 르 메너의 심의청구인은 "그가

3 *Ibid.*, pp.671~672.
4 Corre et Aubry, *Documents de criminologie rétrospective(Bretagne, XVII-XVIIIe siècle)*, Paris, 1895, p.378.
5 Combier, *Les justices subalternes de Vermandois*, Amiens, 1885, pp. 43, 134, 140.
6 Prost de Royer, *Dictionnaire*, ed. Brillon, Lyon, 1784.

자기 자신을 살해했더라도 그것이 그의 기억을 심판할 이유는 되지 않습니다"라고 했다.

파리에서 브리소는 1781년에 "예전에는" 자살자들이 심판을 당했다고 썼고,[7] 1790년에 파스토레는 1772년 이후로 시체모독형을 본 적이 없다고 썼다.[8] 앞에서 보았듯이 메르시에도 1782년에 『파리의 풍경』에서 그런 "역겨운" 광경이 사라져서 기쁘기 한량없다고 말한다. 그는 지금은 신중이 우선시되어야 한다고 덧붙인다. "경찰은 자살에 대한 얘기가 대중에게 흘러들어 가지 않도록 조심성을 기울였다. 누가 자살을 했다고 하면 경찰서장이 사복 차림으로 출동해서 은밀히 조서를 꾸미고 고인을 조용히 매장해야 한다."[9] 아르디도 『일기』에서 재판을 받지 않은 자살을 여러 건 언급한다.[10] 아내가 빵을 훔치자 스스로 목을 맨 가엾은 사내가 그랬고, 1769년에 자살한 은행가가 그랬으며, 1771년에 돈 문제로 권총자살한 왕실 비서관도 바로 이튿날 본누벨 교회 묘지에 매장되었다. 1772년에 신원 증명 발급을 거부당한 젊은 노동자가 자살했지만 장례미사는 치러졌다. 같은 해에 어느 관리가 배임죄를 저지르고 자살했는데 이 관리는 매장을 거부당했지만 시체모독형까지는 가지 않았다.[11] 사실, 법은 죄를 짓고 자살하는 자들에게 더욱 엄격했다. 1768년에 시몽 살라댕이 툴루즈 감옥에서 자살했을 때에는 시체가 끌려다니고 매달리고 쓰레기장에 버려지는 벌을 받았다.[12] 자살기도도 죄로 간주되어 감옥에 들어갔다.[13]

영국에서도 비슷한 동향을 볼 수 있다. 특히 영국에서는 자살자의 재

7 Brissot, *Théorie des lois criminelles*, Paris, 1781.
8 Pastoret, *Des lois pénales*, Paris, 1790.
9 S. Mercier, *Tableau de Paris*, vol.3, Amsterdam, 1782, c.258.
10 Hardy, *Mes Loisirs*, vol.1, ed. Tourneux et Vitrac, Paris, 1912, pp.80, 160, 306, 323.
11 *Ibid.*, p.325.

산몰수를 적대적으로 보는 움직임이 커졌다. 1754년 『젠틀맨스 매거진』은 "이 법은 명백하고도 극단적인 잔혹성을 띠기 때문에 법을 회피하려는 이들이 끊이지 않는다"고 했고 1776년에 어느 법학자가 이를 다시 확인해 준다.[14] 문건을 통해 조사해보건대 조지 3세 치하인 1760년부터 사회적 신분을 망라한 자살 재판의 97퍼센트가 '논 콤포스 멘티스'로 판결났다는 점만 봐도 이 경향을 알 수 있다. 전통도덕의 수호자들은 자살자들이 죄다 미치광이로 판명난다고 분통을 터뜨렸다.[15] 이상한 행동의 낌새를 조금만 입증해도 ──가난한 사람들은 증언을 꾸며 내고, 부자들은 의학적 조사를 꾸며 내어 ── 무죄판결이 떨어졌다. 1776년에 한 법학자는 배심원단이 "일말의 추정이나 정당한 증거조차 없이" 판결을 내렸다고 증언한다. "그들의 판단은 대개 편파성과 변덕의 결과다."[16] 심지어 이러한 태도가 근거와 결론을 맞바꾸기까지 했다. 자살기도를 했다는 사실자체가 제정신이 아니라는 근거가 되었던 것이다. 신원 미상의 익사자들은 16세기에 예외 없이 '펠로 데 세'(felo de se) 판결을 받았건만 이제 '논콤포스 멘티스' 판결을 받았다. 명백한 자살에서조차 자연사 판정이 떨어지곤 했다. 1762년에 노리치의 윌리엄 헛천은 다리의 악성 종양을 고질적으로 앓았는데 결국 괴로움을 이기지 못해 칼로 자기 목을 그었다. 법정은 질병이 이 행위의 원인이므로 그의 죽음은 '자연사'에 해당한다고

---

12 Imbert and Levasseur, *Le pouvoir, les juges et les bourreaux, vingt-cinq siècles de répression*, p.203.

13 F. de Marville et al., *Lettres de M. de Marville au ministre Maurepas, 1742-1747*, Paris, 1896.

14 *Considerations on Some of the Laws Relating to the Office of a coroner*, London & Newcastle, 1776, pp.53~54.

15 예를 들자면 Watts, *A Defense against the Temtation of Self-Murder*, Ayscough, *Duelling and Suicide Repugnant to Revelation, Reason and Common Sense*, London, 1774를 보라.

16 *Considerations on Some of the Laws Relating to the Office of a coroner*, pp.45~46.

판결했다.

종교적 요인은 더 이상 고려되지 않았다. 16세기와 달리, 종교적 의무를 무시했다는 사실이 악마의 소행을 뒷받침하는 근거로 통하지 않았다. 이러한 세속화는 영국 전 지역에서 뚜렷이 나타났다. 교육받고 계몽된 중산 계급은 배심원단에서 점점 더 많은 비중을 차지했고 자살이라는 행위 그 자체보다는 사회에 대한 개인의 행동만을 심판했다. 그래서 범죄자, 일탈자, 이방인, 주변인, 반사회적 인물의 자살만 단죄를 당했다. 그 밖의 자살에 대해서는 배심원단도 상속법, 가문의 평판, 사회 안정의 요소들을 존중하려 애썼다. 왕권은 더 이상 자살을 단죄하는 데 신경쓰지 않았으므로 배심원들은 자유롭게 판결을 내릴 수 있었고 그들의 임의적 판단은 그저 사회적 책임을 다한다는 의미밖에 없었다. 그들은 빚에 쪼들려 자살한 자들에게도 관대했고 동정을 베풀었다. 1790년 4월 9일자 『타임스』의 보도대로라면 빚을 갚는 것이 되레 정신이상의 증거가 될 정도였다. 배스의 한 집에서 목을 매단 시신이 발견됐다. "배심원단은 정신병이라는 판결을 내리기 망설였으나 한 사람이 '고인이 고작 석 달밖에 안 된 빚을 바로 전날 다 갚았다는 것으로 보아 제정신이 아니었을 것이다'라고 주장하였다." 이 증거가 채택되어 그 사람은 제정신이 아닌 상태에서 자살한 것으로 결론났다.

프랑스에서도 그랬지만 영국도 유죄판결을 받은 자와 죄를 짓고 심판을 기다리는 자의 자살에는 냉혹했다. 1760년에서 1799년까지 런던에서 '펠로 데 세' 판결은 15번 떨어졌는데 그중 10건은 고발당한 자의 자살이었다. 1783년에 세무감찰관 존 파월이 투기 의혹을 받고 자살했을 때 정신이상이라는 판결이 나자 『젠틀맨스 매거진』은 "뉴게이트 감옥에 수감된 자가 재판이 두려워 이런 식으로 자살했다면 배심원단은 주저 없이 정반대의 판결을 내릴 것이다. …… 오늘날 자살은 정신병자의 소행으로 보기에는 너무 유행하고 있다."[17] 1793년 1월 26일에 런던에서 두 가지 죄목의 용의자 데이비드 멘데스가 자살했다. 그는 시체모독형을 받았다.[18] 같은 해 12월에 좀도둑이 뉴게이트 감옥에서 목을 맸다. 시신은 끌려다녔으며 민선 도시자, 시티의 기병 장교들, 50여 명의 고관들이 행렬을 이루었다. 시신을 구덩이에 던지고 가슴에 말뚝을 박을 때에는 엄청난 인파가 구경을 하러 몰려왔다. "이 일로 군중이 운집했다"고 『타임스』도 보도한다.[19] 메르시에와 달리, 런던 시민들은 "혐오스럽고 끔찍한 구경거리"에 환호했다. 유족도 판결을 피할 도리가 없었다. 1731년에 목매어 자살한 슈로셔의 제화공 유족은 판결을 피하기 위해 뒤뜰에 시신을 몰래 매장했으나 결국 '펠로 데 세' 판결을 받았다. 그러자 당국은 며칠 후 시신을 다시 파내서 공공도로 밑에 다시 묻게 했다.[20]

자살에 대한 태도 변화를 보여 주는 또 다른 증거가 있다. 자살기도에 실패한 사람들을 돕는 단체가 설립된 것이다. 자살기도에서 살아남은 사람은 자살에 성공한 사람보다 더 많았다. 이들은 똑같은 시도를 다시 할 수 없게끔 정신병동, 작업장, 감옥에 갇히곤 했다. 1774년에 영국에서 설립된 '런던 휴먼 소사이어티'는 원래 물에 빠진 사람들을 구조하는 단체였다. 그런데 구조당한 사람들이 대개 자살기도자들이었기 때문에 단체는 곧 그들을 지원하는 박애적 성격을 띠게 되었다. 1797년에 이미 런던 휴먼 소사이어티는 350명의 절망한 영혼들을 구했다고 한다.[21]

---

17 *Gentleman's Magazine* 52, 1783, part 1, p.539.
18 *The Times*, 28 January 1793, p.4.
19 *Ibid.*, 10 and 13 December 1793.
20 *Fog's Weekly Journal*, 20 March 1731.
21 G. Gregory, *A Sermon on Suicide*, London, 1797.

18세기 후반에 자살률이 높아졌다?

이러한 단체는 도덕, 정치, 종교의 권위자와 집권층이 자살 현상의 증가에 관심을 두었음을 보여 준다. 사실 16세기 이후 자살률이 증가하고 있다는 모호하고 근거 없는 인상은 여러 차례 나타났었다. 그런데 18세기 후반에는 처음으로 통계가 나왔다. 비록 어떤 확실성을 끌어내기에는 일관성이 부족한 통계였지만 경종을 울리기에는 충분한 결과였다.

영국에서 런던 사망 내역은 1749년, 1755년, 1765년, 1772년, 1778년에 특히 자살이 많이 일어났음을 보여 준다. 심할 때에는 연간 50건에 이를 정도였다. 하지만 전반적인 그래프는 안정적이다 못해 되레 하향세를 보였다. 그래도 자살률이 높을 때의 인상이 강하게 남기 때문에 여론은 우려를 표명했다. 자살자는 남성이 여성보다 2배나 많았다. 과격하고 효과가 확실한 방법을 써야만 자살에 성공할 수 있기 때문에 그렇다는 설명도 가능하고, 아무래도 여성은 몰수할 재산 따위가 거의 없기 때문에 남성이 자살 판결을 받을 확률이 더 높다는 설명도 가능하다.

자살은 모든 사회적 신분에서 예외 없이 발생했다. 하지만 귀족과 유지 들은 자살을 사고사나 자연사로 위장하기가 용이했으므로 그들의 실제 자살률은 공식 통계보다 훨씬 높았을 것이다. 현재 통계와 비교했을 때 앙시앵레짐 사회를 잘 보여 주는 충격적인 특징은 아동과 청소년의 자살률이 매우 높다는 것이다. 영국에서 1541년에서 1799년 사이에 자살한 사람으로서 연령이 확인된 1001명 중에서 14세 미만은 무려 33퍼센트나 되었다. 특히 10~14세 자살자는 159명으로 15~19세(150명), 20~24세(121명)보다도 많다.[22]

이 현상은 우선 아동과 청소년을 남의 집에 하인이나 도제로 들여보내는 풍습에서 기인한다. 이렇게 남의 가정이나 사업장에 들어간 아동들은 자주 학대를 당했고 영양을 제대로 섭취하지 못했으며 가혹행위에 시달리기까지 했다. 배심원단도 이들의 자살에는 그리 관대하지 않았다. 배심원단은 주로 지주, 특히 자기도 어린 하인, 하녀, 도제를 부리는 처지에 있는 사람들로 구성되었으므로 그들에게 연민을 보이면 기강이 흐트러질까 우려했던 것이다. 1779년에 웨스트민스터의 도제 토머스 엠프슨이 스승에게 가죽 끈으로 매질을 당한 후 목매어 자살하고 정신이상 판결을 받긴 했으나 이는 예외적인 경우다. 1778년에는 한 아이가 시장에서 감자를 충분히 사오지 않았다는 이유로 마님에게 감금당하자 자살을 기도했다.[23] 여자아이들은 주인에게 강간을 당하고 임신을 하면 자살을 하곤 했다. 언론은 이런 사건들을 좀체 다루지 않았다. 지나치게 엄격한 부모 때문에 자살하는 아이들도 있었다. 1729년에 한 아이가 동생에게 유리잔을 던졌다가 아빠에게 맞을 것이 두려워 목을 매어 죽었다.[24] 또 한 아이는 새 모자를 잃어버려서 자살했다. 그 모자를 잃어버리면 죽도록 맞을 줄 알라고 아빠가 으름장을 놓았기 때문이다.[25]

아동층 다음으로는 노년층의 자살률이 꾸준히 높았다. 앞에서 언급한 1001명 중에서 18퍼센트는 60세 이상의 노인들이 차지했다. 노인들의 운명, 그들에 대한 사회의 멸시는 자살의 이유가 되기에 충분했다. 이들은 대개 수입이 없었고 각종 질병을 앓고 있었다.[26]

---

22 MacDonald and Murphy, *Sleepless Souls*, p.251.

23 *Annual Register*, vol.21, p.172.

24 *Fog's Weekly Journal*, 5 July 1729.

25 *Weekly Miscellany*, 13 January 1737.

26 이 주제에 대해서는 G. Minois, *Histoire de la vieillesse de l'Antiquité à la Renaissance*, Paris, 1987; J.-P. Bois, *Les Vieux, de Montaigne aux premiers retraités*, Paris, 1989를 보라.

중산 계급과 서민 계급에서 가장 일반적인 자살 이유는 가혹하고 힘겨운 일상의 연속과 관련이 있었다. 그러한 삶의 조건은 중세 이후로 변함없었지만 유서가 보편화된 것도 자살이 증가한다는 인상을 심어 주는 데 일조했다. 비단 문맹률이 낮아졌기 때문만은 아니다. 볼테르도 18세기 중반부터 유서가 보편화됐다고 말하고 있고 1782년에 메르시에는 "많은 자살자들이 자신의 사망에 따르는 어려움을 피하기 위해 경찰 앞으로 미리 유서를 써 놓곤 한다. 이렇게 신경을 써두면 매장을 허가받는다"고 썼다.[27] 자살자는 자살 동기가 일반적인 경우에는 유서를 통해 자신의 행위에 논리와 의미와 연속성을 부여하여 자기희생이 가까운 사람들과 온 사회에 파급효과를 지니기를 바랐다. 따라서 유서는 자발적 죽음의 합리화, 자살의 사회적 측면에 대한 고려에 이롭게 작용했다.

영국 신문은 자살자들의 유서를 자주 게재했기 때문에 어떤 자살들은 극적인 면모가 두드러지다 못해 노출증을 연상하게 할 정도였다. 소박한 사람들은 신문에서 읽은 유서에서 영감을 얻거나 문장을 그대로 베꼈다. 문맹을 겨우 면한 어느 아낙네가 그런 식으로 유서를 쓰고 템스 강에 투신하기도 했다. 어떤 이들은 채터턴이나 베르테르의 유서에서 영감을 얻었다. 유서는 자신의 죽음을 끝까지 지배하려는 의지, 잘못된 해석을 피하려는 의지가 항상 개입한다. 사실, 유서는 자신의 의지를 사후까지 연장한다는 점에서, 또한 생전에는 자기 뜻대로 할 수 없었지만 자살이라는 행위의 효력을 확실시하려 한다는 점에서 오히려 삶의 의지를 드러낸다. 게다가 어떤 유서들은 아예 신문에 실어 주기를 바란다고 분명히 요청했다.

---

27 Mercier, *Tableau de Paris*, vol.3, c.258.

어떤 이들은 상대의 삶을 생지옥으로 만들어 주겠다는 복수심에서 유서를 작성했다. 1750년에 존 스트래시는 아내에게 이런 유서를 남겼다. "여보, 당신이 이 행위의 치명적인 원인이라는 것을 알려 주기 위해서 유서를 남긴다오. 당신 행실이 내 행실 같기만 했어도 우리는 존경받으며 행복하게 잘살았을 거요. 내 죽음의 원인이 된 사내가 이 서글픈 참사에 대해 잘 생각해 보길 바라오."[28] 유서는 대개 억울한 사연으로 자살을 택하게 됐음을 밝히는 자기변명의 한 방식이다. 절망에 빠진 자는 스스로 위안을 얻고자 신의 자비로 구원받았다는 확신을 곧잘 표현하기도 했다. "나는 아무에게도 잘못을 하지 않았으니 구원받기를 소망한다."[29] 이는 1743년에 자살한 루이스 케네디의 유서다. 1758년에 자살한 어느 이발사 겸 외과의도 비슷한 유서를 남겼다.[30] 어떤 이들은 이신론이나 유물론에 입각한 유서를 남기기도 했다.

유서는 자살을 인간적으로 설명 가능한 합리적 행보로 만들고 악마의 개입을 배제했기 때문에 자살의 세속화를 완성했다. 대중은 유서를 읽는 데 익숙해졌고 자살이 범죄가 아니라 일상사, '시사'라는 자각을 갖게 되었다. 유서는 사회에 대한 행위 수단이자 개인주의와 자유의 긍정으로서 계몽주의 정신의 특징을 잘 나타낸다.

유서는 자살의 동기들이 변하지 않는다는 것을 가르쳐 준다. 부부 간의 불화, 가정 문제는 항상 정신적 혼란과 불균형의 원인이었다. 아내의 부정, 부부싸움으로 자살하는 남자들이 특히 많았다. 자식이나 가까운 이의 죽음에 따르는 슬픔, 가난, 부채, 수치, 후회, 고발에 따른 모욕도 자주

---

28 *Gentleman's Magazine*, 1750, p.473.
29 *Ibid.*, 1743, p.543.
30 *Annual Register*, 1758, p.99.

거론되는 이유들이었다. 신문은 유혹에 빠져 임신했다가 버림받고 자살한 아가씨들의 사연을 곧잘 다루었다. 서민층에서도 사랑 때문에 자살하는 일은 드물지 않았기에 이러한 유형의 자살을 귀족 출신과 연루시키는 경향이 있는 언론과 집권층이 당혹스러워할 정도였다. 1790년 2월 20일에 『타임스』가 어느 젊은 처녀의 자살을 마뜩잖게 보았던 이유도 그 때문이다. 가난뱅이들이 사랑 때문에 자살을 하면 종종 조롱받았다. 신분 차이 때문에 결혼이 좌절되어 자살하는 이들도 있었다. 이런 유의 자살은 기존의 사회 질서와 가치를 거스르는 일로 엄격하게 비난받았다.

마지막으로, 앙시앵레짐 당시에 빈번하게 시행되었던 풍습이 일부 민감한 사람들을 자살로 내몰기도 했다. 어울리지 않는 부부(특히 과부가 재가한 경우)나 비난할 대상이 있는 집 앞에서 냄비 따위를 요란하게 두들기며 소란을 피우는 샤리바리(charivari)가 그런 풍습 중 하나다. 영국에서 '러프 뮤직'(rough music)이라고 하는 이런 의례들이 종종 상당히 짓궂고 악의 어린 행동까지 낳곤 했다. 1736년 3월 29일자 『칼레도니안 머큐리』는 어떤 여자가 공개적으로 수치스럽게 얻어맞은 후 그 모욕감을 못 이겨 자살했다고 전한다.[31]

영국의 통계에 따르면 '자살철'은 봄과 초여름이었다. 1485~1715년 사이에 집계된 1만 2348건 중에서 43.8퍼센트가 4월에서 7월 사이에 발생했다. 반면 9월에서 12월까지의 동일한 기간은 25.1퍼센트를 차지한다. 개인과 사회의 행동방식이 계절의 영향을 덜 받는 도시에서는 이러한 격차가 조금 줄어들지만 어쨌든 격차는 분명히 존재한다. 1715~1799년 사이에 런던에서 발생한 1583건의 자살 중에서 40.1퍼센트는 봄에 일어났

---

31 E. P. Thompson, "Rough music: Le charivari anglais", *Annales ESC*, 1972, pp.385~410.

고 29.8퍼센트는 가을에 일어났다.[32] 이 격차는 모든 시대와 국가를 막론하고 오늘날까지 이어지고 있다. 통계학이 처음 수립된 19세기 초도 마찬가지였다. 베를린에서 1812~1822년에 발생한 582건의 자살 가운데 봄에 일어난 자살은 36.9퍼센트, 겨울에 일어난 자살은 29.2퍼센트를 차지한다. 1817~1825년의 파리에서 일어난 3184건에서도 이 비율은 42퍼센트 대 26.4퍼센트였으며, 1845년 프랑스 전체에서 일어난 3092건에서도 39퍼센트 대 29.5퍼센트라는 비율이 확인된다.[33] 아직도 잘 밝혀지지는 않았지만 생리학적 영향, 생체시계의 역할이 중요하게 개입하는 것으로 보인다. 전통적으로 봄을 새로운 출발과 약혼의 계절로 삼고 7월에 결혼식을 많이 올린다는 점도 고려해야 한다. 이러한 상황에서 고립된 자, 버림받은 자, 온갖 종류의 낙오자들은 더욱더 절망을 느끼게 되기 때문이다. 봄은 사랑의 계절이자 커다란 좌절의 계절, 또한 병자들이 겨울을 나고 사순절을 치르면서 가장 쇠약해지는 계절이기도 하다.

18세기 북유럽의 자살률은 특히 낮았던 것처럼 보인다. 1754년에서 1782년까지 인구 10만 명당 자살자는 스웨덴이 1.8명, 핀란드는 1.2명이었다. 그러나 세기말을 전후한 1783년에서 1813년까지는 이 수치가 각각 2.9명과 1.6명으로 늘어났다.[34] 독일에서는 1742년에 요한 쉬스밀히가 통계학 연구의 선구적 저작 『신적 질서』에서 자살률의 증가를 우려했다. 1780년대에 처음으로 진지하게 받아들일 만한 수치가 나오면서 예감에 불과했던 생각은 구체화된다. 브룬슈빅은 베를린 당국의 정보를 얻어 이 도시에서 1781년에서 1786년에 발생한 239건의 자살이 전체 사망의 8퍼

---

32 MacDonald and Murphy, *Sleepless Souls*, p.313.
33 L. Chevalier, *Classes laboreuses et classes dangereuses*, p.473.
34 J. -C. Chesnais, *Histoire de la violence*, Paris, 1981, p.238에서 재인용.

센트를 차지하며 그중 익사가 136건, 목매달기가 53건, 권총자살이 42건, 칼로 목을 그은 자살이 8건이라는 것을 정리했다. 프랑크푸르트 암 마인에서도 경각심을 품을 만한 통계가 나왔다. 퀸젤사우 암 코허플루스 같은 작은 촌락에서도 3년간 4명이나 자살자가 나왔다.[35] 브룬슈빅은 프러시아의 사회경제 조건이 자살률 증가에 일조했음을 보여 주었다. 전통적인 가족 관계 및 종교적 관계가 약화되면서 인구의 폭발적 증가와 경제위기로 급격한 변화를 겪던 사회는 취약해졌다. 주민들은 전보다 열악한 조건에 처했지만 개인들은 기존의 연대의식에 더 이상 기댈 수 없었던 것이다. 자살을 부추기는 조건들은 다 모였다고나 할까.

앙시앵레짐 말기 프랑스에 대해서는 믿을 만한 통계가 없다. 그러나 당시 사람들은 자살률이 늘어난다는 인상을 받았다. 1771년에 그림은 자신이 "자살 광증이 참으로 빈번하고 보편화된 시대"에 살고 있다고 했다.[36] 1773년에 펠러는 『철학적 교리문답』에서 "이 세기에는 자살이 참으로 흔하다"고 썼으며 이를 "불신의 결과"라고 보았다.[37] 1777년에 『X 남작의 철학적 회상록』도 같은 견해를 보였고, 볼테르는 프랑스인들도 도시에서는 영국인들만큼 자살을 많이 한다고 했다. 1772년에 아르디는 이렇게 말한다. "자살 사례가 우리나라의 수도에서 일상적으로 늘다 보니 자살에 관해서만은 영국의 재능과 성격을 그대로 따르는 듯하다."[38] 카라치올리는 "그런 추문들이 풍요로운" 시대라고 말하고 뮐장스 베디지, 뷔조니에르, 카뮈제 등도 한 목소리로 맞장구를 친다. 자살은 전보다 확실

35 Brunschwig, *La crise de L'état prussien à la fin du XVIIIe siècle et la genèse de la mentalité romantique*.
36 Grimm, *Correspondance*, vol.9, p.231.
37 Feller, *Catéchisme philosophique*, Paris, 1773, p.139.
38 Hardy, *Mes loisirs*, vol.4, Paris, 1772, p.272.

히 늘었고 그 원흉은 철학정신이라고 말이다.

통계수치는 어림짐작에 지나지 않는다. 볼테르는 파리에서 1764년에 50명이 자살했다고 하는데 이 수치는 실제보다 낮게 잡힌 듯하다. 반면, 바뤼엘 사제는 1781년에 파리에서만 1300명이 자살했다고 하는데 이 수치는 실제보다 너무 높아 보인다.[39] 바뤼엘 사제의 주장대로라면 프랑스는 반세기 만에 자살로 인구 13만 명을 잃어야 할 것이다. 그보다는 메르시에의『파리의 풍경』에 제시된 수치가 믿을 만하게 보인다(연간 150명 수준). 그렇다면 인구 10만 명당 18~25명이 자살했다는 뜻인데 이 비율은 1990년 프랑스 자살률(인구 10만 명당 21명)과도 얼추 맞아떨어진다.[40]

메르시에는 1760년경부터 25년간 자살률이 꾸준히 증가했다고 주장한다. 그는 지식인들이 아니라 "생계 자체가 힘겹고 버거워 삶에 지칠 대로 지친" 가난뱅이들이 자살한다고 지적한다. 높은 물가, 도박이나 복권 취미, 세금징수인, "시체의 피도 빨아먹을 흡혈귀처럼 가차 없는 정산인"은 이미 압착기에 짓눌려 있는 서민들의 마지막 한 방울까지 쥐어짠다.

파리의 상황은 런던의 상황보다 더 심각했다. 런던에서는 부자가 자살했지만 파리에서는 가난한 자가 자살했다. "소모가 풍요로운 영국을 강타했으니 부자 영국인은 가장 변덕스러운 족속이요, 고로 가장 권태에 찌든 족속이다. 파리에서는 자살이 하층 계급의 일이요, 이러한 죄가 가장 자주 일어나는 곳은 다락방이나 가구 딸린 셋방이다."

메르시에는 영국에서 자살이 자주 일어나는 것처럼 느껴지는 이유가 신문들이 자유롭게 자살을 논할 수 있기 때문이라고 말한다. 프랑스에서

---

39 Abbé Barruel, *Les helviennes*, vol.4, Paris, 1781, p.272.
40 Mercier, *Tableau de Paris, Amsterdam*, vol.3, c.258, p.193.

는 집권층이 진실을 은폐하기 위해 갖은 애를 쓴다. "이런 유의 죽음을 언급하는 [프랑스] 언론은 없다. 1000년 후에 이런 신문들을 참조하여 역사를 쓰는 이들은 내가 여기서 주장하는 바를 의심할 것이다. 하지만 오늘날 세계 어느 도시보다 파리에서 자살이 가장 많이 일어난다는 것은 분명한 사실이다."[41] "경찰은 자살이 대중에게 알려지지 않도록 신경을 썼다." 경찰서장은 사복 차림으로 조용히 찾아오고 사제는 자살자를 조용히 매장해 주라는 압박을 받았다. 공개 처형이 사라진 이유도 여기에 있다. 메르시에는 통찰력을 발휘하여 문제의 핵심, 즉 집정자들이 자살을 대하는 태도를 지적한다. 프랑스와 영국은 문제를 대하는 방식 자체가 달랐다.

자살에 대해 이야기해야만 하나?

프랑스 절대군주정에서는 왕이 백성의 생명을 지배하기에 백성이 임의로 생명을 처분하는 것은 왕국과 왕권을 약화시키는 행위로 지탄받았다. 왕은 지상에서 신을 대신하기에 교회가 중죄로 여기는 자살을 엄중히 다스릴 의무도 있었다. 자살은 암묵적으로 정부가 국민의 행복을 보장하지 못했다는 실패의 표식이다. 또한 왕의 지배에 대한 비난과 반대로서 왕의 인기와 국민의 사기를 떨어뜨리는 요인이다. 일반적으로 죄인에 대한 공개 처형은 국가 질서가 지켜져야 한다는 것을 모두에게 보여 준다. 그런데 자살에 대한 처벌은 좀더 애매한 성격을 띤다. 그러한 처벌은 차라리 죽고 싶어 할 만큼 불행한 백성들이 있다는 것을 폭로한다. 그들은 아무에게도 해를 끼치지 않았고 사회에 위협적인 존재들도 아니다. 따라서 대

---

41 Mercier, *Tableau de Paris*, p.196.

중의 적의는 가엾은 자살자보다는 자살을 처벌하는 이에게 쏠릴 위험이 있다.

17세기까지는 자살이 보편적으로 비난받았기에 거리낌 없이 자살을 탄압할 수 있었다. 18세기의 정부는 자살자를 죄인이라기보다는 용기 있는 희생자로 바라보기 시작한 여론의 변화를 감안해야 했다. 집권층은 난처했고, 자살을 금지하고 벌하는 동시에 은폐하는 모순적 조치를 취할 수밖에 없었다.

순서대로 살펴보자면 맨 처음에는 고전적인 탄압이 더욱 강화되었다. 1736년 법령은 1712년 법령의 배턴을 이어받아 형사재판관의 판결 전에는 자살자의 시신 매장을 금했다. 1737년에 파리고등법원은 감옥에서 자살한 죄수에 대하여 죗값을 치르기는커녕 다른 죄까지 지었다며 대법관이 절차를 밟을 것을 촉구했다. 1742년 파리 샤틀레의 새로운 법령은 자살자에 대한 무허가 매장을 금했고, 1749년에 "자기살해를 저지른 자들에 관한 왕령과 법원의 판결 및 규정은 그 형식과 내용에 따라 시행될 것이다"라는 파리고등법원 판결이 떨어졌다. 18세기 중반까지는 시골 사람들에게 자살에 대한 공포를 조장하는 탄압이 우세했다.

쿠르노의 『회상』은 1750년경에 "자살은 내세에 대한 공포와 엄중한 판결, 유족들이 겪게 될 수치 때문에 온 도시를 충격에 빠뜨릴 만큼 드문 사건"이라고 말한다.[42] 1768년에도 코르스 섬에 떨어진 왕령에서 법의 준엄성을 재확인할 수 있다. 그러나 여기저기서, 특히 프랑스 왕국 남부에서 저항이 일어났다. 1755년에 퓌로랑에서 자살한 제화공의 시신을 무장한 자들이 감옥에서 끌고 나오는 사건이 있었고, 같은 해에 카스트르에서

---

42 Cournot, *Souvenirs*, ed. Bottinelli, Paris, 1913, p.20.

도 목매어 자살한 수공업자의 시체모독형에 군중이 들고일어났다. 비슷한 사건들이 연달아 일어나면서 정부는 신중을 기해야겠다고 자각했다.

그 후 조직적인 은폐가 대세가 되었다. 일단 모든 종류의 자살옹호론은 출간이 금지되었다. 1757년 법령에 따르면 종교를 공격하고 특히 자살자를 옹호하는 저자들은 사형까지 당할 수 있었다. 돌바크의 『자연 체계』 같은 책들은 불살라졌고 마르몽텔의 『벨리세르』에서 카토를 옹호하는 대목들은 검열당했다. 1762년 작 『유해하고 위험한 주장들의 발췌모음』은 예수회가 자살을 관대히 여기는 문장이 있는 책을 출간했다고 비난한다. 1770년에 세귀에도 돌바크의 『자연 체계』가 자살을 옹호하는 발언을 담고 있다고 공격했다.

정부는 자살 사건 자체도 입막음하기에 이르렀다. 볼테르, 뒤부아 퐁트넬, 메르시에가 언급하듯 언론은 자살 사건을 다룰 수 없었다. 실제로 18세기 후반 프랑스 신문들은 자살에 대해 침묵한다. 세속 권력, 교회 권력, 유족 간의 암묵적 합의랄까. 처형은 사라졌고 매장은 조용히 치러졌다. 자살은 짐작으로만 존재했다. 이러한 기만적 정책은 자살에 대한 터부를 더욱 강화하고 유지시키기에 딱 맞는 조건이었다.

영국은 프랑스와 정반대의 태도를 취했다. 영국에서 자살은 뉴스거리였다. 자살 사건이 신문에 즐겨 다뤄지고 풍부한 논평들이 뒤따랐다. 따라서 자살은 세속화되고 일반화되었다. 영국 언론의 비약적인 발달은 대륙에서와 전혀 다른 사고방식, 훨씬 개방적이고 자유로운 사고방식을 조성했다. 1753년에 영국에서는 740만 부의 신문이 팔렸다. 1792년에는 그 수치가 1500만 부까지 늘어난다. 또한 신문은 주로 카페, 선술집, 여인숙에 비치되었기 때문에 한 부를 서너 명이 돌려 보게 마련이었다. 신문이 거의 매일 자살 사건을 다룬 탓에 '영국병'에 대한 생각은 더욱 강화되었다. 1720년에 『메르쿠리우스 폴리티쿠스』는 영국의 자살자들이 세계 나머지 나라들의 자살자를 합친 수보다 더 많다고 했고, 1733년에 프러시아의 카를 루트비히 폰 폴니츠 남작은 "영국에서는 자기살해가 참으로 흔하니 양갓집 자제와 서민을 가리지 않는다"고 썼다. 1737년에 『젠틀맨스 매거진』은 어느 외국인의 편지를 실었다. "영국의 이 대도시에서 몇 주를 지내다 보니 거의 일상적으로 일어나는 자기살해 소식이 너무 많아 놀라움을 금할 길 없습니다."[43] 앞에서 보았듯이 몽테스키외도 이러한 착각을 피하지 못했다.

영국 신문은 자살을 언급하는 데 그치지 않고 사건 정황을 기술하고 원인을 파헤치고 유서를 게재했다(필요하다면 유서를 만들어 내기까지 했다). 또한 자살에 찬성하거나 반대하는 독자들의 편지도 싣고 경우에 따라 매체의 입장을 표명했다. 이 모든 활동은 자살을 자연스러운 행위로 다시 보게 했다. 대부분의 언론은 원칙적으로 '자기살해'에 적의를 표했으나 실제로는 다양한 사례들을 소개하고 희생자들의 불행을 동정하거나 그들의 절망의 원인을 해명했다.

자살 처벌에 대한 판례

자살을 가장 자유로이 논할 수 있었던 나라 영국에서도 자살 처벌은 비교적 뒤늦게야 사라졌다.

어디서나 법학자들은 자살의 형사적 측면에 대해 토론했다. 자살 탄압을 지지하는 이들은 처벌을 유지해야 한다고 보았지만 대세는 관용론

---

43 *Gentleman's Magazine* 7, 1737, p.289.

으로 금세 기울었다. 1760년에 영국 판사 에드워드 움프레빌은 『렉스 코로나토리아』에서 '펠로 데 세' 판결은 죄를 짓고 자살한 자들에게로 한정해야 한다고 주장했다. 충격, 감정적 문제, 슬픔, 온전치 못한 정신, 질병 등의 다른 이유로 자살한 자들에게는 '논 콤포스 멘티스' 판결이 합당하다. 저 유명한 베카리아의 『범죄와 형벌』(1764)도 자살 탄압이 쓸모없고 효과 없으며 부당하다고 본다. "자살은 신께서 벌하실 만한 과오이지만" 국가는 그 구성원에게서 "영원히 사라질 자유"를 빼앗아선 안 된다. "자살은 엄밀한 의미에서의 처벌을 인정하지 않는 죄이다. 그러한 처벌은 무고한 자나 아무것도 느낄 수 없는 시신에게만 가해지기 때문이다. 전자의 경우는 정치적 자유가 모든 처벌은 반드시 [책임을 져야 하는] 개인에 대해 이루어져야 한다고 전제하므로 부당하고 압제적이다. 한편, 후자는 본보기를 세운다고 동상에 채찍질을 하는 격이다."[44]

어쨌든 1776년에 영국에서 나온 작자미상의 논문은 의료진이 시신을 살펴봤자 자살 시점에 그 사람이 자기 행동에 대한 의식이 있었는지 없었는지 알 수 없다고 지적한다.[45] 프랑스에서는 1770년경까지 법관들이 망설이는 분위기였지만 그 후로는 처벌의 완화 혹은 폐지를 만장일치로 주장했다. 이러한 움직임은 프랑스대혁명을 10년 앞둔 즈음에 특히 고조되었다. 1742년에 브르토니에는 파리고등법원 관할에서 자살자에 대한 재판과 시체모독형, 재산몰수형이 있었음을 언급한다.[46] 그 이듬해에 부타릭도 비슷한 언급을 하지만 그 절차가 여전히 "너무나 야만적이고 불경

44 Beccaris, *Traité des délits et des peines*, ed. Cujas, 1966, p.128 이하.
45 *Considerations on the Coroner*, London, 1776, p.44.
46 Bretonnier, *Recueil par ordre alphabétique des principales questions de droit qui se jugent diversement dans les différents tribunaux du royaume*, Paris, 1742, p.182.

건한” 데 놀란다.[47] 1757년에 세르피용은 자살에 대한 법적 절차를 언급만 하고 자기 견해는 드러내지 않는다.[48] 같은 해, 뮈야르 드 부글랑은 자살 탄압, 시체모독형, 재산몰수형의 필요성을 열성적으로 주장한 마지막 법학자가 되었다. 그는 특히 ‘삶의 권태’에서 비롯된 자살은 가증스러운 무신앙을 드러내기에 엄중히 처벌해야 한다고 했다. 그런 자살은 신, 왕, 가족에 대한 죄다.[49] 그는 몽테스키외가 자살에 관대한 태도를 보였다고 맹렬하게 비난했다.[50]

루소 드 라 콩브는 원칙적으로 마찬가지 입장이었고 자살을 눈감아주는 관습을 몹시 비판했다. 하지만 그는 “온전한 상식을 지닌 사람은 자살이라는 결정을 내릴 수가 없다”면서 질병, 광기, 슬픔, 절망을 이유로 용서받지 못하는 자살은 극히 드물다고 명시했다.[51] 주스의 『프랑스 형사법론』(1771)도 자살 관련 법적 절차를 설명한 후 “체형이 두려워 온전한 이성으로 냉정히 자살한 자만 처벌을 받는다”고 말한다. “[자살은] 항상 어떤 죄의 결과라기보다는 광기나 고뇌에서 저지른 일로 추정되어야한다.”[52] 한편 드니사르, 코테로, 에리쿠르, 귀요는 당시의 법적 실태를 기술하는 데 그쳤다.[53]

---

47 Boutaric, *Explication de l'ordonnance de Louis XIV sur les matières criminelles*, vol.2, Toulouse, 1743, p.262.

48 Serpillon, *Code criminel ou Commentaire de l'ordonnance de 1670*, vol.3, Lyon, 1757, p.960.

49 Muyart de Vouglans, *Institutes au droit criminel*, Paris, 1757.

50 Muyart de Vouglans, *Lettre sur le système de l'auteur de L'Esprit des lois, touchant la modération des peines*, Bruxelles, 1785.

51 Rousseau de la Combe, *Traité des matières criminelles*, vol.3, Paris, 1769, p.422.

52 Jousse, *Traité de la justice criminelle en France*, vol.4, Paris, 1771, part 4.

53 Denisart, *Collection de décisions nouvelles*, Paris, 1764; Cottereau, *Le droit général de la France et le droit particulier de la Touraine et du Lodunois*, Tours, 1778; Hércourt, *Supplément aux lois civiles de Domat*, Paris, 1787; Guyot, *Répertoire universel et raisonné de jurisprudence*, Paris, 1785.

1780년부터 중립성은 사라졌다. 자살을 처벌하지 말라는 압력이 우세했다. 1780년에 샬롱 쉬르 마른 아카데미는 "형법의 완고함을 누그러뜨릴 방법"이라는 주제로 논문공모전을 열었다. 1등은 관용론을 역설한 브리소가 차지했다. 법은 자살자를 처벌해선 안 된다. "기꺼이 죽음과 직면할 만큼 용감한 사람을 비겁자로 볼 수는 없기 때문이다. 그의 용맹은 제정신에서 비롯된 것이 아니지만 결코 비열함은 아니다. 치욕은 비겁자들만 당해야 한다. …… 치명적인 자살을 생각하는 자를 행복하게 해주어야지, 더 이상 존재하지도 않는 자를 쓸데없이 벌하지 말자."[54] 브리소는 이듬해에도 이 주제로 돌아와 사회는 자살 행위를 처벌하기보다는 자살 예방에 힘을 기울여야 한다고 주장한다.[55] 이는 암묵적으로 자살의 책임을 사회 및 정치 조직에 돌리는 셈이다.

샬롱 공모전의 2등상 수상자 베르나르디의 주장도 정확히 같은 방향을 취한다. 정부 활동은 "무력한 시체에 쓸데없는 벌을 내리고 죄 없는 유족을 수치스럽게 하기보다는 이 죄의 기원으로 거슬러 올라가야 한다".[56] 베르나르디도 이듬해에 이 문제를 다시 다루면서 자살자들은 미친 사람으로 간주되어야 한다고 했다.[57] 1781년에 발표된 베르메이유의 논문도 자살에 대한 처벌을 완전히 폐지할 것을 요청한다.[58] 1784년에 뒤프리슈드 발라세도 동일한 요청을 제기했다.[59]

브리소가 프랑스대혁명에 한몫을 하게 될 여러 저자들과 공동 집필

---

54 *Les moyen d'adoucir la rigueurs des loix pénales en France: Discours couronnés par l'Academie de Chalons-sur-Marne*, 1781, p.60.

55 Brissot, *Théorie des lois criminelles*.

56 *Les moyen d'adoucir la rigueurs des loix pénales*, dis.2, p.110.

57 Bernardi, *Principes des lois criminelles*, Paris, 1781.

58 Vermeil, *Essai sur les réformes à faire dans notre législation criminelle*, Paris, 1781.

59 Dufriche de Valazé, *Lois pénales*, Paris, 1784.

한 『철학 서재』는 자살탄압법을 맹렬하게 비판하는 새로운 입법 계획을 포함하고 있다. 기존의 법은 "세수(稅收)를 늘리고 유족에게 망신을 주려고 쓸데없이 잔혹성을 과시한다". 이것은 "끔찍한 폭정"이다. 각 사람에게는 자유가 주어져야 한다. "사람은 기꺼운 마음으로 삶을 붙들어야 한다. 자기 삶이 고통으로밖에 느껴지지 않는다면 자유로이 그 삶을 떠날 수 있다."[60]

1789년과 1790년에는 자살 처벌을 반대하는 논문이 다섯 편이나 나왔다. 쇼사르는 모든 처벌이 "헛되고 쓸모없다"고 썼다.[61] 파스토레는 죽은 자를 발에 엎어 끌고 다니는 짓은 "식인종에게조차 할 짓이 못 되는 고문"이라고 한술 더 뜬다.[62] 재산몰수형의 부당함을 꼬집었던 토리용은 "이 추악하고 케케묵은 벌은 인간의 약함을 탄식하게 할 뿐, 그 약함을 바로잡지 못한다"고 덧붙여 말한다.[63] 바슬랭은 자살이 광기가 아니라 비겁함이나 약함에서 비롯될 수도 있지만 어떤 경우에도 죄는 아니라고 했다. 자살하는 사람은 "공공의 안녕을 위협하지 않는다. 풍속에 해를 입히거나, 사유재산을 침해하거나, 다른 시민들의 안전과 명예에 누가 되는 것도 아니다. 신의 마음에는 들지 않을지 모르지만 종교와 충돌하는 행위도 아니다. 그런데 무슨 권리로, 아니 무슨 방법으로 자살을 처벌한단 말인가? 그런 처벌은 시민을 사후에 능욕하는 어리석은 우리 법에나 존재한다".[64] 부셰 다르지스는 자살탄압법이 "무력하고 잔인하다" 했으며 필리프 드 피에파프는 "어떤 경우에도 자살에 법적 절차가 따라서는 안 된다.

---

60 *Bibliothèque philosophique*, vol.5, pp.184, 401.
61 Chaussard, *Théorie des lois criminelles*, Paris, 1789.
62 Pastoret, *Des lois pénales*.
63 Thorillon, *Idées sur les lois criminelles*, Paris, 1788.
64 Vasselin, *Théorie des peines capitales*, Paris, 1790.

그러한 행위는 정신적 변화 혹은 그에 상당하는 영혼의 격정적 상태에서 사고 능력이 양립될 수 없기에 일어난 것으로 추정해야 한다"고 썼다.[65]

이상의 법학자들은 이미 당국과 유족의 공모로 사법(死法)이나 다름 없어진 자살탄압법에 마지막 일격을 날렸다. 특히 교구에서 실무를 담당하는 성직자들은 이미 오래전부터 자살자의 매장 문제에 융통성을 보여 주고 있었다. 1712년 성명은 자살자들이 버젓이 교회 묘지에 묻힌다고 불만을 제기하고, 1725년에도 공무원들은 말단 사제들이 법적 절차에 협조를 하지 않거나 반대를 제기한다고 불평한다. 모든 자살 사건들에 있어서 절차를 주도하는 쪽은 세속 권력이었다.

삼부회 진정서는 자살탄압법을 좀체 다루지 않는다. 그러한 법들이 더는 문제가 되지 않았기에 1789년에 완전히 폐지되었어도 아무도 주목하지 않았던 것이다. 1791년 형법전은 일언반구도 없다. 당시에 자살은 미 대륙의 영국 식민지에서조차 완전히 처벌을 면한 지 오래였다. 재산몰수형은 1701년에 펜실베이니아와 델라웨어에서 폐지됐다. 자살자에 대한 처벌은 1780년대에 메릴랜드, 뉴저지, 버지니아에서 폐지됐다. 유럽에서는 이런 법들이 점진적으로 폐지됐다. 제네바에서는 1732년에 마지막 시체모독형이 있었다. 1735년에 모든 자살자는 정신이상자로 선언되었고 관련 법의 공식 폐지는 1792년에 있었다. 프러시아에서 자살처벌법은 1751년에 사라졌다. 바이에른은 1817년에야 이 법을 폐지했다. 오스트리아에서는 1787년 법까지도 자살자의 교회 묘지 매장을 금했다.

영국에서는 자살처벌법이 매우 늦게 폐지되었다. 교회의 처벌법은

---

65 Philippe de Piépape, *Suite des observations sur les lois criminelles de la France*, Paris, 1790.

1823년, 세속의 처벌법은 1870년에야 사라졌다. 자살이 범죄로 여겨지지 않게 된 것은 1961년이나 되어서의 일이다. 시체모독형은 19세기 초반까지도 드물게나마 존재했고 19세기 후반에도 자살기도가 체포의 죄목이 되곤 했다. '펠로 데 세' 판결은 제1차 세계대전까지도 존재했다.

종교생활과 군인생활 : 죽음에 대한 생각에서 행위로

18세기 자살 논쟁에 참여한 집단들 중에서 가톨릭 영성지도자들과 군인들은 특수한 입장을 드러냈다. 이 두 집단은 자발적 죽음에 대한 태도, 사고의 구조, 활동이 판이하게 달랐다.

철학자들이 지적한 바 있듯이 그리스도교 신앙은 죽음 욕망을 권장하고 그 욕망을 고행으로 승화시킬 것을 명한다. 자기무화의 교의는 '세상에 대한 죽음'을 통해 18세기까지 이어져 영적인 힐벗음과 신체적 죽음에 대한 열망을 뭉뚱그린 기이한 문학을 낳았다. "세상에 대하여, 부모에 대하여, 친구에 대하여, 피조물에 대하여, 여러분의 정념과 여러분 자신에 대하여 죽은 자가 되십시오. 장차 떠나야 할 것은 아무것도 사랑하지 말고 이 삶을 잘 죽기 위한 준비로서만 여기십시오."[66] 이것이 브리덴이 추종자들에게 권고하는 바이다. 한편 동 뒤 소는 죽음에 대한 애착을 드높이 외친다. "오, 죽음이여, 내가 너와 연합하기 원하노라. …… 너를 나의 누이, 나의 신부, 나의 친구로 삼으리라. …… 네가 거하는 무덤을 내 처소로 삼고 …… 지금부터 너를 위해 지상에서 사랑하고 소유한 모든 것을 벗어던지리라."[67]

---

66 Bridaine, *Sermons*, 2nd ed., 7 vols., Avignon, 1827, vol.1, p.210.

자크 조제프 뒤게는 그리스도교의 세례를 입관에 비유한다. 그리스도인은 살았으되 죽은 자이니 죽은 사람처럼 처신해야 한다. "우리는 예수 그리스도와 함께 죽었을 뿐 아니라 세례를 통해 그분과 함께 묻혔다. …… 죽음은 얼굴의 표정, 신체의 모양을 감추지 않듯 우리를 뭇사람들과의 교류에서 완전히 분리하지 않고 …… 여전히 눈에 보이는 자를 잊게 하지도 않는다. 죽음은 되레 그 사람이 한 일과 장점을 더욱 생생하게 하고 죽은 자는 더 이상 시샘의 대상이 되지 않으니 그런 때만큼 상대를 진심으로 칭송하고픈 때는 없는 듯하다. 죽음은 산 자들을 장례식에 불러 모음으로써 …… 죽은 자가 모든 주목을 독차지하게 한다. 그러나 장례가 끝나면 추억은 속히 사라진다. 장례는 죽은 자를 이 세상에서 데려가 영영 돌아올 수 없게 한다. …… 시간이 좀 지나면 그가 살았었다는 것조차 사람들은 모른다. …… 영혼에 대한 또 다른 장례의 이미지도 이러하니 …… 우리 삶은 지금 성부 하느님의 품에 계신 예수 그리스도의 삶이 그렇듯 은밀하게 감춰져야 한다. 우리 삶은 어둠과 굴욕 속에, 무덤 속에만 머물러야 한다."[68]

그리뇽 드 몽포르 신부는 매일 전 세계에서 14만 명이 죽는다고 추정하면서 자신을 기다리는 죽음을 생각해 본다. "그토록 소중한 순간을 기다려야만 하지 않을까?" 이는 18세기의 수많은 신앙서적들에서 지겹도록 반복된 논조다. 단, 드 롱베즈 신부와 그루 사제는 이러한 영성의 병적인 성격을 지적했다.

---

67 Dom J. -P. Du Sault, *Le religieux mourant, ou Préparation à la mort pour les personnes religieuses*, Avignon, 1751, pp.15~16.
68 J. -J. Duguet, *Le tombeau de Jésus-Christ et l'explication du mystère de la sépulture*, Paris, 1731, pp.133~150.

수도원은 무덤에 자주 비유되었다. 수도원은 삶을 떠난 곳, 믿음과 침묵 속에 묻히는 곳이다. 로베르 파브르는 18세기의 신앙 및 문학을 전반적으로 살펴본 결과 당시의 신앙과 철학이 표면적으로는 정반대 입장을 취하는 듯 보이지만 결국 다 같이 죽음 욕망으로, 다시 말해 자살 성향으로 수렴된다고 보았다. "일단 신앙을 제쳐 놓고 인간 조건의 고통스러운 경험만을 남긴다면 『죽음에 대한 준비』와 돌바크 남작의 『죽음의 두려움에 대한 성찰』이 그렇게까지 다르다고 할 수 있을까? 고통주의 가톨릭의 가르침과 삶에 대한 초연을 설파하는 수많은 철학적 위안은 이 점에서 하나로 수렴될 수 있다. 삶은 인간이 애착을 품을 만한 가치가 없고 삶을 멸시함으로써 최소한 주어진 삶의 시간을 견딜 수 있게 되니 죽음은 바랄 만한 것이다. 죽음은 우리 존재를 완전히 실현시키지 못할망정 평화에 이르게 한다. …… 그러나 이는 곧 자살이 시대의 커다란 유혹이었음을 암시한다. 그 시대에 숭고함에 대한 향수는 자살을, 그리고 많은 이들이 기꺼이 자살과 혼동하는 자기희생을 찬양케 했다."[69]

그러나 신앙과 철학이 공유한 죽음 욕망은 정작 종교인들과 철학자들을 자살로 이끌지 않았다. 세계와 삶에 대한 성찰은 아무리 염세적일지라도 죽음 욕망의 해독제가 될 수 있었다. 햄릿이 그랬듯 그들은 "사느냐, 죽느냐?"라는 문제 제기로 만족했다. 그런데 문제를 제기한다는 것은 이미 살기로 했다는 뜻이다. 성찰은 사는 것이다. 삶의 부조리와 불행을 돌아본다는 것은 이미 그 부조리와 불행을 초월하고 내려다보는 것이다. 이것이 아마도 18세기가 예기치 않게 남긴 커다란 교훈이리라. 죽음을 생각하고, 심지어 바란다 해도 그것은 이미 인간의 정수, 곧 자기 존재와 죽음

---

69 Favre, *La mort au siècle des Lumières*, pp. 464~466.

에 대한 생각을 한껏 누리는 것이기에 자살의 유혹에 맞서는 것이다.

철학자와 종교인은 좀체 자살하지 않았지만 군인들의 자살률은 반대로 매우 높았다. 바쇼몽의 『비밀 비망록』은 생 드니의 두 병사 외에도 스위스 근위대 장교 자살 사건, 안할트 연대 장교의 자살 사건을 전한다. 프러시아 군인의 자살률은 특히 높았다. 베를린에서 1781~1786년에 발생한 239건의 자살 중 절반은 군인들이 차지했다. 봄철의 대규모 군사훈련에서 자살이 자주 일어났다. 프랑스 왕의 스위스 용병 연대에는 자살 클럽까지 있었다. 「스트라스부르 성벽에서」 같은 군가도 군대에서 자살이 자주 일어났다는 증거다.[70] 이러한 태도는 노병이나 상이군인에게서도 나타났다. 1772년에 파리 앵발리드(상이군인요양원)에서는 15명이 연달아 같은 갈고리를 이용하여 목을 매기도 했다.[71]

앵발리드에서의 삶을 연구한 장 피에르 부아는 군에 몸담았다가 그곳에서 생을 마감한 수많은 이들에 대해서 정보를 제공해 준다.[72] 1725년 5월 22일에 귀엔 출신으로 37년간 군복무한 55세의 장 라 발레는 의무실에서 칼로 목을 그어 자살했다. 1734년 1월 18일에 페르슈 출신인 55세의 루이 고드프루아가 목을 매어 자살했다. 그는 프리부르 요새에서 총상을 입은 오른쪽 허벅지와 왼쪽 어깨의 류머티즘으로 늘 괴로워했었다. 1743년 7월 10일에는 32년간 복무한 56세의 자크 빌랭이 우물에 투신하여 자살했다. 1761년 7월 29일에는 스트라스부르 출신으로 보헤미아 작전에서 다리와 발에 동상을 입은 48세의 피에르 레미가 감옥에서 자살했다. 1780년 12월 2일, 피부병으로 고생하던 46세의 자크 리베르지에가 간

---

70 N. Tetaz, *Le suicide*, Genève, 1971.
71 L. Chevalier, *Classes laborieuses et classes dangereuses*, p.467, note 1.
72 J. -P. Bois, *Les anciens soldats dans la société française au XVIIIe siècle*, Paris, 1990.

호사 흡연실에서 목을 매어 자살했다.

19세기의 통계는 군인의 높은 자살률을 다시금 확인해 준다. 나폴레옹도 1805년 불로뉴 기지에서 자살을 탈영으로 간주하는 조치를 취해야 했을 정도다. 믿을 만한 통계가 존재하는 1875~1885년 시기를 살펴보자면 프랑스에서 군인 자살률은 민간인 자살률의 2배, 영국 민간인 자살률의 3배였다. 또한 독일 민간인과 비교하면 4배, 오스트리아 민간인의 6배, 러시아 민간인의 7배, 이탈리아 민간인의 9배였다.[73] 이 현상의 원인은 크게 두 가지였다. 군기와 엄격한 규정은 좌절과 자기억제를 낳기 때문에 요인으로 작용할 수 있다. 폭력에 익숙하고 총기 사용이 가능하다는 점도 배제할 수 없다. 군인은 자살 수단이 손닿는 곳에 있기 때문에 우울증이 도지면 자살 결심에서 바로 실행으로 넘어갈 수 있다. 철학자들은 먼저 문제를 제기하지만 결국 성찰에 만족한다. 생각을 하면 할수록 결심은 흐려진다. 사유가 깊어지면 이런저런 의혹이 일어나고 행동력은 떨어진다. 그런데 군인은 일단 행동하게끔 훈련받은 사람이다.

프랑스대혁명이 발발하자 유럽의 자살 논쟁은 정점에 도달했다. 여기서 크게 두 방향이 나뉘었다. 우선, 자살은 정신적 충격에서 비롯된 일시적 광기의 산물로 간주되어 자살자는 책임을 면했다. 다른 한편으로, 자살의 동기나 자살자의 책임 여부와 무관하게 자살에 대한 처벌은 쓸모없고 부당한 행위로 여겨졌다. 전반적으로 자살은 비난받을 만한 불행한 일이었지만 단죄당하지는 않았다. 철학자들은 자살이 사회학적·심리학적 사태이므로 의학, 정신의학, 심리학, 사회학, 정치학을 통해 순전히 인간적인 동기들을 살펴야 할 필요성을 보여 주었다.

---

73 Chesnais, *Histoire de la violence*, p.305.

16세기의 자살은 악마와 죄인된 개인 사이의 문제였다. 당시에 자살은 순전히 종교적 도덕의 문제로서 세속과 교회의 권력에게 처벌을 받았다. 그러한 사고방식이 완전히 사라지지는 않았으나 계몽주의 시대 말기에는 세속화된 사고방식, 즉 자살을 사회와 개인 심리 사이의 문제로 보는 방식이 충분히 확산되었다. 복잡다단한 전체 속에서 개인의 책임은 희석되고 '범죄자'는 희생자가 되었다. 자살자가 자기 뇌의 생리, 가족이나 측근에게 일어난 불행한 사건들, 사랑이나 연애를 훼방 놓는 주변 인물들, 가난과 절망을 야기한 정치사회조직의 희생자로 간주된 것이다.

법은 문화의 변화를 천천히 따라잡았다. 18세기 말에는 자살처벌법이 정도의 차이는 있을지언정 어디서나 사라져 가는 중에 있었다. 특히 프랑스는 그러한 과정을 조용히 진행시켰다. 프랑스에서 정치계와 교계의 책임자들은 자살률이 사회집단의 건강을 반영한다는 것을 혼란스럽게나마 인식하기 시작했다.

프랑스대혁명에서 20세기까지, 자유토론에서 침묵으로

혁명격동기 10여 년은 판이한 사회·정치 체제들을 실험했다. 우리는 여기서 몇 가지 교훈을 끌어낼 수 있겠다. 첫번째 교훈은, 권력은 그 성격에 상관없이 항상 자살을 훼방 놓고 은폐하려 한다는 확증이다. 백성은 자기 삶을 왕에게 바쳐야 했다. 시민은 조국을 위해 자기 목숨을 보존해야만 했다. 목숨을 버린다는 것은 있을 수 없었다. 사회계약은 각 사람이 국가를 유지하는 데 참여하고 국가가 그 보답으로 모두의 행복을 보살펴야 한다고 보았다.

자살에 대한 혁명 정부들의 경계

새로운 정신을 수립한 모든 도구들, 즉 신문, 지침서, 정치 담론 등은 하나같이 자살에 적대감을 드러냈다. 상당한 반향을 불러일으킨 정치적 자살들조차도 신문에서 자세히 다뤄지지 않을 정도였다. 일반적인 자살은 여전히 침묵에 가려 있었다. 이제 성부의 지침 때문이 아니었다. 예외적으로 이 문제를 다룬 전단지조차도 전통적인 노선을 그대로 따른다. 샤틀레

극장 매표원이 체포당한 후 자살했을 때에는 이런 논평이 나왔다. "영생을 믿는 모든 이는 오직 절대자만이 인간들의 생명을 주관하시는 줄을 안다. 살인과 자살은 신법과 인간의 법으로 금지되어 있다. 생명은 하늘의 선물이요, 그 선물은 사회의 소관이다."[1]

새로운 체제의 교리문답서나 다름없는 애국적 개론서들도 동일한 화법을 구사했다. 『공화국 정신의 교리문답』은 자살을 '범죄'로 규정했다. 『인간 이성의 소법전』은 자살을 금지한다. 제를레는 『초등학교를 위한 건전한 정신 원칙』(1795)에서 "스스로 죽는 것보다 수치를 견디는 것이 더 큰 용기를 요한다. 카토보다는 레굴루스를 본받는 것이 더욱 고결하다"고 썼다. 『박애주의자들의 신문』은 전통적인 그리스도교의 자기애 논리를 내세워 "자살에는 경건함이 없다"고 주장했다.

애국자들의 명분 있는 자살조차도 민중 사회와 분파에서 늘 좋게 받아들여지지는 않았다. 1794년, 리옹에서 시민 가야르가 반혁명군을 피하기 위해 자살했을 때에도 이 죽음이 순국(殉國)인가, 비겁행위인가를 두고 한바탕 설전이 벌어졌다. 한편, 반혁명군이 자살했을 때에는 대체로 '졸렬한' 죽음을 맞아 잘됐다는 얘기가 오갔다.

사형제에 대한 토론도 자살에 대한 적의를 드러내는 기회가 되었다. 1791년에 페시옹은 입헌의회 연설에서 자살 금지를 당연한 일처럼 이야기했다. 1796년에 『모니퇴르』지는 발랑 보고서(사형제에 대한 보고서)를 게재했다.[2] 국민의회는 이 보고서에 절대적 동의를 표하고 발표를 명했다. 발랑 보고서는 자살이 자연에 역행하는 행위이고, 자신을 죽이는 자

---

1 Bayet, *Le suicide et la morale*, p.691에서 재인용.
2 "De la garantie sociale considérée dans son opposition avec la peine de mort", *Le moniteur* 8, p.548.

는 타인도 능히 죽일 자이며, 죄 없는 사람이 자살했다면 그 사람은 미쳤다는 뜻이기 때문에 자살을 금지한다. 그 후 립시우스가 인정한 자살의 열 가지 경우를 조목조목 반박한다. 조국을 위해 위험을 무릅쓰는 것까지는 용납되나 조국을 위해 자살해서는 안 된다. 친구를 위해 죽는 것은 자살이 아니다. 두려움 때문에, 스스로 쓸모없다는 생각 때문에, 불명예를 피하기 위해서 자살해서는 안 된다. 행복은 돈으로 살 수 없는 것이니 가난을 면하고자 자살해서도 안 된다. 불치병을 앓더라도 살아서 사람들의 '다정함'을 누릴 수 있으니 자살해서는 안 된다. 거세를 당하더라도 자살하지 않고 오리게네스와 아벨라르의 본을 받아 살아야 한다. 극심한 고통을 끝내기 위한 자살도, 노년의 비참을 피하기 위한 자살도 용납되지 않는다.

실제로 이러한 문헌들은 정치권력이 집단의 결속을 명분 삼아 자살권을 인정하지 않았음을 보여 준다. 특히 혁명 정부는 정치범들의 자살을──그들이 사형수라 해도──용납할 수 없었다. 물론 죄인이 자살을 하면 유죄판결과 재산몰수형을 피하기 때문에 세수(稅收) 문제도 있었다. 바로 그 때문에 국민의회는 지롱드파의 부자들이 여럿 자살한 후에 공화력 제2년 브뤼메르 달에 "피고이거나 혁명재판소 검사가 고발 절차를 밟고자 하는 상대가 자살을 할 경우, 그자의 모든 권리와 재산은 유죄판결을 받은 경우와 동일한 절차에 따라 국가에 귀속된다"는 법령을 서둘러 발표한 것이다.

그러나 집권층의 분노에는 더 심층적인 이유가 있었다. 사형수의 자살은 집권층이 권위를 행사할 기회를 앗아 간다. 그렇잖으면 내무장관의 이 편지를 어떻게 설명하겠는가? 이 편지는 공포정치 기간에 콩시에르주리 감옥에서 '자기파괴'를 기도한 사형수는 27명이나 된다고 한탄한다.[3]

푸키에 탱빌의 편지에도 사형수의 자살을 막기 위한 조처들이 언급된다. 어느 경찰서장의 편지에는 간수들이 24명의 사형수가 자살하는 것을 막기 어려울 것 같다는 우려가 나타나 있다. 공화국은 상징에 집착했다. 단두대는 공화국의 가장 중요한 상징이었다. 단두대는 인민의 적을 벌하는 도구다. 따라서 인민의 적은 반드시 단두대에서 죽어야 했다. 그래서 부상자, 죽어 가는 사람, 심지어 이미 죽은 사람까지도 가차 없이 단두대로 끌려갔다. 로베스피에르는 턱뼈가 다 나간 상태에서도 단두대에 올랐다. 수브라니, 부르보트, 다르테도 단두대에 오를 때에는 이미 빈사 상태였다. 바뵈프는 자살하려고 했다가 가슴팍에 칼을 박은 그대로 처형당했다. 뒤프리슈 드 발라세는 법정에서 자살에 성공했으나 법정은 애국정신을 발휘하여 그를 두 번 죽인다는 뜻에서 단두대에서 시신의 목을 쳤다. 1794년에 마르세유에서 구트와 게랭도 같은 운명을 맞았다.

혁명 정부는 이러한 시체모독형을 통하여 자연스럽게 앙시앵레짐의 관행과 연결되었고 자살이야말로 어떤 종류의 국가든 그 국가의 압정에 맞서는 개인의 자유의 최종병기라는 점을 의도치 않게 보여 주었다. 그 병기 앞에서는 모든 권력과 모든 법이 무력하다. 국가가 취할 수 있는 유일하고 부질없는 대응은 자살자의 시신을 모독하는 것뿐이다. 때때로 국가는 ——롤랑, 페시옹, 뷔조의 죽음 이후에 그랬듯이 ——자신의 지배를 벗어난 인민의 적에게 '명예를 훼손하는' 글을 통하여 벌을 내리기도 하였다.

---

3 Tuetey, *Répertoire général des sources manuscrites de l'histoire de Paris pendant la Révolution*, vol.7, no.1892; vol.8, nos.1774, 2867.

카토와 베르테르의 종합

혁명기에는 극도로 과격한 분위기 속에서 정치적 전복과 급작스러운 상황의 변화가 일어났기에 정치적 자살이 자주 일어났던 것도 이해할 만하다. 이리하여 18세기 말은 1500여 년의 그리스도교 전통을 뛰어넘어 비로소 고대 로마의 전통과 이어졌다. 그러나 이러한 정치적 자살은 앙시앵레짐 말기 문학에서 유행했던 감상적 자살과도 무관하지 않았다.[4] 롤랑과 그 아류들은 어떤 면에서 카토와 베르테르의 종합판, 로마 전통과 낭만주의 전통이 조국애라는 틀에서 만난 결과라고 하겠다.

자살, 특히 동반자살을 찬양하는 전 낭만주의적 감성이 명백히 드러나는데 어떻게 앙시앵레짐 말기와 혁명기의 문학적 분위기의 연속성을 부정할 수 있겠는가? 과들루프 출신의 1744년생 소설가 니콜라 제르맹 레오나르는 두 시대를 연결했다. 그는 리옹의 연인들 사건에 깊은 인상을 받아 1771년에 『삶의 권태에 대하여 친구에게 보내는 서한』을, 1773년에는 『두 연인의 무덤』을, 1783년에는 『리옹에 사는 두 연인의 편지』를 차례로 썼다. 그런데 이 작품들은 혁명이 한창이었던 공화력 제2년에 파리에서 재출간되었다. 정치적 사건들은 격앙된 감정들을 억누르지 못했고, 연인들의 자살을 다룬 소설들은 되레 1789년 이후에 더 많이 나왔다. 뒤크레 뒤미닐의 『코엘리나와 빅토르』, 르메르시에의 『이쥘과 오로베즈』가 그런 작품들이다.

하지만 남녀 간의 연애라는 주제는 귀족주의를 의심받을 수 있었으

---

4 P. -L. Higonnet, "Du suicide sentimental au suicide politique", *La révolution et la mort*, Toulouse, 1991, pp.137~150.

므로 애국적 자살이 이에 결합했고 그 때문에 때로는 기묘한 결과가 빚어지기도 했다. 롤랑 부인은 1793년 10월에 감옥에서 자살을 생각하고는 남편과 뷔조 앞으로 각기 유서 한 통을 보냈다. 르바도 테르미도르의 반동[5]을 예감하면서 아내에게 편지를 쓴다. "이게 죄만 아니라면 당신의 머리통을 날려 버리고 나 또한 죽어 버리겠소. 그러면 최소한 우리는 같이 죽지 않겠소." 파트리스 루이 이고네는 1789년에 자살한 소피 드 모니에(미라보의 정부), 프레리알 봉기가 실패하자 동반자살한 뒤넬 부부, 아내가 체포당하려 하자 권총으로 자살한 부트리, 아내와 딸을 도끼로 죽이고 자살을 기도한 포팽쿠르 구역의 어느 상퀼로트, 그 외에도 탈리앵과 테레사 카바뤼스, 로도이스카, 메리 울스턴크래프트의 사례를 열거한다.[6] 올랭프 드 구주는 1793년에 로베스피에르에게 죗값을 치르기 위해 함께 센 강에 투신자살하자는 식으로 말한다.

로마식 자살이 새로운 정치적 콘텍스트에는 잘 들어맞았기 때문에 혁명문학은 이를 유행시켰다. 앙드레 셰니에는 『카이우스 그라쿠스』와 『브루투스와 카시우스』를, 소브리는 『테미스토클레스』를, 셰롱 드 라 브뤼에르와 타르디외는 『우티카의 카토』를, 아르노는 『루크레티아』를 썼다. 롤랑 부인은 『회상록』에서 "우리 앞에 선을 행하고 본을 보일 수 있는 길이 있다면 그 길을 떠나지 않음이 마땅하다. 불행에 굴하지 않고 그 길을 걷는 것이 용기다. 그러나 악의가 그 길을 끝장내려 한다면 그 끝을 앞당겨도 된다. 특히 필사의 노력을 기울여 봤자 아무에게도 좋을 것이 없다면 더욱더 그렇다"라고 했다. 그녀는 뷔조에게 보낸 편지에서 자발적

---

5 1794년 7월 27일(혁명력 2년 테르미도르 달 9일)에 쿠데타가 일어나 로베스피에르파가 몰락하고 부르주아적인 당파가 주도권을 잡은 사건.—옮긴이
6 Higonnet, "Du suicide sentimental au suicide politique", pp.140~141.

죽음을 절대자유의 긍정으로서 옹호한다. "끈질긴 불행이 당신의 발목을 잡는다면 돈에 좌우되는 손길이 그대를 괴롭히도록 내버려 두지 말고 지금껏 자유로이 살아왔듯 자유로이 죽으십시오! 그 고결한 용기에 대한 나의 믿음을 당신의 마지막 행위로 확증하십시오!"

여기서도 앙시앵레짐과 혁명기의 연속성이 드러난다. 수많은 혁명가들이 몇 년 전 글을 통해 표출했던 생각으로 돌아갔다. 그래서 1790년에 자살을 그린 소설 『다몽과 핀시아스 혹은 자유의 미덕』을 발표했던 구종은 프레리알 봉기가 실패하자 압제의 승리를 거부하는 뜻에서 자살하기로 결심했다. 모를레 인근의 토로 요새에 투옥된 그는 자살을 앞두고 『자유의 찬가』에서 이렇게 쓴다.

우리의 남은 날들을 바치자.
우리 형제에게, 우리 벗에게.
적들의 칼이 그날들에
불길한 족쇄를 채우기 전에.
진리를 수호하고자
악당들처럼 발광해 보자.
다 함께 평등을 위하여 죽자.
평등 없이는 조국도 없으니.

파트리스 루이 이고네는 이렇게 본다. "우리는 구종의 죽음을 자살에 대한 소명이 정치적으로 치환된 결과라고 볼 수 있을 것이다. 그 소명은 처음에는 감상적인 문학을 통해 표현되었다가 나중에 정치화되었다. 1790년에는 상대가 사랑하는 여성이었다. 1795년에는 상대가 국가 그 자체일 수밖에 없었다."[7]

롬의 사례도 비슷하다. 마라는 평생 자살에 대한 생각과 함께했다. 그는 영국 체류 중이던 1770~1772년에『젊은 포토우스키 백작의 모험』을 썼다. 이 소설은 도처에 자살이 도사리고 있다. 마라가 1774년에 쓴『형법구상』은 1790년에 재출간되었는데, 이 저작은 자살의 권리를 옹호한다. 1792년 9월 25일, 마라는 국민의회 재판소에서 권총으로 자기 이마를 겨눈 채 외쳤다. "보다시피 나는 화가 나 있으니 만약 나를 고발했다면 권총으로 내 머리를 날려 버렸을 것이다." 그가 발행하는 신문『인민의 벗』은 대단히 과격하여 암살을 부추길 만한 도발들이 넘쳐 났건만, 마라는 자신을 보호하기 위해 아무 조처도 취하지 않았다. 브루투스의 여성판 샤를로트 코르데가 한 일[마라 암살]도 자살 행위나 다름없지 않나?

혁명파와 반혁명파의 자살 : 브루투스와 순교자들의 재래

혁명기에 연달아 일어난 정치적 자살들은 참으로 인상적이다. 처음에는 지롱드파가 포문을 열었다. 지롱드파는 주로 철학자들에게 영향을 많이 받은 엘리트들이었고 단두대의 굴욕보다는 자유롭고 자발적인 죽음을 원했다. 장 마리 롤랑은 범법자가 되자 노르망디로 도망쳤다. 그곳에서 아내가 유죄판결을 받았다는 소식을 듣고 "죄로 더럽혀진 땅에 더 이상 살고 싶지 않았다"고 외치며 자살했다. 콩도르세는 지롱드파의 벗이라는 이유로 체포되자 음독자살했다. 클라비에르는 볼테르의 시를 낭송하고 스스로 목숨을 끊었다.

---

7 Higonnet, "Du suicide sentimental au suicide politique", p.145.

죄인들은 부들부들 떨며 형장으로 끌려가나

도량이 큰 자들은 운명을 스스로 결정하네.

바르바루, 뷔조, 페시옹은 "우리는 우리의 불행한 조국을 괴롭힐 예속의 증인이 되지 않고 생을 버리기로 결심하였다"라고 선언한 후 자살했다. 리동, 뒤프리슈 드 발라세, 레베키도 마찬가지 길을 걸었다.

아당 뤽스의 경우는 특별하다. 마인츠 출신의 루소의 제자였던 28세의 이 청년은 지롱드파 축출에 충격을 받고 보란 듯이 자살하기로 결심한다. 국민의회 대표들이 모인 재판정에서 "6월 2일 이후로 나는 삶이 끔찍합니다. 장 자크 루소의 제자인 내가 이 사람들을 가만히 구경만 하는 비겁자가 되겠습니까? 자유와 미덕이 압제당하고 죄악이 승리하는 모습을 보고만 있겠습니까? 아니오!"라고 외친 후에 권총으로 자살하겠다는 결심이었다. 항거의 자살, 민중의 의식을 깨우기 위한 희생. 그가 자기 계획을 알리기 위해 귀아데와 페시옹에게 보낸 편지를 보자. "죄악의 승리가 내 피와 무고한 내 목숨을 바치겠다는 결심을 하게 만들었습니다. 살아서는 그럴 수 없었지만 죽음으로써 자유에 좀더 보탬이 되고자 합니다. 이것이 나의 첫째 동기, 내가 결심을 굳힌 이유입니다. 또 다른 동기는 모든 중상과 의혹을 뛰어넘는 애국적 행위로 장 자크 루소 스승님을 기리고 싶어서입니다. …… 죽겠다는 결심은 그 과업에 합당한 정신으로 실행될 것입니다. 나는 어느 당을 위해서가 아니라 공익을 생각하여 이리합니다."

아당 뤽스는 계획을 실행하지 못한다. 그는 샤를로트 코르데의 마라 암살에 열광했고 이 여성 암살범이 수레에 실려 형장으로 이송되는 모습을 보고 사랑에 빠졌다. 그래서 자신도 그녀처럼 죽기로 계획을 바꿨다. 그는 샤를로트 코르데를 찬양하는 추도사를 썼고, 그 때문에 체포되어 혁명재판소로 끌려갔다. 재판소에서 아당 뢱스는 뒤마와 잠시 자발적 죽음의 의미를 두고 대화를 나누었다. 뒤마는 의원들 앞에서 자살은 "무의미하다"고 꼬집고 이렇게 덧붙였다. "그대에게 말하노니 훌륭한 시민이라면 조국과 자유를 위해서만 피를 쏟아야 하는 법이오." 그러자 아당 뢱스는 "한 사람의 죽음이 그의 삶보다 더 큰 이로움을 조국에 안긴다면 스스로 죽겠다는 계획은 무의미하지 않습니다. 덧붙여, 그런 죽음은 문법을 모르는 자들과는 더불어 사용할 수 없는 미덕의 언어라고 말하겠습니다"라고 응수했다. 아당 뢱스는 샤를로트 코르데를 향한 불가능한 사랑으로 단두대에서 죽기를 택했으니 실로 카토와 베르테르의 종합을 이루었다 하겠다.

산악파들도 단두대를 피하기 위해 테르미도르에 자살을 택했다. 동생 오귀스트 로베스피에르는 창문에서 투신자살했다. 형 막시밀리앵 로베스피에르는 카리에와 쿠통이 그랬듯 권총자살을 기도했으나 실패했다. 오슬랭은 자기 가슴에 못을 박아 자살했다. 르바와 소목공 뒤플레의 아내도 자살했다. 마지막 남은 산악파들은 1795년 프레리알 봉기가 실패한 후 체포되었다. 롬, 뒤크누아, 구종, 뒤루아, 수브라니, 부르보트, 일명 '프레리알의 순교자들'은 자살을 기도했다. 롬, 뒤크누아, 구종은 자살에 성공했다. 나머지 셋은 단두대에서 처형당했다. 바뵈프와 다르테는 검으로 자해를 했으나 결국 단두대에서 죽었고 부봉은 계단 위에서 몸을 던져 죽었다. 그들은 모두 로마인들의 유명한 본보기를 따른다는 자각을 갖고 있었다. 자살은 그들에게 자유인의 피난처였다.

왕당파와 반혁명파도 열정적으로 죽음에 뛰어들었다. 그러나 이들은 브루투스와 카토를 앞세우지 않는 그리스도교 순교자들이었다. 순수한 소명의식에서 죽음을 자초한 이들은 신분을 막론하고 참으로 많았다.

퇴르 노동자의 딸이 혁명재판소에서 대담하게 삼색기를 밟는가 하면, 플로리에서는 바로 그 혁명재판소의 재판장 뒤마에게 이런 편지를 쓰는 사람까지 있었다. "수치스러운 괴물아, …… 고발당한 이들과 나도 같은 마음이다. 나도 그들과 같은 운명을 받아들일 수 있다." 마리 잔 코리에라는 젊은 아낙은 상퀼로트들이 지나갈 때 "국왕 만세!"를 외쳤고 이렇게 불행하게 사느니 "죽는 편이 좋겠다"고 했다. 샤를 부알르미에는 "왕권의 회복만을 바라는" 귀족주의자라고 스스로를 고발하고 "즉결심판에 회부해주기 바란다"고 했다. 그 외에도 수많은 예들이 있다.[8] 키베롱에서의 실패 이후 왕실 근위대장 샹트렌, 올빼미당원 부아자르디, 수많은 왕당파들이 직접적으로 자살을 했고 올빼미당군의 실패 이후에도 많은 이들이 자살했다. 바스티유 소장 로네, 샤틀레 공, 송브뢰유 백작도 스스로 목숨을 끊었다.

선서를 거부한 성직자들은 감정이 격앙되자 때때로 자발적 순교에 대한 금지를 잊고 죽음을 자초했다. 에메 기유는 1821년에 『프랑스대혁명 시기의 신앙의 순교자들』에서 그러한 성직자들을 기렸다. "판사들 앞에서 신앙을 고백하면 죽게 될 줄 알면서도 그렇게 했던 이들, 거짓말로 목숨을 보전하고 신께 누를 끼치느니 차라리 죽기를 바랐던 이들"은 순교자로 대접해야 한다.

그러나 일부 반혁명파는 자살에 대한 적의를 드러냈다. 일단 국왕부터도 칼을 압수당하면서 이렇게 물었다. "내가 나 자신을 죽일 만큼 비겁한 사람이라고 생각하는가?" 샤레트 후작은 언짢아하는 태도로 "자살은 항상 나의 원칙과 동떨어져 있었으며 나는 그런 짓은 비겁하다고 본다"

---

8 Bayet, *Le suicide et la morale*, pp.718~719에서 나온 사례들.

고 했다. 라부아지에와 베르니오도 자살을 거부했다.

'이타적인' 자살도 양쪽 진영 모두에서 나타났다. 샤레트의 한 병사는 상사의 모자를 쓰고 상사 대신 죽었다. 레피네 부인의 하녀는 주인마님 대신 단두대에 올랐다. 수많은 아내와 약혼녀들이 사랑하는 이를 죽음까지 따라갔다. 시민으로서의 애국적인 자살은 자유를 위한 순교로 칭송받았다. 1793년에 바라는 1760년에 "국왕 만세!"를 외치고 죽었던 다사스 기사처럼 "공화국 만세!"를 외쳤다. 리세, 피노, 샤테니에, 중령 부르주아의 아내는 "공화국 만세!"를 외치기를 거부했기 때문에 공개 처형을 당하거나 물에 빠져 죽었다. 임무 중이던 정부 대표들이 ──텔리에는 샤르트르에서, 베일은 툴롱에서── 실패를 속죄하고자 자살했다. 블로스 장군은 샤토 공티에에 왕당파들이 들이닥치자 자결했다.

항복을 피하기 위한 군인들의 자살은 어느 시대에나 있었다. 프랑스 대혁명과 뜨거운 애국심에 불타는 자원병들은 이러한 예를 풍성하게 제공한다. 1794년 '방죄르' 호의 해병들, 1798년 '셰리' 호의 사령관, 요새와 함께 자폭한 벨가르드의 병사들, 방데 반란군에게 투항하지 않으려 했던 물랭 장군 등. 그중 한 사람인 니콜라 조제프 보르페르는 공식적으로 기념된 인물이다. 그는 1792년에 오스트리아-프러시아 연합군에 맞서 베르됭을 사수하려 했으나 항복을 피할 수 없게 되자 자결했다. 파리 코뮌은 9월 8일에 그의 이름을 테름 드 쥘리앵 구역에 붙여 이후로는 보르페르 구역으로 부르게 했다. 9월 13일에 보르페르의 시신을 팡테옹에 안장하고 다음과 같은 비문으로 그의 자살을 추모한다는 결정이 떨어졌다. "그는 폭군들과 타협하느니 스스로 죽기를 원했다." 드로네는 이 일을 계기로 삼아 『모니퇴르』에서 "브루투스와 카토의 용기"를 비겁함으로 몰아붙이는 "말도 안 되는 편견"을 호되게 비난했다. 고이사르는 9월 14일자

『83도 소식』에서 "자살을 비난할 만큼 어리석은 바보들"을 공격하고 이런 결론을 내린다. "모든 것이 절망적일 때, 도망치든가 포로가 되든가 해야 할 때, 죽음이 명예 혹은 자유를 지키는 유일한 방법일 때, 국가에 쓸모없는 삶을 끝냄으로써 위대한 본을 보여 줄 수 있을 때, 그런 때의 자살은 미덕이 아닌가?"

그해 4월 21일에 상연된 르쉬르의 비극『보르페르의 영예』는 애국적 자살을 드높이 찬양한다.

신은 우리를 행복하라고 이 땅에 보내셨네.

신이 우리를 불행하라고 만드셨다 생각한다면

그분의 선의, 그분의 심오한 지혜를 부인하는 셈.

신이 우리에게 권리를 주셨으니 우리는 그 덕분에 숨을 쉬네.

권리를 빼앗긴 자의 삶은 짐스러울 뿐. ……

그래서 자유를 빼앗길 때에,

포악한 승자들이 우리에게 칼을 들이밀 때에,

세상의 중죄를 벌하시는 신께서

우리 한 사람 한 사람에게 말씀하시네. 네 생을 끝내라.

자유롭지 못한 생은 빛을 두려워해야 하니. ……

보르페르는 조국의 명을 받은 베르됭에서

죽음을 백 년의 삶보다 훨씬 요긴하게 이용하였다.

그의 영웅심이 세상 먼 곳까지 퍼졌으니

프랑스인이 자유를 위해서 어떤 일까지 할 수 있는지 보여 주었다. ……

불멸의 노래로 보르페르를 기릴지어다!

그가 우리 모두를 위해 죽었으니, 그보다 좋은 일이 어찌 있으랴.

그는 위대한 본을 보이고, 전사들을 낳으며,

우리 마음속에 승리의 싹을 틔운다.[9]

혁명이 터지자 문학과 예술에서의 고대 유행은 정점에 달했다. 신고 전주의, '폼페이' 양식이 귀족들은 물론, 부르주아들의 주거문화를 지배했고 엄격함, 미덕, 냉정한 영웅심 등이 동경의 대상이 되었다. 다비드의 회화 작품들, 특히 「세네카의 죽음」을 보라. 카토와 브루투스는 폭군에게 승리하는 절대자유의 상징으로서 장차 혁명의 기수가 될 자들에게는 문화의 일부였다. 정치적 자살의 모범을 보여 주었던 스토아주의자들도 크게 칭송받았다. 그들이 로마 문화에 그토록 심취하지 않았어도 정치적 자살이 그렇게 많이 나왔을까? 어떤 면에서 보르페르, 아당 뤽스, 롤랑, 로베스피에르, 바뵈프 등의 자살은 철학정신과 낭만주의 정신이 결합한 결과였다. 그리고 그 두 정신 모두 자살을 지고한 자유의 행위로 만드는 데 일조했다.

일반적인 자살

그러나 이 모든 투쟁이 '인민'을 위하여 벌어지는 동안 정작 그 인민의 사정은 어땠을까? 일단 수치상으로는 딱히 주목할 만한 자료가 없어 보인다. 바예는 1793년에 베르사유에서 1300명이 자살했다는 '전설'을 반박하지만 이 전설은 최근의 연구저작들에도 인용되고 있다.[10] 1790년 8월

---

9 Lesur, *Apothéose de Beaurepaire*, scene 4.
10 Chesnais, *Histoire de la violence*, p.241.

13일자 『궁정과 파리 일반소식지』는 이렇게 전한다. "자살은 날이 다르게 자주 일어난다. 때로는 가난, 때로는 절망 때문에 불쌍한 사람들이 생을 단축시켜 불행에서 벗어날 결심을 한다." 그렇지만 이 발언을 확인해 줄 수치화된 자료는 없다. 프랑스 신문들은 앙시앵레짐 때와 마찬가지로 자살에 대해서는 침묵했다. 1796년 11월 4일 보고서에서는 "파리에 자살이 많이 일어나지만 그 수는 과장되었으며 가난과 절망이 그 동기라고 한다". 1797년 6월 11일자 『상티넬』은 처음으로 추정치를 제시한다. 5개월간 파리에서 60명이 자살했다는데, 이 수치는 세바스티앵 메르시에가 1782년에 제시한 통계와 얼추 비슷하다(1782년에 147명, 1797년에 144명). 하지만 『주르날 드 랭데펭당스』는 1798년 5월에 유럽의 모든 수도를 합한 것보다 파리 한 곳에서 더 많은 자살이 일어난다고 보도했다. 장 튈라르는 제정 시대에 연평균 150명이 자살했고 1812년에는 200명까지 크게 늘었다고 주장한다.

파리 법원 서류를 연구한 리처드 콥의 뛰어난 저작 덕분에 우리는 1795년 10월부터 1801년 9월 사이에 파리에서 발생한 자살 사건들의 성격을 파악할 수 있다.[11] 문제의 서류에서 274건의 돌연사는 분명히 자살로 볼 수 있는데, 남성이 211명, 여성이 63명이다. 총기자살, 목매달기, 창문에서의 투신자살은 불과 25건이다. 나머지 249명은 모두 센 강에 빠져 죽었다. 특히 다비드의 제자가 노트르담 대성당 탑에서 투신자살한 사건은 흥미롭기도 하고 결코 우연은 아닐 것으로 보인다.

이 274건을 연구한 결과, 자살은 봄과 초여름에 가장 많이 일어난다는 사실이 가장 먼저 확증된다. 표본의 45퍼센트가 4월부터 7월까지의

---

11 R. Cobb, *Death in Paris*, Oxford, 1978.

구간에 분포한다. 일요일, 월요일, 금요일은 각각 44건의 자살을 기록한 불길한 날이고 토요일은 29건밖에 되지 않는다. 여성 자살자들이 더 어리다. 여성 자살자들은 대부분 20세에서 30세 사이였고 정치적 동기와 무관한, 순전히 개인적인 이유에서 죽음을 택했다. 남성 자살자들은 대개 40세에서 50세 사이, 리처드 콥의 표현을 빌리자면 환멸을 느낄 나이였다. 나이가 어린 자살자일수록 전쟁에 대한 혐오, 새로운 군사훈련에 징집될지도 모른다는 두려움이 꽤 큰 동기로 작용했다. 영국의 통계 결과와 달리, 청소년의 자살은 전체 10건 이하로 비중이 매우 적었다.

독신자의 비율이 매우 높다는 점은 지나칠 수 없다. 이혼한 사람까지 치면 전체의 3분의 2나 된다. 도시에 가족이 있는 사람들에게조차 고독은 꽤나 결정적 요소였다. 특히 갑자기 가난뱅이가 되어 일가친지와 왕래를 끊은 이들이 많았다. 자살자들의 사회직업군은 매우 다양했지만 짐꾼, 인부, 삯일꾼, 뱃사람, 경찰, 재봉사, 세탁부, 다리미질꾼 등 벌이가 변변찮은 직업이 많았다. 군인도 23건으로 전체의 8.5퍼센트나 차지했다. 계속되는 전시(戰時)에 탈영하거나 새로운 군사훈련에 동원될 것을 두려워한 군인들이 주로 자살을 택했다. 식품과 의복을 다루는 직업의 자살자가 많았고, 하인들의 자살은 드물었다. 부유층은 거의 없다. 필라델피아 총영사를 지낸 젊은 사내와 샤토루에서 부유한 방직공장주의 아들이 자살한 예가 있을 뿐이다.

파리 통계는 자살이 시대적으로나 공간적으로나 전염성이 있다는 점을 보여 준다. 강물에 뛰어드는 사람이 많기로 유명한 장소들이 있었다 (파시에서 35건, 세브르 교에서 15건, 앵발리드 부두에서 11건, 루브르 아래쪽 포르 드 레콜에서 10건). 게다가 이 자살자들의 75퍼센트는 강에서 몇 발짝 떨어진 곳에 거주했다. 시기는 봄, 특히 '전염병'이라고까지는 할 수 없어도 1796년 3월, 1797년 3월, 1798년 4월과 7월, 1799년 3월과 4월이 두드러졌다. 대부분은 오전 9시에서 12시 사이에 강물에 몸을 던졌다. 아마도 밤새 번민한 결과, 혹은 이목을 끌고 싶은 욕망의 결과일 것이다. 한밤중에 조용히 강물에 뛰어드는 사람은 극히 드물었다. 당시의 '전형적인' 자살은 희망을 잃어버린 사십대 남성이 4월의 일요일에 가장 좋은 옷을 차려 입고 오전 느지막한 시각에 파시에서 강물에 뛰어드는 것이었다. 조서들은 이 점을 분명히 한다. 리처드 콥은 어떤 자살자들이 "어찌나 멋을 부렸는지 레이스 커프스, 장갑, 널찍하고 화려한 색상의 넥타이, 자수를 넣은 가슴 장식, 덧신에 톱 부츠까지 죄다 착용할 정도였다"라고 말한다.[12]

자살의 원인은 거의 항상 베일에 싸여 있었다. 자살자가 대체로 가난뱅이라고 해서 자동적으로 가난이 자살 동기가 되진 않는다. 하지만 1794~1795년 대기근 당시에 아이들과 동반자살한 엄마들은 아마도 가난이 직접적 동기가 되었을 것이다. 하지만 콥이 연구한 표본에는 이런 사례가 한 건밖에 없다. 1798년 5월에 47세의 세탁부가 9세 딸을 데리고 강물에 몸을 던졌다. 그 외 사례들은 유서가 없기 때문에 자살 원인을 밝힐 수 없다.

주위 사람들의 증언도 자살 원인을 별반 밝혀 주지 않는다. 지인들은 거의 항상 이런 일이 있을 줄 몰랐다, 고인은 아무 말 없이 집에서 나갔다, 우리도 잘 모르겠다는 말밖에 하지 않는다. 가끔 고인이 이상한 행동을 했었다는 증언이 있지만 이러한 증언은 자살이라는 행위와 거리를 두려는 바람을 반영하기 십상이다. 가난한 사람들의 첫 반응은 결코 온정적이지 않았다. 생 탕투안의 포도주 상인은 센 강에서 막 건져 올린 동생의 시

---

12 Cobb, *Death in Paris*, p.37.

신을 보고도 자신이 장례비를 내지는 않을 거라는 말밖에 하지 않았다.[13] 자살은 당혹감과 악의를 불러일으켰으나 그러한 감정은 금세 억압되었다. 앙시앵레짐에서부터 집권층과 종교계가 당부한 대로 자살에 대해서는 말을 삼가는 태도가 자리 잡았기 때문이다. 1791년 형법에 따라 자살은 더 이상 법적인 죄가 아니었다. 교회는 상당히 어려운 시기였기에 그런 데 개입할 계제가 아니었다. 1797년 주교회의도 자살에 대해서는 침묵했다.

우리가 보았듯이 모든 종류의 탄압이 사라졌다 해서 자살률이 더 늘지는 않았다. 절망에 빠져 자기를 죽이기로 결심한 영혼들에게 법은 아무 영향도 미치지 못한다는 증거랄까. 반면 산 자들, 고인의 직접적인 측근들은 여전히 동정심과 희미한 죄의식이 결부된 불편한 감정에 시달렸다. 자살은 여전히 유족들이나 공동체에 커다란 짐이었다. 가족 및 공동체는 구성원의 자발적 죽음을 자신의 실패로 여길 수밖에 없다. 게다가 19세기 자살 연구는 자살을 사회적 원인들에 귀속시킴으로써 이러한 죄의식을, 나아가 자살을 은폐하려는 사회의 의지를 더욱 부채질했다.

19세기 : 자살과 죄의식

19세기는 이 책이 본격적으로 다루지 않는 시대로서 자살사의 전혀 다른 국면을 보여 준다. 따라서 여기서는 19세기 초반에 나타났던 것으로 보이는 몇 가지 방향들만 짚고 넘어가겠다.

우선, 앞서 300여 년 동안 어렵고 불완전하게나마 서서히 획득한 것

---

13 Cobb, *Death in Paris*, p.97.

을 되레 파괴하려고 하는 양상을 볼 수 있다. 다시 말하자면, 자살은 사회적 사태로서 이제 겨우 인정받고 있었다. 자살은 편견 없이 접근해야 할 사태, 비극적인 일임에는 분명하지만 그래도 '선험적으로' 비난하기보다는 이해하고자 노력해야 할 사태다. 르네상스와 계몽주의 시대에 걸쳐 자살은 금기와 반자연적 행위의 격리구역에서 차츰 빠져나왔다. 처벌에서 벗어난 자살은 여전히 논란의 대상이었으나 이 논란은 자살을 세속화·일반화하는 데 공헌했다. 그런데 프랑스대혁명을 거친 후, 반동정신, 복고정신에 불타는 도덕적·정치적 지도층은 오만 가지 금지들을 내세워 다시 자살을 탄압했다. 하지만 이 지도층은 더 이상 도덕 영역에서 강제력을 발휘할 수 없었으므로 개인의 의식이 자살 탄압을 내면화하기 바랐다. 그들의 활동은 놀랄 만큼 효과적이었고 인문학의 발전은 의도치 않게 자살에 대한 개인과 집단의 죄의식 콤플렉스를 강화하는 결과를 낳았다. 갓 탄생한 통계학은 현상의 폭을 정확히 가늠하게 해주었고, 정신의학과 사회학은 개인의 정신적 결점이 사회구조의 불의와 결함과 맞물려 문제를 낳는다는 점을 보여 주었다.

이제 자살률의 변화는 통계로 입증되었다. 지역별, 사회집단별, 사회경제적 콘텍스트별 자살률을 사회학자들은 서서히 잡아 낼 수 있었다.[14] 19세기 초반만 살펴보자면 1850년의 인구 10만 명당 자살률은 이탈리아가 3.1명, 덴마크가 25.9명이다. 영국은 여전히 자살에 관한 한 남달랐으나 그 방향은 완전히 반대였다. 1800년대에 통계학이 수립된 이래로 영국의 자살률은 유럽 평균 자살률보다 확실히 낮게 잡혔으니까. 이 또한 18세기 '영국병' 신화가 언론이 만들어 낸 작품이라는 증거다.

---

14 P. Moron, *Le suicide*, Paris, 1975.

장 클로드 셰네는 『폭력의 역사』에서 19세기의 자살 실태를 개괄했다. 그는 이 시대에 산업혁명의 해체 효과로 자살률이 훌쩍 증가했다고 보았다. 전통적 관계, 종교는 약화되고 개인은 해방되었다. 고립이 확산되고 경제적 변동이 커졌으며 노동 계층은 빈곤했다. 루이 슈발리에는 『노동 계급과 위험 계급』에서 이러한 요소들이 자살에 미치는 영향을 주목한 바 있다. 부르주아와 지식인 엘리트 계급에게는 낭만주의와 절망적인 염세철학(쇼펜하우어, 키에르케고르, 토베르, 아르트만, 레오파르디) 유행도 한몫을 했다. 게다가 이 비극의 세기에도 유명한 자살 사례들은 넘쳐 났다. 예술가, 철학자, 정치인, 군인 들이 광기, 실존적 불안, 야심의 좌절, 이루어질 수 없는 사랑, 수치, 후회 등의 다양한 이유에서 목숨을 끊었다. 피슈그뤼 장군, 그로 남작, 빈센트 반 고흐, 제라르 드 네르발, 프리드리히 니체, 불랑제 장군, 폴 라파르그와 로라 막스, 기 드 모파상과 에르베드 모파상, 헨리 대령 정도만 거론해 두자. 프랑스 전체 자살 집계를 보자면 1826~1830년의 5년간 연평균 1827명에서 1841~1845년의 5년간에는 연평균 2931명으로 무려 70퍼센트나 증가했다. 도덕론자들이 가히 경각심을 품을 만한 증가율이니 7월 왕정 당시 자살 관련 저작들이 그렇게 많았던 것도 이해가 간다.

　　늘 그렇듯 집권층은 여론에게 사실을 은폐하기 바빴다. 1829년도 『보건연감』은 "신문은 어떤 자살 사건이든 보도를 삼가야 할 것이다. 우리는 그러한 선전이 이미 제정신이 아닌 사람들에게 생을 단축할 결심을 불러일으킨다고 볼 만한 충분한 근거가 있다"고 말한다. 1830년 8월 27일, 콩데 왕자이자 부르봉 공작 루이 앙리 조제프가 목매어 자살하자 『가제트 드 프랑스』는 사망 원인을 밝히지 않았고 『주르날 데 데바』는 뇌졸중이라고 했으며 『라 코티디엔』은 암살이라고 했다. 1844년에 미쇼는 이렇게 쓴다. "부르봉 공작이 자살했다고, 콩데 가의 막내가 스스로 목을 맸다고 말할 수는 없다. 이런 말을 입 밖에 냈다가는 왕자의 평판을 더럽힌다는 소리를 들을 판이다." 1870년 7월 19일, 프레보 파라돌이 자살했다. 『르 피가로』, 『라 파트리』, 『주르날 데 데바』는 그가 동맥류 파열로 사망했다고 보도했다. 카미유 루세는 "벼락을 맞아" 죽은 사람이 됐다. 1874년에 내무장관 샤를 뷜레가 자살했을 때에도 언론에 보도된 사인은 동맥류 파열이었다.

앙시앵레짐 말기에 관용을 보여 주었던 교회도 다시 자살에 맹공을 가했다. 람므네는 아무리 가혹한 말로도 "이런 유의 살인"을 근절할 수 없다고 했다. 그는 사회 보호 차원에서 자살탄압법이 부활해야 한다고 주장했다. "누구든 자기 생의 주인이라 믿는 자, 생을 떠날 준비가 된 자는 그 사실 하나만으로 모든 법을 벗어나 버리기 때문이다. 그에겐 자기 의지 외에는 아무 제약도 없고 규칙도 없다." 왕정복고시대에는 교회가 자살자의 매장을 다시 거부하려 했기에 세속 권력과 갈등을 빚기도 했다. 1819년에 뒤카즈는 캥페르 주교에게 "자살로 고발당한" 반나렉 공증인의 매장 거부 건을 두고 "지나치게 엄격한 경향이 있는 열심"에 불만을 표한다. 1821년에 브레스트의 르쿠브랑스 사제도 편지를 썼다. "내가 르쿠브랑스에 부임한 후로 자살자 네 명의 매장을 거부했으나 후회는 없습니다. 나는 십자가, 성수반, 관에 덮는 천 같은 교회의 물품도 내주지 않았습니다."[15]

마땅히 취해야 할 절차가 문서화되어 있지 않았으므로 교구와 사제

---

15 Y. Le Gallo, *Clergé, religion et société en Basse-Bretagne de la fin de l'Ancien Régime à 1840*, vol.2, Paris, 1991, p.735에서 재인용.

에 따라 실태는 제각각이었다. 하지만 1917년의 새 교회법조차도 "의도적으로 자살한 사람"은 교회 묘지에 묻힐 수 없다고 규정한다.[16] 하지만 자살 당시 제정신이 아니었을 것이라는 추정만으로도 매장은 가능했다. 자살기도 전적이 있는 사람은 성직자가 되지 못한다. 1980년에 로마 교황청 신앙교리성(Congregatio pro Doctrina Fidei)은 이렇게 선언했다. "모든 인간은 하느님의 계획에 걸맞은 삶을 살아야 할 의무가 있다. 하느님은 인간이 지상에서 이미 결실을 품되 영생을 통해서만 그 완전한 실현을 거둘 것을 권고하신다. 따라서 자진한 죽음, 즉 자살은 살인과 마찬가지로 용납되지 않는다. 실제로 자살은 신의 주권과 그분의 애정 어린 의도를 거부하는 행위이다. 더욱이 자살은 대개 자기 자신에 대한 사랑의 거부, 자연스러운 생존본능의 부정, 이웃과 공동체와 사회 전체에 대한 사랑과 정의의 의무를 포기하는 처사다. 다만, 모두가 알다시피 자살은 심리학적 요인에서 발생하기도 하므로 이 경우에는 책임을 면할 수도 있다. 그렇지만 자살과 희생은 구분해야 한다. 신의 영광, 영혼들의 안녕, 형제애 등의 고결한 대의를 위해서 자신의 목숨을 내어 주거나 위험을 무릅쓸 수는 있다."[17]

이 문헌은 고통스러워하는 이, 불치병을 앓는 이에게도 절대 자살을 방조해서는 안 된다고 말한다. "여기서 '안락사'는 고통을 없애려는 목적에서 어떤 조치를 취하거나 취하지 않음으로써 사망을 유도하는 행위를 가리킨다. …… 그 무엇으로도, 그 누구도 무고한 사람, 배아 혹은 태아, 아동 혹은 성인, 노인, 치유 불가능한 환자나 이미 죽어 가는 환자의 죽음

---

16 *1917 Codex iuris canonicis*, Canon 1240, 1 & 3.
17 *Ecclesia*, 1980, note 1990, 28~29.

을 용인해서는 안 된다는 점을 단호히 일러둘 필요가 있다. 또한 그 누구
도 이런 유의 살인 행위를 자기 자신을 위해서나 자기 책임하에 있는 타
인을 위해서나 요청할 수 없으며 그러한 제안에 암묵적으로든 명시적으
로든 동의해서도 안 된다. 어떤 권력도 안락사를 정당하게 허가하거나 명
할 수 없다. 이러한 행위는 신권과 인간의 존엄성을 거스르며 생명에 반
하는 죄, 인류에 대한 테러이다."[18]

19세기로 돌아가자. 신자와 무신론자를 막론하고 세속 도덕론자들은
교회 못지않게 자살에 반감을 드러냈다. 요컨대 쥘 시몽, 르누비에, 바자
르, 앙팡틴은 하나같이 자살반대론을 피력했다. 르누비에는 자살을 용인
하면 인간이 "자기에게 편리한 때를 보아 타인에 대한 의무에서 빠져나
올 수 있게 된다"고 했다. 카베는 자살이 "옛 사회조직의 악덕들"에 속한
다고 보았다. 오귀스트 콩트도 "이 반사회적인 습속은 배척되어야 한다"
고 말한다.

의학조차 자살을 '수치스러운 병'으로 만드는 데 일조했다. 19세기 초
의 의사 피넬의 저작이 이러한 방향에 속한다. 1801년에 발간된 피넬의
『정신이상 혹은 광증에 대한 의학·철학 개론』은 자살 성향이 삶의 불쾌
한 사건들을 과장하게 만드는 정신적 결함에서 비롯된다고 보았다. "질
병의 일상적 상태, 하나 혹은 여러 장기들의 심각한 손상, 점진적인 쇠약
이 삶이 힘들다는 감정을 악화시키고 자발적 죽음을 재촉하기도 한다."[19]
이러한 자살 성향에는 강력한 충격요법이 효과적일 수 있다. 피넬은 여
러 사례를 들어 보인다. 자살에 탐닉하던 한 문인이 템스 강에 뛰어들러

---

18 *Ibid.*, 29.
19 Pinel, *Traité médico-philosophique sur l'aliénation mentale ou la manie*, p.188.

갔다. 도중에 도둑들을 만난 그는 겁을 먹고 스스로를 방어했다. 그 후로 그는 자살하고 싶은 마음이 사라졌다. 어떤 시계공은 권총자살을 결심했다. 그는 뺨을 조금 다쳤을 뿐, 자살에 성공하지 못했다. 그때의 공포 때문에 자살 생각은 영원히 사라졌다.[20] 한편, 가벼운 치료는 효과가 없을 수 있다. 피넬은 1783년에 "얼른 센 강에 뛰어들고 싶은 충동을 억누르지 못하는" 어느 노동자를 치료한 적이 있었다. 그는 소화기 장애에 원인이 있다고 보았기 때문에 유장[乳漿, 우유에서 단백질과 지방을 빼고 남은 것]과 "완하[緩下, 장을 윤활하게 하는 약을 써 배변을 원활하도록 하는 일] 효과가 있는 음료"를 마시라고 했다. 몇 달 후, 그 사람은 결국 자살했다.[21] 피넬은 자살 탄압이 효과가 있다고 보았다. 이렇게 그는 의학적 권고에서 도덕적 권고로 슬쩍 넘어간다. "적극적인 압박 수단과 공포를 조장할 수 있는 기관이 식이요법과 의학적 치료의 다른 효과들을 보조해야만 한다."[22]

19세기 초의 의학은 이런 식으로 처벌을 기반으로 하는 '정신 치료'를 동원하여 우울증과 자살 성향이 무슨 악덕이라도 되는 양 죄의식을 품게 했다. 예를 들어 기슬랭은 "정신의 진정제"로 갑자기 물을 퍼붓는다든가 회전기계, 구속의자를 이용하기, 독방에 가두고 음식과 물의 공급을 중단할 것, 협박을 하거나 자존심에 상처 주기 등을 권한다.[23] 1834년에 뢰레는 이렇게 권유한다. "위로는 하지 말라. 그런 위로는 쓸모없기 때문이다. 이성적으로 설득하려 하지 말라. 그런 설득은 먹히지 않는다. 우울증 환자들 때문에 마음 아파하지 말라. 당신의 슬픔이 그들의 우울증을 유지시

---

20 Pinel, *Traité médico-philosophique sur l'aliénation mentale ou la manie*, p.242.
21 *Ibid.*, p.241.
22 *Ibid.*, p.188.
23 Foucault, *Histoire de la folie à l'âge classique*, p.346, note 2.

킨다. 그들을 유쾌하게 대하지도 말라. 그들은 상처받을 것이다. 어디까지나 냉정하게, 필요하다면 엄격하게. 당신의 이성이 그들의 행동 수칙이 되게 하라. 그들에게서 제대로 기능하는 현(絃)은 고통이라는 현뿐이다. 그 현을 건드릴 만큼 충분한 용기를 지니라."[24]

19세기 초반은 18세기가 공들여 쌓은 탑을 부분적으로 무너뜨렸다. 몽테뉴 이래로 신체적·자연적 설명은 초자연적 설명을 차차 대체해 왔는데 이제 그 설명들이 도덕적 설명들에 밀려난 것이다. 과거 일부 철학자들이 고려했던 영국인의 자살 성향과 기후의 관계는 1818년에 슈푸르츠하임에게서 정치도덕론으로 재탄생했다. 영국인이 다른 나라 국민보다 자살을 많이 한다면 그 이유는 지나친 자유가 불안정과 좌절의 원인이 되기 때문이다. 양심의 자유는 특히 유해하다. "모든 개인은 자기 말을 듣고자 하는 자에게 설교를 할 수 있으니" 무엇이 진리인지 모를 지경이다. "뭇사람들은 진리를 찾고자 괴로워한다." 자유는 불안정과 불확실성, 즉 두려움, 광기, 자살의 원인을 낳는다.[25]

자살을 물질주의적 산업혁명 정신과 결부시키는 이러한 사회학적 분석은 브리에르 드 부아몽의 『문명이 자살에 미치는 영향에 대하여』 (1855)에서 한층 명쾌하게 드러난다. "가장 뚜렷해 보이는 영향들 중에서 우선 오늘날의 우울증을 들겠다. 신앙은 없고 위험한 허무와 완벽한 무력증에만 빠져 지내는 증상 말이다. 그다음으로는 민주적 이념, 즉 모든 것이 가능하다는 일반적인 믿음과 그로써 빚어지는 혹독한 좌절이 있다. 이어서 과도한 물질제일주의, 무한경쟁과 떼려야 뗄 수 없는 재앙들, 과도

---

24 Leuret, *Fragments psychologiques sur la folie*, Paris, 1834, p.321.
25 Spurzheim, *Observations sur la folie*, Paris, 1818.

한 사치의 자극, 지적 발달로 인해 더욱더 참기 어려워진 박탈감, 종교적 감정의 약화, 물질주의와 의심의 팽배, 정치적 격동과 그로 인한 몰락이 온다."

제정시대에 집필을 했던 피넬은 종교적 자유보다는 어느 한 종교의 독재가 두려움을 낳는다고 보았다. 자살 성향이 정신적 원인에서 비롯된다는 기본 논리는 어쨌든 마찬가지다. 게다가 피넬은 "『법의 정신』의 저자가 말하는 유의 자살 성향, 즉 자살의 가장 강력한 동기(재산 탕진, 명예의 실추 등)와 독립적인 그 성향은 영국에만 있는 병이 아니며 프랑스에도 결코 드물지 않다"고 했다.[26] 피넬은 "완고한 신앙"과 우울증이 공존하는 예를 든다. "어느 선교사는 설교 연습과 지옥의 고통스러운 이미지를 떠올리는 일에 몰두한 나머지 자신도 지옥에 떨어질 거라 믿게 됐다. 그래서 자나 깨나 가족을 순교시켜 구원을 얻게 해야 한다는 생각밖에 하지 않았다."[27] 피넬은 이 경우 병자를 격리하고 종교적 물품들과 접촉하지 못하게 하라고 권고한다.

19세기 초반에 자살은 어떤 식으로든 일종의 정신이상으로 간주되었다. 1822년에 파브레는 자신이 "정신병자 취급을 받아야 한다"고 했다. 1828년에 레뇨도 이러한 견해가 "광기를 다루는 모든 문헌에서 원칙이 되어야 한다"고 썼다. 1840년에 드브레인은 "일반적으로" 의사들은 자살 성향을 일종의 정신이상으로 본다고 했다. 1845년에 부르댕은 "자살은 항상 병이며 항상 정신이상에서 비롯된 행위"라고 단호히 선언했다.

7월 왕정기에 정신의학 이론의 토대를 마련한 에스키롤의 글은 특히

---

26 Pinel, *Traité médico-philosophique sur l'aliénation mentale ou la manie*, p.146.
27 *Ibid.*, p.72.

주목할 만하다. 게다가 그는 가끔 자가당착에 빠지기도 한다. 1838년에 "사람은 광란에 빠질 때에만 자기 목숨을 해하므로 모든 자살자는 정신 이상자다"라고 했으면서 그 이듬해에는『정신질환』에서 자살 성향에 도덕적 원인이 있는 것처럼 말한다. "사람이 종교적 믿음, 도덕의 교훈, 질서를 준수하는 규칙적 행동습관으로 영혼을 채우지 않는다면, 그가 법을 지키고 사회적 의무를 다하며 인생의 부침을 견디는 법을 배우지 못했다면, 그가 다른 사람을 멸시하고 부모를 업신여기며 제 욕망과 변덕을 행사하는 법만 안다면, 다른 조건이 모두 동일하다 해도 그 사람은 틀림없이 고뇌와 좌절에 부딪히자마자 기꺼이 제 삶을 마감할 것이다. 사람은 정념을 다스리고 행동을 이끌어 줄 권위를 필요로 한다. 자신의 약한 모습 그대로는 무관심과 의심에 빠지기 십상이다. 그는 용기를 북돋아 줄 것이 아무것도 없으니 삶의 고통, 마음의 불안 앞에 속수무책이다."

자살은 모든 면에서 침묵으로 감싸야 할 터부였다. 자살은 신에 대한 공격, 기존의 가치를 존중하지 않는 정신의 도덕적 일탈, 나약한 정신, 무정부주의적인 자유사상과 유물론에 결부된 재앙, 혹은 지나치게 완고한 신앙, 요컨대 정신, 의식, 사회의 질병으로서 여러 가지 사회적 금지들을 통해 억압되었다.

학자들이 도처에서 수집한 민간전승은 자살이 불러일으키는 공포와 거부감을 그 나름의 방식으로 입증해 준다. 브르타뉴에서는 목에 밧줄을 거는 사람은 악마가 그의 어깨를 누르기 때문에 밧줄을 도로 치울 수 없다고 믿었다. 또한 자살자의 혼은 영원히 하늘과 땅 사이를 떠돌기 때문에 자살이 일어난 장소에서는 흐느껴 우는 소리가 들린다고들 했다. 물에 빠져 자살한 사람이 행인들을 물로 끌어들인다는 소문도 있었다. 그르노블 인근에서는 목매달아 죽은 혼이 산 자들의 발을 잡아당기며 미사를 올려 달라고 애원한다고 했다. 크뢰즈에서는 자살자들이 강바닥의 돌을 뒤집는 일을 영원히 해야 한다고 믿는다. 폴란드에서는 자살자의 유령이 산자들을 겁주러 온다고 믿는다. 민간전승은 항상 자살자들에게 극도로 부정적인 이미지를 부여했다.

이렇듯 19세기는 르네상스에서 계몽주의 시대에 이르는 성찰의 산물을 상당 부분 지워 버렸다. 르네상스는 '사느냐, 죽느냐?'라는 의문을 제기했다. 17세기는 자살의 대체물들을 고안함으로써 그 의문을 억누르려 했다. 18세기는 논쟁을 펼치고 동기에 따른 자살의 다양성을 보여 주었다. 그런데 19세기에 논쟁은 종식되었다. '사느냐, 죽느냐?'는 불편하고 곤혹스러운 문제였다. 고로, 침묵해야 했다. 물론 통계가 잘 보여 주듯이 자살은 여전히 존재했다. 그러나 자살의 원인을 설명하려고 노력할 수는 있어도 자살을 정당화한다는 것은 논외의 일이었다. 자살은 정신적·도덕적·신체적·사회적 병이었다. 정치, 종교, 도덕의 지도자들은 최소한 그 점에는 모두 동의했다.

자살은 결함, 비겁함, 광기, 도착의 표현으로 여겨졌다. 16~18세기의 담대한 사상가들의 노력이 무색하게도, 19세기는 자살을 자유의 표현으로 봐주지 않았다. 루크레티아, 세네카, 카토가 찬양받을 만하다고 생각했던 그 사상가들은 제정신이 아니었다. 더 이상 그런 생각이 용인되어서는 안 되었다. 유예는 끝났다. 20세기 과학조차도 이러한 태도를 문제 삼지 않았다.

자살을 둘러싼 불편한 침묵과는 대조적으로 19세기와 20세기에는 이 주제를 다루는 방대한 문학이 형성됐다. 지금까지 자살을 다룬 연구서, 학술논문, 좀더 일반적인 성격의 저작은 수천 종에 이른다. 개인의 자살이 조용히 지나갈수록 추상적 자살에 대한 담론은 더욱 풍성해졌다. 자발적 죽음이 여전히 우리를 불편하게 한다는 증거랄까. 햄릿의 의문은 끊임없이 되살아났다. 인문학과 의학은 당혹스럽고도 흥미로운 이 행동방식을 해명하려 했다. 자살은 공포를 자아내면서도 여전히 세상 어떤 법과 권력으로도 금지할 수 없는, 모두가 동원할 수 있는 궁극의 해법으로 남았다.

사회학, 정신분석학, 의학과 자살

그러나 사람들이 어떻게, 왜 자살을 결심하는가는 명쾌하게 밝혀지지 않았다. 100여 년 전부터 주요한 자살론들은 이러한 결심의 맥락을 조명해왔다. 에밀 뒤르켐의 『자살론』은 당대의 통계에 근거하여 풍부한 자료를 제시하는 빼어난 사회학적 연구다. 이 책의 결론은 상당한 비판을 받아왔지만 지금까지도 놀라운 설득력을 지닌다. 뒤르켐은 자살의 사회적 원인에 주목하여 이기적 자살, 이타적 자살, 아노미적 자살을 구분한다. 이기적 자살은 가족, 종교, 정치 집단에 잘 편입되지 못한 이들의 자살이다. 이타적 자살은 집단을 위한 개인의 희생을 정당화할 수 있을 만큼 지나치게 통합을 강조하는 사회에서 일어난다. 아노미적 자살은 사회 기제가 어긋나 더 이상 기본 욕구를 충족시켜 줄 수 없을 때 일어난다. 모리스 알박스의 『자살의 원인들』(1930)은 뒤르켐의 이론을 보완하여 모든 자살 유형의 공통점으로 고독을 지적했다. "뚜렷하고 의지할 데 없는 고독의 감정은 자살의 유일한 원인이다."

1905년에 프로이트는 자살이 공격성을 자기 자신에게로 돌린 결과라고 설명했다. 인간의 공격성은 사회의 억압 때문에 진짜 대상에게로 향하지 못하고 주체에게로 되돌아온다. 그렇지만 프로이트는 1920년에 모든 사람에게는 생존과 재생산의 본능 리비도(libido)와 대립되는 죽음 본능, 즉 데스트루도(destrudo)가 있다는 또 다른 이론을 발표한다. 이 본능이 타자들을 위한 헌신이나 자기희생 같은 대체물로 승화되지 못하면 생존본능보다 우세해질 수 있다. 그의 첫번째 이론은 플로베르가 1853년에 루이즈 콜레에게 보낸 편지 속의 한 문장으로 잘 설명된다. "우리는 타인을 죽일 수 없기에 죽고 싶어 합니다. 모든 자살은 아마도 억압된 살인일 겁니다." 이러한 시각에서 볼 때 조직화된 사회, 즉 외적 폭력성이 심하게 규제되는 사회일수록 자살률이 높을 것이며 자살률과 살인 범죄율이 반비례할 것이다.

세번째로 중요한 설명의 축은 장 배슐러의 『자살』(1975)이 보여 준 개인주의적이면서도 유전학적이고 심리학적인 시각이다. 잭 더글러스(『자살의 사회적 의미』, 1967)가 그랬듯이 배슐러도 자살 연구는 통계가 아니라 개별 사례에서 출발해야 한다고 보았다. 자살은 인간만이 나타내는 개인적 행위다. 동물의 자살은 자살이 전염병이라는 얘기만큼이나 허황되다. 인간은 유전적이면서도 심리적인 이유에서 자살을 한다. 개인은 유전적으로 어느 정도의 공격성과 삶의 시련에 대한 적응력을 타고난다. 게다가 특히 자살을 야기하기 쉬운 상황들이 있다. 집단에 대한 소속감 결핍, 지나치게 세세한 도덕 규약은 평시(平時)에 개인이 자주 실수를 범하고 수치를 느끼게 한다. 반면, 전시(戰時)에는 자살이 드물다. 전쟁은 결속력을 강화한다. 가정을 꾸린 사람, 교구 일에 충실한 가톨릭 신자는 살아야 할 이유가 있다. 의학도 설명의 요소들을 더해 준다. 여성보다 남성의 자살률이 높은 이유는 남성이 자살 수단을 더 쉽게 손에 넣을 수 있기도 하지만 공격성을 자극하는 남성호르몬 테스토스테론의 작용 때문일지도 모른다.

이 모든 설명들은 서로 모순되기보다는 상호 보완적으로 자살의 복합적 성격을 드러낸다. 스스로 죽을 결심은 수많은 요인들의 결과요, 의식적인 자살일지라도 그 요인들의 상당수는 의지와 무관하다. 그럼에도 최후의 선택은 개인의 몫이다. 앙리 드 몽테를랑은 『열세번째 카이사르』에서 이렇게 말한다. "자살보다 불가해한 것은 없다. 나는 어떤 자살의 이유를 설명하려 할 때마다 신성모독을 저지르는 기분이 든다. 자살한 사람 본인 외에는 그런 이유를 제대로 알고 이해할 수 있는 사람이 없기 때문이다. 나는 '이해시킬 수 있는 사람'이라고 말하지 않았다. 그런 이유들은 대개 복잡하게 얽히고설켜 있어 제3자가 이해할 수 있는 게 아니다."

논쟁의 필요성

제3자가 이해할 수 없다면 판단은 말할 것도 없다. 그렇지만 암묵적 지탄은 과거에나 오늘날에나 항상 있었다. 문학에서의 자살, 제자리를 떠나지 않으려는 군인들의 자살, 고문에 못 이겨 기밀을 누설할까 봐 감행하는 음독자살은 찬양하면서 그다지 고결한 동기에서 비롯된 것 같지 않은 불쌍한 사람들의 평범한 자살을 비난하는 이 모순은 늘 존재해 왔다. 그러나 20세기는 유명한 자살들로 넘쳐 난다. 삶을 버림으로써 더욱 추앙받는 현대의 카토와 세네카는 하나둘이 아니다. 슈테판 츠바이크, 앙리 드 몽테를랑, 로제 살랑그로 전 내무장관, 피에르 베레고부아 전 총리, 분신자살한 체코의 대학생 얀 팔라흐, 체사레 파베세, 아르투르 쾨슬러와 그의 아내, 브루노 베텔하임, 마릴린 먼로, 진 세버그, 파트릭 드베르, 아실 자바타, 로맹 가리, 이브 로랑, 마이크 브랜트, 달리다, 장 루이 보리, 미시마 유키오, 막스 린더, 마야코프스키, 그 외에도 얼마나 많은가. 1990년 3월

13일에 오딜 오둘이 브루노 베텔하임의 죽음에 대해서 썼듯이 이들 모두는 존중받을 만한 자유를 행사했다. "그는 나이가 들고 신체적으로 약해지면서 이 자유로운 사고 능력이 감퇴했기에, 아마도 바로 그 때문에 자살했을 것이다. …… 그것은 절망이 아니라 자기 삶의 원칙을 끝까지 밀고 나가는 용기에서 우러난 행위였다."[28]

우리는 여기서 몽테뉴, 던, 립시우스, 흄, 돌바크, 루소, 즉 다양한 자살들이 존재하고 어떤 자살은 고결한 의미를 지닐 수도 있다는 것을 보여 주려 했던 르네상스와 계몽주의 시대의 모든 저자들의 어조를 재발견한다. 19세기 초부터 억압당한 자살 논쟁은 이 위대한 사례들을 통해 다시 태어나는 중이다. 또한 안락사라는 특수한 문제와 함께 새로운 국면을 맞는 중이기도 하다. 이 의문들은 마냥 은폐되고 억압되기에는 너무 근본적이다. 우리 사회는 유전자조작 문제를 회피할 수 없듯이 안락사와 자살 문제 또한 그냥 넘길 수 없다. 그러한 문제들에 우리의 미래가 달려 있기 때문이다.

사실, 입법자들은 이해하지 못하고 있는 듯하다. 프랑스에서 1987년 12월 31일에 자살관여죄 법 조항을 채택한 것만 봐도 그렇다. 이 법이 등장한 직접적 계기는 『자살 사용법』이라는 소책자의 출간이 자살방조에 해당하느냐 마느냐라는 논쟁이었다. 입법을 준비한 의원들은 "자살을 원하는 사람들은 병자에 해당한다는 점이 의학적으로 입증되었다"고 말한다.[29] 하지만 앞에서 나열한 자살자들을 보건대 이는 대단히 과장된 해석이다. 게다가 입법자들은 경제위기가 청년자살 급증의 원인이라고 말함

---

28 O. Odoul, "Bruno Bettelheim est mort", *Agora*, juin 1990, p.89.
29 Rapport Daily, doc. Sénat, 1982~1983, no.359, p.9.

으로써 자기모순을 범하고 있다. 그렇다면 정신이상이 아니라 사회경제적 조건이 결정적 원인이라는 뜻 아닌가.

지금도 집권층은 18세기 때와 마찬가지로 자살에 침묵한다. 1987년 12월 31일 법은 전혀 설득력이 없다. 자유로운 의견이 소송 걱정 때문에 발목을 잡힐 수 있다. 그런데 그러한 소송은 덮고자 하는 사안을 되레 광고하는 격이니 얼마나 비생산적인 조처인가. 1990년에 다니엘 마예르는 이 법의 심층적인 동기와 함의를 분석하며 이렇게 썼다. "이로써 결과도 분명치 않는 소송에 대한 두려움 때문에 자살은 터부가 될 수도 있었다."[30] 한편, F. 제나티는 "자살은 모두의 흥을 깬다"고 지적했다.[31] 자살은 사회의 균형을 깨고 사회의 자신감을 갉아먹는다. 사회의 죄의식을 건드리든가, 최소한 사회를 고발하는 셈이다. "그래서 자살은 그 의미로서나 그 결과로서나 사회를 훼방한다. 사회는 경계심을 품지 않으면 자칫 ─ 본능적으로라고 할까 ─ 탄압적인 법이라는 자기방어 도구를 남용하는 반응으로 기울기 십상이다."[32] 마예르의 결론이다.

16~18세기의 일부 사상가들이 유럽의식 위기를 계기로 제기했던 문제가 바로 이것이다. 몽테뉴에서 흄에 이르기까지 그들 모두 인간이 '사느냐, 죽느냐?'라는 문제를 피해 갈 수 없다는 것을 보여 주지 않았는가? 이 문제가 진정으로 인간적이고 존엄한 삶의 근간에 있기 때문이다. 이 문제는 자살을 방조하기는커녕 인간 정신이 부조리를 깨닫는 위험을 무릅쓰고 삶의 의미를 통찰하게 한다. 그러한 위험이 한편으로 인간을 위대

---

30 D. Mayer, "En quoi le suicide intéresse-t-il le droit?", *Agora*, juin 1990, pp.29~36.
31 F. Zenati, "Comment de la loi du 31 décembre 1987 tendent à réprimer la provocation au suicide?", *Revue trimestrielle de droit civil*, 1988, p.427.
32 Mayer, "En quoi le suicide intéresse-t-il le droit?", p.35.

하게 하는 것 아닌가? 그러나 삶의 부조리 그 자체는 받아들이고 가는 것이다. "나는 이리하여 부조리에서 세 가지 결과를 얻었으니 그 결과들이란 나의 반항, 나의 자유, 나의 열정이다. 나는 단지 의식의 작용만으로 죽음에의 초대를 삶의 규칙으로 바꾸었으니 자살을 거부한다." 알베르 카뮈의 글이다.

16~18세기는 인간의 자유라는 문제를 제기하는 논쟁의 물꼬를 텄다. 19~20세기는 논쟁을 억압하는 동시에 초자연적이고 이데올로기적인 설명들을 앞세워 근본적 자유를 검열하고 삶의 의무를 강요했다. 이 같은 퇴행 앞에서 우리는 계몽주의 시대 말에 중단된 논쟁으로 되돌아갈 수 있어야 할 것이다.

맺음말

지성사에는 '나는 안다'와 '나는 무엇을 아는가?'가 끊임없이 갈마든다. 사유는 균형과 안정의 시기에 답변에 깊이 파고들고, 위기에는 문제의식을 품는다. 진리를 추구하는 인간 정신은 확실성에서 의심으로 옮겨 가고 의심은 다시 새롭고 일시적인 확실성을 낳는다. 확실성은 인간을 안심시키고 의심은 인간을 자극한다. 이러한 갈마듦은 유동적일 수 있으나 갈등은 영원하다. 의식의 위기에 의심은 확실성을 뒤흔들기에 이른다. 확실성은 저항하며 의문들을 강제로 억누른다. 정치 및 종교 지도자들은 의심을 곱게 보지 않는다. 다스린다는 것은 예견한다는 것, 또한 아는 것이다. 명령을 내리는 입장에서는 의심이 아니라 확실성이 필요하니까. 그렇잖으면 무슨 명목으로 사회생활을 규제한단 말인가? 더구나 살아야 할지 말아야 할지도 스스로 확신하지 못하는 인간들을 지도해야 한다면? 자기 마음대로 죽을 자유가 있는 백성 혹은 시민을 무슨 수로 지배할까? 매일같이 삶보다 죽음을 원하는 자들이 나타나 절망과 도전의식을 드러내 보이는데 어떻게 그들에게 신뢰를 얻을까?

그러나 근본적 위기에서 전통 가치가 전면적으로 재고될 때에 자기 목숨에 대한 자유의 문제는 다시 수면으로 떠오른다. 그리스도교가 승리하고 중세 그리스도교 국가가 수립된 후로는 르네상스가 그 첫번째 시기였다. 햄릿의 의문은 근대성의 탄생과 결부된 불안을 드러낸다.

유럽의식이 다시 한번 위기를 맞아 확실한 가치들이 동요한 때에야 비로소 이 오래된 의문은 다시 제기될 수 있었다. 부조리의 철학들은 당연히 이 문제를 고찰해야 했다. 흥미롭게도 이 철학들은 자살이라는 해법을 거부했다. 장 폴 사르트르는 자살을 자유의 포기로 보았고, 칼 야스퍼스는 "생을 위반하는 절대적 행위"라고 했다. 알베르 카뮈조차 자살을 거부했다. 오늘날의 지식인들은 18세기 지식인들만큼 이 문제에 흥미를 보이지 않지만 자살이라는 주제는 통계의 압박 때문에 다시 논의되고 있다. 교의와 이데올로기가 붕괴하면서 점점 더 많은 이들이 절망에 빠지고 있다. 프랑스에서 연간 자살자는 1만 2000명, 자살을 기도했으나 죽지 못한 자는 12만 명으로 집계되고 있다. 비단 프랑스만의 문제가 아니다. 교통사고 사망자보다 자살자가 더 많다. 이미 50분에 한 명꼴로 자살하고 있다는데, 자살률은 꾸준히 늘고만 있다.

오늘날의 정치 및 종교 지도자들은 늘 그렇듯 침묵하며 1987년 12월 31일 법에 동의한다. 그들의 반응은 수백 년 전부터 지금까지 달라지지 않았다. 자살을 구성원의 행복을 보장하지 못한 사회조직에 대한 고발로 인식하는 것이다. 이제 흄, 루소, 칸트가 남겨 놓은 논쟁으로 돌아갈 때가 됐다.

르네상스에서 계몽주의 시대에 이르는 시기는 자발적 죽음이 '계급' 현상이라는 점도 보여 주었다. 제한된 소수의 엘리트들은 유행과도 같은 관습과 의례에 따라 자살했다. 그들은 명예, 부채, 사랑 같은 고결한 이유를 들어, 권총이나 칼 같은 고상한 수단으로 자살했다. 그들의 자살은 사회질서를 문제 삼지 않았기 때문에 집권층도 너그러이 눈감아 주었다. 지식인들은 자살을 즐겨 논했지만 자살의 자유를 인정하는 사람들조차도 실제로 자살하지는 않았다. 철학적 자살은 극히 드물었다. 자살에 대한 자유로운 토론은 일부 종교적 삶의 양식들이 그랬듯이 자살 충동을 승화하고 배출하는 효과가 있었기 때문이다.

앙시앵레짐하의 서민들은 늘 비슷비슷한 이유에서 자살을 택했다. 당시 사람들이 받은 인상, 회상록 저자들의 증언, 18세기 영국의 언론 기사들, 몇 가지 법적 문서들은 부분적이고 편파적인 자료에 지나지 않지만 자살이 꽤나 꾸준히 일어났음을 짐작게 한다. 다소 예외는 있지만 대개 극심한 신체적·정신적·감정적 고통이 자살의 원인이었다.

평범하고 일반적인 자살은 참혹하게 탄압당했다. 자살자의 시체는 사방으로 끌려다니고, 거꾸로 매달리고, 화형당하고, 쓰레기장에 버려졌다. 영국에서는 시체 가슴에 말뚝을 박아 큰길 아래 묻었다. 자살자의 영혼은 지옥행이었고 고인의 재산은 몰수당했다. 이 야만적인 법은 16세기부터 18세기까지 커다란 반감을 샀다. 자살이 칭송할 만한 영웅적 행위라서가 아니라 시골마을 공동체가 보기에도 죄 없는 유족들이 망신을 당하고 재산을 빼앗겨 빈털터리가 되는 것은 부당했기 때문이다. 르네상스 시기부터 개인주의가 발전하면서 도덕적 책임을 개인에게 귀속시키고 집단적 처벌을 거부하는 태도는 더욱 확고해졌다.

서민은 거의 항상 목을 매거나 물에 뛰어드는 방법으로 자살했다. 이러한 자살은 가문의 수치였기에 어떻게 해서든 사고사로 위장하거나 고인을 정신이상자로 몰아가야만 했다. 그리고 18세기 엘리트들이 자살에 대한 논쟁을 활발히 벌이면서 집권층은 자살을 억압하되 좀더 신중을 기하게 되었다. 사제, 유족, 당국은 차츰 자살을 은폐하는 방향으로 합의를 보았고 이로써 자살은 관계자들이 모두 쉬쉬하는 터부가 되었다.

16세기에 시작되어 18세기에 활성화된 자살 논쟁은 집권층을 당혹케 했다. 집권층은 집단의식을 좀먹는 이 문제를 침묵으로 덮기 위해 탄압을 차츰 제한적으로만 동원하게 되었다. 철학자들은 자살이 처벌 대상에서 제외되어야 한다고 주장했다. 일부 자살은 위대하고 존엄한 행위로 인정받기도 했다. 자살은 결국 법적 처벌에서 해방됐지만 여전히 대다수의 반응은 비난 어린 침묵이었다. '사느냐, 죽느냐?'는 아마 비난 없이 넘어가기엔 너무 심란한 물음일 것이다. 가장 담대하다는 인문주의자와 철학자들도 이에 대한 생각을 피력하기를 망설였으니까.

16~18세기는 자발적 죽음에 대한 성찰이 각별했던 시기이므로 우리의 연구는 이 시기를 중심적으로 살펴보았다. 19세기와 20세기는 막대한 통계자료를 바탕으로 인문학이 비약적으로 발전한 시기이므로 별도의 책 한 권이 필요할 것이다. 하지만 문제에 대한 이해라는 측면에서는 수많은 사회학 논문들이 나왔음에도 우리는 계몽주의 시대 이후로 진정 더 발전했다 말하기 어렵다. 오늘날에는 자살 관련 통계자료가 완전히 구비되어 있다. 그러나 근본 문제는 진전을 보지 못했다. 무슨 대가를 치르든 죽음보다는 삶이 낫다는 전제를 당연하게 깔고 간다면 앞으로도 진전은 없으리라.

아가리를 벌린 무의 블랙홀은 반감과 공포를 자아낸다. 그 구멍에 자진하여 뛰어드는 자들은 미친놈 소리를 듣는다. 하지만 이 개인과 집단의 거부감은 결국 그러한 운명을 피할 수 없으리라 느끼는 자의 어쩔 수 없는 혐오에서 오는 게 아닐까?

어쨌든 이 문제는 도덕 및 정치 지도자들의 압박에도 불구하고 안락사라는 극단적 경우를 통하여 우리에게 돌아왔다. 도덕적 지도자들은 여전히 극심한 불치의 고통조차 긍정적 의미를 지닐 수 있다고 주장하고 정치적 지도자들은 탈선을 우려한다. 이런 이유로 많은 이들이 참기 어려운 고통으로 인간다움을 잃어버리고도 어쩔 수 없이 살아야만 한다. 가치의 변화가 어렵사리 진행되고 있는 오늘날, 생명윤리에만 토론을 집중할 것이 아니라 죽음윤리(thanato-éthique)도 고려해야 하지 않을까?

옮긴이의 글

이 책은 조르주 미누아(Georges Minois)의 *Histoire du suicide*(Paris: Fayard, 1995)를 우리말로 옮긴 것이다. 영문판 *History of suicide*(trans. Lydia G. Cochrane, Baltimore: Johns Hopkins University Press, 2001)도 작업에 함께 참고했다.

이 책은 중세에서 18세기까지 서양 사회가 자기살해와 자진한 죽음을 어떤 시각으로 바라보고 어떻게 자살을 사회적 구성물로 만들어 왔는지 조명한다. 자발적인 죽음은 거의 언제나——물론 지금까지도——사회적 지탄을 받는다. 중세는 서양사에서 이 사회적 지탄이 본격화된 시기였다. 중세는 자살을 신에 대한 모욕, 더 이상 혐오스러울 수 없는 범죄와 동일시했고, 자살자들의 시신을 모독하고 재산을 몰수하는 법적 장치를 마련했다.

지금도 교회는 자살을 '용서받지 못하는 죄'로 규정한다. 하지만 성경에는 자살을 그렇게 단죄할 만한 직접적 근거가 없고, 고대 문화에는 덕의 화신과도 같은 자살자들이 수두룩하다. 그렇다면 자살자들이 종교적으로나 세속적으로나 가혹한 처사를 당했던 이유는 결국 산 자들의 두려움과 보복에서 찾아야 할 것이다. 자살은 산 자들의 실패를 고발하는 성격을 띤다. 자살은 신도를 구원하지 못한 교회의 실패, 국민을 보호하지 못한 국가의 실패, 소중한 존재를 보듬지 못한 가족과 친구 들의 실패로 각인되기 때문이다.

그렇지만 자기 생에 대한 자유의 문제는 전통적인 가치관이 흔들릴 때마다 어김없이 고개를 들었다. 몽테뉴에서 베이컨에 이르기까지, 수많은 인문주의자들이 그리스도교의 금기에 조심스럽게 의문을 제기함으로써 최초의 문화적 혁명을 꾀했다. 저 유명한 햄릿의 대사 "사느냐, 죽느냐?"는 근대성의 탄생과 결부된 불안을 나타낸다. 그 후 유럽의식이 두 번의 위기를 겪으면서 자살을 둘러싼 논쟁은 더욱 확산되었고 거의 공공연한 주제가 되었다. 볼테르는 "자살은 상냥한 사람들이 할 짓이 아니다"라고 일축했지만 자살의 원인을 이해하려는 시도, 특히 악마 타령에서 벗어나 자살의 의학적이고 사회적인 측면을 이성의 빛에 비추어 고려하려는 시도는 점점 늘어났다.

그러나 종교색을 버리고 자살을 합리적으로 조명한다고 해서 자살을 금기시하는 태도가 힘을 잃지는 않았다. 다만, 이제 사회적·경제적 논리가 좀더 우세했다. 시민이 조국을 위해 자기 생명을 보전해야 한다는 주장은 굳건했다. 자살은 여전히 경제적 손실이었다. 그리고 그러한 논리가 지배하는 이상, 프랑스대혁명이 자살에 대한 처벌을 철폐한 후에도 자살을 금기시하는 풍조는 변할 수 없었다. 그렇게 자살은 이 시대의 마지막 터부 중 하나가 되었다.

자살자들에 대한 산 자들의 단죄와 폭력이 개운치 않은 이유는 역사적으로 자살에 대한 태도가 늘 이중적이었기 때문이다. 자살은 만인에게 평등하지 않았다. 귀족층, 식자층, 사회고위층의 자살은 낭만적이거나 여러 가지 방편으로 위장되었지만 서민의 자살은 비참하고 지난한 현실의 결과였다. 서민들은 더는 살아갈 도리가 없어서, 학대에 못 이겨서, 정신적으로든 육체적으로든 차라리 죽는 게 낫기 때문에 자살을 택했다. 고통의 성격은 예전과 다를지 모르지만 유독 자살률이 높은 사회에서 살아가는 우리도 "생명은 소중하다"는 말이 공허해지는 그 지점을 주목해야 하지 않을까. 저자 역시 자살이라는 고전적인 주제가 안락사의 문제로 돌아왔다고 진단하면서 이제는 생명윤리뿐만 아니라 죽음윤리에 대해서도 생각해야 한다는 화두를 마지막으로 던진다.

　역자로서는 다소 생소한 분야의 작업이었으나 자살에 대한 막연한 거부감이 역사적으로 어떻게 구성되었는지 이해할 수 있어서, 또한 인문서 만들기의 무게를 감당하고 있는 저자, 역자, 편집자 들에 대해 여러 가지 생각을 할 수 있어서 좋았다. 책을 만드느라 수고하신 모든 분께 감사드린다.

조르주 미누아 저작 목록

Histoire de la vieillesse en occident: De l'Antiquité à la Renaissance, Fayard, 1987.

La Bretagne des prêtres en Trégor d'Ancien Régime, Les Bibliophiles de Bretagne, 1987.

Le confesseur du roi: Les directeurs de conscience de la monarchie française, Fayard, 1988.

Henri VIII, Fayard, 1989.

Les religieux en Bretagne sous l'Ancien Régime, Ouest-France, 1989.

Histoire des enfers, Fayard, 1991.

Histoire religieuse de la Bretagne, Editions J. -P. Gisserot, 1991.

L'Église et la science: Histoire d'un malentendu, vol.1: De saint Augustin à Galilée, Fayard, 1990; vol.2: De Galilée à Jean Paul II, Fayard, 1991.

Nouvelle Histoire de la Bretagne, Fayard, 1992.

Du Guesclin, Fayard, 1993.

Histoire de l'enfer, Presses Universitaires de France, 1994.

L'Église et la guerre: De la Bible à l'ère atomique, Fayard, 1994.

Censure et culture sous l'Ancien Régime, Fayard, 1995.

■ 참여 저작

Les Bretons et Dieu: Atlas d'histoire religieuse 1300-1800, Presses Universitaires de Rennes-II, 1985.

Répertoire des visites pastorales de la France, 1re serie: Anciens Diocèses jusqu'en 1790, vol.4, CNRS, 1985.

Les Côtes-du-Nord: De la préhistoire à nos jours, Bordessoules, 1987.

Le Trégor, Autrement, 1988.

Foi chrétienne et milieux maritimes, Publisud, 1989.

Histoire de Saint-Brieuc et du pays Briochin, Privat, 1991.

Science et foi, Centurion, 1992.

Breizh: Die Bretagne und ihre kulturelle Identität, Kassel, 1993.

참고문헌

자살에 대한 역사 연구가 최근 상당한 진전을 보였음에도 불구하고 전적으로 이 영역만을 다룬 저작들은 아직도 제한적이다. 중요한 자료가 죽음, 형법, 심리학, 의학, 정신의학, 사회학, 문학, 신학, 인구통계학 등에 대한 수많은 저작들에 흩어져 있기 때문에 여기서 그 저작들을 다 열거할 수는 없다.

따라서 우리는 다음 자료들만 언급하고자 한다. 자살을 다룬 주요한 일반 저작, 기본적으로 역사 연구이면서 고대와 중세의 자살을 다룬 저작, 16~18세기 저작으로서 죽음을 폭넓게 다룬 것이 아니라 전적으로 자살만을 다룬 경우가 여기에 해당한다.

■ **자살을 다룬 주요한 일반 저작**

우리가 아는 한, 19세기 이후로 이 주제를 다룬 사회학, 심리학, 의학 논문과 저작은 5000종 이상 출간되어 있다. 따라서 여기서는 가장 권위 있는 문헌들만을 언급하겠다.

"Le suicide", *L'histoire*, no.189, juin 1995.

Baechler, J., *Les suicides*, Paris, 1975.

Bayet, A., *Le suicide et la morale*, Paris, 1922.

Cavan, R., *Suicide*, Chicago, 1928.

Daube, D., "The Linguistics of Suicide", *Philosophy and Public Affairs*, 1972.

Durkheim, É., *Le suicide*, Paris, 1897.

Fedden, H., *Suicide: A Social and Historical Study*, London, 1938.

Frison-Roche, M. -A., *Le suicide*, Paris, 1994.

Jaccard, R. and M. Thevoz, *Manifeste pour une mort douce*, Paris, 1992.

Moron, P., *Le suicide*, Paris, 1975.

O'dea, J., *Suicide: Studies on its Philosophy, Causes and Prevention*, New York, 1882.

Pélissier, V., "Autour du suicide", *Agora*, juin 1990.

■ 고대와 중세의 자살을 다룬 역사 연구 저작

Bourquelot, F., "Recherches sur les opinions et la législation en matière de mort volontaire pendant le Moyen Âge", *Bibliothèque de l'École des chartes*, III, 1841~1842.

Dabadie, F., *Les suicides célèbres*, Paris, 1859.

Delcourt, M., "Le suicide par vengeance dans la Grèce ancienne", *Revue d'histoire des religions*, CXIX, 1939.

Faber, M. D., *Suicide in Greek Tragedy*, New York, 1970.

Garrisson, G., *Le suicide dans l'Antiquité et dans les Temps modernes*, Paris, 1885.

Grisé, Y., *Le suicide dans la Rome antique*, Paris, 1982.

Kany, J., *Le suicide politique à Rome et en particulier chez Tacite,* thèse de troisième cycle, Reims, 1970.

Lefay-Toury, M. -N., *La tentative de suicide dans les romans français du XIIe siècle*, Paris, 1979.

Legoyt, A., *Le suicide ancien et moderne*, Paris, 1881.

Murray, A., *The Violent Against Themselves*, Oxford, 1998.

Rist, J. M., "Suicide", *Stoic Philosophy*, Cambridge, 1969.

Romi, *Suicides passionnés, historiques, bizarres, littéraires*, Paris, 1964.

Schmitt, J. -C., "Le suicide au Moyen Age", *Annales ESC*, janvier-février 1976.

Wenzel, S., *The Sin of Sloth: Acedia in Medieval Thought and Literature*, Chapel Hill, 1967.

Wilie, R., "Views on Suicide and Freedom in Stoïc Philosophy and Some Related Contemporary Points of View", *Prudentia* 5, 1973.

■ 자살을 주제로 다룬 16~18세기 저작

A Sad and Dreadful Account of the Self-Murther of Robert Long, alias Baker, London, 1685.

"Suicide", *Encyclopédie méthodique, Jurisprudence VII,* Paris-Liège, 1787.

Barreau, G., *Les suicides en Bretagne au XVIIIe siècle,* mémoire de maîtrise, université de Rennes, 1971.

Bartel, R., "Suicide in Eighteenth Century England: The Myth of a Reputation", *Huntington Library Quarterly* 32, 1960.

Beauchamp, T. L., "An Analysis on Hume's Essay "On Suicide"", *Review of Metaphysics* 30, 1976.

Burton, R., *The Anatomy of Melancholy,* 3 vols, London, 1948.

Cobb, R., *Death in Paris,* Oxford, 1978 [*La mort est dans Paris,* trans. D. Alibert-Kouraguine, Paris, 1985].

Crocker, L., "The Discussion of Suicide in the Eighteenth Century", *Journal of the History of Ideas* 13, no.1, 1952.

Daffner, H., "Der Selbstmord bei Shakespeare", *Shakespeare Jahrbuch,* 1928.

De Bellefont, G. -L., "Du désir de mort", *Les Œuvres spirituelles de Madame de Bellefont,* Paris, 1688.

Denny, W., *Pelicanicidium: Or the Christian Adviser against Self-Murder,* London, 1652.

Donne, J., *Biathanatos,* ed. M. Rudick and M. P. Battin, New York, 1982.

Dumas, *Traité du suicide ou Du meurtre volontaire de soi-même,* Amsterdam, 1773.

Duvergier de Hauranne, J., *Question royalle,* Paris, 1609.

Fleming, C., *A Dissertation upon the Unnatural Crime of Self-Murder,* London, 1773.

Garrisson, G., *Le suicide en droit romain et en droit français,* Toulouse, 1883.

Haeberli, L., "Le suicide à Genève au XVIIIe siècle", *Pour und histoire qualitative: Études offertes à Sven Stelling-Michaud,* Genève, 1975.

Hair, P. E. H., "A Note on the Incidence of Tudor Suicide", *Local Population Studies* 5, 1970.

Henley, *Cato Condemned, or the Case and History of Self-Murder,* London,

1730.

Herries, J., *An Address on Suicide*, London, 1774.

Higonnet, P. -L., "Du suicide sentimental au suicide politique", *La révolution et la mort*, Toulouse, 1991.

Hume, D., *Essays on suicide and the Immortality of the soul*, ed. J. V. Price, Bristol, 1992.

Kushner, H. I., *Self-Destruction in the Promised Land*, New Brunswick, 1989.

Leech, C., "Le dénouement par le suicide dans la tragédie élisabéthaine et jacobéenne", *Le théâtre tragique*, Paris, 1962.

MacDonald, M. and T. Murphy, *Sleepless Souls: Suicide in Early Modern England*, Oxford, 1990.

Madame de Staël, "Réflexions sur le suicide", *Œuvres complètes*, vol.3, ed. Firmin-Didot, Paris, 1861.

Mérian, *Sur la crainte de la mort, sur le mépris de la mort, sur le suicide*, Histoire de l'Académie royale des sciences et belles-lettres, Berlin, 1770[1763].

Minois, G., "L'historien et la question du suicide", *L'histoire*, no.189, juin 1995.

Moore, C., *Full Inquiry into Suicide*, London, 1790.

Paulin, B., *Du couteau à la plume: Le suicide dans la littérature anglaise de la Renaissance(1580-1625)*, Lyon, 1977.

Philipot, T., *Self-Homicide-Murder*, London, 1674.

Prince, J., *Self-Murder Asserted to be a Very Heinous Crime*, London, 1709.

Schär, M., *Seelennöte der Untertanen: Selbstmord, Melancholie und Religion im Alten Zürich, 1500-1800*, Zurich, 1985.

Sena, J., *The English Malady: The Idea of Melancholy from 1700 to 1760*, Princeton, 1967.

Snyders, S., "The Left Hand of God: Despair in Medieval and Renaissance Tradition", *Studies in the Renaissance* 7, 1965.

Sprott, S. E., *The English Debate on Suicide from Donne to Hume*, La salle, IL, 1961.

Stevenson, S. J., "The Rise of Suicide Verdicts in Southeast England: The Legal Process", *Continuity and Change* 2, 1987.

Sym, J., *Lifes Preservative against Self-Killing*, London, 1637.

Watts, I., *A Defense against the Temptation of Self-Murder*, London, 1726.

Withers, W., *Some Thoughts Concerning Suicide, or Self-Killing*, London, 1711.

Wymer, R., *Suicide and Despair in Jacobean Drama*, London, 1986.

Zell, M., "Suicide in Pre-Industrial England", *Social History* 11, 1986.

찾아보기